W0310727

Gräfenthal
Spechtsbrunn
Lichtenhain
Tettau
Alexanderhütte
Neuenbau
Judenbach
Schauberg
Heinersdorf
Welitsch
Pressig
Föritz
Sonneberg
Weidhausen
Gefell
Neuhaus-
Schierschnitz
Burggrub
Mostholz
Rotheul
Schwärzdorf
Heubisch
Fürth a. Bg.
Mupperg
Wildenheid
Neustadt
Rückerswind
Meilschnitz
Effelder
Roth
Rottenbach
Heid
Eisfeld
Harras
Hetschbach
Herbartswind
Emstadt
Weißenbrunn
Rodach
Rudelsdorf
Holzhausen
Bad Colberg
Lindenau
Ummerstadt
Gleismuth-
hausen
Käßlitz

Landolf Scherzer
Der Grenz-Gänger

Landolf Scherzer

DER GRENZ-GÄNGER

Aufbau-Verlag

ISBN 3-351-02603-X

1. Auflage 2005
© Aufbau-Verlag GmbH, Berlin 2005
Vorsatz vorn und hinten unter Verwendung einer Karte
© MairDumont / Falk Verlag Ostfildern
Einbandgestaltung Henkel/Lemme
Druck und Binden GGP Media GmbH, Pößneck
Printed in Germany

www.aufbau-verlag.de

Inhalt

Ein sehr kurzes Vorwort

Sorgfältig versuche ich, einen Zwirnsfaden deckungsgleich auf die verschlungene thüringisch-bayerische und thüringisch-hessische Grenzlinie einer Landkarte Maßstab 1:150000 zu legen. Knote den Faden am Ende bei etwa zwei Metern. Messe ihn mit einem Zollstock und errechne, daß die ehemalige Staatsgrenze West, die ich in Südthüringen etappenweise ablaufen will, genau vierhundertachtzehn Kilometer lang ist. Wiederhole die Rechnung. Beginne noch einmal bei Gräfenthal im Südosten und ende bei Vacha im Südwesten der DDR. Mache einen neuen Knoten. Messe. Dreihundertachtundneunzig Kilometer. Ich fluche. Lege die Kurven, Kehren und Winkel der Grenze noch sorgfältiger aus. Knote. Messe. Rechne. Vierhundertzweiunddreißig Kilometer. Als auch beim vierten Versuch ein neuer Wert herauskommt, knülle ich das Papier mit dem Ergebnis zusammen. Schneide den Faden am hintersten Knoten ab und hänge ihn an einen Nagel neben meinem Schreibtisch.

Von einem Toten, der immer noch lebt, einem an der Grenze Himbeeren pflückenden Physiker und bayerischen Beamten, die keine Ossis in ihrer Verwaltung einstellen

Vier Wochen nach meinen mißglückten Messungen stehe ich mit einem aufgehuckten alten grünen Jägerrucksack und einem schwarz-roten (Gold fehlt!) Notizbuch in der Hand vor dem verschlossenen Grenzmuseum in Gräfenthal und frage auf dem Marktplatz, wer den Schlüssel zum Museum verwaltet.

»Wahrscheinlich der Bürgermeister«, meint eine Frau, berichtigt sich aber und stellt ihre schwere Einkaufstasche ab, um mir ausführlich zu erklären, daß es in Gräfenthal zur Zeit keinen Bürgermeister gebe. »Der Kosater hat zwar bei der Wahl trotz drei Gegenkandidaten vierundsechzig Prozent der Stimmen erhalten, denn er hat gut gearbeitet, aber er ist kürzlich wegen Stasi und so von der Landrätin abgesetzt worden.«

Ein fragender Fremder ist in der ehemaligen Grenzstadt immer noch verdächtig. Sofort versammeln sich vier oder fünf Neugierige um mich. Sie erkundigen sich zuerst mißtrauisch nach dem Woher und Wohin, erzählen dann aber bereitwillig die neuesten Ortsgeschichten. Karl-Heinz Kosater (früher SED) arbeitete schon vor der Wende als Bürgermeister. Er war dabei, als sich die Gräfenthaler und die Lauensteiner vor fünfzehn Jahren an der Grenze in die Arme fielen. »Und geheult haben wir damals.« Nach der Wende hat er als Werkzeugmacher gearbeitet. Als dann in Gräfenthal fast nichts mehr ging, die Porzellanfabriken dichtgemacht und der Zugverkehr zwei Jahre vor dem hundertjährigen Jubiläum eingestellt wurden, baten die Gräfenthaler Karl-Heinz Kosater, sich zur Bürgermeisterwahl aufstellen zu lassen.

Eine bisher schweigsame Frau mischt sich ein und schreit: »Hier an der Grenze kennt jeder jeden! Hier vergißt niemand was! In Gräfenthal kann keiner seine Vergangenheit verstecken!«

Eine andere verteidigt den Bürgermeister. »Der hat viel zuwege gebracht. Die Baugenehmigung für das neue Plasta-Werk durchgeboxt, das Grenzmuseum mit aufgebaut, und daß der Markt und die angrenzenden Straßen jetzt für neue Sammelkanäle aufgerissen werden, das hat er auch organisiert.«

Er klagt gegen seine Abberufung, und viele Gräfenthaler haben eine Petition für ihn unterschrieben.

Ich frage, wer den Museumsschlüssel außer dem Bürgermeister noch besitzen könnte.

»Vielleicht die Pastorin«, heißt es.

Im alten Gräfenthaler Pfarrhaus knarren die nach Bohnerwachs riechenden Holztreppen unter meinem Rucksackgewicht so laut, daß ich mich wie ein Dieb vorsichtig hinaufschleiche. Doch die Pastorin, eine schmächtige Frau mit kurzen dunklen Haaren, das Gesicht sehr schmal, als wäre sie lange krank gewesen, öffnet schon, bevor ich klingele. Den Museumsschlüssel besitzt sie nicht.

Als ich frage, wie sie und ihre Gemeindemitglieder fünfzehn Jahre nach der Grenzöffnung leben, bittet sie mich herein. Ihr Mann, grauhaarig, bärtig, mit müden, nur selten lächelnden Augen, kommt wortlos dazu. Sie ist vor vier Jahren nach Gräfenthal versetzt worden. Zuvor war sie zweiundzwanzig Jahre Pastorin in Jena-Lobeda und Kaltennordheim. Sie kennt Plattenbauten und Kuhstall, aber die Pfarrstelle hier ist die bislang schwierigste, entmutigendste. Manchmal predigt sie in ihrer großen Kirche vor drei Zuhörern. Nie oben von der Kanzel, immer nah bei den Menschen, meist bei den Alten. »Die Jungen gehen weg, und die Alten bleiben aus Verantwortung für das Haus und die Kinder, solange die noch hier sind. Viele fühlen sich schon abgeschrieben.«

An dieser Stelle sagt der Mann in einem mir zuerst schlecht verständlichen Deutsch: »Eltern und Kinder machen sich hier gegenseitig traurig.«

Die Pastorin erklärt leise, daß sie ihn 1994 in Israel kennengelernt hat, sich scheiden ließ und seitdem mit ihm zusammen lebt. »Er ist ein Isrealit.«

In der näheren Umgebung gibt es keine Synagoge. »Aber beten kann man überall«, sagt er. »Ich bete auch, weil ich Angst habe. Niemand von meiner Familie in Israel versteht, daß ich nach Deutschland gegangen bin, wo junge Neonazis frei herumlaufen und wieder Haß predigen.«

»Die Gräfenthaler leben immer noch unbewußt mit der Grenze«, meint die Pastorin. Man mißtraut einander – immer war ja einer der Judas, der Verräter unter ihnen.«

Der Mann bittet mich, seinen jüdischen Namen nicht aufzuschreiben. »Ich habe Furcht, daß eines Tages fanatische Nationalisten hier die Holztreppe heraufgestürmt kommen.«

Einen Schlüssel zum Grenzmuseum verwaltet der über der Pastorin wohnende Vorsitzende des Gräfenthaler Heimatvereins. Ein junger Mann, dessen T-Shirt mit der Aufschrift »Siemens mobile Handy-Service« über dem Bauch spannt, öffnet mir. Ich frage höflich nach seinem Vater, dem Vorsitzenden des Heimatvereins.

»*Ich* bin der Vorsitzende«, sagt er lachend.

An einer Längswand seines Wohnzimmers sind über dem Sofa, wie Reliquien, an die fünfzig Truck-Modelle – Bier-Trucks mit dazugehörigen Tanks und Dosen – angebracht. Nicht alle Dosen hat er selbst ausgetrunken. Sein Großvater, sagt er, war der Ortschronist von Gräfenthal, und als er dessen Aufzeichnungen gelesen hatte, verschrieb auch er sich der Heimatgeschichte. »Mit Heimat verbindet sich heutzutage nicht mehr die gemeinsame Arbeit an einem gemeinsamen Ort. Deshalb ist es wichtig, wenigstens die gemeinsame Geschichte zu bewahren.«

Er arbeitet seit über zehn Jahren im westdeutschen Stockheim. In seiner »Brigade« sind die Ostdeutschen in der Überzahl. »Deshalb laufen unsere Leute, wenn Teile kaputt sind, auch seltener zum Materiallager. Wir Ostdeutschen reparieren erst mal. Es gibt eben noch Unterschiede zwischen den Bayern und uns.«

Das schöne Haus im englischen Landhausstil hat Herzog Georg 1893 den Gräfenthalern als Kinderbewahrungsanstalt geschenkt. Es wurde bis in die DDR-Zeit als Kindergarten genutzt, nun ist das Grenzmuseum darin untergebracht. An den Wänden hängen hinter Glas historische Aufnahmen der ehemaligen Staatsgrenze bei Gräfenthal: eine breite Schneise in sonst dicht bewaldeten Berghängen. Auf dem Fußboden steht ein Holzkreuz, und unter dem Kreuz liegt in blauschwarzem

Schiefergeröll, einem großen Tankverschluß gleichend, eine schwarze Mine. Auf dem Kreuz ein Erinnerungsschild: »Gegenüber dieser Stelle wurde am 21. 05. 1973 der NVA-Soldat ›Harry‹ beim Verlegen von Minen tödlich verletzt. Er starb einen sinnlosen Tod. Errichtet von den Beamten des Zollkommissariates Ludwigstadt.« Trotz des Protestes der DDR-Regierung stand dieses Todeskreuz bis zur Wende auf BRD-Seite. Der NVA-Soldat »Harry« lebt noch ...

Neben dem Kreuz hängen die Fotos eines Liebespaares, Sieglinde Bunde (21) und Laszlo Balogh (18). Als die Aufenthaltsgenehmigung des Ungarn in der DDR nicht verlängert wurde, beschlossen sie, in den Westen zu fliehen. Am 22. Juni 1973 überwanden sie nachts gegen drei Uhr zwischen Spechtsbrunn (DDR) und Tettau (BRD) den ersten Metallzaun. Vor dem zweiten explodierte eine Mine, zerfetzte dem Mädchen das Bein. Ihr Freund wollte sie über den Zaun heben. MPi-Salven. Er blieb »feindwärts« tot am Zaun liegen. Sie blutend über ihm.

Auf einer anderen Tafel ist die Geschichte eines Mannes dokumentiert, der abends in einer Kneipe von Zopten (DDR) wettete, daß er am nächsten Tag aus Lauenstein (BRD) eine Ansichtskarte schicken würde. Er schickte sie und kam unbemerkt über die Grenze zurück. Kurz danach gewann er auch eine zweite Wette, wurde denunziert und verhaftet. Und wenig später freigelassen. Die DDR-Sicherheitsorgane bezeichneten ihn als »nicht zurechnungsfähig«.

Zwischen originalgetreuen Stacheldrahtzäunen und Warnschildern stehen NVA-Grenzsoldaten mit porzellanenen Gesichtern. Sie haben lange, mädchenhafte Wimpern und unbeschmutzte Uniformen. Kein Geruch von Schweiß oder Stiefelwichse. Uniformierte, lächelnde Schaufensterpuppen mit geschulterter MPi.

Eine gute halbe Stunde später erreiche ich etwa drei Kilometer außerhalb von Gräfenthal über einen holprigen Wald-

und Wiesenweg die ehemalige Grenze auf der Höhe. An dem Kolonnenweg, der »Autobahn der Grenzer«, konnten die Soldaten ohne Unterbrechung die Staatsgrenze West von der Ostseeküste bis zur ČSSR abfahren. »Geh nicht abseits vom Kolonnenweg. Die Räumtrupps haben noch nicht alle Minen gefunden«, hatten mir fürsorgliche Bekannte vor meiner Grenzwanderung geraten.

Aber noch laufe ich nicht. Ich stehe schweigend und versuche mir vorzustellen, wie es vor fünfzehn Jahren aussah, als hier noch Stacheldrahtzäune, Stahlgitter, Grabensperren, Signalanlagen und Wachtürme standen. Es gelingt mir nicht. In den Löchern der Gitterplatten des Kolonnenweges wachsen filigrane Farne, dickblättriger Breitwegerich, haarige Huflattichblätter, zarte Glockenblumen, kleine Fichtensämlinge. Und rot leuchtende Walderdbeeren. Ich pflücke mir eine Handvoll. Sie schmecken süß und aromatisch.

Zwischen groben Feldsteinen steht auf der Berghöhe eine Tafel: »Köchinnengrab. Hier wurde im 16. Jahrhundert eine Köchin von Schloß Lauenstein wegen Kindesmordes bei lebendigem Leibe begraben und gepfählt.«

Während ich noch überlege, wie man einen Menschen zuerst lebendig begraben und danach pfählen kann, grüßt mich in der vermeintlichen Grenzeinsamkeit eine kleine alte Frau mit einem freundlichen Kopfnicken. Trotz ihres Krückstocks geht und steht sie sehr gerade. Sie trägt viele Ringe an den Händen und zwei goldene Kettchen um den Hals. Der grünweiß gepunktete Rock und die beigefarbene Seidenbluse sind sorgfältig aufeinander abgestimmt.

Sie wollte heute hier malen, sagt die, wie sie stolz verkündet, schon 88jährige, hat aber das Malzeug vergessen. » Der Blick hinunter auf Lauenstein ist sehr schön. Und hier oben die stille, friedliche Natur, die, seit fünfzehn Jahren unberührt, die deutsche Schande wieder zuwachsen läßt.«

Gunde Fröhlich stammt aus einer gutbürgerlichen Familie.

Nach den Plänen ihres Vaters, des Architekten Scheinpflug, sei halb Zeulenroda gebaut worden.

Mit ihrem Mann, einem Juristen, ging sie noch vor dem Mauerbau nach dem Westen, weil sie in der DDR wegen ihrer bürgerlichen Vergangenheit keine Chance hatten. In Westberlin brachte er es bis zum Senatspräsidenten im Kammergericht. Seit vielen Jahren wohnt sie nun den Sommer über in Lauenstein, wo sie der alten Heimat nah ist. Sie hat im Herbst 1989 miterlebt, wie sich die Gräfenthaler und Lauensteiner »genau hier an dieser Stelle wieder umarmten. Wir sangen damals: ›Nun danket alle Gott.‹ Die Lauensteiner sangen lauter als die Gräfenthaler. Der Gräfenthaler Bürgermeister, Herr Kosater, gab sich große Mühe. Er bewegte sogar die Lippen, aber den Text kannte der Ärmste natürlich nicht.«

Wenn ich morgen noch einmal heraufkomme, sagt sie, wird sie mir ihre Bilder zeigen.

Aber da will ich schon fünfzehn Kilometer Grenzwanderung hinter mir haben.

Wenig später halten vier Radfahrer auf dem Paß, zwei ältere Männer und zwei Jungen. Vom bayerischen Ludwigstadt aus sind sie die Grenze entlanggefahren. »Für uns ist das eine wichtige Erinnerung, für die Kinder aber nur noch eine Radtour wie jede andere«, meint einer der Männer.

Ich frage, wie sie fünfzehn Jahre nach der Maueröffnung »drüben in Ludwigstadt« leben. Spontan antwortet der älteste: »Beschissen.« Und der andere: »Die Verlierer der Wende sind doch wir im Westen!« Weil mit dem Fall der Mauer auch die Zonenrandförderung wegfiel, seien Betriebe im Westen geschlossen worden, und die Unternehmer haben sie wegen der Ostförderung in zehn Kilometer Entfernung in Thüringen angesiedelt. »Und die Billig-Ossis sind wie Heuschreckenschwärme über unsere Betriebe hergefallen und haben unsere Leute arbeitslos gemacht.«

»Sie auch?«

»Nein, ich bin Gott sei Dank in der Verwaltung von Ludwigstadt beschäftigt. In unsere Verwaltung haben wir bisher keine Ostdeutschen hereingelassen und werden wir auch in Zukunft keine Ostdeutschen reinlassen.« Sie steigen auf und radeln zurück nach Bayern.

Schon beim ersten Anstieg des Kolonnenweges beginne ich nach zehn Minuten die Schritte zu zählen, die ich für eine Gitterplatte brauche. Wenn der Berg steil ist, vier, sonst drei. Nach fünfzehn Minuten schmerzen meine Füße, denn der löchrige Kolonnenweg ist nicht für Wanderschuhe, sondern für Gummireifen gebaut worden. Die Sonne brennt, und die Birken, Eschen, Erlen und Eichen sind noch nicht so groß, daß sie auf dem Grenzstreifen schon Schatten spenden. Nur die Hochstände der Jäger, die nun auf dem gut überschaubaren Gelände anstelle der geschleiften Grenzwachtürme alles überragen, werfen gespenstische Schatten. Vor einem, der mit Militärnetzen getarnt ist, erschrecke ich. Nun haben also die Jäger ein weites, freies Schußfeld …

Nach einer halben Marschstunde treffe ich den ersten Grenzwanderer. Ein älterer, lang aufgeschossener, hagerer Mann in kurzen Hosen. Eine flache Hühnerbrust, muskulöse Beine wie ein Marathonläufer. In seinen rot beschmierten Händen trägt er sorgsam ein Eimerchen, das zu einem Viertel mit Waldhimbeeren gefüllt ist. Er stammt aus Gräfenthal und macht dort Urlaub. Der Physiker aus Jena liebt die langen, einsamen, stillen Wege an der Grenze. »Ich kann hier stundenlang über Gott und die Welt nachdenken.« Am meisten, so sagt Dr. Welsch, staune er über das Wunder, »daß unsereiner in den vierzig Jahren DDR-Gefangenschaft nicht völlig verblödet ist«.

Wahrscheinlich denkt er, daß ich aus dem Westen komme, denn als ich ihm antworte, daß auch ich, ohne zu verblöden, vierzig Jahre in der DDR gelebt habe, relativiert er sofort: »Ich wundere mich andererseits genauso, daß manche Westdeutsche ihre vierzig Jahre Freiheit und Demokratie, die sie genießen konnten, nicht besser für ihre Persönlichkeitsentwicklung genutzt haben. Die reden oft so primitiv, als ob nicht wir, sondern sie …« Manchmal, sagt er, habe die Unfreiheit in der DDR die Menschen zum Denken gezwungen. Heute dagegen …

Ob er die Himbeeren zu Saft für den Winter einkocht, frage ich. Aber er zuckert sie ein und ißt sie gleich auf.

Der nächste Grenz-Gänger, den ich treffe, hat sich trotz der brütenden Hitze in einen dicken, an den Ärmeln schon aufgerissenen Anorak gemummelt. Was gegen Kälte schütze, sei auch gut gegen Hitze. Er schleppt zwei aus Weidenruten geflochtene Kartoffelkörbe. Beide sind so randvoll mit Birkenpilzen, Maronen, Rotkappen und Steinpilzen gefüllt, daß sie ihm die Arme nach unten ziehen und sich die vielen Pockennarben in seinem Gesicht auffällig röten. »Die Grenze ist mein bestes Pilzrevier.«

Ich frage ihn nicht nach den Minen, aber er redet davon, ungefragt.

Fünfzehn Jahre hat er als Pfleger im Gräfenthaler Krankenhaus gearbeitet. Damals lag es mitten im Grenzsperrgebiet und war das zentrale Krankenhaus für den Kreis Neuhaus. Die Patienten kamen ohne Probleme hinein, aber die Gesunden mußten erst einen Passierschein beantragen, um ihre vielleicht bei einem Unfall schwerverletzte Frau zu besuchen. Er habe auch Tote und von Minen verletzte Flüchtlinge gesehen. »Die brachte man alle zu uns.«

Nachdem das Kreiskrankenhaus in Neuhaus außerhalb des Sperrgebiets gebaut worden war, arbeitete er in der größten Porzellanfabrik von Gräfenthal. Nach der Wende wurde sie sofort geschlossen, und ihm blieben nur ein paar Gelegenheitsjobs. »Also macht Edgar im Winter Holz für die Leute, und im Herbst verkauft er Pilze … Haste ’nen Schnaps in deinem Rucksack?«

Trotz der Hitze gießt er sich einen Trinkbecher voll. In einem Seitenweg steht ein verrosteter Lada, in den er einsteigt.

»Mensch, du kannst doch mit sto Gramm im Blut nicht Auto fahren«, sage ich.

Er lacht. »Ich bleibe schön auf dem Kolonnenweg. Weißt du, wie besoffen die Grenzer waren, die hier entlanggerast sind? Einige habe ich mit reinem Äthanol aus dem Krankenhaus versorgt. Sonst hätten die das nicht ausgehalten, hier an der Grenze.«

Ich weiß nicht, ob das, was Edgar erzählt, Dichtung oder Wahrheit ist. Aber die zwei Körbe Pilze, die wiegen bestimmt zwanzig Kilo.

Von einem Afrikahaus neben dem LPG-Stall, Dächern mit Asbestschiefer im Schiefergebirge und unsolidarischen Ossis auf der »Kalten Küche«

Es ist inzwischen Nachmittag. Mein Magen knurrt. Ich habe an eine Regenplane, an Heftpflaster, Trinkwasser, frische Socken, Kugelschreiber, Papier und Schnaps gedacht. Aber ich habe, auf die Kneipen in den Dörfern hoffend, weder Brot noch Wurst in den Rucksack gepackt.

Hohe Brennesseln am Weg und Beifuß auf Schutt, zwei untrügliche Zeichen für »Zivilisation«, kündigen endlich das erste Dorf an. Der Beifuß blüht noch nicht. Ich weiß, daß man ihn vor der Blüte als Würzkraut für den Gänsebraten schneiden muß. Aber jetzt will ich nicht an Gänsebraten denken …

Als sich der Wald auf der Höhe lichtet, sehe ich im Tal das Dorf Lichtenhain. Am Weg, der von der ehemaligen Grenze zum Dorf führt, steht ein olivgrüner PKW Škoda. Hinter der Frontscheibe klemmt wie bei den Trucks ein Schild mit dem Vornamen des Fahrers. Der Fahrer heißt »MAMA«. Wenig später höre ich zwei Frauenstimmen, eine ängstlich: »Wenn es hier aber Kreuzottern gibt?«, die andere resolut: »Mußt nur richtig Lärm machen, dann verschwinden die Viecher!« Heidelbeerpflückerinnen. Die MAMA sieht wirklich wie eine Mama aus, eine prächtige, kräftige, füllige Mama: Frau Kelm aus dem nahe gelegenen Unterlugwitz.

»Wir haben schon als Kinder an der Grenze Heidelbeeren gepflückt. Manchmal ließen die Grenzer uns herein und sagten: ›Aber beeilt euch, damit ihr wieder raus seid, bevor unsere Ablösung kommt.‹«

Das erste, was sie sich nach der Wende gekauft hat, war ein Auto, um damit an die besten Heidelbeerstellen fahren zu können.

Jede Frau hat einen Fünf-Liter-Eimer randvoll und keine hat einen blauen Mund.

In Lichtenhain werde ich endlich etwas essen. Dort gibt es eine Gaststätte und einen kleinen Laden, hat die MAMA versprochen.

Am Dorfeingang liegen Haufen von Betonplatten und Steinschutt. Unter einstürzenden Hallendächern verrosten alte Zetor-Traktoren, Hänger mit platten Reifen, defekte Pflüge und Maschinen. Neben einer Scheune wächst das Gras über einen roten Mitsubishi ohne Nummernschild, und an dem mit einer Kette verschlossenen Scheunentor hängt ein Schild: »Unbefugten ist das Betreten verboten! LPG ›Sonnenstrahl‹ Lichtenhain.«

Ich weiß nicht, ob ich lachen oder weinen soll.

Und dann sehe ich, an ein verfallenes LPG-Gebäude im rechten Winkel angebaut, ein … ich reibe mir die Augen, weil die Sonne blendet … ich sehe … reibe mir noch einmal die Augen … ich sehe ein langes, eingeschossiges weißes, an den Giebelseiten mit blauem Schiefer verziertes Haus. Weiße Holzpfeiler tragen einen weißen umlaufenden Balkon. Sprossenfenster.

Ich versuche mich zu erinnern, wo ich solche flachen, schönen weißen Holzhäuser schon gesehen habe. Am Meer, in der

Nähe der Seebrücke, an der Strandpromenade. Und in Afrika! Die Villen der weißen Farmer in »Jenseits von Afrika«.

Aber ich stehe in Lichtenhain, an der Grenze zwischen Thüringen und Bayern.

Vor einer barackenähnlichen ehemaligen LPG-Werkstatt schneidet ein Mann auf der Kreissäge dicke Holzstämme. Ringsumher auf dem Hof stehen schon viele mit Draht verzurrte, ordentlich geschichtete Holzmeiler. Dillbündel hängen an der Hauswand. Auf einem großen Sieb trocknet ein einzelner Steinpilz, und auf einem vielleicht fünf Quadratmeter kleinen Beet wachsen so viele Gemüsearten, wie ich es auf solch winziger Fläche noch nie gesehen habe. Erdbeeren, sechs Stangenbohnen, sechs Krautköpfe, Sellerie, Buschbohnen, Kohlrabi, Porree, Möhren, Schoten.

Als er mich bemerkt, schaltet der Mann die Säge aus. Er wird an die Fünfzig sein, trägt derbes Uniformzeug mit dem runden Emblem der »DDR-Zivilverteidigung«.

»Dabeigewesen?«

Er lacht. »Nee, ich habe das erst nach der Wende gekauft. Hält ewig, das Zeug.«

Ich frage ihn nach dem weißen Afrika-Haus, das hier wie Helena zwischen den verrotteten LPG-Gebäuden steht.

»Die Geschichte ist eigentlich zu lang für einen Schwatz in der Sägepause, aber … Also: Die Tochter eines Lichtenhainer Zimmermanns ist 1957 nach dem Medizinstudium in den Westen gegangen. Sie war damals in der BRD wohl die jüngste Ärztin und hat sich für einen Einsatz nach Afrika, nach Uganda, gemeldet. So was wie ein weiblicher Albert Schweitzer. Wegen ihres Engagements ist sie dort eine geehrte und geachtete Frau. Während des Bürgerkriegs hatten zwanzig Rebellen ihr Auto beschlagnahmt und wollten es mitnehmen. Das müssen Sie sich vorstellen, eine Frau allein gegen zwanzig mit MPi bewaffnete Rebellen. Aber sie hat gesagt: ›Ich brauch das Auto. Denken Sie doch an Ihre Kollegen, wenn die verwundet sind, kann ich mit dem Auto auch Ihre Kollegen retten.« Er sagt wirklich »Kollegen«. »Sie ließen ihr das Auto. Solch eine Frau ist das, unsere Lichtenhainer Frau Professor Ellmer aus Afrika!«

Nach der Wende ist sie nach Lichtenhain zurückgekommen und hat die – noch von ihrem Vater gebaute – heruntergewirtschaftete LPG-Traktorenwerkstatt zu einem Wohnhaus umbauen lassen. »Im Sommer wohnt sie hier, im Winter arbeitet sie in Uganda.« Im Moment sei sie leider verreist. Sie habe ein Buch über ihr Leben geschrieben: »Die Bettelfrau von Buhinga«. Der kleine Verlag, der es herausbrachte, ist auch an der ehemaligen Grenze zu Hause, in Föritz.

»Im Osten?«

»Ja, im Osten.«

Ich frage ihn, wer die alten LPG-Gebäude noch nutzt. Ein Westdeutscher hat die Gebäude und die Ländereien gekauft. Aber die Ställe in Lichtenhain werden nur gebraucht, wenn Tiere krank sind und in Quarantäne müssen.

Bevor ich mich verabschiede, frage ich nach dem Weg zur Gaststätte. »Die hat heute Ruhetag.« Und der Dorfladen? Er lacht, nicht schadenfroh, aber spitzbübisch. »Der hat gerade für ein paar Stunden geschlossen.« Heute mußte die Martha, was diejenige ist, die den Laden betreibt, hinauf nach Gräfenthal, um Ware zu bestellen und auf der Bank Geld einzuzahlen. Die 81jährige läuft die acht Kilometer hin und oft auch wieder acht Kilometer zurück, weil kein Bus mehr fährt. Martha hat schon vor der Wende den Konsum im Dorf geleitet. »Als danach alle Konsumgeschäfte der Umgebung an einen Privatmann verkauft wurden, durfte die Martha zwar weiter verkaufen ... Doch sie hat so lange weniger angeboten, bis ...« Seine Frau, die inzwischen dazugekommen ist, unterbricht ihn: »Nee, Rolf, das kannste nicht sagen ...« Er holt Luft, lacht. »Also bis sich der Laden nicht mehr ...« – »Nee, Rolf, das kannst du wirklich nicht sagen ...« – »... also bis der Laden sich nicht mehr rechnete und der neue Besitzer ihn loswerden wollte. Und da hat die Martha ihn schnell genommen, und seitdem ist er auch wieder rentabel und ...« – »Nee, Rolf, das kannste nicht ...«

Er selbst hat Arbeit als Werkzeugmacher bei »Plasta«.

»Unsereins hätte damals, als die Maschinen nach der Wende für einen Appel und ein Ei verkauft wurden, also unsereiner hätte wenigstens so viel Geld haben müssen, daß man sich ein paar von den Maschinchen hätte kaufen können. Aber das Geld dafür besaßen eben nicht wir, sondern die anderen.«

Rolf Scheibig schaltet die Kreissäge wieder an, und ich gehe hinüber zum weißen Afrika-Haus. Keine Gardinen oder Vorhänge vor den ebenerdigen Fenstern und Glastüren. Große Zimmer. An den Wänden hängen Felle afrikanischer Großwildkatzen. Tische und Sessel sind geschmückt mit afrikanischen Tüchern.

Während ich mir die Nase an den Scheiben platt drücke, kommt von nebenan, aus einer neuen Flachbauhalle, die einem modernen Heizhaus ähnelt, ein Mann mit unter dem Bauch gegürteten Jeans und kariertem Hemd. Er fragt mich sehr laut, was ich hier zu suchen hätte. Nach meiner Erklärung lädt er mich ein, die Halle zu besichtigen. Kein Heizhaus, sondern ein Werkzeugbetrieb für elektronische Schaltelemente. Der Mann ist der Chef.

»Schubart, Wolfhard – ja, mit ›d‹. Wir hatten in der DDR einen Sportreporter, der hieß auch Wolfhard – Wolfhard Kupfer.« Ich nicke bestätigend, und er wird gesprächig. Nach der Wende ist er der erste Bürgermeister in Lichtenhain gewesen. Seine Schwester – die seinerzeit in den Westen gegangen war und im Allgäu Besitzerin des Eloba-Stammbetriebes ist – hat damals in Lichtenhain einen Betrieb bauen wollen. Im August 1990 ist der Grundstein gelegt und im April 1991 mit der Produktion begonnen worden. Zwanzig Leute arbeiten in der Halle an alten WMW-Maschinen aus der DDR und modernsten Computerdrehbänken.

Ich frage ihn, ob er auch Arbeiter aus Bayern beschäftigt.

»Nein, wir hatten einen Wessi, einen aus Lauenstein. Den mußten wir entlassen. Der hat nur …« Er schnippt sich nach alter russischer Art mit Daumen und Zeigefinger an die Kehle.

Wolfhard Schubart hatte dreiunddreißig Jahre in dem volkseigenen Plasta-Betrieb gearbeitet. Nach der Wende war dort Schluß. »Was ohne das Geld meiner Schwester aus mir geworden wäre, weiß ich nicht.«

Im Zentrum von Lichtenhain sind das Spritzenhaus, Scheunen und alte Wohnhäuser mit Asbestschindeln verkleidet. Asbestschindeln mitten im Schiefergebirge! Nur ein paar Kilometer von den Gruben entfernt, in denen seit alters her Schiefer für Schiefertafeln, Schiefergriffel und Schieferschindeln, die die Häuser in dieser Gegend in blau geschuppte Karpfen verwandelt haben, gebrochen wird. Ich klingele an einem der nur schamvoll an den Kanten mit echten Schieferschindeln verzierten Wohnhäuser. Ein junger Mann in verwaschenem T-Shirt und in blauer Arbeitshose öffnet. Ich frage ihn, weshalb er hier mitten im Thüringer Schieferzentrum sein Haus mit diesem giftigen Asbestzeug …

»Weil es in der DDR keinen Schiefer zu kaufen gab. Der wurde gegen Devisen in den Westen geschickt. Sogar denkmalgeschützte Kirchen in der Gegend hat man mit Asbestschiefer gedeckt.«

»Und heute?«

»Heute kann man den Schiefer kubikmeterweise kaufen, aber kaum einer kann ihn und die Schieferdachdecker bezahlen.«

Er hat als Möbeltischler im VEB Werramöbel in Gräfenthal, der als einer der ersten Betriebe nach der Wende dichtgemacht wurde, gearbeitet. Mit seinem Bruder und dem Vater pachtete er einhundertsechzig Hektar Wiesen, auch Grenzland. »Wir lassen die Flächen nicht nur abweiden, sondern mähen sie im jährlichen Wechsel, was mühevoller und weniger rentabel ist. Aber man muß an die Natur denken, nicht nur an das Geld.«

Neunzig Muttertiere haben sie. Sie vermarkten das Fleisch selbst. Echte Thüringer Hausmacherwurst in Büchsen.

Da habe ich Hungriger also doch noch Glück in Lichtenhain. Ich will eine Büchse kaufen. Aber er schüttelt lächelnd den Kopf.

»Ist alles schon weg. Geschlachtet wird im Winter. Im Sommer holen auch wir unsere Wurst beim Fleischer.«

»Nicht eine einzige Büchse mehr?«

»Nein, keine einzige.« Nur ein Stapel Etiketten »Ackermanns gute Hausmacherwurst« liegt noch auf dem Fenstersims im Hausflur.

Er erklärt mir den Weg von Lichtenhain zurück zur Grenze. »Zuerst in Richtung Rennsteig und dann auf dem Rennsteig entlang bis zur ›Kalten Küche‹ bei Spechtsbrunn.«

Kalte Küche klingt gut.

Wieder allein im Wald, hoffe ich, daß ich noch am Abend in Spechtsbrunn ankomme. Die Wabenplatten des Kolonnenweges sind teilweise unauffindbar. Die Wäldler, erzählt mir später ein Bürgermeister dieser Gegend, haben sich daraus Wege zu ihren Gartenhäuschen gebaut.

Der Ackermann-Bruder rattert mir mit Traktor und angehängtem Mähwerk entgegen. Ja, ich sei noch auf dem richtigen Weg. Die Grenze verläuft genau am Rand der Weidefläche.

Dann verirre ich mich doch. Ich weiß nicht mehr, ob ich schon in Bayern oder noch in Thüringen bin, und laufe einen Kilometer an gelb blühenden, schnurgerade in einer Richtung stehenden Johanniskrautbüschen entlang, denn ich nehme an, daß sie an einer früheren Wegbegrenzung gewachsen sind. Johanniskraut, das natürliche Mittel gegen Depressionen. Ich versuche mir vorzustellen, wie Fremde aus Leipzig oder Dresden hier, ohne Karte und nur dem Gefühl folgend, nachts über die Grenze flüchten wollten. Und sich verirrten. Was noch das ungefährlichste gewesen sein wird …

Auf einer Waldlichtung liegen an die hundert große weiße Ballons, zusammengepreßtes und luftdicht mit Plaste verschweißtes Heu. Die Rißwunden der Ballons sind mit Heftpflaster verklebt. Manche riechen nach Weingärung, manche schon nach Silage. Nur hundert Meter davon entfernt, entdecke ich das erste an einen Baum genagelte »R«. Die ehemalige Grenze und der Rennsteig sind nun kilometerweit vereint. Und ich bin nicht mehr allein unterwegs. Rennsteig-Wanderer und Rennsteig-Radfahrer teilen mit mir den Weg.

In der DDR endete der Rennsteig schon bei Neuhaus. Ich erinnere mich noch an die erste organisierte Rennsteig-Wanderung. Das CDU-Ratsmitglied des Bezirkes Suhl für Tourismus, Werner Ulbrich, hatte Pressevertreter der DDR als Testwanderer eingeladen. Einhundertzwanzig Kilometer Rennsteig in fünf Etappen von Meura bis Neuhaus. Der Vertreter vom »Deutschen Sportecho« allerdings hat als einziger wegen Konditionsmangels bereits in Oberhof aufgegeben …

Eine Tafel an den Schildwiesen erinnert daran, daß am 28. 4. 1990 Tausende Wanderer den Rennsteig erstmals wieder von Bayern nach Spechtsbrunn in Thüringen entlanggelaufen sind. Unterschrieben ist sie vom Tettauer Bürgermeister Alfred Schaden und seinem Thüringer Amtskollegen Wolfgang Wiegand.

Wolfgang Wiegand will sich mit mir um achtzehn Uhr in Spechtsbrunn am Informationsgebäude des Naturparks neben der »Kalten Küche« treffen. Mich treibt der Hunger. Ich bin schon vor ihm an der verabredeten Stelle. Hier querte der Rennsteig die alte Handelsstraße Nürnberg–Leipzig. Auch heute herrscht hier noch geschäftiges Treiben. Ein Dieselaggregat, das einen fahrbaren Imbißstand mit Strom versorgt, tuckert und stinkt. Es gibt Kaffee, Bockwurst, Bratwurst, Suppen, Bier, Wasser. Gegenüber am Informationshäuschen, nur zehn Meter entfernt, steht noch ein Imbiß, ein stationärer mit Tischen und Bänken, und bietet Kaffee, Bockwurst, Bratwurst, Suppen, Bier und Wasser an. Die LKW-Fahrer essen am stationären Imbiß. Die Wirtin schimpft auf die Konkurrenz, die neuerdings gegenüber steht.

Ines – »Alle sagen nur Ines zu mir.« –, mit blauer Bluse, blauen, bis zum Knie hochgekrempelten Jeans und blauen Augen, ist von Beruf Chemielaborantin. Danach arbeitete sie im Konsum von Lichte, später hat sie in einem Behindertenheim gekocht. Nach der Wende arbeitslos, hat sie zuerst einen Broilerstand in Lichte aufgemacht und ist dann 1993 mit Bratwurst und Bockwurst hinauf zur »Kalten Küche«.

Sie wird jetzt auch nicht, sagt sie, vor der neuen mobilen Konkurrenz und ihren Vierzig-Cent-Kaffee-Dumpingangeboten kapitulieren. »Den Besitzer, der nicht mal selber verkauft, sondern billige Leute vom Arbeitsamt beschäftigt, kenne ich. Er stammt von hier, von Blechhammer. Er hat schon ein paar Imbißbuden laufen und vermietet Wohnungen …« Die nächsten Sätze spricht sie sehr gelassen aus: »Es ist nicht wahr, daß uns hier an der Grenze die Wessis kaputtmachen. Wir Ossis machen uns doch gegenseitig kaputt. Solidarität war mal, nun gilt nur noch: Wenn es um das Geld geht, ist einer des anderen Teufel. Aber die LKW-Fahrer, die kennen mich alle, die halten hier bei mir und nicht gegenüber bei diesen … diesen …«

Ich schlinge bei Ines zwei Bockwürste hinunter, ehe ich in das direkt an der alten Handelsstraße gelegene ehrwürdige holzverkleidete Gasthaus »Kalte Küche« gehe. Drinnen sitzen nur drei Gäste mit der Wirtin an einem Tisch. Sie ist, erzählt sie mir, 1932 geboren, genau in dem Jahr, als ihr Vater, ein Kellner, das Gasthaus erbaut hat. Seitdem lebt und arbeitet sie in diesem Haus. Als die Mutter 1980 starb, übernahm sie das Restaurant. Ich frage die 72jährige, wer es nach ihr weiterführen wird.

Die Tochter ist Bauingenieurin. Eine arbeitslose Bauingenieurin. Eine langzeitarbeitslose Bauingenieurin.

»Ab nächstes Jahr bekommt sie nur noch Sozialhilfe«, sage ich.

»Nein. Sie hat noch ein paar Versicherungen, die müßte sie zuvor verbrauchen und bekäme erst mal gar nichts.«

»Also wird sie deshalb lieber hier im Familienbetrieb, in der Küche oder in der Gaststube, arbeiten?«

»Vielleicht«, sagt die Wirtin. »Vielleicht.«

Das Haus hat schon viel überstanden. 1945 war ein deutscher Stab hier eingezogen, deshalb wurde es beschossen. Danach kamen die Amerikaner. »Und dann, die Schönsten, die Russen. Die quartierten sich ein, und wir mußten dreizehn Monate raus. Aber dafür kam in der DDR kein fremder Gast hierher, nur die Einheimischen mit Sperrgebietsausweis.«

Heute würden die Einheimischen lieber eine billige Bockwurst essen und ihr Bier bei Ines an der Imbißbude gegenüber trinken. Wenn nicht Bayern, wie die drei Stammgäste am Tisch, aus Tettau und Ludwigstadt herüberkämen, sähe es böse aus. »Die müssen noch nicht so auf das Geld schauen. Die trinken ihr Bier lieber gemütlich bei mir als bei der Ines. Und nun ist ja seit einer Woche noch ein Imbißwagen dazugekommen.«

Bürgermeister Wolfgang Wiegand fährt mit dem Auto vor. Der stattliche Mann trägt zwar keinen Schlips, aber mit seiner braunen Anzughose aus gutem Stoff und dem ordentlich gebügelten Hemd wirkt er eher wie der Oberbürgermeister einer kreisfreien Stadt als der Dorfbürgermeister einer Wäldlergemeinde am Rennsteig. Er könnte, was sein Wissen über die Historie seiner Gegend betrifft, auch Geschichtsprofessor sein, denn er gehört zu den Leuten, die mehr über die Vergangenheit der alten Häuser wissen als diejenigen, die drin wohnen. Im Informationszentrum liegen stapelweise von ihm verfaßte Handzettel. Über die Spechtsbrunner Kirche, die Herzog Georg II. 1911 als die »schönste Dorfkirche meines Sachsen-Meininger Landes« gepriesen hat, über die Geschichte des Berggasthofes »Brand«, zu dem ich gern hinaufgelaufen wäre, aber er liegt leider zehn Kilometer abseits von meiner Route und hätte den Zeitplan vollständig durcheinandergebracht. 1944 ließ die Geheime Staatspolizei Strom und Telefon auf den Berggasthof legen und dort eine Gestapo-Leitstelle errichten. Als die Nazis kurz vor dem Einmarsch der Amerikaner flohen, blieb die auf dem »Brand« versteckte wertvolle Bibliothek mit rund zehntausend Bänden Exilliteratur aus den besetzten Gebieten zurück, »Feindbücher«, geschrieben von Juden, Freidenkern, Kommunisten, Zeugen Jehovas ... Die Wäldler aus den umliegenden Orten plünderten die Bibliothek. Bei seinem Großvater fand Wolfgang Wiegand kürzlich noch einige Exemplare wie das Buch der Jüdin Agatha Lasch, die als erste Professorin an der Hamburger Universität gelehrt hat und 1942 im KZ umgebracht wurde. Und die handschriftlichen erotischen Tagebücher einer Helferin, die ihre Sex-Abenteuer mit den Gestapoleuten auf dem »Brand« beschrieben hatte.

Auch über die »Kalte Küche« veröffentlichte Wolfgang Wiegand ein Merkblatt. Der Name der Gaststätte hat nichts mit Essen zu tun, sondern ist aus den Begriffen Calde – Grenze – und Kuche – kleine Kapelle – gebildet worden. Eine kleine Wegkapelle an der alten Heer- und Handelsstraße zwischen Nürnberg und Leipzig, die Lucas Cranach, Kurfürst Friedrich der Weise, Ablaßhändler Tetzel, Martin Luther, die Truppen von Kaiser Karl V. und fünfundzwanzigtausend Soldaten Napoleons entlanggezogen sind. Und vierzig Jahre lang die Grenzer ...

»Genau hier, vor unserem Informationszentrum, befand sich der erste Grenzzaun. Die Posten, die zur Wache hineingingen, mußten ihn aufschließen und dazu eine Codezahl eingeben. Schlüssel ohne Codezahl nutzte sowenig wie Codezahl ohne Schlüssel.«

Wolfgang Wiegand hat in der DDR Maschinenbau studiert. Nach der Wende wurde er CDU-Kulturdezernent in Sonneberg und danach Bürgermeister der Großgemeinde Oberland.

Dazu gehören vier Dörfer mit zweitausendfünfhundert Einwohnern, viel, viel Wald, zuwenig Kinder, in manchen Jahren gibt es nur noch zwölf Neugeborene … Aber ein fünf Hektar großes neues Gewerbegebiet hat er in Spechtsbrunn ansiedeln können. »Diese Industrieansiedlung sieht nicht schön aus, so direkt am Rennsteig, wo die Touristen vorbeiwandern. Im Dritten Reich durften fünfhundert Meter rechts und links vom Rennsteig keine Fabriken gebaut werden, heute verlangt der Gesetzgeber nur noch fünfundzwanzig Meter Abstand … Aber einhundert Arbeitsplätze …«

Der Bürgermeister hat recht. Wenn man von der Höhe kommt und die idyllisch an den sanften Berghängen stehenden schieferbedeckten Häuschen von Spechtsbrunn sieht, drängelt sich das Gewerbegebiet mit seinen blau, rot und gelb gestrichenen Hallen wie ein immerzu »Ich, ich, ich« schreiendes häßliches Kind in den Vordergrund. Aber ich werde es mir erst morgen anschauen. Für heute endet meine Grenz-Tour im Spechtsbrunner Hotel und Gasthaus »Zum Rennsteig«.

Von einem Saarländer, der im Spreewald transportable Klostühle findet, einem Schleusinger Tischlermeister, der in Spechtsbrunn Höfe fegt, und meinem Versuch, mich westfein zu machen

Die junge Frau am Tresen zeigt mir mein Zimmer im Obergeschoß. Kleine Bilder mit Alpenglühen hängen an den Wänden, und sauber abgestaubte tropische Kunstblumen stehen auf Fensterbank und Tisch. Auf dem Bett wölben sich dicke, mir aus der Kindheit gut vertraute Federkissen. Ich bin müde, aber als ich von der mit ihren rotblonden Haaren sehr norddeutsch aussehenden Frau, die Dolores heißt, erfahre, daß es außer Schnitzel, Bratwurst und Eisbein auch Saure Flecke – »mit Blut verfeinert, da schmecken sie lieblicher« – gibt, gehe ich noch einmal hinunter in die Gaststube.

Zwei ältere blonde Männer sitzen an einem Tisch, ein untersetzter Mann an einem anderen. Heute möchte ich mit niemandem mehr reden und setze mich an den noch freien Tisch, bestelle Rotwein und Flecke und lese die Zeitung. »Bundeskanzler Schröder verspricht in Polen anläßlich des 60jährigen Gedenktages des Aufstandes im Warschauer Ghetto, daß die Bundesregierung keinerlei Besitzansprüche von deutschen Vertriebenen akzeptiert.«

Während ich lese, kann ich nicht umhin, den Biertrinkern am Nachbartisch zuzuhören. Der eine hat endlich eine Handyverbindung. »Ob ich heiser bin?« schreit er. »Nein, nicht erkältet, mein Schatz … Morgen laufen wir den Rennsteig bis nach Limbach … Ja, die Rucksäcke sind sehr schwer … Aber wenn man sie erst aufhat … Transportieren lassen? … Das kostet 20 Euro von einem Gasthaus zum anderen … So teuer wie die Unterkunft … Die Landschaft? … Sehr schön … Und die Leute? … Nett … Wie sie leben? … Na ja, weiß ich nicht … Immer noch ein bißchen Zone hier … Morgen ruf ich nicht an … Muß ja nicht jeden Tag sein … Wird zu teuer … Mach's gut, Schatz.«

Danach stellen sich die beiden Wanderer dem Gast am Nebentisch vor. Sie stammen aus Weida (früher DDR). Der eine ist in den Westen gegangen, weil er kein Abitur machen, der andere, weil er nach dem Abitur nicht studieren konnte. Beide leben jetzt im Badischen. Der Untersetzte am Nachbartisch kennt Weida. Am Platz der Freiheit hat er mal alte Türklinken mitgenommen …

»Der Freiheitsplatz«, sagt der große Blonde, »hieß früher Wilhelmsplatz. Dann Platz der SA. Dort bin ich noch als Pimpf marschiert. Danach war es immer der Platz der Freiheit, selbst in der DDR.«

Den Mann am Nachbartisch müssen die beiden nicht fragen, woher er kommt und was er macht. Er erzählt ungefragt sehr schnell und sehr viel von sich und lacht. »Bei mir ist alles umgekehrt. Ich bin im Saarland sieben Kilometer neben

Honecker geboren.« Nach der Wende ist er mit Sechsundvierzig in den Osten gegangen, zuerst als Vertreter für Euro-Clean, Reinigungsmittel für Gaststätten, Arztpraxen, Krankenhäuser, Altersheime … War Tag und Nacht unterwegs, den Osten rauf und runter und rüber und nüber. Er kenne jede Stadt, jeden Winkel hier und habe sehr schnell bemerkt, welche Schätze es noch gebe. »Im Spreewald beispielsweise habe ich kistenweise Flachsspindeln, alte Tontöpfe und so ein Zeug auf den Böden gefunden.« Manchmal allerdings sei er zu spät gekommen wie in Gera. »Da hatten die in den alten Häusern die wertvollen Holztüren schon rausgedroschen, alles auf den Schutt gebracht, nur noch Löcher drin in den Häusern. Ist eben runtergekommen, das Gera, sag ich Ihnen …«

Aber noch heute treibt er Raritäten auf. Neulich hat er im Spreewald einen wertvollen, oben mit Samt verkleideten, transportablen Klostuhl gefunden. »Unten eine Kiste mit Topf und hinten ein Rohr mit Sand gefüllt, Hebel drücken, und Sand rieselt runter in den Topf.« Für 600 Euro hat er das Klo nach Braunschweig verkauft.

Ich, der ich bisher stumm dagesessen und mir nur ein paar Gesprächsbrocken so auf den Zeitungsrand geschrieben habe, als ob ich das Kreuzworträtsel lösen würde, frage: »600 mit oder ohne Sand?«

»Mit. Sand gibt es genug in der Lausitz«, belehrt er mich. Ich weiß das, ich habe acht Jahre dort gelebt. Er hat sich, erzählt er, in Dissenchen bei Cottbus auf einem fünftausend Quadratmeter großen Grundstück ein sehr geräumiges Haus gebaut. »Hundert Quadratmeter Garten für meine Frau. Sechzehn Meter langes Carport, zwei Garagen. Man kann es auch im Osten zu was bringen.« Er fährt immer noch als Vertreter für Reinigungsmittel, aber gleichzeitig als Aufkäufer von Antiquitäten umher und klagt, daß die Geschäfte, seit die Polen in die EU aufgenommen worden sind, nicht mehr so gut laufen. »Ich habe viele Haushalte von Alleinstehenden – dort sind die meisten Schätze zu finden – für 400 bis 1000 Euro aufgelöst.

Jetzt kommen die Polen und machen es umsonst. Die räumen alles raus, auch das, was niet- und nagelfest ist, und übergeben die Zimmer besenrein. Außerdem – obwohl die Ostdeutschen weniger jammern als die Westdeutschen – werden die Zeiten immer schlechter. Da hören die Leute jeden Tag im Radio, daß wir immer ärmer werden, weniger Rente, weniger Stütze, weniger Lohn, und da stehe ich da mit meinem alten schönen Vertiko für 500 Euro. Und niemand will es.«

Dolores deckt die Frühstückstische. Ohne das blau-grün umrandete, dicke weiße Porzellan umzudrehen, sagt er: »Konsumgaststätten-Geschirr. Mitropa hat noch ein ›M‹ drauf. Das habe ich mir kartonweise umsonst besorgt. Manche Leute kaufen es heute wieder.«

Als die beiden Rennsteig-Wanderer schlafen gehen, will er mit mir reden und gibt mir seine Euro-Clean-Werbezettel: Peter Brück. Ich entschuldige mich, daß ich müde bin und hinaufgehen werde und auch keine Reinigungsmittel brauche.

»Macht nichts, aber wenn Sie mal nach Cottbus kommen, besuchen Sie mein Antiquitätengeschäft … oder wenn Sie was haben … oder was wissen wollen über den Osten … ich besorge Ihnen alles und weiß alles.«

Endlich bin ich allein. Und obwohl hundemüde, habe ich plötzlich das Bedürfnis, noch mit irgend jemandem zu sprechen.

»Gut, trinken wir noch ein Bier und reden wir«, sagt der Mann von Dolores, als ich zurück in die Gaststube komme. Ich erkläre ihm, wer ich bin, und bitte ihn, von sich zu erzählen. Der 38jährige spricht leise, stockend – ich muß immer wieder nachfragen.

»Ich bin kein Gastwirt, sondern Werkzeugmacher. Nur manchmal, wenn die Schwiegereltern nicht hier sind, helfe ich meiner Frau.« Er dreht sich aus feinem Tabakverschnitt eine Zigarette. Mit seinen hervorstehenden Backenknochen sieht er, wenn er die Augen wegen des Rauchs zusammenkneift, ein bißchen asiatisch aus.

Er hat seine Frau Dolores bei einem Kirchentreffen kennengelernt. Sie liebten sich, aber Dolores konnte die Eltern mit der Gastwirtschaft im Sperrgebiet nicht allein lassen, und er durfte sie dort nicht besuchen.

»Wir hatten in der Nähe von Eisenach selbst Landwirtschaft, und meine Eltern brauchten mich auch. Aber ich hab mich entschieden, zu ihr ins Sperrgebiet zu ziehen. Mutter schimpfte damals: ›Komm mir ja nicht wieder und jammere mir die Ohren voll!‹«

Ein halbes Jahr lang überprüften ihn die »Organe«, dann durfte er nach Spechtsbrunn ziehen. Manchmal half er seiner Frau in der Gastwirtschaft. »Wir machten um acht Uhr auf. Um neun Uhr kamen die LKW-Fahrer. Danach die Waldarbeiter. Der Förster. Die Handwerker. Eben alle, die nicht in der Fabrik an einer Maschine standen. Und ab vierzehn Uhr tranken die Grenzer hier ihr Bier. Es war immer rappelvoll. Das Bier lief und lief. Man verdiente nicht viel. Fünf oder zehn Pfennige am Liter. Aber die Menge brachte es. Es wäre noch lange so gut weitergegangen.«

Dann kam die Wende. Er ist nicht sofort mit der ersten Demonstration der Spechtsbrunner nach Tettau marschiert, sondern erst später mit einem Freund. »Als wir zurückkamen, fragten die Grenzer: ›Was mitgebracht?‹ Mein Freund sagte: ›Nur Kekse, Cola und Kondome!‹ Ich hatte drüben nur eine Wurstsemmel gegessen und ein Bier getrunken. Hätte ich hier auch haben können. Aber es war eben eine Westsemmel und ein Westbier.«

1990 lief das Geschäft noch gut. Zwar blieb, obwohl das Bier noch billig war, plötzlich die Hälfte der Einheimischen weg – »Wahrscheinlich die verpflichteten Grenzlauscher, die nun nichts mehr zu lauschen und zu melden hatten.« –, aber die Neugierigen aus Ost und West, die früher nicht ins Grenzgebiet reingekommen waren, saßen in der Kneipe.

»Und heute?«

»Das sehen Sie ja. Rennsteig-Wanderer, weil das Haus direkt

am Kammweg liegt. Aber das Bier ist teuer, man muß an einem soviel verdienen wie früher an zehn. Manchmal kochen wir sonntags Braten und Klöße, und keiner kommt zum Essen. Man sitzt und wartet und wartet und wartet. Abends im Bett fragt man sich: Das war's? Das war nun ein Tag in deinem Leben?«

Er dreht sich eine neue Zigarette, holt noch ein Bier. »Wissen Sie, ich bin ein Fremder in Spechtsbrunn geblieben. Als ich hierherzog, tratschten die Leute: ›Den hat uns die Stasi geschickt, der soll uns nur an der Grenze aushorchen.‹ Liebe galt für sie nicht als Grund, hierherzuziehen. Und so denken manche immer noch. Ich habe meine Akte verlangt. Es steht nichts drin. Das zählt für die Leute hier nicht.« Lange Pause. Dann, sehr nachdenklich und leise: »Man macht doch keine zwei Kinder, nur um Leute aushorchen zu können. Unsere Kinder sind für mich das größte, der Sinn meines Lebens. Was will man denn sonst noch? Hoch hinaus? Nee. Ich bin zufrieden. Man muß bewahren, was einem anvertraut ist.«

Gegen Mitternacht sagt er, daß er um drei Uhr aufstehen muß. Er hat Frühschicht drüben im Glaswerk Heinz in Tettau, in Bayern. Seit vierzehn Jahren ist er dort Lagerarbeiter.

Ich entschuldige mich. »Das konnten Sie nicht wissen«, sagt er. »Außerdem war es gut, mit Ihnen zu reden.«

Ich danke ihm und sage, daß ich nun besser schlafen werde unter dem geblümten schweren Deckbett.

Am nächsten Morgen machen sich die aus Ostdeutschland stammenden und im Westen wohnenden Rennsteig-Wanderer, nachdem sie sich von Dolores einen Stempel in ihr Wanderbuch haben drücken lassen, auf den Weg nach Limbach, und der aus Westdeutschland stammende und im Osten wohnende Reinigungsmittelvertreter begibt sich auf die Tour in Richtung Eisenach. Und ich gehe zur Spechtsbrunner Kirche.

In den Gärten stehen Pfeife rauchende Förster, bebrillte Großväter und Großmütter als Gartenzwerge. Dazu Windmühlen und stilisierte Störche. In den Fenstern Kunstblumen. »Hier oben ist lange Winter, aber wir Wäldler lieben das Bunte«, sagt mir ein freundlicher Mann im Rollstuhl. Auf den Teppichstangen vor den Häusern hängen dicke rote Inlettfederbetten in der Frühsonne. Und die alten Frauen grüßen, als müßten sie ihnen Benehmen beibringen, die vorbeigehenden Touristen zuerst.

Die Tür der schiefergedeckten Kirche aus dem Jahr 1746 ist verschlossen, aber Frau Eschrich, die neben der Kirche wohnt, schließt sie mir auf. Es riecht wie in einer Tischlerei nach frischem Holz. Eine Bauernkirche mit bunten Holzsäulen und Blumenornamenten an der Holzdecke. Blau und Grün dominieren. Aber im farbigen Gestühl und in den farbigen Balken der Emporenbrüstung leuchtet frisch eingesetztes Holz. Der Vorraum ist völlig neu gezimmert.

Alles sei vom Pilz befallen gewesen. 1990 begann die Rettungsaktion. Die Fußböden mußten herausgerissen werden, neue Holzstücke paßgenau in die herausgeschnittenen pilzbefallenen Wunden gesetzt werden. Die meisten Spechtsbrunner, gleich ob Christen oder Atheisten, haben viele Stunden, viele Tage und Wochen umsonst gearbeitet.

»Einer der Fleißigsten«, sagt Frau Eschrich, »ist der Porzellanmaler Schmidt. Sie finden ihn in seiner Werkstatt an der Hauptstraße. Im Schaufenster stehen Porzellanfiguren.«

An der Werkstatt hängt ein rundes Porzellanschild mit Lasurschrift: »Kunden bitte hier läuten!« Aber die Klingel darunter funktioniert nicht mehr. Ich läute an der Wohnungstür. Er kommt, fragt, was ich kaufen möchte. Dreißig Jahre lang hat er als Maler in der Porzellanfabrik Spechtsbrunn gearbeitet. Als die schloß, wurde er Gemeindearbeiter, und in seiner Freizeit – »Ich kann's halt nicht lassen.« – bemalt er Rohlinge und brennt sie.

Seit 1990 hilft er bei der Restaurierung der Kirche. »Am Anfang gab es reichlich Fördermittel von überall. Da standen die Architekten und Holzgutachter hier Schlange. Eine Zeichnung – eine Rechnung. Ein Gutachten – eine Rechnung. Nur wir Spechtsbrunner haben alles umsonst gemacht. Ich glaube, die, die Geld besitzen, tun nichts mehr umsonst, nur die kleinen, weniger reichen Leute leisten sich hierzulande noch Ideale.« Inzwischen steht das Schild »Denkmalgeschützt« an der Kirche. Aber das nutzt nichts. Der Landkreis hat für Kirchenrestaurierung nichts mehr im Säckel.

In einiger Entfernung hält an der Hauptstraße ein kastenförmiges Auto, klappt die rechte Seitenfläche wie einen Flügel nach oben und hupt. Daraufhin laufen zwei oder drei Frauen hinüber zur mobilen »Rennsteig-Bäckerei«. Ich habe mir zwar heute zwei Not-Semmeln aus dem Gasthaus mitgenommen, aber als der Flügel wieder eingezogen wird, renne ich trotzdem zu dem Wagen. Er hält noch einmal, fährt die Klappe wieder aus. Die junge Verkäuferin ist ärgerlich, weil ich nichts kaufe, erklärt mir dann aber freundlich, doch in Eile, daß sie, weil es in den kleinen Dörfern keine Bäcker mehr gibt, täglich an die zwanzig Orte abfährt. Sie ist siebenundzwanzig Jahre alt, Kauffrau für Bürotechnik und ohne Job.

Ob sie als »Ostbäckerei« auch Dörfer in Bayern beliefert, frage ich. Sie nickt.

»Und gibt es Unterschiede beim Einkaufen?«

»Die Frauen drüben kaufen frühmorgens zwei frische Semmeln oder ein halbes Brot, warten aber, bis am Nachmittag ein anderes Auto kommt, um frischen Kuchen zu kaufen. Hier bei uns kaufen die Frauen Kuchen, Brot und Brötchen auf einmal. Oft mehr, als sie gerade brauchen. Die Vorratswirtschaft steckt noch drin.«

Von Spechtsbrunn zur Grenze laufe ich wieder am Gewerbegebiet vorbei. Ich wäre wahrscheinlich vorbeigegangen – in der Sonne funkeln die Hallen wie viereckige Aluminiumbrotbüchsen oder verzierte Glassärge –, hätte mir der Mann von Dolores gestern nacht nicht erzählt, daß es dort eine Agentur gibt, die Zeitarbeit vermittelt. Ich könnte ja mal nachfragen ... Ich studiere die Firmenschilder: Plastbearbeitung. Siebdruck. Maschinenbau.

Vor dem Siebdruck kehrt ein vielleicht 50jähriger Mann den Dreck am Bordstein zusammen. Er kennt die Jobvermittlung nicht, denn er ist erst seit zwei Tagen hier, selbst von einer Agentur in Sonneberg vermittelt.

Er kommt aus der Nähe von Schleusingen, aus Hinternah, und ergänzt, wie um mir den Ort dadurch vertraut zu machen: »In Hinternah wohnt die frühere PDS-Chefin, die Frau Zimmer.«

»Was sind Sie von Beruf?«

»Tischlermeister. Das heißt, zuerst nur Industriemeister. Aber weil man den in der BRD nicht anerkannte, habe ich mich 1992 mit meinen fünfundvierzig Jahren noch einmal auf die Schulbank gesetzt und mühsam meinen Handwerksmeister gemacht. Über 20000 dafür bezahlt.« Danach arbeitete er mit einem Zimmermeister in Suhl zusammen. Aber das sei nicht gutgegangen. Allein konnte er sich anschließend nicht selbständig machen, denn er hatte kein Kapital mehr, und die Bank gewährte keine Kredite.

Er kehrt schweigend weiter, flucht dann aber: »Und das hier: Sklavenhandel! Moderner Sklavenhandel!« Für neun Monate habe er bei der Zeitarbeitsfirma, die ihn nun an Betriebe ausleihe, unterschrieben. Vorige Woche hat er in Kassel Fenster eingesetzt, nun kehrt er hier in der Glasfabrik den Hof.

»Und der Lohn?«

»Ich habe es durchgerechnet. Drei Euro und sechzig Cent in der Stunde auf die Hand.« Davon muß er noch das Benzin für die rund einhundert Kilometer Fahrt täglich bezahlen. Sein Vater ist beinamputiert. Er sitzt in Hinternah im Rollstuhl und braucht ihn jeden Tag.

Zwischen Holzcontainern mit Medizin- und Kosmetikfläschchen finde ich den Weg zur Verwaltung des neuen Glasbetriebs. Die Tür der Geschäftsleitung steht sperrangelweit offen. Ein halbes Dutzend Frauen und Männer wuseln und reden durcheinander. Vorsichtig frage ich nach dem Chef.

»Jürgen, hier ist jemand für dich«, ruft eine Frau in die Runde. Sie spricht fast hochdeutsch, der Chef dagegen Sunbarger Dialekt. Er hat in Sonneberg als Ingenieur in der »PIKO« gearbeitet, nach der Wende bei »Märklin«.

Eine bayerische Firma, teilweise vom Siebdruck Röser aus Tettau übernommen, hat ihn nun als Geschäftsführer eingesetzt. Wenn sie voll produzieren, beschäftigen sie etwa achtzig Leute.

»Fest eingestellte?«

»Rund vierzig Festangestellte und, je nachdem, wie die Auftragslage sich entwickelt, noch dreißig bis vierzig Leiharbeiter. Mit Leiharbeitern ist man flexibler.«

In seinem Büro hängt ein Spruch: »Zukunft hat man nicht, man schafft sie sich.« Ich frage, ob er sich den selbst ausgesucht und aufgehängt hat.

Er nickt. »Hier hing noch ein zweiter: ›Wer keine Feinde hat, hat keinen Charakter.‹ Aber meine große Chefin aus Tettau hat darauf bestanden, daß er entfernt wird.«

Ich frage ihn, wieviel der Betrieb der Zeitarbeitsfirma pro Stunde für einen Leiharbeiter zahlen müsse.

»Etwa zwölf bis dreizehn Euro.« Mit dem Tischlermeister aus Hinternah habe er schon gesprochen, er wolle versuchen, ihn länger zu behalten.

Als ich mich verabschiede und erzähle, daß ich jetzt nach Tettau gehe und auch dort unangemeldet in ein oder zwei Betriebe wolle, schaut er meine abgeschnittenen, ausgefransten kurzen Jeanshosen sehr kritisch an und rät mir, eine lange Hose anzuziehen, wenn ich dort einen Geschäftsführer sprechen wolle.

Der Weg nach Tettau gefällt mir. Er geht über abgemähte Wiesen gemütlich bergab, und ich vermeide es, daran zu denken, daß ich irgendwann wieder hinauf muß.

Das Eingangsschild zum »Markt Tettau« steht genau an der

Grenze zwischen Thüringen und Bayern. Ich setze den Rucksack ab, krame die lange Hose heraus. Verspotte mein Tun, ziehe mich aber trotzdem um. Mache mich »westfein«.

Von einem Bürgermeister, der nicht »Schande«, sondern »Schaden« heißt, einer türkischen Moschee im bayerischen Tettau und den Bettel-Aktenordnern eines ehrlichen Wende-Wohltäters

Am ersten Haus fuhrwerkt ein Mann mit einer großen Heckenschere in seinen Sträuchern herum. Ich sage freundlich guten Tag und erkundige mich nach Bürgermeister Alfred Schaden und den Betrieben in Tettau. Er sagt, daß er keine Zeit habe. Ein stummer Wegweiser hilft mir weiter: »Königlich privilegierte Porzellanfabrik Tettau. 500 Meter. Geradeaus.«

Da ich den Verwaltungsaufgang der »Königlich Privilegierten« nicht finde, frage ich im Fabrikverkaufsladen eine sehr damenhaft aussehende, reich beringte blonde Frau mit glitzerndem Ausschnitt an ihrer Bluse nach dem Geschäftsführer.

»Den Herrn Prokuristen, den Herrn Hopf?«

Ich nicke. Wen sie melden dürfe.

»Einen Schriftsteller aus Thüringen.«

Sie telefoniert. Der Geschäftsführer sagt bedauernd, daß er leider ... also unangemeldet und überhaupt ... keine Zeit habe. Mir ist warm in meinen langen Hosen. Aber im Geschäft umziehen? Nein.

Die mondäne Dame erklärt mir, daß sie hier im bayerischen Grenzzipfel – »reingesteckt wie in einen Sack« – früher auch für fünf Mark arbeiten mußten. »Wir kennen das, und die im Osten sollen sich heute bloß nicht beschweren.«

Die königliche Porzellanfabrik hat nach der Wende die ostdeutschen Porzellanfabriken in Scheibe-Alsbach, Plaue, Unterweißbach und Volkstedt aufgekauft. Drei davon sind inzwischen geschlossen und die erfahrenen Gestalter teilweise in Tettau übernommen. Im Fabrikladen stehen noch die ostdeutschen Spezialitäten. In der Porzellanfabrik Plaue konnte man sich nach einem Foto modellieren und daraus eine wiedererkennbare Porzellanfigur brennen lassen. Hochzeitspaar, Bundeswehroffizier, Goldjubelpaar ... Je 50 Euro. »Natürlich kann man sich auch als Akt abformen lassen«, erklärt die Frau. »Aber die stellen wir hier nicht aus.«

Die Zeiten würden schlechter, meint sie. »Früher haben die Amerikaner jede Menge Napoleons und porzellanene Prinzen gekauft. Hochnäsig und arrogant waren die ja schon immer, die Amerikaner. Aber sie haben wenigstens gekauft. Doch nach dem 11. September ist nichts mehr mit den Amis ...«

Ob ich etwas kaufen möchte?

»Nein«, sage ich, »mein Rucksack ist schwer genug.«

Am Marktbrunnen erleichtere ich den Rucksack um das Wasser und die Brötchen. Ich staune, weil mit mir und einem alten Ehepaar nur junge Türken um den Brunnen sitzen. Ich grüße »Merhaba« und freue mich, daß sie sich freuen. Sie sprechen gut Deutsch, fragen, wo ich zu Hause sei. Suhl kennen sie nicht. »Ost oder West?« Als ich geantwortet habe, stehen zwei ruckartig auf. Einer spuckt vor mir auf dem Boden aus, der andere schreit: »Ihr klaut uns die Arbeit! Verkauft euch noch billiger als wir Türken. Aber wir schon hier gearbeitet, als ihr noch eingesperrt. Allah strafe euch! Ihr ... Ihr ... verdammten Ossis.« Die beiden gehen sehr schnell weg, die übrigen trollen sich auch. Das alte Ehepaar sagt nur: »Schlimm! Sehr schlimm, die Zeiten heutzutage!«

Ein graues kastenförmiges Auto hält nebenan, hupt. Die Klappe öffnet sich. Eine mobile Gemüsehandlung. Die erste Frau möchte Kirschen kaufen. »Kirschen habe ich heute nicht mitgenommen, die sind noch zu teuer. Warten Sie, bis der Preis runtergeht.« Sie kauft eine Melone. Eine ältere Frau bringt Papiertüten mit. »Die können Sie sicher noch einmal verwenden.«

Der Verkäufer wiegt jeden Posten sorgfältig ab, rechnet, schwatzt, bedankt sich freundlich. Seit vierzehn Jahren fährt Klaus Milich mit seinem Gemüseauto umher. Er hat das Geschäft von seinem Vater übernommen.

»Waren Sie nach der Grenzöffnung auch im Osten?«

»Na ja, anfangs mit Bananen.« Jetzt fährt er nur noch mit Kartoffeln hinüber.

»Weshalb mit Kartoffeln?«

»Weil die drüben sich noch freuen, wenn ich sie ihnen in den Keller trage. Die geben auch ein Trinkgeld. Hier dagegen ...«

Ich frage nach Bürgermeister Alfred Schaden. Eine Frau, die Pfirsiche kauft, meint, daß ich den Bürgermeister um diese Zeit wahrscheinlich nicht antreffen werde. Erstens arbeitet er nach über fünfundzwanzig Amtsjahren jetzt ehrenamtlich, um der Gemeinde Geld zu sparen. Und zweitens ist er oft nur von Viertel vor sieben bis gegen neun Uhr im Büro. Anschließend mischt er sich unter das Volk. Ja, auch in der Kneipe.

Das erstemal laufe ich am Gemeindeamt vorbei. Der Eingang ist sehr unauffällig. Gut sichtbar hängt dagegen an der Hauswand ein Thermometer mit Barometer und Luftfeuchtigkeitsmesser. Nun weiß ich, weshalb ich die Flasche Wasser schon nach einer Viertelstunde wieder ausgeschwitzt habe: Temperatur 28 Grad, Luftfeuchtigkeit 80 Prozent. Das kann aber nicht der Grund dafür sein, daß ich, nachdem ich im Rathaus zwei Etagen erfolglos hoch- und hinuntergelaufen bin und nur einen vom Computer nicht aufblickenden jungen Mann angetroffen habe, den ersten erreichbaren Angestellten nach Bürgermeister Alfred Schande frage. Der Büromensch, er stellt sich als Kämmerer vor, ist weder schockiert noch beleidigt, sondern lacht aus vollem Halse. Ja, einige aus Tettau würden den roten Sozi-Alfred als Schande für die sonst fast nur von der CSU regierte Region bezeichnen. Aber bei jeder Wahl bekomme er weit über fünfzig Prozent. Im Stadtrat hat die SPD zehn Sitze, die CSU drei und die Freien haben zwei. »Tettau ist eben eine rote Arbeitergemeinde.« Und der Kämmerer auch SPD.

»Aber wir Sozis haben es seit der Wende hier sehr schwer. ›Das sind doch eure roten Genossen!‹ sagen die Tettauer Geschäftsleute zu den ostdeutschen Einpendlern. ›Die kriegen bei uns Arbeit, aber kaufen nicht für einen Cent. Ihre Steuern zahlen sie auch drüben in Spechtsbrunn oder Gräfenthal.‹ Wir waren mal die reichste Gemeinde in ganz Bayern. Heute sind wir mit 2 500 Euro pro Einwohner verschuldet.« Er holt den dicken Haushaltsplan der Stadt. »In den letzten zehn Jahren sind von den reichlich dreitausend Einwohnern siebenhundert, vor allem junge Leute, weggegangen.«

Er sucht die Handynummer vom Bürgermeister, fragt die Sekretärin und sagt froh: »Er ist soeben angekommen. Ich bring Sie runter.«

Ein sehr großes Arbeitszimmer. Neben dem Schreibtisch hängen Fotos aus der Amtszeit des Bürgermeisters, als er noch lockige schwarze Haare hatte: 1981 mit Franz Josef Strauß. Mit Bundeskanzler Schmidt. Der heute 61jährige Alfred Schaden regiert schon seit achtundzwanzig Jahren in Tettau. Die Großgemeinde hat heute noch zweitausendsechshundert Einwohner. Und zweitausenddreihundert Arbeitsplätze. Und neunhundert Einpendler.

Zuerst erzählt der Bürgermeister, was er am Ende seiner Amtszeit für »Scheißblödsinn« angestellt habe. »Nach der Wende dachte ich: Mit den Leuten aus dem Osten wird es jetzt steil aufwärtsgehen. Die werden hier Arbeit bekommen und nach Tettau ziehen. Deshalb habe ich vorsorglich ein neues Wohngebiet für 1,8 Millionen erschließen lassen. Bis heute haben drei Leute dort gebaut. Darunter nicht ein einziger Ostdeutscher.« Statt dessen seien, als die Grenzlandförderung wegfiel, viele Unternehmer aus Tettau mit ihren Fabriken in den Osten gegangen, haben in Judenbach, Spechtsbrunn, Neuhaus und Piesau wieder gebaut. »Und ich Trottel habe mit aller Kraft das Gewerbegebiet von Spechtsbrunn gefördert, weil ich dachte, irgendwann werden wir Tettauer Spechtsbrunn eingemeinden.«

Ich frage Alfred Schaden, was er gut gemacht hat.

»Beispielsweise, daß wir unsere Wasserwerke in der Stadt behalten und nicht wie bei euch an unwirtschaftliche Zweckverbände abgegeben haben. Wir zahlen immer noch einen Euro für den Kubikmeter. Gut war auch, daß wir nicht, wie angedacht, für 4,5 Millionen eine Sprungschanze gebaut haben, fünfzehn Kilometer entfernt von der in Lauscha.«

Froh ist der Bürgermeister auch, daß er die türkischen Arbeiter gut integriert hat. »Zehn Prozent unserer Arbeiter sind Ausländer. Wenn ich die Türken nicht hätte, müßte ich drei Klassen in der Schule schließen.«

Wie lange er noch regieren wolle?

»Zwei Jahre, dann sind dreißig um.«

Er ist 1945 mit seiner Mutter und neun Geschwistern als Umsiedler nach Deutschland gekommen. Mit 18 Jahren lief er als Bundesgrenzschützer hier in Tettau Streife und ist hängengeblieben.

Zum Abschied schenkt er mir aus der königlich privilegierten Porzellanfabrik eine zart klingende Weihnachtsglocke, einen Rennsteigstein und eine kiloschwere Bleiglasscheibe mit dem Stadtwappen.

Ich danke ihm artig, denke aber gleichzeitig daran, daß ich den Rucksack heute noch zwölf Kilometer bis nach Judenbach tragen muß.

Durch Tettau hindurch lasse ich mir nichts anmerken. Erst als ich zwischen Tettau und Alexanderhütte rechts und links von der Hauptstraße nur noch ab und an ein Haus sehe, setze ich den Rucksack ab und trinke den Rest Wasser.

In Alexanderhütte steht eines der großen Glaswerke von Tettau. Als die Genossenschaft ihre Glashütte für 90 Millionen an einen Konzern verkaufte, wurde Tettau mit einem Schlag um fünfundvierzig Millionäre reicher, denn jeder der

Genossenschaftler wurde mit zwei Millionen ausgezahlt. Doch nun würden sie keine Gewerbesteuern mehr bekommen, hatte Bürgermeister Schaden geklagt.

Von Alexanderhütte will ich so schnell wie möglich wieder hinauf zur Grenze. Aber vor dem letzten Haus des Ortes bleibe ich neugierig stehen. Ein verkrauteter Mühlgraben mit wenig Wasser, darüber ein baufälliges Haus, das wohl bald an den daneben steil aufragenden bewaldeten Felshang fallen wird. Vor das altersschwache Haus sind häßliche, teils kastenförmige Anbauten gesetzt. Und daran hängt ein großes Plakat mit der türkischen und der deutschen Fahne und der Aufschrift »Tettau Ulu Camii«.

Ich suche vergeblich nach dem Klingelknopf. Die Haustür ist nur angelehnt. Links in dem kleinen Vorraum eine verschlossene Tür, daneben eine Wandzeitung. Fast alle Anschläge sind türkisch, bis auf ein Winterreifenangebot, die Werbung eines Abschleppdienstes und die eines Reisebüros. Ein Plakat der Bundesanstalt für Arbeit (damals war das noch eine Anstalt, also Fürsorge-, inzwischen eine Agentur, also Handelsstelle) wirbt zweisprachig mit dem türkischen Sprichwort: »Beruf ist ein goldenes Armband.« In einem Regal daneben stehen viele Hausschuhe. Auch die zweite Tür ist offen. Aber davor liegen mit Stoff überzogene Schaumstoffteile. Ich ziehe die Schuhe aus und betrete einen großen Raum, in dem Ledersessel und mit türkischen Teppichen bedeckte Sofas stehen. Als ich ihn durchquert habe und die nächste Tür öffne, bleibe ich barfuß an der Schwelle stehen. Das große Zimmer ist bis in alle Ecken mit einem Teppich ausgelegt. Auf der rechten Seite, wohl gegen Mekka – in Wirklichkeit aber gegen die Felswand draußen – gerichtet, liegt ein kleiner Gebetsteppich. An der Decke hängt ein kristallener Kronleuchter, an den Fenstern rote Gardinen, an den Wänden Bilder der großen Moschee von Istanbul und an den Stützbalken Gebetsketten. Unter einem bunten Baldachin liegen die Exemplare des Korans. Ich gehe langsam und still wieder hinaus und laufe mehrmals um das Haus. Aber niemand ist zu sehen. Also klingele ich an dem fast Wand an Wand stehenden Nachbarhaus bei »Wick«.

Selten bin ich so schnell und so freundlich in ein Haus gebeten worden. Und das, obwohl ich immer noch nicht das »Grüß Gott« herausbringe und statt dessen langatmig »Ich wünsche einen schönen Tag« zur Begrüßung sage. Der etwa 60jährige Mann – lustiges pausbäckiges Gesicht, rotädrig wie bei einem Weinbauern – erzählt, wenn er einmal im Erzählen ist, ohne Unterlaß.

Also nebenan, das ist eine heruntergewirtschaftete Sägemühle. Die türkische Vereinigung hat dort ihren Treffpunkt eingerichtet, sozusagen eine Moschee in Tettau. Zuvor hat sie dafür einen Raum in der Heinz-Glashütte, in der die meisten Türken arbeiten, genutzt.

»Mich stören sie nicht. Am Freitag, wenn viele zum Beten kommen, hacke ich kein Holz, und zum Ramadan ziehe ich mit meinen Betten aus dem Schlafzimmer, das an die Moschee grenzt, in einen anderen Raum.« Regelmäßig werden Falk Wick und andere Tettauer Persönlichkeiten zum großen Fest beim Abschluß des Ramadan eingeladen. Er ist Vorsitzender der CSU in der »roten« Stadt Tettau.

Ich frage ihn, ob die Räume der »Sägemühlenmoschee« immer offenstehen. Er nickt.

»Und noch keiner hat bisher die Räume verwüstet und Korane oder Gebetskränze gestohlen?«

»Niemand. Weshalb auch. Wir leben sehr viele Jahre freundlich mit den Türken zusammen. Wenn Auswärtige gegen uns Fußball spielen, sagen sie nicht: ›Wir spielen gegen Tettau‹, sondern: ›Wir spielen gegen Istanbul‹, denn in unseren Mannschaften sind acht oder neun Türken.«

»Und wie kommen Sie mit den Ostdeutschen hier klar?«

Mit dieser Frage habe ich eine Schleuse geöffnet. Seine Frau, sie arbeitet in der königlich privilegierten Porzellanfabrik – in den Regalen vom Wohnzimmer stehen porzellanene

Elefanten und Delphine –, bringt uns Bier, und Falk Wick fragt, ob ich Herrn Schulz aus der Suhler Geschäftsstelle vom »GutsMuths-Rennsteiglauf« kenne.

»Gleich nach der Wende hatte ich im Osten wieder mal eine Tombola organisiert. Ich glaube, für Versehrtensportler, um einen Sportlerrollstuhl zu kaufen. Also ich sammle Preise von überallher und verlose die für irgendeinen guten Zweck. Und da steht die kleine Enkeltochter von Herrn Schulz und sagt: ›Du, der Onkel aus dem Westen ist wieder da. Da mußt du ein Los kaufen.‹ Ich hatte eine sehr schöne Puppe aus Rödental mitgebracht. Dem Opa Schulz war es sehr peinlich. Er gewann die Puppe auch nicht, sondern was anderes. Zu Weihnachten habe ich dem Kind dann solch eine Puppe geschickt. Heute ist sie schon eine wunderschöne junge Frau, studiert in Jena. Aber wenn sie mich sieht, umarmt sie mich immer noch, mich alten Knacker.«

Ich unterbreche ihn und frage nach dem Beginn seiner »Ostfreundschaften«.

»Nach der Wende bin ich mehr im Osten gewesen als zu Hause. Ich habe mich drüben um den Sport gekümmert, habe erklärt, wie sie alles neu organisieren müssen, und dabei viele Leute kennengelernt. Der Gauder, Olympiasieger im Gehen, wenn der mich sieht, ruft er schon von weitem: ›Na du, mein Bayer!‹« Wie viele Tombolas er organisiert hat, weiß er nicht mehr. Die Erlöse kamen der Kirche in Spechtsbrunn, dem Rennsteiglauf, dem Brieftaubenverein von Gräfenthal – »Alle meine Brieftauben habe ich nach der Wende in den Osten hingeschenkt.« – zugute. Als Westdeutscher ist er in Bad Blankenburg mit der zweithöchsten Stimmenzahl in den Vorstand des ostdeutschen GutsMuths-Vereins gewählt worden. Er hat für den Oberhofer Biathleten Haseney, »weil der ein bißchen schüchtern ist«, die Werbung und Sportförderung übernommen. Er ist Mitglied in sechzehn von siebzig Vereinen, die in Tettau existieren.

Außer für das Engagement im Osten braucht er die meiste

Zeit für seinen Kinderspielplatz-Verein in Alexanderhütte. Dort hat er nicht nur einen Spielplatz und ein Vereinshaus »bauen« lassen, sondern organisiert jedes Jahr auch ein kostenloses Fest für alle Kinder von Tettau. Er holt einen der vielen dicken Ordner aus seinem Schrank. »Schauen Sie mal rein, das ist so ein Bettelordner.«

Ich verstehe nicht, was er meint, aber dann zeigt er mir, sorgfältig abgeheftet, Hunderte Briefe an Firmen, Politiker und Institutionen, in denen er um Preise für das Kinderfest 2004 bittet. Auf der Innenseite des Ordners sind alle zweihundertachtundsiebzig Anfragen aufgelistet, und dahinter ist vermerkt, ob und wann Pakete angekommen sind. Diesmal waren es sechsundfünfzig mit Souvenirs, Puppen, Kosmetik. Unter dem Strich steht, sorgsam ausgerechnet: Erfolgsquote 20,14 Prozent.

»Beim letzten Kinderfest haben wir achthundert Ballons mit den Adressen der Kinder aufsteigen lassen. Einundsechzig Karten wurden zurückgeschickt, davon zwanzig doppelt. Die übrigen einundvierzig erhalten in diesem Jahr einen Preis.« Beim Ballonauflassen habe er nur einen Wunsch: daß der Wind in Richtung Osten, nach Sachsen, weht, nicht in den Süden, nach Bayern. Die aus Sachsen würden die gefundenen Karten zurückschicken, die Bayern nur sehr selten.

Seit fünfunddreißig Jahren arbeitet er nebenan im »Glasformbau Zitzmann« und war in dieser Zeit, wie er stolz erzählt, nur zwei Tage krank.

Als ich von ihm wissen will, ob Türken in seiner Nähe wohnen, die nebenan in der Moschee beten, bringt er mich zu Mehmet Acyiz. Ich rede mit dem jungen, großen Mann an der Tür, weil seine Frau und die drei Kinder gleich eine andere türkische Familie besuchen wollen. Mehmet ist erst im Jahr 2000 nach Tettau gekommen. Damals war er zweiundzwanzig. Er arbeitet im Heinz-Glaswerk, sortiert und kontrolliert dort.

»Auch mit Ostdeutschen?«

»Ja, viele Neue. Aber alle Menschen wollen leben, wollen Geld haben! Die aus Thüringen doch auch.«

Ich frage ihn, ob sich nach den Terroranschlägen vom 11. September das Verhalten der Tettauer zu ihm und anderen Moslems geändert hat. »Nein. Wir kennen einander. Ich guter Mann und er guter Mann.«

Er hat nur eine große Sorge. »Jetzt ist hier richtiger Kapitalismus. Jeder will Geld, nur Geld. Da vergessen manche Türken ihre Religion. Gehen nicht zum Gebet. Haben fremde Frauen. Trinken Alkohol. Geldgier ist nicht gut für den Glauben. Geld macht die Menschen schlechter.«

Ich erzähle ihm von dem Landsmann, der am Brunnen vor mir ausgespuckt hat.

»Nun, Allah wird ihn strafen.«

Mit dieser Gewißheit verlasse ich Alexanderhütte. Ich weiß nicht, wie weit ich heute noch kommen werde. Den Wildberg hinauf, an Heidelbeerbüschen und Weidegebüsch vorbei, finde ich die Gedenktafel für die hier 1952 dem Erdboden gleichgemachte Grenzsiedlung Grünstein. Auf der Tafel lädt ein handgeschriebener Zettel zum Öko-Hoffest auf dem Wildberg ein.

Der Öko-Hof mit Töpferei müßte linker Hand liegen. Aber ich sehe ihn nicht und gehe, weil ich annehme, daß die Weidetiere den Weg zum Hof kennen, den mit frischen Fladen gedüngten, aber trotzdem graslosen Kuhpfad durch die Wiesen entlang und finde so den einsamen Hof. Kein Hund bellt. Ich höre nur fröhliches Schwatzen. Zwischen braunen Ziegen, die immer wieder gestreichelt werden wollen, und gackernden Hühnern sitzen junge Leute und trinken Bier. Später kommt der Hofbauer, ein sehr schlanker, schon grauhaariger Mann dazu. Er gehört zu den 68ern und ist 1977, »nachdem die Revolution bei uns in der BRD zu Ende war«, von Frankfurt/Main in diese Einsamkeit, den Grenzzaun Ost ständig vor Augen, gezogen. Seitdem versucht er, hier seine

Ideale von Freiheit und gutem Miteinander zu leben. Mit seiner Frau zusammen hat er als Sozialpädagoge viele schwerbehinderte Jugendliche auf dem Hof betreut. Dazu nun siebenundzwanzig Kühe und Öko-Landwirtschaft.

Zum Hoffest erwartet er wieder Hunderte von Gästen aus West und Ost.

Nachdem der letzte Töpfer hier gestorben war, hat der Hofbauer per Internet einen neuen in den USA gefunden. Ein kurzhaariger Bursche mit sehr feingliedrigen Händen. Er zeigt mir stolz das graugrün und braun getönte Tonzeug, das er in den letzten Wochen in der Werkstatt gebrannt hat und zum Fest vielleicht verkaufen wird. Wobei das Verkaufen nicht das Ziel von Töpfer Petersdorf ist. Eigentlich möchte er jetzt nur seine Vorstellungen von Formen und Farben verwirklichen, ohne verkaufen zu müssen. Im Moment kann er das, denn er hat in Amerika gut verkauft.

Der »Amerikaner« stammt aus Jena. Sein Vater war Lehrer. Weil von ihrer Familie schon zu viele die Erweiterte Oberschule besucht und studiert hatten, durfte er als Jüngster kein Abitur machen. Statt dessen schloß er sich einer der oppositionellen Jenenser Gruppen an. »Viele von uns wurden damals verhaftet. Matz war zwei Tage in U-Haft, danach schrieb man seiner Mutter: ›Holen Sie die Urne ab.‹ Die Schweine!« Die Familie Petersdorf reiste aus. Er ging als Töpfer nach Neuseeland, Japan, Kanada, Tunesien und in die USA. »In den USA meldete ich ein Töpfergewerbe an, zahlte fünf Dollar und bekam dafür die Gewerbeerlaubnis. Das war alles an Bürokratie.«

Nach der Wende sind seine Eltern und der Bruder nach Jena zurückgekehrt. Er will vorerst auf dem Hof in Bayern bleiben.

»Ich war als Kind mit dem Ferienlager der Volksbildung hier in der Gegend, das heißt auf der Thüringer Gegenseite, in Blechhammer. Und jetzt entdecke ich alles wieder: den Geruch des Waldes, die Moose, die Pilze, die Beeren. Ein Stück meiner Kindheit.«

Lachend erzählt er mir das interessanteste Erlebnis aus den wenigen Wochen, seit er hier ist. »Ich bin von einem Ostdeutschen, stellen Sie sich vor, von einem Ostdeutschen, übers Ohr gehauen worden! Und da habe ich begriffen, die haben's endlich auch gerafft. Die Einheit ist vollendet.«

Er zeigt mir einen Fernseher, den hatte ihm Alwin aus dem thüringischen Haselthal verkauft und versichert, »der geht noch wie 'ne Eins«. Alwin, schwarzhaarig wie ein Zigeuner, war zur Wende der reichste Bauer in Haselthal. Doch danach habe er alles in Alkohol umgesetzt. Als nichts mehr da war, wurde er vom DRK zum Pfleger umgeschult und pflegte die Wirtin vom Gasthof in Haselthal, die ihm dafür in ihrer Gaststätte auf Lebenszeit unentgeltliches Wohnrecht zugesichert habe.

Nach dem Fest will der Töpfer »rüberfahren« und Alwin die Meinung sagen. »Wo gibt's denn so was, ein Ossi bescheißt einen Wessi.«

Vom Wildberg hinunter zum Sattelpaß treffe ich keinen Menschen. An den Fichten ist die Rinde abgeplatzt, und sie sehen von weitem nun mit ihren weißen Stämmen wie Gespenster aus. Erst kurz vor dem Paß begegne ich einer alten Frau, schwarz gekleidet wie ein Kräuterweiblein. Sie hat beim Blaubeerpflücken noch einen Korb voller Pilze gesammelt. »Alle an einer Stelle gefunden. Sind das Steinpilze?« Ich nehme ihr Pilz für Pilz aus dem Korb. Bitterling für Bitterling. Ich erkläre es ihr, bitte sie, zu kosten. Aber sie läßt sich nicht belehren und will zu Hause noch jemand anderen fragen. Sie wohnt am Sattelpaß im ersten Haus auf Thüringer Seite, gegenüber von der Neuenbauer Bushaltestelle. Sie sagt, daß nach der Wende der erste Bus um sieben Uhr, der zweite um acht, der dritte um zehn Uhr nach Bayern fuhr. Nun fährt kein einziger mehr.

Sehr abgehackt, fast wirr erzählt sie, daß sie als Kind miterlebt hat, wie die Leute »in den Häusern vor uns« ausgesiedelt werden sollten, wie sie alles auf Leiterwagen luden und die Kühe vor sich her trieben, den Paß runter nach Tettau flüchteten. Die LKW, die sie wegbringen sollten, sammelten schon in Judenbach die Leute ein. Danach habe man die Häuser weggerissen. Sie ist nach Saalfeld zu ihrem Mann, »einem Rumtreibschen«, wie sie sagt, »lauter fremde Weiber«. 1985 wollte sie allein zurück an die Grenze und hat einen Antrag geschrieben. »Dann kam wirklich ein Brief von der Behörde an mich, an Ingeborg Volk. Ich habe ihn zwei Tage liegenlassen, mich nicht getraut, ihn zu öffnen. Und dann habe ich ihn doch aufgemacht, und da stand, daß ich zu den Eltern an die Grenze zurück darf.«

An der Senke des Sattelpasses sind auf einer Tafel mehr schlecht als recht die Häuser aufgemalt, die früher hier standen. Dazu erklärt ein Text: »Im Ortsteil Sattelpaß stehen acht Häuser nicht mehr. Sie wurden abgerissen auf Grund der Folge des 2. Weltkrieges, wo sich an dieser Stelle zwei Weltsysteme gegenüberstanden – das große russische Reich (Sowjetunion) und alle damaligen Ostblockstaaten auf der einen und die westeuropäischen Länder mit den Siegermächten Frankreich, England und Amerika auf der anderen Seite. So wurden die Deutschen Spielball der Großmächte.«

Vor einem Haus auf der rechten Seite basteln zwei Schüler in T-Shirts mit der Aufschrift »Feuerwehr Neuenbau« an einem alten Simson-Moped. Vater und Großvater helfen dabei. Alle bis auf einen heißen Martin. Und alle sind Motorradfans. Enkel Thorsten steigt zwischen Holzmeilern zu seinem Schuppen hinauf und zeigt mir stolz seine Suhler Simson-AWO-Sport. Ein Museumsstück. »Ist wie die Simson-Mopeds unkaputtbar.«

Das Wort kenne ich noch nicht. Er bastelt sich nicht nur seine Worte, sondern auch seine Motorteile selbst, denn er ist Werkzeugmacher von Beruf. »Der Großvater hat vor dem Krieg unten in der Glasformfabrik von Herrn Zitzmann in Tettau gearbeitet, und als 1990 die Grenze auf war, ging er zum alten Zitzmann, der immer noch den Betrieb leitete, und sagte: ›Jetzt ist mein Enkel soweit.‹ Da hat der alte Zitzmann mich als Lehrling genommen.«

»Gibt es dort noch Vorurteile gegen die Ostdeutschen?«

»Nur ein Meister hat immer eine große Lippe riskiert gegen die Ossis. Aber jetzt ist er mucksmäuschenstill – er hat eine Frau aus Thüringen geheiratet.«

Einer der Schüler erklärt mir, wie ich auf dem Grenzweg bis Judenbach laufen müsse. »Den Berg abwärts, hinunter bis zur Sattelschlucht und dann bei Judenbach wieder hinauf.« Besser sei es, auf der Straße zu gehen.

Noch besser sei es, sagt der andere, wenn ich auf sein Moped steige. »In zehn Minuten sind Sie in Judenbach.« Ich lehne ab, und das nicht nur wegen Vater Martin, der den Schülern den Marsch bläst, weil sie mit ihren nicht zugelassenen Mopeds ohne Fahrerlaubnis die Straße langfahren wollen, sondern weil ich nicht schon auf der ersten Etappe wortbrüchig werden will.

Es wird bereits dunkel, und da an der Grenze »nichts weiter zu sehen ist als ein Gedenkstein für die siebenundzwanzig NVA-Grenzsoldaten, die dort mit ihrem LKW in eine Schlucht gestürzt sind«, laufe ich die Landstraße entlang. Kurz vor Einbruch der Nacht erreiche ich Judenbach.

Als ich in der Zeitung Übernachtungsmöglichkeiten für meine Grenz-Wanderung suchte, hatte mir ein Ehepaar aus Judenbach geschrieben und mir ein Sofa angeboten. Beide gehen sehr geduckt, obwohl ihr Haus hohe Türen hat, denn früher wohnten sie in einer winzigen Kate. Der Mann war Holzfäller. Das Sofa erweist sich als sauber bezogenes Bett gleich neben der Speisekammer. Sie würden gern mit mir reden, aber nur unter der Bedingung, daß ich ihre Namen nicht nenne und mit keinem in Judenbach über sie spreche. Ohne daß es jemand weiß, sind sie die einzigen hier, die zu den Zeugen Jehovas gehören.

»Nach der Wende kamen zwei Königinnen aus Coburg, ja,

es waren Königinnen. Die brachten uns, die wir hier an der Grenze dreißig Jahre lang immer nur im dunkeln gelebt hatten, endlich das Licht. Und seitdem finden wir in der Erde, in jedem Baum, in jedem Wort ein Zeichen Gottes für uns.«

Sie reden mit mir bis lange nach Mitternacht über ihren neuen Glauben. Frühmorgens schleiche ich mich sehr zeitig, ohne sie zu wecken, aus dem Haus. Auf einem Zettel bedanke ich mich herzlich für die Gastfreundschaft und verspreche, mit niemandem über sie und ihren neuen Glauben zu reden.

Von einem eigenwilligen Verkehrsregulierer in Judenbach, einem russisch sprechenden Polen, der Elektromüll verwertet, und einem DDR-Künstler, der den Bayern erklärt, was sie heute ohne Bismarck wären

Als ich Ende September von Judenbach aus an der ehemaligen Grenze zwischen Ost und West in Richtung Sonneberg weiterlaufen will, haben Bagger die einzige Durchgangsstraße des Dorfes an die hundert Meter lang und einen guten Meter tief bis zu den Gartenzäunen ausgeschachtet. Ein kleiner Mann mit lustiger Knollennase im sehr runden und sehr gutmütigen Gesicht sitzt in einer grünen Trachtenjacke am Gartenzaun auf einem rot gepolsterten Stuhl und beobachtet die Bauarbeiter. Er liest die Zeitung, die auf Seite eins das gestrige Wahlergebnis bestätigt: Die Neonazis marschieren mit zwölf Abgeordneten in den sächsischen Landtag.

Nach meiner freundlichen Begrüßung holt er eine zweite Flasche Bier unter dem Stuhl hervor.

Nein, sage ich, so früh noch nicht, und frage ihn, weshalb Judenbach Judenbach heiße. Ob früher Juden hier gelebt hätten?

»Juden? Nee, davon hat mir nicht mal der Großvater was erzählt.«

Und heute?

»Nee, das glaub ich nicht, das würde sich doch rumsprechen. Aber wenn's a so wär, wir grenzen hier niemand aus, nee.«

Er sitzt, liest und trinkt, blickt auf, wenn ein PKW-Fahrer trotz der Vorwarnung »Ortsdurchfahrt Judenbach gesperrt« hält und ihn fragt, ob es eventuell doch eine Umleitung gebe, damit er nicht bis Sonneberg zurückfahren müsse. Manche Fahrer drehen nach der Antwort mißmutig um. Andere schickt der Mann in einen Seitenweg. »Natürlich gibt es eine geheime Umleitung durch den Wald«, sagt er.

Ich versuche das System herauszufinden, nach dem er entscheidet, wen er zurückschickt und wem er den Weg weist. Er sortiert weder nach großen und kleinen Autos noch nach böse schauenden Männern und freundlichen schönen Frauen. Er sortiert lediglich nach Kennzeichen. SON für Sonneberg oder HBN für Hildburghausen zeigt er die illegale Umleitung. Die mit KC für Kronach oder CO für Coburg schickt er zurück.

Den Polsterstuhl hat sich der Mann aus dem heute in Judenbach vor den Hauseingängen liegenden Sperrmüll geholt. Er ist noch stabil und der Sitz fleckenlos. »Vielleicht hat man sich was Moderneres zugelegt. Geld spielt für manche keine Rolle.«

Früher wurde Judenbach »Wartburgdorf« genannt, erzählt er. Damals stand vor vielen Häusern kein Trabant, sondern ein Wartburg, dieses Zeichen privilegierten DDR-Reichtums. In Judenbach wurden traditionell in den Familien, später in Handwerksgenossenschaften begehrte Spielzeuge, Puppen und Plüschtiere, hergestellt. Devisenbringende Exportartikel und Mangel-, also Tauschwaren in der DDR.

Ich fragen einen weiteren Judenbacher – er ist zufällig der Musik- und nach der Wende auch der Religionslehrer der Schule –, wie der Name Judenbach entstanden ist. Das weiß auch er nicht genau. Nur, daß die jüdischen Kaufleute hier auf der alten Heer- und Handelsstraße zwischen Nürnberg und Leipzig durchgezogen seien.

Am Dorfeingang schleppt ein älterer Mann mühsam eine Waschmaschine vor das Haus. Sein blauer Dederonkittel spannt über dem Bauch und wird nur vom letzten Knopf zusammengehalten. »Der reißt nicht ab. Guter Zwirn.« Der Kittel stammt aus der Zeit, als er im hiesigen Konsum gearbeitet hat, sechsunddreißig Jahre lang, bis 1991, dann mußte er aufhören, damit die Jüngeren bleiben konnten. Inzwischen ist der Konsum geschlossen. Aber im unteren Ortsteil gibt es ein neues Einkaufszentrum.

Weshalb Judenbach Judenbach heißt?

»Ganz einfach: Hier haben Juden mal unten am Bach Rast gemacht.«

Ich frage, ob man in Judenbach Probleme mit Neonazis hat.

»Nein. Wir wählen hier CDU. Unser Bürgermeister, der Albrecht, bekam beim letztenmal über 98 Prozent. Ja, wie in der DDR.« Albrecht Morgenroth – »Mit ihm ging's in Judenbach nach der Wende wirklich dem Morgenrot entgegen.« – sei schon früher in der CDU gewesen. Gearbeitet hat er als Ingenieur im großen Elektrokeramischen Werk in Sonneberg. Bis es nach der Wende dichtgemacht geworden ist. »Außerdem war der Albrecht ein guter Fußballer. Rechter Läufer. Ich selbst war Mittelläufer. Ein Mittelläufer, an dem schwer vorbeizukommen war.« Damals hießen sie wegen der Landwirtschaft im Dorf noch »Traktor Judenbach«. Später, als die Judenbacher die begehrten Spielzeuge und Plüschtiere herstellten, nannten sie sich »BSG Handwerk Judenbach« und stiegen bis zur Bezirksliga auf. Heute tragen sie den stolzen alten deutschen Namen »SV Germania Judenbach« und spielen in der Kreisliga. Spielzeug werde in Judenbach nicht mehr hergestellt, dafür Spritzdüsen und andere Plasteteile im neuen Betrieb des westdeutschen Unternehmens von Dr. Frank Schneider aus Neusäß.

Auf seinem nicht sehr großen Sperrmüllhaufen vor dem Haus liegt auch ein Hobel.

»Den wollen Sie wegwerfen?«

Er nickt. Viele Jahre hat er damit Regalbretter gehobelt. Man mußte sich doch alles selbst bauen.

»Bevor Sie den wegschmeißen, schenken Sie ihn mir. Aber mit Autogramm«, sage ich.

Er lacht und schreibt: »Judenbach. Heinz Leuthold.«

Vor den Nachbarhäusern wühlen zwei Männer in Schlossermontur so hastig in dem abgestellten Hausrat, als könnte das Müllauto jeden Moment um die Ecke biegen. Sie schreien sich wie Pilzsammler zu: »Hier ist was!« und: »Steig mal hierüber!« und werfen alte Kochlöffel und Porzellanpuppen ohne Kopf in den Kofferraum.

»Die kommen aus Bayern«, sagt ein Nachbar.

Weiter unten auf der Hauptstraße lädt ein junger Mann in Lederjacke Waschmaschinen und Kühlschränke in seinen weißen Mercedes-Lieferwagen mit polnischem Kennzeichen.

Auseinandergebrochene billige Schränke, golden glänzende, aber nur eloxierte Kronleuchter, Lamadecken, Espressomaschinen, Matratzen mit Magnetkern, Bosch-Kühlschränke, meterlange Tapetenposter vom Nürnberger Weihnachtsmarkt liegen vor den Häusern. Nirgendwo sehe ich Küchenmöbel aus DDR-Sprelacartplatten, Scharfenberger Kühlschränke oder Schlaraffiamatratzen. Die DDR ist in den Wohnungen entsorgt worden, als man das kaufen konnte, was heute auf dem Müll landet.

Die Gemeindeverwaltung, sagt mir der ehemalige Mittelläufer Heinz Leuthold, befinde sich unterhalb der Straßensperrung, mitten im Neubaugebiet der Bellershöhe. »Vor der Wende war das alles noch grüne Wiese.«

Inzwischen stehen dort hell getünchte, großfenstrige Einfamilienhäuser, die wie brave, zum Sonntagsspaziergang extra fein herausgeputzte Kinder aussehen. Davor protzt in Glas, Beton und Holz das neue Gebäude der Gemeindeverwaltung.

Dazwischen eine Blumeninsel, drum herum ein Straßenkreisel. Auf der Insel kniet ein Mann und hackt und zupft zwischen der rot blühenden Fetten Henne, dem gelben Fünffingerkraut und den bunten Petunien Unkraut. Auf seiner Jacke steht groß in Weiß: »SV Germania Judenbach«.

»Der linke Läufer?« frage ich.

Nein, der Sektionsleiter.

»Und ABM als Landschaftspfleger?«

Nein, eigentlich noch ein bißchen Hausmeister im Rathaus. Die Blumeninsel gehört der Kommune, aber er pflegt sie nebenbei, als ob es sein eigener kleiner Garten wäre, sozusagen ehrenamtlich.

»Wie im Sozialismus?«

Da hebt er abwehrend beide Hände. »Um Himmels willen, nichts mehr davon!« Und erzählt, damit ich mir vorstellen könne, wie sie hier im Sperrgebiet gelebt haben: »Wenn wir zum Punktspiel in das acht Kilometer entfernte Heinersdorf fahren wollten, mußten wir, obwohl wir ja auch im Sperrgebiet lebten, ein paar Wochen zuvor für jeden Spieler eine Aufenthaltsgenehmigung für Heinersdorf besorgen. Und wehe, wenn in der Zwischenzeit ein Spieler krank wurde und der Ersatzspieler nicht auf der Liste stand. Dann konnten wir nur mit zehn Mann spielen. In Heinersdorf angekommen, hieß es umziehen, spielen, duschen, umziehen und sofort wieder raus aus der Fünfhundert-Meter-Grenzzone. Gott sei Dank alles nur noch Erinnerung.«

Heute lebt es sich sehr gut in Judenbach, sagt er. Zwei neue Betriebe, Einfamilienhäuser, moderne Verkaufsstelle. Das Kulturhaus, groß wie ein Kulturpalast. Eine kleine Freilichtbühne wird gebaut. Bald noch eine Spritzeisbahn … Arm sei Judenbach nicht. Aber …, der Rentner stockt mitten im Satz, richtet sich auf, ohne dabei die Hände in das Kreuz zu stemmen, … aber es sei nicht so, daß die Leute, wenn es ihnen gutgehe, auch automatisch mehr Verantwortungsgefühl, beispielsweise für die gemeinsame Verschönerung des Dorfes, entwickeln würden. »Im Gegenteil, viele machen heutzutage nur ihrs.«

Der weiße Mercedes mit polnischem Kennzeichen hält jetzt vor dem weggeworfenen Wohlstand im Neubaugebiet. Er muß die Umleitung durch den Wald kennen.

Innen ist die Gemeindeverwaltung noch großzügiger gestaltet als außen. Frei stehende Treppe. Lichtflure. An den Türen hängen ordentliche Schilder wie »Geschäftsführender Beamter«. Ich gehe unangemeldet zum Bürgermeister. Er ist um die Fünfzig, trägt einen dunklen, sehr schmalen Schnauzer. Schnauzer seien, habe ich mal gelesen, Zeichen für sehr energische Menschen. Stimmt wohl auch. Denn der Bürgermeister zählt sofort alles auf, was seit 1989 in Judenbach entstanden ist. Das wisse ich schon, sage ich freundlich und frage nach dem Ursprung des Ortsnamens.

Er zuckt mit den Schultern. Vergangene Woche haben Archäologen zum Tag des Denkmals in Judenbach getagt. Natürlich nicht wegen des Namens, aber selbst die hatten nur Vermutungen.

Sehr genau Bescheid weiß er dagegen über die Judenbacher Geschichte zur Zeit der Wende. Er hatte damals vom SED-Vorgänger den dicken Schlüsselbund der Gemeinde übernommen »und genauso dumm aus der Wäsche geschaut wie jeder neue Bürgermeister. Aber ich besaß einen sehr kämpferischen Gemeinderat, die halbe Fußballmannschaft war drin.« Als ein bayerischer Bierverleger vorbeikam, habe er ihm gesagt, sie brauchten jetzt kein bayerisches Bier, sondern gute Berater. »Da hat er uns einen mit allen Wassern gewaschenen Coburger angeschleppt, der Bescheid wußte, wie man an die Fördergelder ran- und in die Entwicklungsprogramme reinkommt. Er riet uns, es nicht auf Biegen und Brechen mit dem Tourismus zu versuchen wie andere. Dazu liegt Judenbach nämlich vierhundert Meter zu tief oder vierhundert Meter zu hoch. Wir haben deshalb Betriebe angesiedelt. Nun besitzt die Großgemeinde Judenbach mit knapp dreitausend Einwohnern immerhin fünfhundert Arbeitsplätze.«

»Und wie viele Arbeitslose?«

»Weiß ich nicht. Wird schon ein paar geben. Vielleicht meldet sich der eine oder andere jetzt für die neuen Ein-Euro-Jobs. Wir könnten die Leute gut zur Rasenpflege und so gebrauchen.«

Ich frage, was nach 1990 besonders schwierig für ihn war.

»Als die Heinersdorfer sich weigerten, unter dem Namen Judenbach eingemeindet zu werden. Nicht mal ein paar tausend DM Eingemeindungsprämie haben die damals bewegen können. Also fehlten uns achthundert Einwohner an dreitausend. Aber erst ab dreitausend wird ein hauptamtlicher Bürgermeister bezahlt. Ich wurde ehrenamtlich und arbeitete im Sekretariat der Sonneberger Oberbürgermeisterin. Natürlich konnte man dort auch was richten, parteimäßig und so. Schließlich kam die zweite, nicht mehr freiwillige Eingemeindung. Heinersdorf wurde uns zugeschlagen. Wir waren dreitausend, hatten wieder einen hauptamtlichen Bürgermeister, und die Heinersdorfer fühlen sich inzwischen ...«

Ich werfe ein, daß ich heute noch bis Heinersdorf weiterlaufe und fragen werde, wie sich die Heinersdorfer als »Judenbacher« fühlen.

Bürgermeister Morgenroth möchte mir auf die Schnelle noch das neue Kulturhaus zeigen. Dort gibt es eine ständige Ausstellung ihres im März zum Ehrenbürger ernannten Künstlers Ali Baumgarten.

»Der lebt noch?« rutscht mir raus. »Und hier in Judenbach?«

»Er ist jetzt schon über neunzig, aber noch sehr rüstig.« Albrecht Morgenroth ruft sofort an: »Du, Meister Ali, hier ist einer, der will deine Werke sehen ... in zehn Minuten bist du angezogen, ja?«

Ich kannte den renommierten Künstler Ali Baumgarten schon, als er sich in der DDR über staatlich geförderte Kunst am Bau (er schuf u. a. bis zu fünfzig Quadratmeter große monumentale Keramikwände) einen Namen und auch gutes Geld gemacht hat.

Zehn Minuten später steht er wirklich gestiefelt und gespornt vor seiner Gartentür. Er trägt einen dunklen Stoffhut wie der provokatorische Künstler Beuys. Ohne Hut gehe er nicht mehr raus, sagt der Bürgermeister. »Eben ein richtiger Künstler, unser Ali. Früher rümpften die Judenbacher die Nase, als Ali ständig in Trainingshose und Unterhemd durchs Dorf gelaufen ist.«

Das Kulturhaus, außen ziegelrot angestrichen, öffnet sich innen wie eine hohe, zeltartige Kathedrale. Der Dachgiebel lichtdurchflutet, der Raum ausreichend für das Kulturzentrum einer Kreisstadt. Hinter Glas stehen im Eingang die bekannten Exponate von Ali Baumgarten, der Spielzeuggestalter von Beruf ist: Teddybären, Enten und andere Tiere, gelb und blau, aus Plaste gespritzt, mit beweglichen Armen und Beinen. Holzspielzeug. Am Treppenaufgang Stiche des Künstlers und im Saal als Bühnenhintergrund eine monumentale Metallätzung in silberblauem Glanz. Ein nacktes, sehr anmutiges Mädchen steht in einem Urwald von Blumen, Bäumen, Früchten und Farnen. Ich erinnere mich, daß unter der Reproduktion des Bildes der Titel »Flora und Fauna« stand. Nun aber steht neben dem Originalkunstwerk »Allein im Paradies«.

»So wollte ich es schon 1975 nennen«, sagt der 90jährige. »Aber ich habe es dann gelassen, denn wenn unsere Parteioberen die Kirchenglocken nur läuten hörten, sahen sie doch schon den Klassenfeind im Anmarsch.«

An einer Seitenwand hängt eines seiner schönsten Keramikwerke: Blumen in kräftigen Farben. Es ist an die drei Meter lang. Als die Judenbacher dieses Werk in ihr neues Kulturhaus einbauen wollten, mußten sie es, um es nicht zu zerstören, mit Zangen zusammenhalten und mit einem Kran transportieren. »Als wir es anbrachten, schaute der Ali geschlagene acht Stunden dabei zu. Erst als wir fertig waren, sagte er: ›Albrecht, gib mir den Zollstock, es muß fünf Zentimeter weiter nach links, es hängt mittig.‹ Ein Bild darf nie mittig hängen.«

Der Künstler grient. Ja, so ist es hier gewesen. Anderswo dagegen … Seine Wandbilder im Sonneberger Neubaugebiet »Am Wolkenrasen« wurden zertrümmert, auf den Schutt geworfen, als man den »Würfel« und andere Häuser abriß. Er schimpft wie ein Rohrspatz. Über Kulturbanausen. Über Ärzte, die nichts gegen seine Augenschmerzen unternehmen. Und über die »blöde Kuh«, die im Coburger Krankenhaus, wohin er ab und zu zur Dialyse muß, im Bett neben ihm lag und geiferte, daß man all den faulen, nur Geld schluckenden Ossis den Hals umdrehen sollte. »Der habe ich gesagt: ›Wenn der Bismarck nicht gewesen wäre, wüßtet ihr Bayern immer noch nicht, daß es außer Edelweiß auch was anderes Wichtiges auf der Welt gibt.‹«

Als wir weiter durch das Neubaugebiet laufen, sehen wir wieder den jungen Mann in der Lederjacke. Diesmal lädt er eine Gefriertruhe in das weiße Lieferauto. Ich grüße ihn auf polnisch. Er lächelt. Danach stockt das Gespräch. Er kann kein Wort Deutsch. Also frage ich, was man Polen nicht fragen sollte: »Sprechen Sie Russisch?« Wider Erwarten nickt er, und ich erfahre, daß er in der Nähe von Wrocław wohnt, regelmäßig zum Sperrmüllsammeln nach Deutschland fährt, die Elektrogeräte in Polen repariert und verkauft und davon sehr gut leben kann.

»Und woher wissen Sie, in welchem deutschen Dorf an welchem Tag Sperrmüll vor den Häusern liegt?«

»Nu, aus dem Internet.«

»Und weshalb sprechen Sie Russisch?«

»Nu, ich verkaufe die Geräte weiter an die Russen.«

»Und wie haben Sie hier die Umleitung durch den Wald gefunden?«

»Nu, ein guter Mann saß im Garten, gab mir ein Bier und zeigte mir den Weg.«

Bürgermeister Morgenroth stellt mir einen etwa 60jährigen Mann vor, der über den Gartenzaun lehnt. »Das ist Herbert Dietz, ein Judenbacher Musiker, der in der Heinersdorfer Blaskapelle spielt. Die haben 1989 von der Heinersdorfer Seite aus – auf der anderen Seite die bayerischen Musikanten aus Pressig – die Grenze sozusagen aufgeblasen.«

Die Blaskapelle hatte zum »Verdienten Volkskunstensemble« vom VEB Sternradio Sonneberg gehört, einem der besten Ensembles im früheren Bezirk Suhl. Teilnahme an Arbeiterfestspielen. Auslandskonzerte in der ČSSR und Kaluga. »Wir hatten alles drauf: den MTS-Marsch, den Marsch der DDR-Jugend ... Das haben wir natürlich nicht gespielt, als wir zur Grenze gezogen sind. Wir haben immer nur geblasen, geblasen und getrommelt. Es war unbeschreiblich, als die Grenzer dann das Tor aufmachen mußten«, erzählt der Musiker.

Nach der Grenzöffnung war Herbert Dietz nur noch kurze Zeit im Musterbau vom Sternradio beschäftigt. Dann wurde der Betrieb geschlossen. »Ich bekam Arbeit in Fürth bei Carrera, Spielzeugautorennbahnen. Für 7,50 Mark die Stunde. Den anderen von hier zahlte der Chef noch weniger. Aber die unvergeßliche Stunde, als wir, die zwei Blaskapellen von hüben und drüben, die Grenze öffneten ...«

Man hat damals ein Video davon gedreht, ich soll es mir in Heinersdorf zeigen lassen.

Nur wenige Schritte neben der Hauptstraße des sehr schönen und reichen Dorfes Judenbach öffnet sich der Blick in die Wiesentäler und auf die Bergkuppen der Umgebung. Ein Paradies für Wandersleute. Aber ich werde hinunter zur Grenze in die dunklen Wälder an der Tettau laufen.

Die beiden »Lebensretter des Dorfes« – so nennt Bürgermeister Morgenroth die neuen Fabriken – stehen an meinem Weg neben dem Friedhof. Auf den Grabsteinen finde ich keine jüdischen Namen. Drei Frauen am Friedhofstor schwatzen über Krankheiten und den Tod.

»Gut lebt es sich in Judenbach«, sage ich.

Sie nicken. »Nur die neuen Fabriken! Diese Ungeheuer neben die Friedhofsmauer zu bauen … Die stören die Ruhe der Toten.«

Nicht weit entfernt liegen in den Wiesen fünf oder sechs große braune, einen Meter lange Isolatoren aus den Elektrokeramischen Werken in Sonneberg, dem Betrieb, in dem Bürgermeister Albrecht Morgenroth als Ingenieur gearbeitet hat. Nach Osteuropa, Asien und Amerika exportiert, waren sie vielleicht 1 000 Dollar wert …

Ein noch sehr rüstiger Judenbacher zieht einen gummibereiften Hänger, hoch beladen mit Holz, vorbei. Als ich ihn nach den Isolatoren auf der Wiese frage, hält er an. »Man verwendet sie noch als Abflußrohre.«

Da wir den gleichen Weg haben, helfe ich ihm, den Holzwagen bis zu seinem Hof zu schieben. Der ähnelt einem Holzverladeplatz.

Fast entschuldigend sagt er: »Das Heizöl wird doch immer teurer.«

Von der Straße aus nicht zu sehen, liegen im Hof fein säuberlich nebeneinander: zwei Klappstühle, eine Kugellampe, ein zusammengelegtes Schaffell, ein mit geschnitzten Figuren verziertes Küchenbord, zwei Kästen Besteck, eine Mikrowelle.

Das habe er sich aus dem Sperrmüll gesucht, sei noch alles zu gebrauchen. Natürlich nicht am hellichten Tag geholt. »Da wärste im Dorf für immer unten durch. Aufsammeln, was andere Leute wegschmeißen, das ist wie in der Großstadt in den Mülltonnen nach Eßbarem suchen. Nur, Judenbach ist keine Großstadt. In Judenbach kennt jeder jeden.«

Deshalb ist er in der Dunkelheit kurz vor Mitternacht – »Man hat ja in vielen Straßen eine schöne, moderne Dorfbeleuchtung gebaut.« – mit seinem luftbereiften Wägelchen leise durch Judenbach gefahren.

Von einem ostdeutschen Freelancer, der bayerische Betriebe saniert, einer Kaserne, in der ich mich übergeben muß, und einem Heinersdorfer Grenzer, der die Eisenbahn in sein Haus fahren lassen will

Im Tal der Tettau suche ich planlos nach Überresten von Rottenbach, dem kleinen, zu Judenbach gehörenden Ortsteil, den 1964 NVA-Grenzsoldaten dem Erdboden gleichgemacht haben. Ich laufe durch dunkle, hohe Fichtenwälder, deren Baumkronen so dicht sind, daß sich das Licht nur noch in dünnen, geheimnisvollen Mustern auf den Boden zeichnet. Mich an niedrigen Birken festhaltend, hangle ich Steinhänge hinunter. Krieche unter Brombeerhecken und Ebereschengebüsch, finde aber nicht einen Mauerstein, geschweige denn einen verschütteten Kellereingang. Nur neben der Tettau wachsen – gespenstisch wie in einem Märchenfilm – als ewige Prellböcke mannsdicke Bäume zwischen verrotteten Eisenbahnschwellen und rostüberzogenen Gleisen.

Ich will den Judenbacher Bürgermeister anrufen und fragen, ob die Schienen zum Bahnhof des geschleiften Dorfes gehören, aber hier unten im einsamen Tettau-Tal zeigt mein Mobiltelefon nur noch an, daß ich mich außerhalb jedes Sendebereiches befinde. Rechts vom Bach steht ein alter DDR-Grenzstein, daneben ein neues Eulen-Schild: »Naturschutzgebiet«. Ich setze mich auf den Grenzstein und packe meine Brote aus. Erst beim Weitergehen merke ich, daß ich sie hätte aufsparen können, denn nur wenige Schritte bachabwärts führt ein schmaler Steg in das kleine bayerische Dorf Schauberg, und dort gibt es außer einer Porzellanfabrik am Ende des Ortes auch ein sehr großes Gasthaus.

In der gemütlich warmen Wirtsstube mit dem alten schönen Holzgestühl sitzt kein Mensch. Nicht einmal ein Wirt ist zu sehen. Ich studiere die an den Wänden hängende Urkunden vom 125jährigen Jubiläum des Schauberger Musikvereins und die vom offiziell bestätigten hiesigen Fan-Club des 1. FC Nürnberg ...

Als der Wirt – ein untersetzter Mann mit Mittelscheitel – hereinkommt, frage ich ihn zuerst nach Tee und dann nach Rottenbach und den Eisenbahngleisen. Wolfgang Steiner, Jahrgang 1954, hat die Häuser von Rottenbach noch gesehen. »Man mußte nur über die Tettau springen und war schon drüben.« Als er zehn Jahre alt war, zertrümmerten die Grenzer mit Baggern, die für ihn wie Panzer aussahen, die Wände der Häuser. Seine Tante hat in Rottenbach gewohnt. »Sie ist schon vorher zu uns rüber ›gesprungen‹ und mit siebenundneunzig Jahren wahrscheinlich als älteste Rottenbacherin – den Rekord kann ihr nun niemand mehr nehmen – ein paar Meter von ihrer alten Heimat entfernt gestorben.« Die Eisenbahn – Mockele wurde sie liebevoll genannt – hat er nicht mehr fahren gesehen.

Er holt aus dem Nachbarzimmer ein sehr dickes vergoldetes Buch. »Unser Goldenes Buch über die Geschichte der Grenze, die Gäste und den Gasthof. Da steht alles drin, was Sie wissen wollen.«

Die Tettau-Talbahn fuhr 1903 bis 1952 vom bayerischen Rothenkirchen in das bayerische Tettau. Weil die alte Bahnstrecke die zum Herzogtum Sachsen-Meiningen gehörenden Gebiete von Heinersdorf, Judenbach und Neuenbau querte und auf einigen Kilometern selbst Grenze war, mußte Prinzregent Luitpold von Bayern vor dem Bau einen fünfzehn Artikel umfassenden Staatsvertrag mit Sachsen-Meiningen abschließen. Nach dem Krieg wurde die Strecke im Oktober 1946 von sowjetischer Seite wieder befahrbar gemacht. »Allerdings mußten die Fenster bei der Fahrt durch die Sowjetzone verschlossen bleiben«, berichtet eine Zeitung, »und am 28. Mai 1952 wurde der Zugverkehr im Tettau-Tal grundlos und völlig unvermittelt eingestellt.«

Nicht völlig unvermittelt, denn genau zwei Tage zuvor hatten die Westalliierten gegen den Protest der Sowjetunion und der DDR, die damals noch von Wiedervereinigung sprachen, mit der BRD den Deutschlandvertrag abgeschlossen. Dieser Vertrag überließ der BRD auch die völlige Souveränität in allen Grenzangelegenheiten. Daraufhin stoppte die DDR den Grenzverkehr der bayerischen Tettau-Talbahn. Damit waren Glas- und Porzellanwerke und andere Betriebe in Tettau von einem auf den anderen Tag von ihren Zulieferern und Kunden getrennt. Man verlud die Eisenbahnwaggons auf Cohlmayer-Tieflader und transportierte sie im Huckepack über bayerische Straßen. Auf DDR-Gebiet wurden die Schwellen und Schienen noch 1952 abgebaut. Auf bayerischer Seite wuchsen die Bäume als natürliche Prellböcke zwischen den Gleisen.

Erst nach der dritten Tasse Tee habe ich das dicke Goldene Buch bis zum Ende durchgeblättert. Ich entdecke Fotos und Autogramme von Ministern, Bundespräsidenten, Ministerpräsidenten und anderen hohen Politikern, die hier – vor allem am 17. Juni – gegen die innerdeutsche Grenze protestierten und, von der Tribüne in den Osten, das heißt in den Wald, schauend, »Freiheit für die Brüder und Schwestern in der Zone« forderten. Auch Bundestagsabgeordnete aller Parteien, prominente Sportler, Gruppen von »Sowjetzonenflüchtlingen«, Schlagersänger, alle, alle kamen »hierher an das Ende der Welt«. Und tranken und speisten danach im altehrwürdigen Gasthaus der Familie Steiner.

Die letzten Eintragungen vor der Wende: Am 17. Juni 1989 »Kundgebung mit einem Bundestagsabgeordneten«. Am 24. September »Beobachtung der Hirschbrunft«. Am 4. Oktober »Einweihung der neuen Kläranlage hundert Meter neben der Grenze«. Am 11. November 1989 »Die ersten Besucher aus Judenbach verewigen sich im Goldenen Buch. Simone Oetmeier, Klaus, Ingrid und Siegfried Diez.«

Danach trugen sich immer weniger Politiker und Festredner in das Gästebuch ein, »denn plötzlich war aus dem Ende der Welt eine Durchgangsstraße geworden. Und die Leute fuhren an uns vorbei.«

Der Wirt arbeitet nur halbtags in der Gaststätte. Sein Geld verdient er in Tettau in der Alexanderhütte. Er wirbt nun mit »Schlachtfest« und »Bockbieranstich« um neue Gäste.

Als ich aus dem Gasthof komme, stehen sich ein Audi und ein Mercedes frontal – als wolle keiner dem anderen Platz machen – gegenüber. Die beiden Fahrer diskutieren so laut, daß ich es aus der Entfernung verstehe.

»Was heißt hier neues soziales Unrecht? Sie haben es nicht anders verdient, die Arbeiter. In der DDR immer die große Klappe, aber nun ...«

»Und die Unternehmer nennen sich heute Manager. Sie unternehmen nichts mehr, um im Betrieb langfristig Arbeitsplätze zu erhalten, sondern managen lediglich ihre Gehälter ...«

Den größeren der beiden Männer – klein ist die Welt an der Grenze – kenne ich schon. Bürgermeister Schaden aus Tettau freut sich, mich wiederzusehen, wahrscheinlich auch deshalb, weil er sich nun sehr schnell von seinem Gesprächspartner verabschieden und mir Herrn Weller »zum Weiterdiskutieren« überlassen kann. Der ist klein, hager, trägt ein feingeripptes modernes Hemd und helle, gut sitzende Hosen und redet gleichzeitig volkstümlich-direkt wie ein Rhönbauer, philosophisch-verbrämt wie ein Berliner Intellektueller und ausschweifend-nichtssagend wie ein Regierungsvertreter.

Als ich nach seinem Job frage, sagt er grinsend: »Freelancer.« Ich kenne keinen »Freelancer«. Er bemerkt meine Unsicherheit, ist sofort im Gespräch obenauf und erklärt mir, daß er als »freischaffender Sanierer« uneffektive Betriebe wieder in die Gewinnzone bringt.

»Also ein Westdeutscher, der die ostdeutschen Betriebe ...?«

»Nein, ein Ostdeutscher, der zuerst westdeutsche Betriebe aus der Scheiße rausgezogen hat!«

Nach einem Studium an der TU Dresden machte er ein zweites Diplom für Keramische Verfahrenstechnik in Freiberg und war bis 1989 Technischer Direktor im Volkseigenen Kombinat »Schmuck und Glas« in Rudolstadt.

»Aber wenn du als Technischer Direktor damals neue Technik anschaffen wolltest, mußtet du erst die Herren des volkseigenen Betriebes, also die Arbeiter – auch wenn sie nichts davon verstanden –, um Zustimmung bitten. Und im Herbst 1989 hatten die lautesten und manchmal auch die dümmsten von denen für kurze Zeit plötzlich wirklich das Sagen und schickten die strengen Leiter, die ihnen auf die Finger gepocht hatten, in die Wüste.«

Dieter Weller ist damals freiwillig gegangen. »Ich kannte die Branche in Ost und West und war als Experte, Marx sei Dank, nicht auf die Gnade der heute nun nicht mehr führenden, sondern wieder doppelt freien Lohnarbeiter angewiesen.«

Seinen ersten Auftrag erhielt er in Bayern. Er sollte die verschuldete Porzellanfabrik Gerolf in Tettau sanieren. »Vorgefahren bin ich damals in meinem Moskwitsch. Die Bayern guckten blöd. Aber ich war sehr stolz, ich hatte das Auto von Grund auf allein zusammengebaut. Dann saßen mir zwölf Gesellschafter gegenüber. Unbedarfte Gesichter, wie ich sie aus unserem Kombinat kannte. So in der Preislage BGLer, Parteisekretär, DSF-Vorsitzender. Gönnerhaft machten sie mir ein angeblich großzügiges Honorarangebot für die Sanierung ihrer Fabrik. Ich habe nur gesagt: ›Wollen Sie wirklich einen Dummen bezahlen oder einen Experten, der Ihren Betrieb wieder flottmacht?‹«

Danach bekam er ein fünfstelliges Gehalt. Der »Freelancer« zog von Rudolstadt nach Tettau. »Damals dämmerte es einigen Westdeutschen, zumindest denen, die in den Grenzregionen wohnten, daß wir Ostdeutschen sehr kreative Leute, sehr gut ausgebildete Fachkräfte sind.« Er hat die »Kitsch-Produktion ohne Tafelgeschirr« in der Tettauer Fabrik auf die neuen Marktbedürfnisse im Osten umgestellt: Badporzellan. »Wieder schwarze Zahlen geschrieben. Bis die Banken die Kredite sperrten. Wissen Sie, wer wirklich das Sagen hat in diesem Land? Doch nicht der Schröder, der größte Haushaltsschuldner aller Zeiten, sondern ...«

Mir wird kalt. Ich schlage vor, ins Gasthaus zu gehen, doch er muß in sein Büro nach Berlin. Er rät mir noch, nach Heinersdorf nicht die Grenze, die »gewaltig ansteigt«, entlangzulaufen, sondern im Tettau-Tal zu bleiben.

Vor der Schauberger Kläranlage sammelt ein alter Mann die ersten Herbstblätter, indem er sie wie Schaschlikstückchen auf einen spitzen, langen Stab spießt.

Auf meine verwunderte Frage erklärt er mir bedächtig, jedes Wort dreimal im Mund herumdrehend: »Man sieht die Grenze hier zwar nun nicht mehr, aber wer von drüben rüberkommt, soll sofort merken: Jetzt bin ich im Westen.«

»Freelancer« Weller hat recht: Die Grenze steigt steil an. Ich schnaufe immer noch, als ich endlich auf der Höhe ankomme. Nach einer Viertelstunde erholsamer, stiller Einsamkeit zwischen Unmengen leuchtender Fliegenpilze und blühendem Heidekraut links und rechts des Kolonnenweges flattert ein Pulk kreischender Eichelhäher, der Wächter des Waldes, über die Baumwipfel, und an der nächsten Weggabelung kommt mir ein Jeep entgegen. Am Steuer sitzt ein Mann mit grüner Tarnjacke. Der Förster?

»Nein, nur Waldarbeiter.« Er hat hier die Jagd vom Freiherrn von Gemmingen aus Aschaffenburg gepachtet.

»Dem gehört der Wald?«

Der Freiherr habe den Wald vom Land Thüringen gekauft, denn das Land brauchte das Geld, um Bilder, Vasen und all die Kunstgegenstände, die in der DDR in Museen lagen und die die Adligen nun wiederhaben wollten, bezahlen zu können. »So an die vier bis sechs Euro Jagdpacht pro Hektar muß ich dem neuen Waldbesitzer im Jahr schon abdrücken.«

Der Waldarbeiter, Jäger, Kunst- und Adelsunterstützer Wiegand aus Steinach hat es sehr eilig. Noch bevor ich ihn fragen kann, wieviel Hektar er gepachtet und wieviel Wild er im Jahr geschossen habe, fährt er weiter. Viel zu spät überlege ich mir, daß es gut gewesen wäre, ihn zu fragen, ob auch er

Hochsitze auf dem freien Schußfeld, dem Todesstreifen der ehemaligen Grenze, gebaut hat. Und ob er, dort oben auf dem Anstand sitzend und auf das Wild wartend, noch daran denkt, wie hier vor fünfzehn Jahren …

Ich verliere den Kolonnenweg, gehe instinktiv nach rechts (rechts ist Thüringen und Bayern links!), bis ich fluchend doch wieder unten im Tal der Tettau stehe. Zehn Minuten später erreiche ich Heinersdorf.

Ich erinnere mich nicht mehr, ob das Ortseingangsschild vor oder nach den Gebäuden der ehemaligen Grenzkaserne steht. Für mich beginnt Heinersdorf an dieser Kaserne. Ich kenne zerstörte Grenzstützpunkte an der Steilküste der Ostsee, weit abgelegen von den Dörfern. Aber noch nie habe ich sie am Eingang eines Dorfes gesehen. Alle sechsunddreißig Fenster sind eingeschlagen, die Haustür ist eingetreten. Ich gehe hinein, laufe vorsichtig auf Scherbenhaufen und klettere über herausgerissene, zertrümmerte Stubentüren, die wie Barrikaden auf den Treppenstufen liegen. In den Gängen hängen in Kopfhöhe blanke Elektroleitungen. Schalter und Steckdosen baumeln daneben. Der Wind schlägt die leeren Fensterrahmen im oberen Stockwerk gegen die Mauern.

Ich will so schnell wie möglich wieder heraus, aber irgend etwas hält mich zurück. Zwar stocke ich jedesmal, bevor ich in ein verwüstetes (wirklich menschenleeres?) Zimmer hineingehe, aber ich laufe wie hypnotisiert weiter. Stochere mit den Schuhspitzen in dem Haufen zerrissener Tapeten, um vielleicht noch Grenzzeitungen oder Dienstanweisungen aus der Zeit vor 1989 zu entdecken, finde aber nur Marlboroschachteln und Reklamebilder mit der Aufschrift »Carrera«. Im Küchentrakt liegen abgehackte Fliesen, doch an den Wänden hängen noch die Schilder »Abtropfspüle«, »Geschirrspüle«, »Topfspüle«. Die wie eine Kuhtränke aussehende Waschrinne aus Beton ist zertrümmert. In den Trümmern liegen gelbe und blaue Seifenschachteln. Ich gehe immer vorsichtiger von einem Raum in den nächsten. In manchen finde ich herausgerissene Heftseiten, auf die wie von Kinderhand die Umrisse eines Mannes gezeichnet sind. Und auf dieser Figur markieren dicke rote Zielpunkte die Stirn, das Herz, die Kniegelenke …

Schließlich wage ich mich doch in das Dunkel der Kellerräume und beschließe, künftig auf meine Grenzgängertouren auch eine Taschenlampe mitzunehmen. Im Keller stehen in der Finsternis, Ungeheuern gleich, die Reste von Heizungskesseln und dicken Rohrleitungen. Dann finde ich die Toilettenbuchten der Grenzer. Zerschlagen, aber noch … Ich muß mich übergeben. Stolpere nach draußen. Hole die Schnapsflasche aus dem Rucksack. Muß dann noch ein zweites Mal daraus trinken, als ich die Hundezwinger neben der Kaserne gesehen habe.

Wie auf der Flucht laufe ich geradewegs und sehr schnell die Dorfstraße entlang und bleibe erst zwischen zwei Häusern vor dem Modell des fachwerkverzierten Bahnhofes »Stassberg (Harz)« stehen. Kleine Bäume, künstliche Berge und Felsen, ein Springbrunnen, Häuslein, Gleise, Tunnel und Signale. Die elektrische Eisenbahn kurvt nicht auf dem mindestens zehn Quadratmeter großen Gelände herum, denn ein älterer Mann beschneidet den wilden Wein, der an der Hauswand hinaufklettert und dessen bunte Blätter nun Teile der Anlage zudecken.

»Am liebsten würde ich zwei Löcher in unser Haus stemmen, damit die Züge in das Haus hineinfahren und einen Meter weiter wieder herauskommen können«, sagt er. Gedacht war die Modelleisenbahn für den Enkel. »Aber inzwischen …« Er lacht. Bis zu seiner Krankheit war er Hausmeister, davor bei der Melioration und in der Forstwirtschaft und von 1968 bis 1971 bei der Grenze. Er ist wie viele Grenzer hier hängengeblieben, weil er eine Heinersdorferin geheiratet hat.

Unvermittelt frage ich: »Der Haß auf die Grenzsoldaten ist in Heinersdorf immer noch sehr groß?«

Er schüttelt den Kopf. »Weshalb? Wir beschimpfen uns

doch nicht gegenseitig. Fast in jedem zweiten Haus wohnt hier einer, der irgendwann mal an der Grenze gedient hat und inzwischen längst zum Dorf gehört.«

Demnächst werde er für seine Eisenbahnanlage noch eine Seilbahn mit frei schwingenden Gondeln bauen ...

»Also, um darauf zurückzukommen: Es existierten zwei Staaten und dazwischen eine Grenze. Und Grenzer hatten die Grenze zu bewachen ... Natürlich gibt es auch Spezis, die früher jeden Tag mit den Grenzern im Heinersdorfer Wirtshaus gesoffen haben und sie nach der Wende als Verbrecher beschimpften. Das sind solche, die heute, wären 1989 nicht die Wessis, sondern die Chinesen gekommen, alle Schlitzaugen hätten.«

»Aber der Haß, diese Wut, mit der die Leute die Grenzkaserne hier zerstört haben?«

Er stutzt und erklärt mir, daß die Kaserne, nachdem die Grenzer sie geräumt hatten, noch in Ordnung war. »Ein Unternehmer aus Fürth oder Nürnberg hat sie mitsamt der Sturmbahn, den Hundezwingern und ein paar tausend Quadratmetern Gelände gekauft. Er ließ dort für Billiglohn Carrera-Autorennbahnen montieren.« Zwei Jahre später hat er die Produktion in das noch billigere Tschechien verlagert.

»Und erst danach sind die Vandalen von irgendwoher gekommen ...«

Die Modelleisenbahnanlage von Jürgen Funk steht ungeschützt direkt an der Dorfstraße, aber hier im Ort würden sie gegenseitig aufpassen, daß kein Fremder etwas zerschlägt.

Er zeigt mir den Weg zur ehemaligen Grenze. Sie verlief so dicht bei den Häusern, daß Heinersdorf, was wohl einmalig in Thüringen war, wie manche Straßen in Berlin teilweise zugemauert wurde. Ein Stück dieser Mauer ist nach dem Abriß 1990 wieder aufgebaut worden. Davor steht ein Auto mit niederländischem Nummernschild. Die Touristen bitten, daß ich sie vor dem rekonstruierten Mauerstück an der ehemaligen Grenze fotografiere.

»Zur Erinnerung an die Diktatur von Hitler und Honecker«, sagen sie und bedanken sich.

Nachdem sie die Inschrift des Granitsteines »Zur Erinnerung an die friedlich erzwungene Grenzöffnung am 19. 11. 1989« studiert haben, sagt die ältere, wahrscheinlich schon siebzig Jahre zählende Frau: »Ein sehr mutiges Volk waren Sie.«

Ihr lang aufgeschossener Mann muß sich klein machen, als er in den Fiat hineinkriecht und aus den Taschen auf dem Hintersitz eine Flasche Genever herausholt.

»Auf die Gesundheit«, sagt er und fragt mich: »Weshalb waren Sie nicht schon unter Hitler solch ein mutiges Volk?«

Von einem nur noch Gelb und Weiß erkennenden Bauern, einer NVA-Gulaschkanone, bei der das DDR-Emblem nach Bedarf abgenommen werden kann, und einem Thüringer, der Wurst bayerisch würzt

Hinter Mauer und Gedenkstein im früheren Niemandsland stehen auf ostdeutscher Seite neue westdeutsche Betriebe. Davor wächst in einem Tümpel Schilfrohr mit langen, samtenen Zigarren. An dieser Stelle, das haben mir schon die Judenbacher erzählt, waren vom Osten aus die Heinersdorfer mit ihrer Kapelle, einem Verdienten Volkskunstensemble der DDR, an die Grenze marschiert und vom Westen aus die Welitscher und Pressiger Musikanten. Nach einer Stunde Blasmusik und »Macht die Mauer auf«-Sprechchören mußten die Grenzer das Tor öffnen.

»Die Musiker von damals finden Sie in Heinersdorf, ohne nach ihnen fragen zu müssen«, haben die Judenbacher gesagt. »Einer von denen übt immer.« Aber heute ist es still, und ich laufe auf Feld- und Wiesenwegen hinüber in das bayerische Welitsch-Pressig. Abseits vom Dorf, der ehemaligen Grenze am nächsten, steht ein einzelner großer Bauernhof, Scheune, Stallungen und Wohnhaus im Geviert. Der Misthaufen ordentlich »auf Kante« gebaut. Einen Mann, der den Traktor repariert, frage ich, wie alt der Hof ist und wie es sich früher hier an der Grenze lebte.

»Für Geschichten ist der Opa zuständig«, sagt er und schickt mich ins Haus. Eine Frau bringt mich in die kleine Stube, »in der Vater immer sein Schläfchen macht«. Auf einem schwarzen Ledersofa, dessen Kopfteil schon durchgewetzt ist, liegt ein großer, schwerer Mann. Grob gestrickte Socken unter blauen Schlosserhosen. Der Mann dreht sich vom Rücken auf die Seite, stützt sich dann auf den angewinkelten Arm und setzt sich sehr langsam auf.

Er ist, sagt er, kein bayerischer Bauer. »Mit drei Kühen und meiner Frau sind wir 1952 von Heinersdorf aus rübergezogen.« Damals war er achtundzwanzig.

»Wir haben so dicht an der Grenze gesiedelt, weil ich von hier aus das Haus meiner Mutter sehen konnte. Zuerst rief ich ihr manchmal noch einen Gruß über den Grenzzaun zu, und sie winkte zurück. Später winkte die Mutter nicht mehr, denn sie hatte Angst, daß man sie deshalb aus Heinersdorf wegschafft. Nur wenn sie Wäsche im Garten aufhängte, sagte ich zu meiner Frau: ›Jetzt winkt sie uns wieder.‹«

Seine Augen sind fast erblindet. »Es läuft immer was falsch im Leben. Heute kann ich wieder hinüber in mein Heinersdorf, aber ich sehe fast nicht mehr.«

Die Mutter ist gestorben. Das Haus steht leer. »Niemand kauft es, weil Thüringen es zu einem Denkmal gemacht hat. Doch der Staat gibt keinen Pfennig dazu, damit der Käufer, wie vom Staat verlangt, es wieder originalgetreu herrichtet. Niemand will heute ein Denkmal.«

»Und Sie und Ihre Familie?«

»Für einen Liter Milch zahlt uns die Molkerei dreißig Cent. Einen Schlepper eine Stunde ausleihen kostet vierzig Euro, also einhundertunddreißig Liter Milch. Und für unsere Krankenversicherung muß ich jeden Monat eine Kuh zum Schlachthof bringen. Ach, diese Welt ...«

Er kann nur noch Weiß und Gelb erkennen. »Aber wir bauen hier weder Raps noch Sonnenblumen an. Ach, diese ...« Und er dreht sich wieder auf den Rücken.

Ich laufe über die Äcker zurück nach Heinersdorf und frage, wo das Haus der Mutter von Veit Barnickel steht. Unweit vom Wehr an der Tettau, sagt mir eine freundliche Frau. Aber das Wehr sei eigentlich eine Sperre. »Bei Hochwasser ist ein Heinersdorfer, also ein DDR-Bürger, im Fluß ertrunken und erst drüben im bayerischen Pressig wieder herausgeholt worden. Und wo Tote durchpassen, können auch Lebende durchschwimmen. Also bauten die Grenzer diese Sperre aus Beton und Eisen in den Fluß.«

Die Wände des kleinfenstrigen Hauses sind aus mächtigen, jahrhundertealten und wahrscheinlich noch Jahrhunderte haltenden Balken gefügt. Aber das Dach fällt ein ...

Ein junger Mann zeigt mir den Weg zu den Balzers, bei denen ich heute nacht schlafen werde. Er läuft in einem glänzenden Trainingsanzug und Turnschuhen die Hauptstraße entlang.

»Erholung von der Arbeit?«

»Nein, Zeit totschlagen ohne Arbeit.«

Jens Specht hat früher beim Forst gearbeitet. »Danach in einem der neuen Westbetriebe. Das heißt so lange, bis ich dem Chef sagte, daß er mal mit anpacken und mit mir zusammen die Kisten, die für einen allein zu schwer waren, in das Lager tragen soll ...«

Ich frage, was sich in Heinersdorf nach der Wende noch verändert hat. Er kramt seinen Schlüsselbund aus der Hosentasche. »Als Heinersdorf noch Sperrgebiet war und kein Fremder hier hineindurfte, brauchten wir keinen Haustürschlüssel und keine Klingel. Unsere Haustüren standen immer offen.«

Bei den Balzers hängt eine große Glocke an der Tür. Aber ich stehe zuerst staunend auf dem Hof, der einem NVA-Fuhrpark ähnelt. Ein blitzblank geputzter LO-Armeekleinlaster mit sorgfältig rot angemalten Schmiernippeln, daneben NVA-Jeeps, Werkstattautos und Feldküchen.

Jens Balzer, ein sehr großer, kräftiger Mann mit einem gutmütigen Kindergesicht, freut sich, daß ich seine Militärtechnik bestaune. Er besitzt einen Meisterbetrieb für Heizung und Sanitär. Aber weil seine Lebensgefährtin eine begnadete Köchin ist, fahren sie an den Wochenenden mit dem NVA-LO und angehängter Gulaschkanone zu Heimat- und Vereinsfesten.

»Die Idee war Gold wert. Erbsensuppe, Gulasch, Eisbein und Sauerkraut bringen heutzutage mehr als neue Heizungen und moderne Bäder. Der Nachholbedarf dafür ist im Osten inzwischen gestillt ...« Am schwersten war es, den NVA-LO zu beschaffen, er wollte nicht mit einem VW-Bus und angehängter NVA-Feldküche umherfahren. Schließlich hat er einen LO im bayerischen Kulmbach gefunden und ihn wochenlang mit Freunden wieder original hergerichtet. Aber das Hammer-Sichel-Zirkel-Wappen der NVA-Militärfahrzeuge hat er nur mit einem Magneten befestigt. »Wenn wir im Westen kochen, kann ich es abnehmen.«

Die Köchin hat für mich im Backofen zwei in Alu-Folie gewickelte Bratwürste warm gehalten. Während ich sie mit Kartoffelsalat esse, erzählen die beiden von ihrem Haus, das seinem Patenonkel gehört hat. »Als der nach dem Westen ging, bat er meinen Vater: Erhaltet das Haus.« Das hätten der Vater und er mit viel Arbeit, viel Geld und Beziehungen getan. Nach der Wende kam der Sohn des inzwischen verstorbenen Patenonkels und verlangte von ihnen sofort 500 DM Miete.

Jens Balzer geht mit mir die knarrende Treppe hinauf und zeigt mir sein Kinderzimmer, in dem ich heute schlafen kann. Vom Fenster aus sah er die vielleicht hundert Meter entfernte beleuchtete Grenze. »Ich bin mit ihr groß geworden, habe als Kind den Grenzern geholfen, wenn sie beispielsweise einen neuen Zaun aufbauten. Die Grenze war doch unser Alltag. Der Kindergarten stand gleich neben unserem Haus. Die Amis flogen mit ihren Hubschraubern bis zur Grenze und verharrten dort dicht über dem Zaun. Manchmal saß ein Neger drin, im Sommer mit freier Brust, und winkte, und alle Kindergartenkinder staunten und schrien vor Begeisterung über den Neger und winkten zurück. Da wurde der Kindergarten an das grenzferne Ende von Heinersdorf verlegt.«

Er wünscht eine gute Nacht und sagt, daß er noch manchmal zu der Zeit, in der die Wachablösung mit heulendem Motor den Berg hinter dem Haus zur Grenze hinauffuhr, aufwacht.

Ich schlafe traumlos fest.

Auch am nächsten Morgen übt keiner der Heinersdorfer Blasmusiker. Aber jeder im Dorf kennt einen. Die meisten Heinersdorfer schicken mich zu Hartmut Eckardt. Der 68jährige spiele immer noch sein goldenes Horn, und ich würde ihn, wenn er nicht gerade in der Kirche an der Orgel sitze oder Gras für die Hasen hole, garantiert in seinem Häuschen oben am Dorfrand finden. Die Kirche ist still und verschlossen. Eine evangelische Kirche, in der die katholische Madonnen-Figur steht, wegen der, so sagen es die gläubigen Heinersdorfer, die bayerischen Katholiken aus Welitsch-Pressig früher ein paar Schritte über die Religionsgrenze in das evangelische meiningisch-sächsische Heinersdorf gewallfahrtet sind.

In den Kaninchenställen, das erkenne ich schon von weitem, liegt frisches Gras. Und der Musiker – ich nehme an, daß er es ist – kniet mit ungewöhnlich wallender silbriger Haarpracht vor seiner Haustür. Er richtet sich auch nicht auf, als ich ihn höflich nach dem 19. November 1989 frage, sondern erklärt mir statt dessen, daß er ein kleines Schräubchen sucht … »Goldglänzend … Es müßte doch zu finden sein … Ein Schräubchen vom Ventil.« Sein Baritonhorn habe vier Ventile. Die Tuba, die sein Sohn bläst, sogar fünf. Aber das Baritonhorn, das sein 32jähriger Enkel Thomas spielt, nur drei. »Wenn ich das Schräubchen nicht finde …« Er streift mit den Fingern die Fugen der Bodenfliesen entlang. »Solch ein Schräubchen … nur in Spezialgeschäften …«

Ich knie mich daneben, rutsche mit ihm über den Boden, denn ich ahne, wenn wir die kleine Schraube nicht finden, erfahre ich heute auch nichts von den großen Ereignissen im November 1989.

Als seine Frau kommt, entschuldigt sie sich verlegen bei mir. Sie habe ihrem Mann schon immer gesagt, daß er beim Ventilesäubern die Schräubchen in ein Schächtelchen … Er holt einen Magneten, mit dem er nun Zentimeter für Zentimeter abtastet. Wie um sich nochmals zu entschuldigen, erzählt mir inzwischen seine Frau, daß er es gut getroffen hat nach der Wende. »Er ist im Juli 1991 mit fünfundfünfzig in den Vorruhestand gegangen, danach hat sein Betrieb, der VEB Sternradio in Sonneberg, dichtgemacht.«

Ich beginne unterhalb der Haustür im Gras zu suchen. Eine halbe Stunde später entdeckt er das Schräubchen in einer Steinritze. Ich werde sofort ins Haus gebeten und soll von der guten Kartoffelsuppe kosten. Dankend lehne ich ab, aber wenn er endlich erzählen würde, wie es damals gewesen ist …

»Kalt war es.« Aber das hat er erst gemerkt, als die Finger schon steif waren. »Wahrscheinlich habe ich so viele falsche Töne gespielt wie noch nie, aber Hauptsache, es war laut. Die in Pressig drüben haben uns gehört, und wir haben sie gehört. Und dazwischen die Grenzer.«

Was sie gespielt haben? Das weiß er nicht mehr genau. »Vielleicht ist uns ›Brüder, zur Sonne, zur Freiheit‹ oder so etwas Ähnliches aus dem alten Repertoire dazwischengerutscht … Polkas, ja, tschechische Polkas. Und auch was Trauriges. Wir haben früher doch nicht nur zum Kampftag der Arbeiterklasse oder zum Geburtstag der Republik, sondern auch bei Begräbnissen im Dorf geblasen. ›Nach meiner Heimat möchte ich wieder‹, ja, daran erinnere ich mich. Das haben wir auf alle Fälle gespielt.«

Und die Pressiger Musikanten?

»›Wahre Freundschaft soll nicht wanken‹ und ›Heut ist ein wunderschöner Tag‹ …«

Seine Frau zeigt mir ein Album mit Fotos der kunstvoll bemalten Grenzmauer. »Ich habe drei Segmente davon gestaltet. Die Wilhelm-Busch-Verse von ›Max und Moritz, diese beiden‹ habe ich in ›Macht und Stasi, diese beiden‹ umgedichtet und diese schändliche Moritat illustriert. Doch als der Betonwall in Heinersdorf abgerissen worden ist, verschwanden wie viele andere Überbleibsel der DDR auch diese ›Werke der Volkskunst‹.«

Sie schweigt und sagt dann übergangslos: »Nur die Erinnerung, die Erinnerung kann einem keiner nehmen. Wir hatten 1972 ein sehr schreckliches, ein furchtbares Leid.« Stille in der Küche. Nur die Uhr tickt sehr laut. »Unser Sohn Thomas, fast noch ein Kind, hat sich damals das Leben genommen. Nein, nichts Politisches. Er war sechzehn und seine Freundin schwanger. Das Kind, unseren Enkel, haben wir dann auch Thomas genannt. Er spielt heute das Baritonhorn in der Kapelle, aber das wird Ihnen mein Mann schon erzählt haben. Das Schrecklichste an all dem Schrecklichen: Die Schwiegereltern, die schon 1957 in den Westen gegangen sind, durften zur Beerdigung nicht zu uns in das Fünfhundert-Meter-Grenzsperrgebiet. Nicht einmal zur Totenfeier.«

Als ich gehe, liegt das Schräubchen fein säuberlich in einem blechernen Schächtelchen, und Hartmut Eckardt gibt mir noch den Tip: »Drüben im Welitscher Gasthof Müller lief schon am Tag nach der Grenzöffnung in einer Endlosschleife ein Amateurvideo vom Aufblasen der Grenze in Heinersdorf.«

Bevor ich wieder nach Welitsch-Pressig laufe, komme ich in Heinersdorf an der diakonischen Kindertagesstätte »Zur Hänschdaffer Bimmelbahn« vorbei. Ich klingele und frage die Leiterin, eine mit ihren kurzen blonden Haaren sehr sportlich aussehende, schlanke Frau, ob es stimmt, daß »winkende, halbnackte Neger« in US-Hubschraubern über die Grenze flogen und der Heinersdorfer Kindergarten deshalb 1967 hierher verlegt wurde.

Sie nickt. »Ich habe das alles miterlebt, auch die Schwarzen mit dem freien Oberkörper im Hubschrauber.« Genau vor vierzig Jahren hat sie als 20jährige im Heinersdorfer Kindergarten zu arbeiten begonnen. »Zuerst wunderte ich mich, daß sie mich hier im Fünfhundert-Meter-Grenzgebiet einsetzten, obwohl ich doch keine Genossin war.« In diesem Jahr, sagt die Frau, wird sie sechzig, dann wird sie Jüngeren Platz machen. Nach vierzig Jahren!

Im großen Aufenthaltsraum hängt neben dem Diakoniekreuz noch die wohl am meisten verbreitete Reproduktion eines DDR-Malers: Walter Womackas »Liebespaar am Strand«.

»Weshalb hätten wir nach 1989 alles verändern sollen? Natürlich haben wir keine roten Fähnchen mehr gebastelt und in die schwarzrotgoldene Fahne kein DDR-Emblem mehr hineingemalt. Aber sonst? Kinder bleiben doch Kinder. Und ich habe schon immer versucht, das Gute in den Kindern zu fördern.«

Inzwischen bringen sogar Eltern aus Bayern ihre Kinder nach Heinersdorf.

Ich würde gern mit einer bayerischen Mutter sprechen, fürchte aber, daß mir die Kindergärtnerin wegen des Datenschutzes keine Adresse nennen dürfe.

»Nein, aber Sie haben Glück. Kevin ist heute Mittagskind. Seine Mutter aus Pressig holt ihn gleich ab.«

Denise Schulz ist dreiundzwanzig. »Ich arbeite als stellvertretende Leiterin im Lidl-Supermarkt in Kronach. Ich muß sehr zeitig dort sein, und nur in Heinersdorf kann ich Kevin schon früh um sechs Uhr abgeben. Außerdem ist er noch keine zwei Jahre. In Bayern hätte ich mit der Arbeit aussetzen müssen, bis er drei ist.«

Als sie mit dem kleinen Kevin an der Hand hinausgeht, lacht sie mich an. »Ich bin selbst in einen DDR-Kindergarten gegangen und dort liebevoll umsorgt worden.« Sie stammt aus Jena und ist vor sieben Jahren mit ihrem Freund nach Bayern ›ausgewandert‹. Sie haben Arbeit, leben nicht schlecht. Aber manches, wie eben die Ganztagskindergärten im Osten …

Weil sie keine Thüringerin mehr ist, muß sie 50 Euro Kindergartengeld zusätzlich zahlen, doch sie tut es gern. »Kevin fühlt sich gut hier und wächst, wenn man so will, zweistaatlich auf, als Bayer und als Thüringer.«

Sie bietet mir an, mich nach Pressig in ihrem Auto mitzunehmen. Doch ich laufe.

Nach einer guten halben Stunde Fußmarsch finde ich in Welitsch-Pressig das Müllersche Gasthaus. Sein 68jähriger Wirt setzt sich zu mir an den Tisch. Erich Müller erinnert sich, wie seinerzeit das Video von der Grenzöffnung wie in diesen Tagen das Bier an der Theke lief und lief. »In der Kneipe fielen die Menschen einander in die Arme. Es waren fast alles Bekannte, viele Heinersdorfer, die vor dreißig oder vierzig Jahren nach ihrer Flucht – weit sind die Heinersdorfer nicht ausgewandert – gleich hier in Pressig oder Kronach geblieben sind. Sie hatten ihre Thüringer Landsleute danach nicht mehr gesehen und erkannten sich unter Jubelrufen wieder.«

Und heute?

»Die Euphorie ist natürlich vorbei. Und manche bei uns schimpfen inzwischen wie die Rohrspatzen, daß die Vorkriegsverhältnisse wiederhergestellt worden sind. Damals saßen in Thüringen, in Sonneberg, die reichen Spielwarenverleger, und hier wohnten die armen Heimarbeiter. Zum Einkaufen fuhren wir nicht nach Kronach, sondern immer nach Sonneberg. Nach Sonneberg, wo sie jetzt wieder ein riesengroßes Einkaufszentrum errichtet haben. Aber in Pressig macht jetzt eines der letzten kleinen Lebensmittelgeschäfte, das am Bahnhof, auch noch zu … Andererseits: Sogar Musiker unserer Blaskapelle, wie der Schlagzeuger Ottmar Raab, spielen inzwischen drüben bei den Heinersdorfern, und ich habe dort im Gesangsverein gesungen. Und unser Fleischer Konrad beschäftigt den letzten Spieß der Heinersdorfer Grenzkompanie. Der hilft ihm beim Wurstmachen, obwohl die Thüringer in Heinersdorf die Wurst ganz anders würzen als wir hier in Bayern.«

Er schenkt ein Bier aus und sagt dann: »Aber das allerwichtigste … also … seit ich 1981 gesehen habe, wie die Grenzer in Heinersdorf die Mauer bauten, wie sich die Amerikaner und die Russen hier mit den modernsten Waffen gegenüberstanden, seitdem hatte ich große Angst vor einem neuen Krieg … Das allerwichtigste ist wohl doch: Es hat keinen Krieg gegeben!«

Das Video von der Grenzöffnung?

»Ich weiß nicht, wer jetzt noch eins davon besitzt.« Ich solle mal beim Fleischer Konrad fragen.

»Sie kommen sehr ungelegen«, empfängt mich die Verkäuferin in der Fleischerei. Ich könne allerdings in der Gaststätte auf den Meister warten. »Dort sitzt schon ein Vertreter, einer der Kulmbacher Brauerei.«

Ich kläre den Irrtum nicht auf und frage den Biervertreter, der mit einem schon am Vormittag reichlich Bier und Schnaps trinkenden Gast am Tisch sitzt, ob bei ihm noch frei ist. Er nickt. Ich bestelle bei der Wirtin meinen obligatorischen Pfefferminztee. Sie fragt, woher ich komme. »Aus Thüringen.« Während ich den heißen Tee schlürfe, höre ich schweigend den Gesprächen zwischen Wirtin, Biervertreter und dem im Gesicht bereits rotfleckigen Gast zu, der morgens aus Heinersdorf – »weil dort die Kneipe erst mittags aufmacht« – herübergekommen ist.

»Ihr habt im Osten viel ruhiger und sorgloser gelebt als wir. Alles hat der Staat für euch erledigt, euch sogar die Arbeit besorgt. Wir aber mußten schon immer alle Risiken allein tragen und selbst verantwortlich sein für unser Leben. Ihr dagegen …«, sagt sie.

»Das Kulmbacher Bier wird jetzt mit tschechischem Wasser gebraut«, behauptet der Heinersdorfer.

Der Biervertreter ist empört. »Wir nehmen Wasser aus dem Fichtelgebirge, aber keines von den Tschechen.«

Die Wirtin klagt, daß heute ein beschissener Tag sei. »Die kamen zu dritt aus Kronach. Zu dritt kamen die! Unangemeldet. Und haben alle ihre bürokratischen Hygienevorschriften bei uns geprüft und protokolliert, so lange, daß die im Schlachthaus nun immer noch nicht mit der Wurst fertig sind. Die verlangten sogar eine extra Toilette für die Beschäftigten im Schlachthaus. ›Die können doch meine private benutzen‹, sagte ich, doch die Beamten bezweifelten, daß die steril ist ... Meine Toilette nicht steril!«

Sie bringt dem Gast noch ein Bier, und der erzählt, daß er seit Jahren keine Arbeit mehr bekommt. »Früher war ich Hilfsarbeiter auf dem Bau.«

Als er zur Toilette geht, sagt der Biervertreter sehr bissig: »Hilfsarbeiter?! Waren doch alles Ingenieure bei Ihnen in der Zone. Wenn man einen fragt, waren alle mindestens Facharbeiter mit einer hervorragenden Ausbildung. Hilfsarbeiter, so was gab es doch nur im Westen!«

Ich will keinen Streit. »In der DDR gab es natürlich auch Hilfsarbeiter«, sage ich und hoffe, daß der Fleischermeister bald fertig ist mit Wurstmachen, damit ich ihn nach dem Grenzöffnungsvideo fragen und vielleicht seinen Gehilfen, den ehemaligen NVA-Spieß Gerhard Kaufmann, sprechen kann. Ich warte fast zwei Stunden. Der Vater vom Fleischer fährt im Rollstuhl durch die Gaststube. »Ihm paßt im Rollstuhl kein Fleischerkittel, aber er hilft immer noch im Schlachthaus. Eben ohne Kittel. Den Hund hat mein Mann ja schon vor den Hygienebeamten versteckt, aber den Vater verstecken, nee ...«

Die Kontrollen, sagt die Wirtin, wären nach der Wende immer strenger und häufiger geworden. »Früher, als uns hier die Russen noch gegenüberstanden und es jede Menge Probleme mit der Grenze gab, hatten die bayerischen Beamten was anderes zu tun, als nur die kleinen Leute zu schikanieren.«

Auch der Fleischermeister weiß nicht, wer das Privatvideo noch besitzt, und weil der ehemalige Spieß noch ein bis zwei Stunden im Schlachthaus arbeiten muß, laufe ich derweil weiter nach Pressig hinein. Und dort höre ich im Gegensatz zu Heinersdorf sofort – noch drei Straßen entfernt – einen Blasmusiker proben.

Ich klingele lange vergeblich. Erst als der Musiker eine Pause macht, hört er es, öffnet und entschuldigt sich, weil »einer, der seit über zwanzig Jahren mal Tuba, mal Posaune und mal Trompete bläst, irgendwann selbst taub wird«.

Nachdem er mir seine Version der Grenzöffnung erzählt hat, entschuldigt er sich noch einmal. Denn er habe mir vielleicht etwas Unerwartetes oder gar Falsches erzählt. »Von Jahrestag zu Jahrestag reden die Politiker immer schwülstiger über die mutigen Blasmusiker, über uns Helden, die in Heinersdorf die Grenzer zwangen, die Mauer zu öffnen.« Sie sind ausgezeichnet worden. Sie sind in das bayerische Staatsministerium eingeladen worden … »Manchmal denke ich, was würden die neuen Politiker auf ihren Gedenkfeiern heute reden, wenn in Heinersdorf, wie zuvor schon in anderen Orten, die Grenze am 19. November ohne Musik aufgemacht worden wäre?« Die Heinersdorfer Musiker seien wie Tausende andere Ostdeutsche schon Tage vorher über offene Grenzübergänge in den Westen und also auch nach Pressig gefahren. »Und damals verabredeten wir uns zum ›Grenzeaufblasen‹ für den 19. November. Wir hatten es vorher besprochen.«

Aber er hat auch richtige Heldentaten an der Grenze erlebt. »Ich saß 1988 oder 1989 mit einer alten Frau – Rentnerinnen durften ja zu uns – bei Freunden in Welitsch an der Hauptstraße. Plötzlich rief die alte Dame: ›Weshalb werden bei euch die Kartoffeln wie bei uns mit Russenautos ausgefahren?‹«

Vor dem Haus stand ein ostdeutscher LKW, vollbeladen mit Kartoffelsäcken. Ein junger Sonneberger war damit, nachdem er in Heinersdorf einige Säcke in den Keller getragen hatte, todesmutig zum Grenztor gerast, hatte die erste Sperre durchbrochen und die zweite und kam lebend in Welitsch an.

»Leute wie ihn sollte man an Jahrestagen zu einem Empfang ins Staatsministerium einladen. Die haben ihr Leben an der Grenze riskiert.«

Als ich wieder beim Fleischer bin, ist Gerhard Kaufmann schon fertig mit dem Wurstmachen und nach Heinersdorf zurückgefahren. Ich laufe wieder an der Tettau entlang über die ehemalige Grenze zurück.

Gerhard Kaufmann stammt aus Seebach bei Ruhla und diente von 1963 bis 1989 an der Grenze. 1981 wurde er in Heinersdorf als Dienstältester zum Spieß ernannt. »Als ›Mutter der Kompanie‹ war ich für alles verantwortlich, von den Unterhosen und dem Toilettenpapier über das Essen bis zur Munition und den Waffen.«

»Und wie wurde aus dem Spieß der NVA-Grenzkompanie der Gehilfe eines bayerischen Fleischermeisters?«

»Zufälle, alles nur Zufälle im Leben.«

Er ist Jäger. Als Jäger kann er Wild zerlegen und Wurst machen. Außerdem sang er nach der Wende im Welitscher Gesangsverein, der in einem Raum bei Fleischermeister Konrad probte. »Irgendwie erfuhr ich, daß der Meister eine Hilfe sucht, und er erfuhr, daß ich was von der Fleischerei verstehe. So ist das gelaufen. Aber in Wirklichkeit war mein Leben die Kaserne.« Alles Menschenmögliche hätten er und die Küchenfrauen nach der Wende unternommen, um die Kaserne in ein Heim für Kinder und Jugendliche umzuwandeln. »Vom Kochtopf bis zu den Bestecken war noch alles vorhanden. Dazu die schöne Lage im Tal der Tettau. Aber niemand hatte damals einen Sinn dafür.« Als die Firma Carrera kam, bedeutete das kurze Zeit Arbeit und Hoffnung für zweiundvierzig Heinersdorfer Frauen. Der Spieß wurde Hausmeister. Bis das

Fördergeld nach zwei Jahren abgeschöpft war und Carrera seine Spielzeugautorennbahnen in Tschechien montieren ließ. Nun kamen die Vandalen …

Zur Zeit arbeitet er nur noch stundenweise im Schlachthaus. »Nach der Wende haben unsere Leute den Laden in Welitsch monatelang leergekauft. Es gab dort gekochten Schinken, Edelsalami und andere Mangelware. Der Meister dachte, daß es ewig so bleiben würde, und hat damals für viel Geld das neue Schlachthaus bauen lassen. Aber inzwischen kaufen die Thüringer wieder ihre mit Kümmel und Majoran gewürzte Thüringer Wurst in Thüringen. Ich habe versucht, in Welitsch nach Thüringer Art zu würzen. Aber bei denen muß Muskat ran und Piment.«

Keinen Unterschied gebe es dagegen beim Überlebenskampf der kleinen Fleischer. »Da ist die Einheit schon vollzogen. Die Billigpreise der Supermärkte machen die Fleischer sowohl in Thüringen als auch in Bayern kaputt.«

Bevor ich von Heinersdorf aus weiterlaufe, verabschiede ich mich noch von den Balzers, meinen Gastgebern. Er schenkt mir die Kopie vom Grenzöffnungsvideo, das er sorgsam aufbewahrt hat. Ich solle mir die Gesichter der Leute genau anschauen. »Diese Freude, diese unbeschreibliche Freude bei vielen. Und nur ganz wenige stehen skeptisch daneben … Wahrscheinlich haben wir damals zu sehr nach drüben und zuwenig auf uns selbst geschaut und alles, ohne zu überlegen, übernommen. Sogar unsere Kirmes feiern wir nicht mehr von Freitag bis Montag, sondern wie die Nachbarn in Bayern von Donnerstag bis Sonntag. Und als es nach der Wende endlich Zement, Holz, Ziegelsteine und Fliesen zur Genüge gab und wir hier Tag und Nacht umbauten, Dächer neu deckten, Garagen mauerten, da beschloß unser neuer Gemeinderat, daß, genau wie in Bayern, sonnabends ab siebzehn Uhr nicht mehr gehämmert und gebohrt werden darf. Auch mein Vater, der damals im Gemeinderat saß, hat dafür gestimmt und seitdem jedesmal geflucht, wenn er sonnabends nach siebzehn Uhr den Hammer weglegen muß.«

Nach einer Viertelstunde Aufstieg, Heinersdorf liegt schon weit unter mir, sehe ich die Bank, die Jens Balzer nach der Wende an der Grenze für seine Eltern am Waldrand aufgestellt hat. »Damit sie am Abend hinaufgehen können und auf ihr Heinersdorf schauen. Über dreißig Jahre lang durften sie das nicht. Nicht einmal das.«

Von einem Ost-West-Liebespaar, das im Zelt an der Grenze endlich Ruhe vor der Welt haben will, einer 63jährigen aus Gefell, die auf einem Segelschiff nach Amerika auswandert, und einer Billigarbeiterin, die den aufrechten Gang nicht verlernen will

Hinter Heinersdorf steht auf dem Grenzstreifen ein knorriger, verwilderter Apfelbaum. Ich hätte ihn mit seinen in diesem nassen Jahr vom Sternstaubpilz befallenen braungefleckten, also tarnfarbenen Äpfeln im dichten Grenzlandunterholz wahrscheinlich übersehen. Aber eine Frau, die ihren Zwergspaniel auf dem Kolonnenweg ausführt, kostet von einem der heruntergefallenen Äpfel, verzieht ihr Gesicht und erklärt, daß auf der linken Grenzseite Bäume mit roten, sehr viel besser schmeckenden Äpfeln wachsen. Die holt sie sich für den Winter. Die Stämme sind so dick und die Rinde ist so tief eingerissen, daß die Apfelbäume wahrscheinlich schon dort standen, als die Grenzer ansonsten jeden Baum und jeden Strauch wegen der freien Sicht herausgerissen haben. Die Früchte vom Baum der Erkenntnis als zusätzlicher Proviant beim Postengang?

Die Frau erzählt, daß sie sich nicht nur Äpfel, sondern auch Beeren und Pilze aus dem Wald holt. Zeit genug hat sie dafür, denn sie ist die Frau vom ehemaligen Heinersdorfer Förster und invalidisiert. Zwanzig Jahre lang hat sie im VEB Sonni Puppenkleider und Plüschtiere genäht. »Man sagt das zwar nicht, aber ich gehörte dort zu den schnellsten und ordentlichsten Näherinnen.«

Auf ihrem T-Shirt räkelt sich eine zufriedene Katze in einer Hängematte. Darunter steht »LAZY DAYS«. Als »Sonni« nach der Wende auch seine erfahrensten Näherinnen entlassen mußte, hat sie in einer bayerischen Polstermöbelfabrik gearbeitet. »Mobbing war für mich damals ein Fremdwort. Ich erlebte die Praxis, bevor ich das Wort dafür kannte. Schon am ersten Tag verhöhnte der Chef mich vor den Arbeiterinnen als unqualifizierte, liederliche ostdeutsche Pfuscherin, weil ich wie gewohnt mit einem halben und nicht mit einem Zentimeter Rand genäht hatte. Er fand auch später ständig einen Grund, meine Arbeit zu kritisieren, und machte mich öffentlich vor den anderen runter. Als ich einer Kollegin, die mit einer schwierigen Naht nicht klarkam, helfen wollte, schrie er: ›Sie sind wohl nicht ausgelastet!‹«

Mit der Angst vor jedem neuen Arbeitstag stieg bei ihr, die zuvor kerngesund war, der Blutdruck in lebensbedrohliche Höhe. Krankschreibungen, bis auch der Arzt im bayerischen Pressig sich keinen Rat mehr wußte und sie invalid schreiben mußte.

Ich stopfe mir ein Dutzend der roten Äpfel in meine Anoraktaschen, wünsche der Frau noch einen guten Herbst und marschiere den Kolonnenweg hinauf. Ich will heute noch bis nach Föritz-Weidhausen. Dort ist der AMICUS-Verlag beheimatet, der das Buch der deutschen Ärztin aus Uganda, die im Sommer in ihrem »Afrika-Haus« im thüringischen Grenzort Lichtenhain wohnt, veröffentlicht hat. Und von Föritz-Weidhausen werde ich nach Gefell gehen. Dort hat mir der Hobby-Kartograph Dietrich Beck maßstabsgetreue, detailgenaue Karten für meine weiteren Grenz-Gänger-Etappen versprochen.

Unter den niedrigen Bäumen rechts und links neben der Grenze wachsen Dutzende Rotkappen und Steinpilze. Wäre ich auf Pilzpirsch, würde ich mich freuen, aber ich kann sie nicht mitnehmen. Und Pilze zu finden, ohne bewußt danach zu suchen, macht nicht glücklich. Auf der Höhe des Berges, die Grenze biegt hinter einer Fichtenschonung nach links, stehe ich unvermittelt vor einem ausgebleichten, in besseren Zeiten wahrscheinlich blauen kleinen Zelt. Über dem verwitterten Stoff hängt eine schmutzige Plastefolie. Neben dem Zelt sitzt ein junger Mann mit kahlgeschorenem Kopf und randloser Brille. Ein zierliches Mädchen mit langen schwarzen Haaren liegt auf einer dünnen Isoliermatte. Sie mustern mich und meinen grünen Forstrucksack sehr mißtrauisch.

Als ich ihnen von meinen Äpfeln anbiete, bedanken sie sich und wollen wissen, ob ihr Zelt auf bayerischem oder thüringischem Gebiet steht. In Thüringen mußten sie schon zweimal abbauen und weiterziehen. »So eine Art Naturparkwächter oder Förster wollte die Bullen vorbeischicken, weil die Grenze zum Naturschutzgebiet erklärt worden ist und in Thüringen wohl überhaupt nicht ohne Genehmigung gezeltet werden darf.« Ich beruhige sie, daß sie schon sicher dreißig Meter tief in Bayern zelten. Verkneife mir dabei aber mühsam ein Grinsen.

Die beiden haben in München studiert. Er drei Semester Kunst ohne Abschluß und sie Pädagogik ohne Abschluß. Er, Marko Träscher (28), wohnt in einem Dorf bei München. Paula Köste (21) stammt aus Leipzig. Sie entschuldigt sich sofort für den, wie sie sagt, furchtbaren Namen Paula, den sie ertragen muß, weil ihre Mutter vor der Ehe, »also in Zeiten wirklicher Liebe«, unsterblich in einen Mann namens Paul verliebt gewesen ist.

»Macht ihr Abenteuerurlaub?«

»Nein, wir wollten nur einmal mutterseelenallein sein und haben gedacht, daß wir an der ehemaligen Grenze keinen Menschen treffen und keinen Cent für einen Zeltplatz bezahlen müssen.«

Irgendwann wollen sie irgendwohin in den Süden auswandern. »Wein anbauen, Ziegen hüten und töpfern. Endlich raus aus Deutschland.«

Paula hat einen Onkel im erzgebirgischen Annaberg-Buchholz. »Der arbeitete erst mit einem westdeutschen Immobilienhändler zusammen. Dann machte er sich selbständig, weil der Wessi, wie mein Onkel sagte, keine Moral hatte, wenn es um Geschäfte ging. Er dagegen, in der DDR Gewerkschaftsfunktionär und später Sozialarbeiter ...«

Sie erzählen die Geschichte sehr ausführlich, man merkt, daß sie lange Zeit mit niemandem mehr gesprochen haben: Markos Eltern – der Vater Bandarbeiter bei Opel, die Mutter Altenpflegerin – wollten was Eigenes und ein kleines Haus im Nachbardorf kaufen. Da das Geld nicht reichte, bot Paulas Onkel ein Beteiligungsgeschäft an. Aber das Beteiligungsgeschäft war ein Betrugsgeschäft. Der liebe Onkel aus Annaberg-Buchholz hatte sogar die künftigen bayerischen Verwandten über den Tisch gezogen!

Erst wenn sie den Eltern geholfen haben, die Schulden abzuzahlen, wollen Marko und Paula auswandern. Paula sagt lächelnd, daß Marko deshalb ein Buch »Wie verdiene ich heute Geld mit freier Kunst?« schreibt. Er versichert, daß es ein Bestseller wird. Will mir das erste Kapitel auf seinem Laptop zeigen, aber die Batterien sind leer.

Paula arbeitet seit einem halben Jahr in einem Münchener Studio für erotische Filme und Aktfotografie. »Knappe dreitausend Euro monatlich. Fürs Ausziehen. Nur Ausziehen.«

Sie schaut ihren Freund lächelnd an. »Einer von uns beiden muß die Schulden doch bezahlen.«

Nach dem langen Gespräch muß ich mich beeilen, um noch bis nach Föritz und Gefell zu kommen. An einem sehr steilen, mit hohen Nadelbäumen bewachsenen Hang verliere ich den Kolonnenweg, stolpere, ohne einen Pfad zu finden, durch das Unterholz und laufe schließlich im Kreis, bis ich wieder einen

Weg entdecke. Ohne zu wissen, wo er enden wird, marschiere ich an ihm entlang. Als ich endlich im Tal Häuser sehe, vermute ich, daß ich nicht in Föritz, sondern irgendwo in Bayern bin. Wahrscheinlich ist das auch so, denn neben einem alten Wohnwagen vor dem Dorfeingang stehen Biergläser mit der Aufschrift »Paulaner« und leere Weißwurst-Senfgläser. Trotz der Warnung »Vorsicht bissiger Hund« rüttele ich am Tor des ersten Hofes. Der Bauer, sehr dick und behäbig, pfeift einen gefährlich großen schwarzen Hund zurück.

Ich bin in Thüringen, am Dorfeingang von Föritz. Erleichtert frage ich ihn nach Hof und Haus, nach Stall und Scheune. Aber darüber redet er nicht, sondern lediglich über den Staat, den man abschaffen müßte, denn der kassiere nur. »Meine Kühe, die liefere ich nicht für einen Hungerlohn, die schlachten wir. Nur selber essen macht heutzutage fett.«

Weiter unten im Dorf frage ich zwei alte Frauen vor einem Haus mit einem Baum voller Quitten nach dem AMICUS-Verlag. Den Weg nach Weidhausen kennen sie. Von einem Verlag wissen sie nichts. Auch nichts von Büchern, die dort verlegt werden. »Hoffentlich nicht solcher Schweinekram, den es jetzt überall zu kaufen gibt«, sagt die eine.

Ich rieche an den duftenden Quitten. Die Frauen erklären, daß man sie nicht roh essen kann, sondern erst kochen muß. Und daß Quittengelee am besten mit Rum und Apfelsinensaft schmeckt.

Auch in Föritz-Weidhausen frage ich in den villenähnlichen Häuschen entlang der Dorfstraße ein paarmal vergeblich nach dem Verlag. Endlich weiß ein Rentner, der mit untergelegten Kissen aus dem Fenster schaut, daß nebenan die »Meikath Ingrid was mit Büchern zu tun haben muß«. Zuerst hat er gedacht, daß nicht sie, sondern ihr Mann das Unternehmen leitet. »Denn ein Mann ist doch geeigneter dafür, oder?«

Nachdem Ingrid Meikath die ersten Sätze mit mir gesprochen hat, denke ich: Sie wird so sein wie ihre Haare, die struppig, igelig und lustig in die Höhe stehen.

»Einen ordentlichen Platz kann ich nicht anbieten. Aber wenn Sie zwischen den Stapeln und Kartons was finden ... Die Wohnung nutze ich gleichzeitig als Büro, Archiv, Verlag, Vertrieb und Warenlager.«

Über fünfzig Bücher hat sie in den letzten drei Jahren herausgebracht. Zu ihren Autoren zählen auch ein Däne und ein Texaner. Unvorstellbar für sie, die an der Grenze aufgewachsen ist, daß sie in der DDR hier einen Verlag hätte gründen können. »Wo doch kaum ein DDR-Schriftsteller, geschweige denn ein Dichter aus dem Ausland in das Grenzgebiet durfte.«

Ingrid Meikath ist jetzt fünfundfünfzig. Sie hat Werkzeugmacher mit Abitur in Sonneberg gelernt und an der Ingenieurschule in Schmalkalden studiert. Nach einer Restauratorenausbildung hat sie in der VVB Spielwaren in Sonneberg gearbeitet. Von 1986 bis 1989 war sie Redakteurin der Betriebszeitung »Sonni-Expreß«. Danach betrieb sie eine eigene Restauratorenwerkstatt und war schließlich freie Raumgestalterin bei einer westdeutschen Möbelfirma. Seit der Jahrhundertwende war sie dann ohne Job. »Mit einundfünfzig kriegst du als Frau in diesem Land keine Stelle mehr. Aber ich konnte nicht untätig sein. Und als ein Freund mir sagte, daß er seine Gedichte nur veröffentlichen kann, wenn er einem Verlag dafür 12 000 DM hinblättert, dachte ich: Diese Abzockerschweine! Ich gründete einen Verlag, und er konnte seine Gedichte, ohne dafür bezahlen zu müssen, herausbringen. Den Verlagsnamen hatte ich zuerst: AMICUS – das Buch als dein Freund.«

Das Ergebnis würde ich in dem geordneten Chaos sehen. Sie fährt von Buchhandlung zu Buchhandlung, um ihre Bücher anzubieten. Einige Titel verkauft sie gut, auch Gedichtbände, beispielsweise Texte über die Einsamkeit der Menschen in unserer Zeit.

»Es gibt für Singles jetzt schon CDs mit Geschirrklappern und Löffelrührgeräuschen. Da sitzt man als Single im Sessel und hört nebenan in der Küche den Partner, den man nicht hat, das Geschirr spülen. So was verkauft sich.« Auch bei ihr läuft den lieben langen Tag der Fernseher, ohne daß sie hinschaut. Aber sie ist, »der Liebe sei Dank«, kein Single. Ihr Mann arbeitet als einer der gefragten Spezialisten vom ehemaligen DDR-Stahlhochbau auf Baustellen in aller Welt. Er kommt bestenfalls am Wochenende nach Hause. Aber auch dann räumt sie die Bücherpakete nicht weg.

Finanziell hatte sie es nicht nötig, den Verlag zu gründen. »Doch ich hatte im Leben immer für etwas Verantwortung. Was sonst ist denn Leben?«

»Wenn Sie selbst ein Buch schrieben, worüber würden Sie schreiben?«

»Über die fleißigen, ideenreichen Ostdeutschen. Und über die unsinnige Behauptung der Medien, daß Ostdeutschland ein Jammertal ist.«

Die vier Kilometer von Föritz-Weidhausen nach Gefell laufe ich mißmutiger und schneller als auf dem Kolonnenweg. Nach rund siebzig Kilometer Grenz-Wanderung bin ich den Lärm und Gestank von Autos nicht mehr gewohnt. Obwohl ich schon am Rande laufe, hupen mich besonders rasante Fahrer fast in den Straßengraben. Endlich das Ortsschild von Gefell, und dort muß ich auch nicht lange nach Dietrich Beck fragen. Man kennt seine Frau Almuth. »Das ist die, die als Abgeordnete wegen Stasi-Vorwurf vom Thüringer Landtag ausgeschlossen worden ist, aber anschließend vor Gericht recht bekam. Man hatte ihr das Mandat zu Unrecht aberkannt.«

Ein anderer Mann, den ich nach dem Weg zu den Becks frage, schimpft: »Sie müssen nur dem Hundegebell nachgehen. Die haben ein Dutzend davon. Das ist schlimmer als eine Tierauffangstation! Und mitten im Dorf.«

Ich höre kein Hundegebell. Aber vor dem kleinen, noch unverputzten Eigenheim der Becks liegen wirklich zwölf Huskys in einem umzäunten Zwingergelände. Sie bellen auch nicht, als ich näher komme. »Sie gehören unserem Sohn«, sagt Dietrich Beck und fügt leise, so als müsse er sich entschuldigen, hinzu: »Die Hunde bellen nur, wenn die Kirchenglocken läuten.«

Seine Frau dagegen sagt im Brustton tiefster Überzeugung: »Weshalb sollten sie es auch nicht tun? Die bellen nur zum Lobe des Herrn!«

Der Computer, auf dem die Landkarten ausgedruckt werden sollen, steht im Kellergeschoß. Dietrich Beck wählt einen Maßstab, der jeden Pfad, jedes außerhalb stehende Gehöft erkennen läßt, und erklärt mir, während der Drucker arbeitet, daß seine Frau sich erst jetzt mit Hartz IV und all den sozialen Ungerechtigkeiten wieder politisch einmischt. Sie ist mit genauso vielen Stimmen wie die Sonneberger Bürgermeisterin in den Landkreistag gewählt worden. »Almuth kann nicht mal ich bremsen, die hat immer gemacht, was sie will. Aber jetzt, mit ihren dreiundsechzig Jahren, will sie acht Wochen auf ein Segelschiff und bis nach Amerika. Also das ist …« Er winkt ab. Ende des Männergesprächs im Kellerraum.

Oben frage ich vorsichtig nach dem Segelschiff. Almuth Beck meint, daß sie natürlich, statt sich diesen Herzenswunsch zu erfüllen, auch jeden Tag alle Fenster im neuen Haus putzen könnte und dann als braver Hausfrau-Engel in den Himmel käme. »Aber im Himmel Engel zu sein ist bestimmt schrecklich langweilig.« Die Sache mit dem Segelschiff dagegen …

»Das Fernsehen suchte Leute, die sich eine Fahrt von Bremerhaven nach New York unter den Originalbedingungen von 1854 auf einem alten Auswandererschiff zutrauen.« Unter den Bedingungen von 1854 heißt: Alle auf engstem Raum unter Deck zusammengepfercht. Meerwasser zum Waschen. Zwieback. Trockenfleisch. Dörrfisch. Sauerkraut gegen Skorbut. Rationiertes Trinkwasser. Keine Kosmetik. Nicht mal Monatsbinden, nur Leintücher. Wäsche wird unterwegs im Kessel ausgekocht … Bevor sie in Bremerhaven an Bord gehen, müssen alle privaten Sachen abgelegt und dafür original nachgeschneiderte Kleider der Auswanderer angezogen werden, zum Beispiel lange Barchentschlüpfer mit offenem Schritt.

Mein Gott, denke ich, weshalb tut man sich so etwas bloß an?

Fünftausend Bewerber meldeten sich. Almuth Beck und ihre 17jährige Enkelin hatten geschrieben, daß sie nur zu zweit, als Oma und Enkelin, mitmachen würden. Zur nächsten Runde wurden sie ins Studio eingeladen. Zwar hatte sie in der PDS-Landtagsfraktion Interviews vor der Kamera trainiert, sagt Almuth Beck, aber wahrscheinlich sei ihre »große Sunbarger Gusch« entscheidend gewesen. »Als die Fernsehleute fragten, weshalb ausgerechnet ich auf dem alten Segelschiff mitfahren müsse, habe ich gesagt: ›Erstens: Ich kann unterwegs nicht mehr schwanger werden! Zweitens: Ich kann, wenn wegen der Frischmilch eine Kuh mitgenommen wird, die Kuh melken! Und drittens kann ich, falls der Koch seekrank wird, für alle kochen!‹«

Von den fünftausend wurden zum Schluß siebzehn ausgesucht. Almuth Beck und ihre Enkelin aus Föritz im ehemaligen Sperrgebiet werden als Auswanderer wie anno 1854 acht Wochen über den großen Teich schippern.

»Gibt es Geld für die Aktion?« frage ich.

Nein, nur schulfrei für die Enkelin. Und New-York-Aufenthalt und Rückflug sind kostenlos.

Ihr Mann schaut, während sie euphorisch erzählt, ein wenig traurig. Wahrscheinlich auch, weil er nicht kochen kann. Sie tröstet ihn, daß er ja gewußt hat, wen er heiratet, und »es hoffentlich noch nicht bereut«. Er schüttelt den Kopf.

Mich fragt sie, ob ich mir während meiner langen, einsamen Wanderung schon einmal Gedanken darüber gemacht habe, weshalb nach der Wende im Osten zuerst die Frauen entlassen und vor allem Frauenbetriebe dichtgemacht wurden. Weshalb die Kinderkrippen geschlossen wurden und Frauen deshalb nicht mehr arbeiten konnten.

»Weil die Politiker, Berater und Betrüger aus dem Westen, die hierherkamen, um alles neu zu regeln, gewußt haben: Mit den ostdeutschen Männern werden wir wahrscheinlich keine großen Schwierigkeiten haben, die passen sich an, die werden schnell wie wir. Die ostdeutschen Frauen dagegen ...«

Als sie mir das zum Abschied sagt, weiß ich noch nichts von dem Brief, den ich ein paar Tage später erhalte. Eine Heike Lipfert aus Neuhaus schreibt mir: »Seit Mai 1991 arbeite ich in einer kleinen Kunststoffirma im bayerischen Kleintettau. Ich habe zu DDR-Zeiten eine kaufmännische Ausbildung und ein Studium abgeschlossen. Mit Anfang Zwanzig arbeitslos, habe ich jede Arbeit angenommen, damit hatte ich noch nie ein Problem. Aber seit nun fast vierzehn Jahren sollte ich wohl vor Dank niederknien, daß ich dort für Billiglohn arbeiten darf. Mit der Wende war auch diese Firma fast am Ende, aber der faule Wessi wurde gegen den ängstlichen Ossi ausgetauscht. Ich gehöre zu den Spitzenkräften im Akkord. Jetzt wurden uns vom Akkord einfach dreißig Prozent der Vorgabezeiten abgezogen. Das bedeutet, der Lohn geht im Steilflug abwärts. Die Geschäftsleitung ist zu keiner Diskussion bereit. Kein Betriebsrat, keine Gewerkschaft. Statt dessen immer der Kommentar: ›Seid froh, daß ihr Arbeit habt!‹

Fast hätte ich den aufrechten Gang verlernt, doch wenn ich meine Kündigung in der Tasche habe, werde ich mit einem Gefühl der Freiheit nach Hause fahren. Ich nehme einen ganzen Sack Erfahrungen mit, und ich bin stolz darauf, daß mich Arroganz, Neid, Habgier und Unehrlichkeit noch nicht zermürbt haben. Für mich gibt es einen Neuanfang. Was? Keine Ahnung, aber es wird anders werden.«

Von einem Oberstleutnant, der Glück hatte, weil es keinen Toten gab, einem Imker aus Burggrub, der ostdeutsche Fahrschüler unterrichtete, und einem Ameisen rettenden bayerischen Arbeitslosen

Von Neuhaus-Schierschnitz nach Sonneberg wendet sich die Grenze zuerst nach Süden und führt dann wieder steil nach Norden, insgesamt rund dreißig Kilometer Wegstrecke. Die direkte Straße zwischen beiden Orten ist nicht einmal zehn Kilometer lang. Und weil es seit dem Morgen Bindfäden regnet, komme ich zum erstenmal in Versuchung, den Weg abzukürzen. Bestärkt wird die Versuchung noch dadurch, daß der erste Neuhaus-Schierschnitzer, den ich nach der ehemaligen Grenze frage, unwissend mit den Schultern zuckt. Der zweite weiß nur, daß sie in der Nähe des neuen Gewerbegebietes verlief. Und der dritte schickt mich zu Rainer Krause. »Der war ein hohes Tier an der Grenze. Der muß es genau wissen.« Das Haus sei nicht zu übersehen. Ein mächtiger alter Lindenbaum stehe davor.

Der Mann, der mir die Haustür öffnet, ist von kräftiger Statur. Schwarze Haare kräuseln sich auf seinen Unterarmen. Die wenigen Haare an den Seiten seines schmalen, ansonsten kahlen Kopfes – »Meine Mutter nannte diesen Kopfschmuck ›Sportplatz mit Wiesenrändel‹.« – sind dagegen schon weiß. Rainer Krause ist 1967 als Absolvent der Grenzoffiziersschule Plauen nach Neuhaus-Schierschnitz gekommen und diente dreiundzwanzig Jahre lang an der Grenze zwischen Heinersdorf und Sonneberg. Er kennt den Grenzverlauf.

Sein Haus steht in einem schönen Obstgarten, der an den alten, seeähnlichen Dorfteich grenzt.

»Ein paradiesisches Grundstück«, sage ich.

»Das Haus ist Familienbesitz meiner Frau.«

»Dann hatten Sie als ›heimatloser Grenzer‹ hier in der Fremde Glück mit Ihrer Frau?«

»Ja, ich würde sie heute noch einmal heiraten. Auch ohne Haus!«

Kennengelernt hat er sie mit einundzwanzig.

»Wahrscheinlich haben Sie Eindruck auf sie gemacht. Ein kräftiger, schmucker Bursche in Offiziersuniform.«

»Sie hat mich zuerst in Badehose im Schwimmbad gesehen.«

Da er ihren Namen nicht wußte, mußte er bei den Dorfbewohnern nach einem sehr schlanken, großen Mädchen mit kurzen blonden Haaren fragen. »Sie studierte Pharmazie und war selten zu Hause. Daß ich bei der Grenze war, bekam sie erst nach einem halben Jahr mit. Niemand hat damals die Nase gerümpft, weil sie mit einem Grenzer ging. Das war hier etwas Alltägliches.«

Den Weg wird er mir zeigen. Aber er will nicht über die Zeit und den Dienst an der Grenze reden. Er ist zum Schluß Oberstleutnant gewesen, Kommandeur eines Bataillons, das für das Hinterland, das Sperrgebiet, verantwortlich war.

»Ich habe Glück gehabt, großes Glück. Es gab keinen Toten in meinem Grenzbereich. Ich weiß nicht, wie ich sonst mit dem Wissen von heute und dem Geschehen von damals ruhig schlafen könnte.«

Am 12. November 1989 wurde er um drei Uhr morgens an die »Gebrannten Brücke«, die vierzig Jahre lang Sonneberg von Neustadt getrennt hatte, geschickt, wo er die Grenze öffnen lassen sollte. Wenn er sich als Grenzoffizier manchmal die deutsche Einheit vorzustellen versuchte, dann war das immer etwas sehr, sehr Zukünftiges. Und nur unter sozialistischen Verhältnissen.

Meine Fragen zu Details der Grenzöffnung wehrt er freundlich, doch bestimmt ab. Statt dessen zeigt er mir Artikel über eine Feier zum 11. Jahrestag der Grenzöffnung an der »Gebrannten Brücke«, die er aus hiesigen Zeitungen ausgeschnitten hat. Unter den etwa einhundert Neustädtern und Sonnebergern (1989 waren es an gleicher Stelle Zehntausende) der damalige Landtagsabgeordnete Walter Knauer, SPD, der damalige Neustädter Oberbürgermeister Helmut Grempel, Christian Hagen vom Bundesgrenzschutz und Rainer Krause, Oberstleutnant der Grenztruppen der DDR. »Per Handschlag gaben sie damals den neuen Grenzübergang an der ›Gebrannten Brücke‹ frei«, heißt es neben einem Foto. Anschließend an diesen sachlichen Bericht veröffentlichte die Zeitung Briefe von Lesern, die sich gegen die »Ungeheuerlichkeit« der Teilnahme des »Repräsentanten der roten Gewaltherrschaft«, dieses »belasteten Herrn, der vom untergegangenen DDR-Unrechtsstaat die Lizenz zum Töten hatte«, verwahrten und beklagten, daß es beim »Umgang mit Vertretern des roten Terrorregimes keine Berührungsangst mehr gibt«.

Rainer Krause fragt mehr, als daß er es sagt: »Der Haß trifft inzwischen nur noch einseitig und undifferenziert die Stasi und die Grenzer. Es ist keine Rede mehr von dreihundertprozentigen SED-Funktionären und übereifrigen Blockparteipolitikern, von NVA-Offizieren, die mittlerweile in der Bundeswehr dienen, von korrupten Kombinatsdirektoren, die jetzt Westfirmen managen. Und von all den Papierfähnchen schwenkenden und Honecker-Bilder tragenden Erste-Mai-Demonstranten in der DDR ...«

Man sollte doch, sagt er, anstatt immer neuen Haß zu predigen, besser über die vielen Leben, die so sehr unterschiedlichen Leben, sprechen.

Seine Eltern mußten nach dem Krieg aus Schlesien flüchten. Damals war er gerade erst geboren. Aber Krieg und Flüchtlingselend blieben ihm durch die Erzählungen der Eltern wie ein böser Traum präsent. »Auch deshalb wollte ich, als ich mich 1964 zur Offiziersschule meldete, den Frieden verteidigen. Ich wollte mithelfen, daß es keinen Krieg mehr gibt und nie mehr Vertreibung von Menschen. Erst nach Vaters Tod hat mir die Mutter erzählt, daß er an dem Tag, als ich für die Offiziersschule unterschrieb, auf dem Klo gesessen und geweint hat.«

Der Schwiegervater war in den Elektrokeramischen Werken von Sonneberg für den Vertrieb in das sozialistische und nichtsozialistische Ausland verantwortlich. »Er durfte als Reisekader schon damals nach Schweden und Spanien fahren. Aber als müßte er meinen sozialistischen Glauben vor allen Versuchungen und Erschütterungen schützen, hat er nie etwas von seinen Erlebnissen dort erzählt. Und wenn die Kollegen im Betrieb baten: ›Rudi, mach doch wieder mal einen schönen Lichtbildervortrag!‹, zeigte er nur Dias von Ungarn oder Bulgarien.« Er schweigt. Dann sagt er stockend: »Ich habe erst nach und nach begriffen, daß die Wirklichkeit im Sozialismus nie mit der schönen Theorie übereinstimmen wird. Nicht in den Pläne und Gegenpläne machenden Betrieben und auch nicht …«

»Auch nicht an der Grenze?«

»Nein, auch dort nicht. Wissen Sie, wenn die Genossen im Politbüro irgendwelche heiklen außenpolitischen Fragen klären wollten, gab es Stillhaltebefehle für uns. Da sollten wir die Grenzer am liebsten statt mit der MPi nur mit einem Spazierstock bewaffnet an die Grenze schicken.«

Der ehemalige Oberstleutnant bringt mich zum Kolonnenweg. Wir kommen auch hier an einem neuen Gewerbegebiet vorbei. In einem der Betriebe, in dem Bleche, Kronkorken und ähnliches, bedruckt werden, arbeitete der gelernte Maschinenbauschlosser bis vor kurzem in drei Schichten.

(Nach der Veröffentlichung des Berichtes über R. K. schrieb mir der Pfarrer [!] von Neuhaus-Schierschnitz, ich solle es würdigen, »daß Menschen wie Rainer Krause … heute unbehelligt« im Dorf wohnen könnten.)

Es regnet immer noch. Die Platten vom Kolonnenweg sind moosbewachsen und glitschig. Schon nach einer Viertelstunde sehe ich den Kirchturm von Burggrub, dem bayerischen Dorf, das Neuhaus-Schierschnitz gegenüberliegt. Ich will hinüber, schaffe es noch, sumpfige, mit dickhäutigen Sauergräsern bewachsene Stellen zu durchwaten, aber dahinter wuchern kilometerweit – wie die verwunschene Hecke vor Dornröschens Schloß – Hagebutten, Schlehen und Weißdornsträucher. Als ich versuche, eine Schneise zu trampeln, zerkratze ich mir Hände und Gesicht. Notgedrungen laufe ich zurück und gehe über die Wiesen nach Burggrub.

Die ersten Häuschen am Hang sehen nicht ärmlich aus. Fast alle schmücken sich mit einem großen gläsernen Wintergarten. Ich scheue mich, unangemeldet wie ein Vertreter anzuklopfen. Aber als über den Bretterzaun eines Hauses ein dickbäuchiger Kürbis wächst, der nur zu sehen ist, wenn man von den Wiesen kommt, klingele ich und frage den verdutzten Mann, ob er den Flüchtling schon entdeckt hat. Er nickt. Zuerst reden wir über den Anbau von Kürbissen, danach über den morgigen Sonntag, den 3. Oktober, den Jahrestag der Wiedervereinigung. Der untersetzte Mann in plustrigen Trainingshosen schimpft, daß man in diesem Jahr das Volk wegen des Sonntags wieder um den Feiertag bescheißt.

Ich frage, ob vor vierzehn Jahren auch in Burggrub um Mitternacht die Glocken läuteten.

»Das weiß ich nicht mehr. Wahrscheinlich habe ich um die Zeit schon geschlafen.« Manchmal sei er sehr müde gewesen. Von Beruf ist er Fernfahrer, und nebenbei hat er dreiunddreißig Jahre lang dieses Haus gebaut. Mit zwanzig und ohne einen Pfennig hat er begonnen, sich Stein für Stein zu verdienen. Die Jugend heute dagegen …

Mit sechzehn Jahren ist er von Oberlind weggegangen. »Weil 1957 so viele abgehauen sind, bin ich einfach mit. Die Eltern heulten Rotz und Wasser. Hier im Westen ging es mir anfangs kein bißchen besser als im Osten. Aber ich war zu stolz, zu trotzig, um klein beizugeben. Die Jugend heute dagegen …«

Fast fünfzig Jahre lebt Heinz Raupach schon in Burggrub. Aber manche sagen heute noch »Ossi« zu ihm. »Aber denen sage ich immer: ›Ich habe schon vor fünfundvierzig Jahren mit euch ins Plumsklo geschissen und Zeitungspapier ordentlich gefaltet und klein geschnitten, weil wir noch nichts Weiches zum Arschabwischen hatten.‹ Und dann sind sie still.«

Früher hat er auch mit den jungen Männern aus Burggrub Prügel bezogen, wenn sie sich – »Wir sind hier noch evangelisch.« – ein paar Dörfer weiter, »wo die strengen Katholiken wohnen«, die Mädchen holen wollten. »Das ging nie gut mit den bayerischen katholischen Weibern. Besser war es, sich ein Mädchen von drüben aus Rotheul oder Neuhaus-Schierschnitz anzulachen.«

Als ich in das Dorf hineinlaufe, läuten die Glocken sehr lange. Ich vermute, daß man vielleicht am Vorabend des Tags der deutschen Einheit einen Gottesdienst abhält. Doch als ich bei der auf einem felsigen Hang stehenden Kirche ankomme, schweigen die Glocken wieder. Die Türen sind verschlossen, und auf dem Parkplatz – »Bei Gottesdienst nur für Kirchenbesucher!« – steht kein Auto. Vor der Kirchentür hängt ein Holzkreuz mit der Inschrift:

Burggrub lag am Ende der Welt.
Die Grenzen waren Menschen ein Kreuz.
Guter Gott,
Wir zerstören gutes Leben durch Grenzen.
Verzeih uns!
Hilf uns!
Amen!
Lukas 19,41–46

Die Klinke an der kleinen Pforte zum Garten des Pfarrhauses ist so niedrig, daß ich mich tief bücken muß. Und der Pfarrer, der mir die Tür öffnet, ist so groß, daß ich zu ihm aufschauen muß. Ich frage, ob er die Glocken zum Gottesdienst am Vorabend des Tages der deutschen Einheit läuten ließ. Er stutzt, lacht verlegen. »Nein, wir feiern an diesem Wochenende unsere Kirchweih. Die Vereine ziehen morgen mit ihren

Fahnen in der Kirche ein.« Daß sich auch der Tag der Einheit jährt, das hat er, Gott möge es ihm verzeihen, in dem Trubel vergessen.

Jedes Jahr läuft Pfarrer Gerhard Schwab an einem Adventssonntag mit den Burggrubern hinüber nach Neuhaus-Schierschnitz und predigt dort. Nach der Wende waren sie sehr viele. Im letzten Jahr machten sich nur noch zwanzig mit ihm auf den Weg in den Osten. Aber Pfarrer Schwab predigte wie immer: »Jesus zieht nach Jerusalem ein.«

Im Dorf duftet es nach frisch gebackenem Kirmeskuchen. Vor der Tür des Hauses, an dem ein Schild verkündet, daß hier Honig direkt vom Imker verkauft wird, steht ein junger Mann mit einem großen Brett Pflaumenkuchen. Als ich näher komme, fragt er, ob ich ein Stück mitnehmen möchte. Ein älterer Mann neben ihm nickt zustimmend.

Ich bedanke mich und frage, wie es sich in Burggrub lebt. Der jüngere setzt das Kuchenbrett auf einer Bank ab, und der andere sagt lachend: »Das sehen Sie doch, es geht uns sehr gut.« Der ältere ist der Imker Heinz Günter.

Die zur Zeit grassierenden Milben – »Ich bekämpfe sie mit Ameisensäure.« – haben seine fünfundzwanzig Bienenvölker bisher verschont. »Bei Ihnen im Osten soll es schlimmer sein.« Unvermittelt wechselt er das Thema und erzählt, daß er als Imker an der Grenze früher immer besser dran war als die hiesigen Bauern. »Wenn denen eine Kuh nach Osten abhaute, also bis sie die wiederbekamen. Meine Bienen dagegen ... In manchen Jahren habe ich sozusagen nur Ostblütenhonig verkauft.«

Dreißig Jahre lang hatte er eine Fahrschule, und nach der Wende konnte er sich kaum vor Fahrschülern aus dem Osten retten. Die jungen Leute sagten zwar nicht »Grüß Gott«, aber sie verstanden was von Fahrzeugtechnik. Und sie strengten sich unwahrscheinlich an, wollten so schnell wie möglich zum alten Auto aus dem Westen die neue Fahrerlaubnis aus dem Westen. Als man sie später in Bayern nur noch ausbilden durfte, sie aber im Osten geprüft werden mußten, hat er eine Zweigstelle seiner Fahrschule in einem Ortsteil von Neuhaus-Schierschnitz eröffnet. »Dort stellte ich einen jungen Ostdeutschen als Fahrschullehrer ein, er war Sportfunktionär gewesen. Das wäre für den eine Lebensstellung geworden. Doch ihm war es wichtiger, sehr schnell und sehr viel zu reisen. Er ist nach Italien gefahren und hat den Job sausen lassen. Wenn er mich heute trifft, sagt er: ›Was war ich bloß für ein blöder Esel …‹ Damals glaubte doch kaum einer von den Ostdeutschen, daß ausgerechnet er einmal arbeitslos wird … Inzwischen erwischt es aber auch uns.«

Er zeigt auf seinen Sohn, der verlegen lacht. »Ich werde schon wieder was finden, Vater.« Inzwischen kann er seiner eigentlichen Passion nachgehen. Er ist Mitglied im Waldameisen-Schutzverein. Die Ameisenfreunde zählen nicht nur alle Ameisenburgen und tragen sie in Karten ein, sondern siedeln sie auch um, wenn eine Straße oder ein Haus gebaut wird.

»Umsiedeln kann man sie allerdings nur im Frühling, denn nur im Frühling sitzt die Königin oben. Wenn sie tief unten in der Ameisenburg schläft und wir graben sie nicht mit aus, war alle Mühe vergebens. Es passiert nichts ohne die Königin.«

»Da sind wir Deutschen heute anders. Wir würden unseren Kanzler am liebsten auf den Mond schießen«, sagt der Imker und schenkt mir zum Abschied, weil ich keinen Pflaumenkuchen mitnehmen will, ein Glas reinen bayerischen Bienenhonig. Ob er im Osten oder Westen von den Bienen gesammelt worden ist, weiß er nicht genau.

Es gibt noch Zufälle. Der Burggruber, den ich frage, wie ich am raschesten wieder auf den Kolonnenweg Richtung Sonneberg komme, ist fast »ein Kollege« von Rainer Krause. Kurt Wöhner – »Nein, meinen Dienstrang schreiben Sie nicht dazu.« – hat von 1981 bis 1990 hier an der Grenze gedient.

Ich frage ihn, ob er Kontakt zu den Grenzern drüben hatte.

»Nur einmal hat mir ein Grenzer seinen Gliedermaßstab herübergezeigt. – (Jetzt ahne ich, weshalb wir seit der Wende zum Zollstock nicht mehr Zollstock sagen.) – Er hatte nur noch ein paar Tage, bevor er nach Hause durfte.«

Ob er sich an der Grenze manchmal Gedanken über die Einheit gemacht hat, frage ich auch ihn.

»Wenn ich ehrlich bin, habe ich mir nie vorstellen können, daß es so schnell geht. Obwohl die Amerikaner, der Bundesgrenzschutz, die Zöllner, die Bundeswehr die Grenze Tag und Nacht beobachteten, ahnte niemand etwas. Und im Frühjahr 1989 haben die drüben an der Grenze noch neue Lampen montiert. Die Nacht war danach taghell.«

Als ich wieder auf dem Grenzweg bin, hole ich den Honig aus dem Rucksack, stecke den Finger hinein und schlecke den süßen Honig wie ein Bär. Kraftnahrung für die nächsten Kilometer.

Von Rotheuler Wustungen und verhinderter Inzucht, Rock 'n' Roll tanzenden Möbelvertretern und einem vergessenen Jahrestag

Schon wenige Kilometer hinter Burggrub, in der Rotheuler Gemarkung, merke ich, daß mir die Zeit heute knapp wird, wenn ich nicht nur die Grenze entlanglaufen, sondern unterwegs auch mit den Leuten sprechen will, denn die Gehöfte vom thüringischen Rotheul sind meilenweit voneinander entfernt. Mal entdecke ich ein einsames Haus in einer Talsenke, das nächste sehe ich erst nach einer Viertelstunde, abgelegen zwischen Äckern und Wiesenflächen. Ein Bauernhof – neues Wohngebäude, Scheune und ein langes, geducktes altes Häuschen – steht dicht an der ehemaligen Grenze. Auf dem Acker blüht der Raps als Zwischenfrucht. Die Miste dampft. Hühner scharren. Ein kleiner Hund umkreist mich bellend. Der Bauer des Hofes ist wahrscheinlich auch Fischer, denn zur Hälfte aufgeschnittene Aalreusen liegen wie Netztunnel über den Blumenrabatten.

Ein alter Mann, der Holzscheite in den Schuppen trägt, läßt sich durch mein Näherkommen nicht stören. Erst nach einer Weile begrüßt er mich. Ich sage, daß ich angenommen hätte, er würde auf diesem einsamen Hof unruhig werden, wenn plötzlich ein Fremder vorbeikäme.

Er lacht wie Schwejk. »Hier mußt du immer abwarten, dich zuerst blind und taub stellen und ganz ruhig bleiben. Dann wird der Ankommende unruhig, beginnt zu reden und zu reden, und wenn du dann weißt, was für einer da aufgekreuzt ist, kannst du ihn ansprechen.«

Nun kommt auch die Frau aus dem kleinen, niedrigen Haus. Der Mann sagt: »Besuch ist da, Frau.« Sie holt einen Lappen und wischt die saubere Hofbank noch einmal ab.

Der Mann erzählt vom Winter hier und den Schneeverwehungen. Entferntere Gehöfte trifft es dann noch schlimmer. Früher ist bei ihm wegen der Grenze der Kolonnenweg vom Schnee geräumt worden. Heute fährt der Schneepflug auf der neuen bayerischen Straße links von der Grenze. »In Rotheul stehen auf einer Fläche von rund sechsundzwanzig Quadratkilometern noch siebenundzwanzig Wustungen. Jede hat einen Namen. Unsere ist die Schwarzenwustung am Vogelsberg.«

Weil ich den Namen nicht genau verstanden habe, frage ich: »Wie heißt Ihre Wüstung?«

Er guckt ein bißchen beleidigt und verbessert mich. »Das ist keine Wüstung, sondern eine Wustung.«

Die Schwarzenwustung gehörte den Eltern seiner Frau. Achtzehn Hektar Landwirtschaft und obendrein Wald. Inzwischen haben sie alles verpachtet. Er und seine Frau arbeiteten in den Elektrokeramischen Werken Sonneberg. »Sie im Brennhaus. Das war eine Schinderei. Aber wir sind Arbeit gewohnt.« Drei Jungens haben sie. Nur einer wollte hierbleiben. Er baut jetzt das neue Haus. Das Leben auf der Wustung ist heute allerdings nicht mehr mit dem früheren zu vergleichen. Stundenlang saßen sie im Winter manchmal im Dunkeln, weil die Elektriker ihre unter der Eislast gerissenen Stromleitungen nur in Begleitung der Grenzsoldaten reparieren durften. Es war auch die Zeit, als ihr ältester, 1953 geborener Sohn immer wieder zum »Grenz-Gänger« wurde. »Die Hühnerspuren auf dem ständig frisch geeggten Spurenstreifen an der Grenze akzeptierten die Grenzer ja noch, nicht aber die Tapsen der Kinderfüße. ›Mutti wird eingesperrt, wenn du da drüber läufst‹, schimpften wir. Aber es nutzte nichts ...« Damals mußte die Freiwillige Feuerwehr auch ihre alte, ohne einen einzigen Nagel (!) zusammengefügte dreigeschossige Scheune abreißen. »Offiziell begründeten es die Grenzer mit dem kaputten Dach, weil die amerikanischen Hubschrauberpiloten derart verwahrloste Gebäude in der DDR nicht fotografieren dürften. In Wirklichkeit mußte die Altehrwürdige dran glauben, weil sie die Sicht zum nächsten Grenzbeobachtungsturm behinderte.« Nach dem Abriß hatten sie viele Jahre gutes, festes Holz zum Feuern. Charlotte und Fred Fatinath heizen immer noch mit Kohle und Holz. Ihr Sohn Hans aber hat sich eine Solaranlage auf das Dach bauen lassen.

Die Antwort des 73jährigen auf die Frage, wie es ihn auf die einsame Schwarzenwustung verschlagen hat, könnte ich, weil ich sie während meiner Tour nun schon zu oft gehört habe, selbst geben: Von 1951 bis 1953 hat er hier an der Grenze gedient und ist wegen seiner Frau hängengeblieben. Als wir allein sind, seine Frau füttert die Hühner, sagt er: »In den Thüringer Grenzdörfern leben sehr kluge und gewitzte kleine Leute. Hier gibt es neue Fabriken, die Arbeitslosigkeit ist nicht größer als drüben, die Häuser sind schöner renoviert als in Bayern. Und wissen Sie, weshalb das so ist?« Er wartet, ob ich antworte, und lacht dann sein Schwejk-Lachen. »Weil hier ... na, es gab keine Inzucht wie in abgelegenen bayerischen Walddörfern. Hier war ständig Blutauffrischung durch die Grenzer aus Sachsen, Mecklenburg oder Berlin, die die Mädels heirateten.«

Fischer ist er nie gewesen. Die »Aalreusen« auf den Beeten hat er sich aus elastischen Stäben und Baumarkt-Netzen selbst gebaut, damit die Hühner die frisch gepflanzten Blumen nicht abfressen.

Ich gehe hinüber nach Bayern. Ins Bushäuschen der Siedlung Mostholz ist kunstvoll zwischen Berg und Tal und Fluß ein Förster (kein Grenzer!) mit Gewehr im Anschlag gemalt. Auch hier allein stehende Gehöfte. Vor einem sind viele Festmeter Buchenholz gestapelt. Kein Hund bellt. Keine Klingel an der Tür. Ich klopfe. Eine stämmige Frau öffnet. Ich frage, wie man hier, fünfzehn Jahre nachdem die Grenze gefallen ist, lebt.

Sie sagt, daß sie nichts sagt. »Mein Mann ist nicht zu Hause.«

Ich erinnere sie daran, daß heute der Vorabend des Jahrestags der deutschen Einheit ist.

»Wir haben vor der Einheit allein gelebt. Und nach der Einheit auch.«

Wenn es nicht zu lange dauert, will ich warten, bis ihr Mann kommt.

Sie reicht mir aus einem Korb eine Handvoll frischer Walnüsse, die sie aufgelesen hat. »Sie müssen nicht warten. Auch mein Mann wird Ihnen nichts sagen. Man erzählt Fremden nichts über sein Leben. Die im Osten vielleicht, die sind schwatzhaft, aber unsereins …«

Von nun an klopfe ich an keine weitere Haustür einer Wustung, weder in Ost noch in West. Aber wenn ich zwischen dem Grün ein rotes oder schwarzes Dach sehe oder einen Wegweiser »Kräutendorfswustung« oder »Schaubergswustung« erblicke, nehme ich mir vor, später noch einmal hierher zurückzulaufen, um über das Leben in der Abgeschiedenheit, die heute keine mehr ist, zu schreiben.

Schon eine Stunde später verfluche ich diese Abgeschiedenheit. Irgendwo im Naturschutzgebiet habe ich zwischen Kuhweiden und Erlen den Kolonnenweg verloren. Bislang habe ich mich an der Grenze immer früh am Tag verlaufen. Jetzt aber wird es bald dunkel, und die Sonne ist als Wegweiser nach Westen hinter der Wolkendecke nicht zu sehen. Bei den Geländespielen der »Jungen Naturforscher« hat uns der Pionierleiter erklärt, daß die Baumstämme westwärts mit Moos bewachsen sind. Früher vielleicht. Heute wächst das Moos rings um die Stämme. Wildschweine haben den Waldboden aufgewühlt, und unter den Fichten liegen von Eichhörnchen abgenagte Zapfen. Ich lege als gute Gabe die Walnüsse dazu und werde wenig später belohnt: Der Wald lichtet sich. Ich sehe ein Haus mit der Tafel »Schnitzerwustung«. Davor liegt eine große Wiese, und um die Wiese herum stehen Schilder, und auf jedem Schild drückt sich ein Hund zu Tode. »Dieses Grundstück ist keine Hundekotablage! Der Besitzer.«

Eine Frau, die an einem Nachbarhaus ihre Hecke schneidet, verteidigt den hundekothassenden Wiesenbesitzer. »An manchen Tagen sieht man hier mehr Hunde als Menschen. Die Herrschaften aus Kronach und neuerdings auch aus Sonneberg, die hier ihre Bungalows haben, kommen selten mit Kindern, dafür mit zwei oder drei Hunden. Doch wir leben hier nun mal von den Kühen, und die mögen kein vollgeschissenes Heu.«

Ich frage, ob es in dem Ort – ich stehe vor dem bayerischen Schwärzdorf – eine Schlafmöglichkeit gibt, aber ich muß noch bis zum Hotel der Grenzgaststätte in Fürth am Berg laufen. Wenn ich einen Feldweg über die Äcker nehme, kann ich in einer guten Stunde dort sein. Orientieren soll ich mich an zwei großen Granitsteinen und drei kleinen Linden mitten auf dem Acker. Dort hatte bis 1975 das Dorf Liebau gestanden.

Im Licht der Taschenlampe glitzert der schwere schwarze, zu großen Schollen umgepflügte Ackerboden. Kurz bevor ich entmutigt umkehren will, sehe ich auch die drei Linden und die zwei Granitsteine. Dazu Bänke zum Ausruhen, doch ich setze mich nicht. Um die Steine sind Bauernrosen und Lebensbäume gepflanzt. Am Rande steht ein mit Gießwasser gefüllter Behälter. Ich wasche mir mein verschwitztes Gesicht. Im Schein der Taschenlampe entziffere ich die Inschrift: »Hier stand das Dorf Liebau. 1952 flüchteten alle Dorfbewohner. 1975 Abriß des Dorfes auf Anordnung des SED-Regimes.«

Lieb(liche)**Au**. Ein Name wie aus einem Märchen.

Die Lichter des Grenzhotels erblicke ich schon von weitem. Es ist keine Waldherberge, sondern eine Hotelanlage mit neu gebauten Bettenhäusern. Der Parkplatz ist überfüllt, und vor dem Hotel und der Gaststätte stehen Autos mit Nummern aus ganz Deutschland. Ich befürchte, daß in der Grenzgaststätte viele West- und Ostdeutsche gemeinsam in den Jahrestag der deutschen Einheit hineinfeiern und für mich unangemeldeten Grenz-Gänger kein Bett mehr frei ist. Doch ich will nicht wieder hinaus in die Dunkelheit. Und weil ich denke, daß ich als ostdeutscher Wanderer weniger Chancen als ein einheimischer bayerischer Wanderer habe, sage ich an der Rezeption: »Grüß Gott!« Zum erstenmal in meinem Leben. Sehr leise zwar, aber deutlich. »Grüß Gott, haben Sie noch ...«

Man hat.

An den langen Tischen in den »Hinterzimmern« der Gaststätte sitzen Gesellschaften, die sich vertraut unterhalten und zuprosten. An den Tischen im Hauptraum begrüßen sich Männer – nur Männer – mit »Hallo«, und manche umarmen sich. Ich frage die Wirtin, ob die Gäste den Vorabend der Einheit feiern.

»Nein. Eine Geburtstagsgesellschaft, eine silberne Hochzeit, und hier vorn feiern die Polstermöbelvertreter. Die treffen sich einmal im Jahr, um die neuesten Modelle der Coburger Polstermöbelfabriken zu begutachten. Oben im Saal ist Tanz.« Das hatte ich schon auf einem Plakat an der Hoteltür gelesen: »Rock 'n' Roll und Petticoat ... Rainer Lohr verzaubert Sie mit seinem Charme und den Hits der 60er und 70er Jahre«. Und handgeschrieben darunter: »Tanz in den deutschen Einheitstag«.

Gegen einundzwanzig Uhr schaue ich hinauf in den großen Saal. Zwei Männer sitzen bei Schummerlicht und Bier. Der Sänger verkündet, daß man rote Lippen küssen muß, und winkt mir freundlich zu. Vor dem nächsten Titel frage ich ihn, ob er zum Einheitstanz auch was von Frank Schöbel und Chris Doerk drauf hat. Die kennt er nicht.

Wieder unten in der Gaststätte, komme ich mit zwei Polstermöbelvertretern ins Gespräch, die an einem Ecktisch unter einem Wandspruch von Winston Churchill sitzen: »Es gibt Leute, die halten einen Unternehmer für einen räudigen Wolf, den man totschlagen müßte. Andere meinen, der Unternehmer sei eine Kuh, die man ununterbrochen melken könne. Nur wenige sehen in ihm das Pferd, das den Karren zieht.«

Der eine der beiden, sehr groß, sehr stattlich im schwarzen Jackett, darunter ein gelbes Hemd mit einem schwarzen Schlips, den gelbe Rosen zieren, bestellt mir einen Rotwein und überreicht mir später seine Visitenkarte: Hans Georg Otten, Geschäftsführer einer Möbelkette mit fünf Geschäften in Karlsruhe, Wiesbaden, Ludwigshafen, Nürnberg und Malsch. Bevor wir über Polstermöbel reden, philosophiert er mit mir über Arbeit, Fleiß, Anerkennung und den Gutmenschen.

Er hat schon als Kind den amerikanischen Soldaten frische Eier in ihre Kasernen gebracht und an der Doppelstiege etwa vier Mark verdient, behauptet er. »Jeder ist seines Glückes Schmied. Das gilt nicht nur im Westen. Die Chance hatten Sie auch im Osten.«

Ich sage, daß es schlecht möglich war, als Kind in sowjetischen Kasernen Hühnereier zu verkaufen.

»Jeder Mensch braucht Anerkennung in der Gesellschaft«, philosophiert er weiter. »Die Schönen und Reichen erhalten Anerkennung für ihre Schönheit und ihren Reichtum. Menschen mit geringeren körperlichen Vorzügen müssen sich Achtung durch ein besonderes soziales Engagement erarbeiten. Ohne diese Gutmenschen ist keine Gesellschaft lebensfähig. Und wenn das zahlenmäßige Verhältnis zwischen den

Gutmenschen und den sich nur bereichernden, egoistischen Betrügern in einem Land zugunsten der Betrüger umkippt, geht der Staat kaputt.«

Der andere Mann, auch ein Schwabe, allerdings in blauem Hemd, über das er einen braunen Pullover gestreift hat, schweigt. Aber als er hört, daß ich die ehemalige Grenze ablaufe, erzählt er, daß er schon an Polstermöbelvertretertreffen teilgenommen hat, »als hinter dem Hotel die Zonengrenze noch dicht war. Wenn wir genug getrunken hatten, sind wir nachts raus und haben am Zaun gerüttelt, bis die Scheinwerfer aufleuchteten.« Er kannte die Grenze als Bundesgrenzschützer in Bayreuth und im Bunker auf der Wasserkuppe in der Rhön. »Dort haben wir mit Radar jedes Flugzeug der Russen an der Grenze beobachtet. Wir hatten die ständig im Griff.«

Als ich frage, ob auch Polstermöbelvertreter aus den neuen Bundesländern hier sind, zeigt er auf den Nachbartisch. »Hören Sie das nicht?«

In dieser Runde sitzt die einzige Frau im Saal. Sie sieht gut aus, ist vielleicht vierzig, und ein vollbärtiger Mann erzählt ihr Witze auf sächsisch.

»Nee, Sie steren nisch«, sagt er, als ich mich zu ihnen setze. Gerd Oeser aus dem Erzgebirge war Technischer Direktor in einer Stuhlfabrik in Neuhausen. »Wir hatten modernere Maschinen als die im Westen, aber mit denen konnten wir nur große Stückzahlen fertigen. Tausender-Serien. Zehntausend grüne Stühle für China, zwanzigtausend gelbe Stühle für die SU. Unter dem ging es nicht. Gleich nach der Wende habe ich mir im Schwarzwald Stuhlfabriken angeschaut. Die bauten kundenfreundliche Kleinserien vom Gelsenkirchener Barock bis zu Lehnen mit Spitzbögen. Da sagte ich mir: Gerd, die großen Möbelkombinate in der DDR werden nicht überleben! Und schon am 1. Juli 1990 habe ich in Bayern als Vertreter angefangen. Die Kunden im Osten kannte ich ja alle noch.«

Aber im Moment geht das Möbel-Geschäft nicht gut. »Sieben fette Jahre, sieben magere Jahre, wie es in der Bibel steht.

1990 bis 1997, das waren die fetten Jahre. 2004 müßte das letzte magere sein.«

Die Frau, die hier alle »Anja« nennen, die aber Andrea Pietschner heißt, war viele Jahre Sekretärin im VEB Hautex in Neusalza-Spremberg, der »original« Jeansstoff herstellte. Seit er geschlossen ist, verkauft sie Polstermöbel in einem kleinen Geschäft in Ebersbach in der Oberlausitz.

Die Ostdeutschen sind mittlerweile fast unter sich, sie trinken und schwatzen und lachen. Die historische Mitternachtsstunde bemerkt außer mir und der Kellnerin, die endlich Schluß machen will, keiner. Anja und der ehemalige Technische Direktor beginnen unter dem Beifall der übrigen und angespornt von dem »Rock 'n' Roll und Petticoat«-Sänger zu rocken, zwar ohne Petticoat, aber es sieht gut aus.

Neben der Theke hängt ein Kalender. Ich reiße das gestrige Blatt ab. Heute, am 3. Oktober, ein Spruch von Alberto Moravia: »Diktaturen sind die Einbahnstraße. In Demokratien herrscht Gegenverkehr.«

Ich gehe hinaus in den Nieselregen. Vor vierzehn Jahren hatte ich um Mitternacht die DDR-Hymne gehört. Zum letztenmal, aber zum erstenmal seit vielen Jahren wieder mit dem Text von Johannes R. Becher: »... Deutschland, einig Vaterland ...« Und mir damals die heiße Stirn an der Fensterscheibe gekühlt.

Von einem berühmten Grenzschmuggler, herrenlosen DDR-Waldarbeitern und dem original Heubischer Fußball-Kescher

Ina Bätz, die Wirtin vom Grenzhotel in Fürth am Berg – eine etwa 40jährige, sehr robuste, energische Frau, die ihre Brille nur beim Lesen braucht und sie sonst wie einen Reifen auf dem kastanienroten Haarschopf trägt –, hat abends als letzte das Licht in der Gaststätte ausgeschaltet und dirigiert zum

Frühstück schon wieder Köche und Kellner. Eine alte Familiengaststätte, die 1980 zu klein geworden war, um die Familie zu ernähren. Deshalb begannen sie, einen Trakt mit einhundertzehn Betten anzubauen. Sie rechneten mit den Reiseunternehmen, die ihre Gäste in Bussen hierher zur Grenze fuhren, und mit Vereinen wie dem der Ostzonen-Flüchtlinge oder den Hunderten in alle Welt verstreuten Bauersachs-Nachfahren aus Judenbach, die hier ihrer alten Heimat nahe sein konnten.

Erst als 1991 die Grenze keine Grenze mehr war, stand der Neubau, »und die Reiseunternehmen fuhren inzwischen mit den Ossis nach Tirol«.

Den Trubel der ersten Tage nach der Grenzöffnung haben Ina Bätz und ihr Mann nicht miterlebt. Sie hatten »wegen Urlaub geschlossen«, Urlaub auf Gran Canaria. Als sie zurückkamen und die veränderte Welt gar nicht so schnell begreifen konnten, haben sie mit Helfern aus dem Dorf für die Gäste aus dem Osten fast rund um die Uhr ohne Ruhetag Bier ausgeschenkt und Würstchen heiß gemacht.

Inzwischen arbeiten auch junge Frauen aus dem thüringischen Mupperg bei ihr, und die Gäste kommen von rechts und links der Grenze. »Unterschiede? Nein. Nur wenn einer ›Tschuus‹ statt ›Saft‹ verlangt, weiß ich, daß er ein Ossi ist.«

Weil ich mich im Gegensatz zu den meisten Gästen im Grenzhotel für die ehemalige Grenze interessiere, rät sie mir, nebenan beim alten Herrn Wöhner vorbeizuschauen. Er sei nach dem Krieg der eifrigste Grenzgänger, der bekannteste Schmuggler zwischen hüben und drüben gewesen.

Außerdem solle ich, weil ich gestern nacht nur vorbeigestolpert sei, noch einmal bis zur Gedenkstätte für das geschleifte Grenzdorf Liebau zurücklaufen. Am Jahrestag der deutschen Einheit würden ehemalige Bewohner manchmal dort noch Blumen niederlegen.

Bei Heinz Wöhner muß ich sehr lange klingeln, bevor eine alte hagere Frau öffnet. Ich frage höflich nach ihrem Mann.

Sie mustert mich wortlos und schlägt die Haustür zu. Ich klingele noch einmal. Klopfe. Aber die Tür wird nicht wieder geöffnet.

Junge Leute aus dem Dorf, die auch zum alten Wöhner wollen, kennen den Hintereingang. Die hagere Frau entschuldigt sich bei mir. »Ich dachte, es ist wieder einer von den Sekten oder ein Zeitungswerber, Bettler oder was heutzutage hier sonst noch herumläuft. Man kann nicht vorsichtig genug sein.«

Ihr Mann, der in einem großen Sessel sitzt, nickt bedächtig. »Ja, ja – vorsichtig wie damals an der Grenze.« Zwischen Mupperg und Fürth am Berg kontrollierten in den ersten Nachkriegsjahren sowjetische Soldaten gemeinsam mit Volkspolizisten, Vopos genannt, die innerdeutsche Grenze und bestraften, wen sie als Grenzgänger erwischten.

»Doch drüben in Fürth hatten sie die besseren Tanzkapellen und spielten auch Negermusik. Da sind wir jungen Leute eben zum Tanzen über die Grenze nach Bayern gegangen. Manchmal erwischten uns die Russen, und wir mußten uns mit einer Flasche Schnaps freikaufen. Zu einem großen illegalen Grenzgänger wurde ich erst, als ich meine Ilse in Fürth am Berg kennengelernt hatte. Wir wollten heiraten, und ich armer Ostler mußte für die Aussteuer dazuverdienen.«

Damals schmuggelte er »gegen ein kleines Honorar« künstliche Menschenaugen aus Lauscha in den Westen und die wertvollen Möbel von Herrn Gräf, einem Fabrikbesitzer aus Lichte, der in Mupperg wohnte und nach Bayern wollte. »Einzeln trugen wir die guten Stücke auf der Tragbare nachts hinter dem Friedhof zur Grenze.« Die Möbel des Fabrikanten Dorst aus Oberlind fuhren sie am hellichten Tag, unter Heu versteckt, nach Bayern. »Und weil ich den Vopos – meist waren es junge Bürschchen aus Sachsen – manchmal Westzigaretten mitbrachte, wurde ich nie erwischt.«

Schließlich zog er zu seiner Frau. »Damals dachte ich nicht daran, daß ich jahrzehntelang nicht mehr über die Grenze nach Mupperg gehen könnte.« Er steht langsam auf und holt ein dickes Fotoalbum. »Meine Schwester hat Haus für Haus in Mupperg für mich fotografiert, Straße für Straße, und mir die Fotos geschickt, damit ich beim Anschauen wenigstens in Gedanken mit meinen Freunden über alte Zeiten sprechen konnte.«

Über seine Erlebnisse als Schmuggler nach dem Krieg hat er 1991 ein sechzehnseitiges Büchlein veröffentlicht. Von den fünfzig Exemplaren sind fünfzehn verkauft.

»Das ist allemal besser, als wenn ich alle losgeworden wäre. Dann hätte vielleicht das Finanzamt zugeschlagen, weil ich doch eine gute Rente bekomme.« Allerdings ist die Rente nicht so groß, daß er viel Geld für eine weitere Liebau-Gedenktafel spenden kann. »Einen Granitstein haben wir organisiert. Aber so eine Tafel ist teuer. Alle siebzig Einwohner von Liebau bis auf den Bürgermeister verschwanden 1952 bei Nacht und Nebel mit Sack und Pack in den Westen. In die leerstehenden Höfe kamen Umsiedler. 1975 siedelte die Staatsgewalt sie ins Hinterland um. Danach walzten Bulldozer Liebau für immer platt.«

An der Gedenkstätte stehen – auf dem weiten Feld schon aus der Ferne zu sehen – eine Frau und ein Mann. Blumen halten sie nicht in den Händen. Es liegen auch keine am Gedenkstein. Adam Götz, pensionierter Forstdirektor aus Coburg, und seine Frau Gudrun stammen nicht aus Liebau, aber seit der Wende fahren sie mindestens zweimal im Monat in den Osten, meist mit einer bayerisch-thüringischen Wandergruppe. »Früher hatten wir ja kaum Kontakte nach drüben«, sagt der Mann. »Einmal stand ich im Wald an der Grenze einem Kollegen aus dem Osten gegenüber. Ich rief hinüber: ›Einen guten Tag, mein Herr!‹ Doch der rief zurück: ›Bei uns gibt es Gott sei Dank keine Herren mehr!‹, drehte sich um und ging.«

Mittlerweile sind sie bis nach Zittau an die tschechisch-polnische Grenze gekommen. Seine Frau spielt bei einer

Gruppe Coburger Hobbymusiker Gambe. »In Zittau ist Melchior Frank, einer der bekanntesten Coburger Kirchenmusiker, geboren. Das wußten die Zittauer anscheinend nicht mehr. Sie waren glücklich, daß wir dort die Werke ihres unbekannten Sohnes gespielt haben.« Aber auch sie sind von manchem beeindruckt. Die Frau erzählt sehr lebhaft, wie sie sich gleich nach der Wende an einem Sonntagnachmittag in Schleusingen umschauten. »Und dort guckt eine Frau aus dem Fenster, erkennt wohl an unserem Aussehen – ich trug farblich passende feine Lederhandschuhe zu meiner Winterjacke –, daß wir aus dem Westen kommen, und lädt uns ein, von ihrem selbstgebackenen Kuchen zu kosten. So etwas hatten wir noch nie erlebt. Zuerst dachten wir, wir können denen im Osten nicht noch ihren Kuchen wegessen. Aber dann sind wir doch hineingegangen. Seitdem sind wir zuversichtlich, daß die kleinen Leute in Ost und West die vierzigjährige Trennung sehr schnell überwinden werden.«

Der ehemalige Coburger Forstdirektor zupft Unkraut aus der Blumenrabatte der Gedenkstätte. Vielleicht sei es vermessen, so zu reden, schließlich gehöre er mit seiner Beamtenpension nicht zu den Ärmsten im Land. »Aber die Unterschiede zwischen Ost und West sind gar nicht mehr so groß. Statt dessen wächst und wächst in unserem vereinten Land der Unterschied zwischen den sehr Armen und den sehr Reichen. Doch solange die Politiker ständig über den Unterschied zwischen Ost und West große Worte machen können, müssen sie nicht über den Unterschied zwischen arm und reich reden.«

Genug rückwärts gelaufen. Auf dem Weg nach Sonneberg komme ich noch einmal am Grenzhotel vorbei und quere zwischen Fürth am Berg und Mupperg den Grenzweg.

Einige der Mupperger Häuser kenne ich bereits aus dem Fotoalbum des »größten Grenzgängers dieser Gegend«. Das kleine flache Haus am Ortsausgang, an dem »Mupperga

Stübla« steht und vor dem eine Tafel »garantiert hausgemachte Thüringer Klöße« verspricht, habe ich auf keinem der Fotos gesehen. Schon draußen riecht es verlockend nach Braten. Und weil ich annehme – der Mensch braucht immer eine Ausrede –, daß ich in dieser Kneipe unweit der Grenze am heutigen Staatsfeiertag vielleicht doch eine deutsch-deutsche Feiergesellschaft treffe, werde ich mir ein Sonntagsmahl leisten!

An einer langen Tafel – die feingemachten Kinder an den Ecken des Tisches postiert – sitzen an die zwanzig Leute zusammen. Ich frage, ob sie von diesseits und jenseits der ehemaligen Grenze kommen. »Nein, die meisten von uns wohnen in Oberlind, ein paar in Sachsen. Wir treffen uns, wenn wir mal zu faul zum Kochen sind, zum Familienausflug in Mupperg.«

Die echten Thüringer Klöße schwimmen in würziger Bratensoße, die Roulade ist mit Speck und saurer Gurke gefüllt. Ich gehe in die Küche, um mich zu bedanken. Die Kellnerin steht mit einer zweiten Frau vor dem Herd, auf dem in großen gußeisernen Pfannen die Braten brutzeln. Sie war Verkäuferin im Sonneberger Herrenausstatter, jenem Geschäft, das zum VEB Herrenkonfektion Sonneberg gehörte und wie der Betrieb nach der Wende geschlossen wurde. »Doch wir haben nicht aufgegeben. Wir mußten uns von klein auf immer durchbeißen, wir waren sieben Geschwister zu Hause.« Sie und ihre ältere Schwester haben den Neuanfang mit der Gaststätte gewagt. »Es läuft gut und spricht sich drüben und hüben herum, daß wir hier kochen, was und wie man hier schon immer gekocht hat.«

Die Platten vom Kolonnenweg sind nicht mehr das, was sie einmal waren. Ihre Eisenhalterungen, an denen sie von Kränen verlegt wurden, ragen heraus. Als ich stolpere, schlage ich mir durch den Stoff der Hose die Knie auf. Habe kein Heftpflaster mit …

An den Bäumen sind Eulen-Schilder befestigt. Naturschutzgebiet. Im sumpfigen Autosperrgraben leuchten zu dieser Jahreszeit immer noch Vergißmeinnicht wie ein blaues Band. An den Böschungen aber wachsen schon die großen Hüte der Parasolpilze. Wie ein Schnitzel paniert, sind sie eine Delikatesse. Die Sonne scheint durch die gelben Birkenblätter, aber ich begegne keinem Sonntagsspaziergänger. Nur ein rüstiger Wandersmann läuft neben dem Kolonnenweg her. Er fragt, ob ich auf den Mupp-Berg will.

»Nein«, sage ich, »ich war schon in Mupperg.«

Aber er meint den gleichnamigen Berg. »Der Mupp-Berg gehörte zur BRD, das Dorf zur DDR.« Ich erzähle, daß ich heute noch bis Sonneberg laufen und zuvor nach Heubisch will, wo die DDR auf Drängen der BRD für die »Milliarden von Strauß« eine Kläranlage bauen ließ. Deswegen werde ich den Mupp-Berg links liegenlassen.

Doch er meint, daß man vom Gipfel nicht nur eine gute Fernsicht habe, sondern außerdem den vom Fabrikanten Dorst um 1900 errichteten Gedenkstein »Hier ruhte sich der Oberlinder Fabrikant Dorst von seiner mühsamen Arbeit aus« besichtigen könne. Dieser Herr Dorst habe die Maschinenfabrik »Thuringia« gegründet, wäre noch 1946 mit einem Teil seines Vermögens in den Westen geflohen und sei der Onkel des in Oberlind geborenen Tankred Dorst, des zur Zeit bedeutendsten deutschen Dramatikers.

Von dieser Flucht hatte mir erst vor drei Stunden der »Schmuggler« Heinz Wöhner erzählt, aber der berühmte Neffe war ihm wohl kein Begriff.

»Tankred Dorst hat den Weg zum Mupp-Berg in seinem Stück ›Auf dem Chimborazo‹ beschrieben. Der Chimborazo im Stück ist in Wirklichkeit der Mupp-Berg.«

Ich steige trotzdem nicht hinauf.

Vor Heubisch weitet sich die ehemalige Grenze zu langen breiten Auen. Auch hier stehen die stummen Begleiter meiner Wanderung: die Beobachtungstürme der Jäger, die Schießstände und Hochsitze. Noch immer habe ich keinen Jäger fragen können, wie er sich fühlt, wenn er auf dem Hochsitz wartet, bis das Wild aus dem Wald herauskommt, und er es dann auf dem ehemaligen Grenzstreifen schießt. Also klettere ich die wacklige Sprossenleiter hinauf und schreibe meine Frage mit Adresse und Telefonnummer auf einen Zettel.

Die nun kommende Begebenheit scheint erfunden zu sein, aber nichts ist phantasievoller als die Wirklichkeit. Etwa einen Kilometer später biegt ein Jeep, aus einem Seitenweg kommend, zur Grenze ab. Ich halte das Auto an und frage nach Heubisch. Einer der drei Insassen hat eine grüne Jacke an und hält ein Gewehr auf den Knien. Ich frage, ob er Jäger ist und ob ihm eventuell der Hochstand dahinten … Als er nickt, erzähle ich, daß ich ihm, in der Hoffnung, er würde ihn irgendwann finden, vor fünfzehn Minuten unbekannterweise einen Brief geschrieben habe. Er lacht. Heute wollte er zwar nicht zu diesem Hochstand, aber nun wird er hinfahren.

Die Antwort auf meine Frage fällt ihm nicht schwer. »Biologisch betrachtet, war die Grenze nur ein breiter Ackerstreifen, der nun der Natur zurückgegeben wird. Bei der Jagd denkt man an das Gegenwärtige und nie an die Vergangenheit.« Gestern, am Vorabend des Tags der Deutschen Einheit, hat er sich an der Grenze mit Jägern zu einer Drückjagd getroffen. Hasen und Fasane geschossen. Danach gab es einen Umtrunk. Vor der Wende war Klaus Lämmerhirt Biologie- und Sportlehrer. Jetzt ist er Direktor der Regelschule Sonneberg-Köppelsdorf.

An den Rainen der Stoppelfelder – der Dünger liegt dick und krustig wie bei einer Salzwüste auf dem Acker – laufe ich nach Heubisch hinein. Schon von weitem höre ich die lärmende Menschenmenge auf dem Sportplatz vor dem Dorf. Ich frage einen Mann, der mit einer Kreidemaschine die Linien auf dem Fußballplatz nachgezogen hat, ob sie am Festtag der deutschen Einheit ein Freundschaftsspiel gegen eine bayerische Nachbarmannschaft austragen. Aber es ist das planmäßige Punktspiel gegen Rauenstein. Weil neben dem Sportplatz ein Bach fließt, ist hinter dem Tor ein vielleicht fünf Meter hoher Drahtzaun aufgestellt. Für den Fall, daß ein Spieler dennoch den Ball über das Tor und den Zaun in den Bach schießt, hängt am Drahtzaun ein Kescher. Es wird ein spannendes Spiel, sagen die Heubischer. Ich bin gespannt, wie oft der Ball mit dem Kescher aus dem Bach geholt werden muß. Aber noch spielen sie nicht.

Wie es sich heute in Heubisch lebt, frage ich den Mann. Also was den Sport betrifft, sagt er, ist alles in Ordnung. Er trainiert auch die Jugend, pfeift als Schiedsrichter, und zweimal in der Woche sammelt er die Kindergartenkinder ein und geht mit ihnen in die Turnhalle. Das alles, obwohl der 42jährige Holmar Schmidt in vier rollenden Schichten in der Elektroinstallation Oberlind arbeitet.

»Wir bauen dort sogar noch den ›Domatic‹, den alten DDR-Staubsauger.« Der Betrieb gehört jetzt einem irischen Unternehmer. »Das Arbeitstempo kannste kaum als Sportler durchhalten. Kein warmes Essen in der Nachtschicht wie in der DDR, man muß froh sein, wenn einem 'ne Minute zum Scheißen gelassen wird.«

»Und wer treibt euch dort an?«

»Niemand. Wir treiben uns selbst an. Die Bosse brauchen heute keine Antreiber mehr, die sagen nur immer: ›Wenn ihr das hier nicht schafft, machen wir die Bude dicht und gehen woanders hin!‹«

Der Sport ist für ihn eine Lebensalternative. »Alles, was ich hier mache, tue ich ohne Zwang, nur aus Idealismus und Freude. Selbst wenn ich gerade aus der Nachtschicht komme und frühmorgens übermüdet auf dem Platz stehe.«

Vorerst läuft das Spiel nicht gut für Heubisch. Es steht 1:1. Der Kescher ist noch unbenutzt. Der Heubischer Bürgermeister steht nicht unter den Zuschauern, aber Dieter Langbein. Der ist nach der Wende sechs Jahre lang stellvertretender Bürgermeister in Sonneberg gewesen. Ich warte fast eine geschlagene Viertelstunde hinter ihm, ehe ich mich traue, ihn anzusprechen, denn er schreit und gestikuliert bei dem Spiel, als ob er der Trainer wäre. Als wir schließlich miteinander reden, wird es ein immer wieder abrupt unterbrochenes, seltsames Gespräch. Etwa so: »Meine Großeltern, ich bin von hier, die haben auch schwer arbeiten müssen, die haben gelitten ... Aus, aus! ... Die kannten eben die kapitalistische Zeit von heute schon damals ... Ran, nun geh doch endlich mal ran! ... Die Kläranlage? Das war 1983, damit unser Dreck aus dem Sonneberger Fleischkombinat und dem Milchhof nicht mehr über Röden und Itz nach Westen in den Main floß ... Ran! Das war doch Handspiel, das ist doch ... Heubisch haben sie damals nicht mit angeschlossen, nur Sonneberg ... Nun renn doch, renn doch endlich! ... Ja, es lebt sich heute gut hier. Das Wichtigste, was der Mensch besitzt, ist die Heimat ...« Ich zitiere weiter: »Und benutzen soll er sie so ...«

Er kennt Ostrowski auch: »... daß er sterbend sagen kann ...«

Beim 3:1 für Heubisch springt er wie ein Gummiball auf und nieder. »Heute muß jeder an sich selbst die höchsten Anforderungen stellen, Disziplin verlangen ... Los, Bodo ... Los, Bodo, lauf, lauf Bodo ... Der Bodo ist schon einundvierzig. Er arbeitet wie viele aus der Mannschaft auswärts, weil es hier wenig Arbeit gibt. Sie kommen nur noch zum Spiel zusammen.«

Sie gewinnen 4:1. Nur ich bin enttäuscht. Kein Ball wurde mit dem Kescher aus dem Bach gefischt.

Bis an die »Gebrannte Brücke«, die Grenze zwischen Neustadt und Sonneberg, laufe ich noch eine reichliche Stunde auf dem Kolonnenweg. Je näher ich den beiden Städten komme, um so sumpfiger wird die Umgebung. Es riecht dumpf wie im Unterholz an der Mecklenburgischen Seenplatte. Als ich aus der Einsamkeit herauskomme, sehe ich rechts einen Wirrwarr bunter, großer Hallen. Es sieht aus, als ob hier ein Architekturpreis für das höchste Maß an Disharmonie ausgelobt worden wäre.

Unentschlossen stehe ich im ehemaligen Niemandsland. Neben dem Sonneberger Ortseingangsschild begrüßt mich eine große Tafel: »Willkommen in der Spielzeugstadt!« Aber dahinter vermiesen mir unförmige Möbelhäuser und Einkaufsmärkte die Neugierde auf Sonneberg.

Die Volksfeste zum Tag der Deutschen Einheit werden schon vorbei sein, denke ich. Aus einem Abfallkorb krame ich die gestrige Tageszeitung. Lese alle Veranstaltungshinweise dreimal. Nichts vom Einheitsfest in Sonneberg, und die Politiker feiern in diesem Jahr den Tag mit dem Volk in Erfurt …

Ich wende mich hinüber nach Neustadt. Hinter dem Ortseingangsschild stehen wie eine Mauer vor der eigentlichen Stadt: Möbelhäuser, Einkaufsmärkte, McDonald's …

Von aussterbenden Schustern, einem Neustadter Verräter mit dem zweiten Herzen und dem Ausverkauf in Bayern

Der Novemberschnee taut in den Morgenstunden zu schmutzigen Pfützen. Schon nach einer Viertelstunde Fußmarsch Richtung Grenze kann ich die Strümpfe auswringen. Ich fluche auf meine Wanderschuhe, die mir beim Kauf als wasserdicht angepriesen wurden, und suche einen Schuster, der sie imprägniert. Doch keiner, den ich frage, weiß, ob es in Sonneberg noch eine Schuhmacherwerkstatt gibt.

»Und gegenüber in Neustadt?«

Die meisten zucken mit den Schultern. Sie würden sich drüben nicht gut auskennen. Eine Frau, die ihr Baby vor der Brust in einem Schaffell trägt, sagt lächelnd, daß sie ihr Geld lieber in Sonneberg läßt. »Nur, wenn es im Aldi-Markt Sonderangebote gibt – Bettwäsche für 9, 99 Euro oder Computer für 199,99 Euro – und man, wie früher in der DDR, schon vor der Ladenöffnung in der Schlange gestanden hat, die Sonderangebote aber nur für die ersten zehn oder zwanzig gereicht haben … also da fährt man schnell zu Aldi am Ortseingang von Neustadt. Und die Neustadter kommen zu uns, weil bei ihnen vielleicht die billige Bettwäsche schon alle ist.«

Auch ein Vorteil der Einheit.

»Nach der Wende haben wir auf der Sonneberger Seite der ›Gebrannten Brücke‹ neue Einkaufszentren gebaut. Und danach begannen die Neustadter, um nicht wieder wie vor dem Krieg ein unbedeutender bayerischer Vorort des reichen thüringischen Sonneberg zu werden, auf ihrer Seite Supermärkte und Gewerbegebiete zu errichten.«

Ein alter Mann, der sich auf einen knorrigen Stock stützt, sagt mir schließlich im schwer verständlichen bayerischen Dialekt, daß neben den »Sonneberger Betonkästen« ein Schuster seine Werkstatt hat. Er geht zu ihm, weil es in Neustadt nur noch orthopädische Schuster gibt, die ihm seine alten Stiefel nicht mehr besohlen.

Die Werkstatt steht im Großblock-Neubaugebiet »Am Wolkenrasen« wie ein Liliputaner im letzten Glied einer akkurat angetretenen Kompanie von Riesen. An ihrer Giebelseite prangt in großen Buchstaben: »Toto/Lotto/Schuhreparaturen«. Beim Öffnen der Tür schellt eine Glocke. Im ersten Raum stehen die reparierten Schuhe, Stiefel und Taschen ordentlich in einem alten Regal. Davor eine moderne Registrierkasse für Toto- und Lottoscheine, ein Ständer mit Gratulations- und Trauerkarten, ein Kopierer, ein Glückslosrad. Und der Hinweis, daß der Schuster auch Wäsche zur Reinigung annimmt und Originalpapiere kopiert.

Im zweiten, wohnstubengroßen Raum näht und weitet, leimt und nagelt der Meister. Die Ahlen, Zangen, Hämmer, Schuhspanner und die Tettus-Presse sind älter als der 1952 geborene Rolf Schwämmlein, denn er ist in der vierten Generation Schuster in diesem Familienbetrieb.

Ich bitte ihn, das Leder meiner Wanderschuhe zu imprägnieren. Der Schalk sitzt ihm in seinen braunen, jungenhaften Augen, als er entgegnet: »Leder? Sagten Sie Leder? Bis auf die Schmuckkappe an der Spitze ist alles nur Chemie.«

Die Glocke bimmelt. »Ach, die Frau Müller von der Rechnungsprüfung in unserem Landratsamt.« Die junge Frau bringt ihre Stiefel und holt Kinderschuhe ab. »Na, sagen wir mal 3,50 Euro!« Eine Preisliste für Schuhreparaturen gibt es nicht mehr. Ebensowenig eine Ausbildung in dem ehemals ehrbaren Handwerk. 1996 hat er den letzten Schusterlehrgang geleitet. Beim nächsten Läuten kommt eine temperamentvolle Frau herein. Sie holt sehr spitze, knöchelhohe schwarze Schuhe mit vielen Ösen, Schnallen und anderem metallenen Zierat ab.

»Ich hätte sie nur noch in den Müllcontainer schmeißen können. Aber Tanzschuhe sind Lebenserinnerungen, und so schicke wie die kriege ich Tanzmaus nie mehr zu kaufen.«

Der Schuster sagt, daß er jeden Schuh so repariert, als ob er ihn danach selbst tragen würde. Neben den Meisterurkunden der Schwämmleins und der Anerkennung für herausragende handwerkliche Tätigkeit hängt an der Wand der »Goldene Carlo«. Er wird für die besten Thüringer Lottoannahmestellen vergeben. Nur etwa die Hälfte seines Geldes verdient Rolf Schwämmlein noch mit Schuhreparaturen. Gegenüber von seinem Arbeitsdrehstuhl und seiner Schusternähmaschine steht ein bequemer Korbsessel. »Der ist für meine Kunden. Die bringen nicht nur ihre Schuhe, die sitzen und erzählen. Von den zehn Stunden, die ich täglich geöffnet habe, rede ich mindestens zwei Stunden mit den Leuten ...« Er weiß, wer im Neubaugebiet arbeitslos ist. Wer weg will aus der Platte, aber kein Geld für eine teurere Wohnung hat. Und er redet auch darüber, was er selbst nicht begreift. »Ich kann mir bei aller Phantasie den Berg von Billionen Euro Staatsschulden, die Milliarden, die täglich an die Banken zurückgezahlt werden müssen, nicht vorstellen.« Er versteht auch nicht mehr, daß in Thüringen auf Pump immer neue Prunkbauten der Regierung errichtet werden, die dann allen Steuerzahlern in Rechnung gestellt werden. »Damit die Behörden besser arbeiten können, heißt es. Aber glauben Sie, daß die in ihren Palästen dann fleißiger, kreativer und intensiver arbeiten? Ich würde meine Schuhe auch nicht schneller und besser reparieren, wenn ich mir anstelle meiner Werkstatt eine neue mit Klimaanlage und allem möglichen Schnickschnack bauen ließe. Doch das mache ich schon deshalb nicht, weil ich die neue Werkstatt selber bezahlen muß.« Rolf Schwämmlein jammert weder über Arbeitslosigkeit oder Korruption noch über die mit Steuergeldern geförderten kleinen und großen Gauner in diesem Land. »Denn erstens haben wir schon in Staatsbürgerkunde die negativen Seiten des Kapitalismus gelehrt bekommen, und zweitens gehöre ich – wenn man den Politikern glaubt, die das Volk ständig aufrufen, mehr zu kaufen, um dadurch die Wirtschaft anzukurbeln – zu den Saboteuren des Aufschwungs. Wenn ich die Schuhe repariere, verhindere ich, daß die Leute neue kaufen.«

Rolf Schwämmlein ist seit 1987 Mitglied der LDPD, später FDP, Stadtrat in Sonneberg und Vorsitzender des Kulturausschusses. Mit der Kultur hatte er in den vergangenen Wochen Sorgen, das heißt mit dem Festkonzert anläßlich des 15. Jubiläums der Grenzöffnung an der »Gebrannten Brücke«. Jährlich musizieren kleine und große Künstler an diesem Festtag abwechselnd in Neustadt oder Sonneberg. In diesem Jahr war Sonneberg dran, aber die Stadträte und Politiker aus Neustadt weigerten sich, hinüberzukommen. »Angeblich weil der Verein SONNEC, der die Zusammenarbeit von Sonneberg und Neustadt befördern will, mit auf den Veranstaltungsplakaten gestanden hat. Dieser Verein wird vom ehemaligen Neustadter Stadtrat und bayerischen SPD-Landtagsabgeordneten Walter Knauer geleitet. Dieser Walter Knauer sei ein Verräter an Neustadter Interessen, einer, ›der Neustadt an Sonneberg verkaufen will‹. Aber in Wirklichkeit … wissen Sie, wenn ein linker und ein rechter Schuh unterschiedlich groß sind, kann man zwar versuchen, das Oberleder zu weiten, aber die kleine Sohle wird dadurch nicht größer ...«

Bevor ich zu Walter Knauer nach Neustadt hinübergehe, wechsele ich am überdachten Einkaufszentrum der »Gebrannten Brücke« meine Socken. Sechs Männer, von jung bis mittelalt, die dort Bier aus Flaschen und Rotwein aus Tetrapacks trinken, begrüßen mich wie einen alten Kumpel. Der Inhalt meines Flachmannes reicht nur für eine Runde. Zwei der Männer kommen aus Neustadt. Sie sitzen hier regelmäßig, bis sie ein Supermarkt-Angestellter davonjagt. Nur »Grollmännchen«, der mir lachend erzählt, daß er mal für zwei Monate zur Ausnüchterung war, hat schon seit zehn Jahren keine Arbeit mehr. Die übrigen sind erst zwei oder drei Jahre arbeitslos. In Neustadt treffen sie sich nicht. Elvis, schwarzhaarig, aber ohne pomadeglänzende Haartolle, erklärt, daß sie auch wegen der Türken, die in Neustadt leben, nicht »drüben« stehen. »Wenn dich hier ein Sonneberger anpöbelt: ›Sauf nicht so viel, arbeite lieber‹, na ja, da grinst du nur. Aber wenn mir das in Neustadt ein türkischer Knoblauchfresser an den Kopf schmeißt, da möchte ich dem am liebsten eins in die Fresse hauen.«

Ich sehe in Neustadt nur zwei Türken auf der Straße und eine türkische Familie, die ein fränkisches Fachwerkhaus ausbaut. Die Kinder tragen Steine, die Frauen rühren Mörtel, die Männer mauern.

Walter Knauer, »der Verräter an der Neustadter Sache«, wohnt an der Peripherie der Stadt in einem alten Bauernhaus. Der sehr schlanke, kleine Mann mit silbergrauem, welligem Haar und dunklen, dichten Brauen über flink umherschauenden Augen erzählt ungefragt. Hurtig springt er von einem Thema zum anderen. Wir stehen immer noch im Hausflur, und ich weiß schon, daß sein Urgroßvater, ein Thüringer, der in Hasenthal den ersten Konsum eröffnet hatte, 1906 diesen

Bauernhof gekauft hat, daß ihn der Großvater als 19jähriger übernahm und sich die reichste Tochter von hier zur Frau nahm. »Thüringer Findigkeit und bayerischer Reichtum vereint, das war was.«

Walter Knauer selbst hat sein Maschinenbaustudium in München nach einem Semester abgebrochen und danach siebzehn Jahre auf dem Hof als Bauer gewirtschaftet. Schließlich ist er auf dem zweiten Bildungsweg Sozialpädagoge und Leiter des Altenheims in Neustadt geworden. Außerdem war er »lebenslänglich Politiker«. Dreißig Jahre SPD-Stadtrat in Neustadt und siebzehn Jahre – bis 1998 – Abgeordneter im bayerischen Landtag. Themawechsel: »Wegen einer unheilbaren Herzkrankheit hatten die Ärzte mich schon abgeschrieben. Ich wog nur noch achtunddreißig Kilo. Am 30. November 1997 hieß es plötzlich, die Klinik bekommt nachts ein Spenderherz. Um zwei Uhr die Narkose, dann hat man mir in einer siebenstündigen Operation das eigene Herz herausgeschnitten und ein fremdes eingesetzt. Seitdem lebe ich wie bei Ihnen der Olympiasieger im Gehen, der Hartmut Gauder, mit dem zweiten Herzen.«

Der 67jährige läuft wie ein Wiesel zwischen Küche und Wohnzimmer hin und her, um mir Saft zu holen, und wird nicht müde beim Erzählen. »Ich habe mein Thüringer Blut nie verleugnet und schon zu DDR-Zeiten als Landtagsabgeordneter Partnerschaftsbeziehungen zwischen Neustadt und Sonneberg aufbauen wollen. Aber gleich, ob ich angemeldet oder unangemeldet im Sonneberger Rathaus auftauchte, ich kam meist nur bis zum Pförtner. Mal war der Bürgermeister krank, mal auf Urlaub, mal in einer Besprechung … Sie müssen wissen, die Schwiegereltern des Bürgermeisters Oberender waren meine Paten! Ich besuchte also damals nicht nur den SED-Bürgermeister, sondern den Schwiegersohn meiner Paten. Manchmal, wenn ich bis zur Sekretärin vorgedrungen war, mußte er sich wohl vor mir in letzter Minute im Schrank verstecken.«

Am 12. November 1989, zur Öffnung der Grenze an der

»Gebrannten Brücke«, ist er um acht Uhr als erster von Neustadt nach Sonneberg hinübergelaufen. »Da habe ich, was ich noch nie getan habe, meine Frau und die Kinder gebeten: ›Geht bitte fünf Meter hinter mir! Das will ich allein genießen.‹« Danach hat er die Arbeiterwohlfahrt in der ehemaligen DDR aufgebaut und war Chef der Partnerschaftskommission Neustadt-Sonneberg, die inzwischen von Neustadt einseitig aufgekündigt worden ist. Hat dafür gekämpft, daß die beiden Nachbarstädte trotz unterschiedlicher Landesförderungsmöglichkeiten nicht zwei Gewerbegebiete und Einkaufszentren an der ehemaligen Grenze bauen, daß die Spielzeugmuseen kooperieren, daß ein gemeinsames großes Schwimmbad geplant und gebaut wird. Und er hat sich, »das können Sie ruhig schreiben«, damals, als er nach der Wende mehr in Sonneberg als in Neustadt arbeitete, mal kurz in eine Frau aus dem Osten verguckt. »Seitdem weiß ich, wie gebildet, wie humanistisch denkend, wie kreativ und selbstbewußt – also nicht nur Kochtopf und so – die Frauen dort sind. Allerdings«, er lacht und sagt übergangslos, »allerdings eure Merkel verdirbt mir allen Appetit auf Weiber.«

Inzwischen hat er in Sonneberg sogar die Veranstaltung »Zeitreise durch Sonneberg« moderiert. In Neustadt ist er zu einer »Persona non grata« erklärt worden, weil er immer wieder öffentlich beklagt, daß die Stadträte beider Städte seit der Wende noch nicht einmal gemeinsam getagt haben, daß sich die SPD und CSU mit ihren Parteifreunden im Osten seit fünf Jahren nicht mehr getroffen haben. »Dabei könnten sie nicht nur wirtschaftlich, sondern auch kulturell zusammenarbeiten. Sonneberg mit seinem international bekannten Jazzfestival, den Literaturveranstaltungen …«

Walter Knauer spielt mir auf dem Flügel den Frank-Sinatra-Titel »My Way« und Bachs Goldberg-Variationen vor. Sein Haus liegt idyllisch hinter den Teichen, ein großer Bauerngarten erstreckt sich drum herum. Er könnte mit seinem zweiten Herzen sehr ruhig leben …

Als ich wieder an der »Gebrannten Brücke« bin, stehen nur noch Elvis und ein Sonneberger Kollege beim Bier, die anderen streichen das Tor von Grollmännchens Garage, die er verscherbeln muß, weil er sich nie wieder ein Auto wird leisten können.

»Und ihr drückt euch vor dem Malern?«

»Ich vertrag den Farbgestank nicht. Krieg davon sofort rote Flecke im Gesicht«, sagt Elvis. »Wie damals, als dieser unerträgliche Benzinmief ... ich wohnte direkt an der Hauptstraße ... man konnte wochenlang nur noch mit Gasmaske durch Neustadt laufen ... als diese nicht enden wollende, stinkende Trabi-Schlange sich im Schrittempo durch Neustadt quälte ... Für meine Alte bekam ich damals im November nicht mal eine Packung ›Mon Chéri‹ zum Geburtstag. So was hatte es bisher noch nie gegeben. Damals haben wir wegen der Trabis die Umgehungsstraße, die heute noch nicht fertig ist, angelegt.« Er wird von Satz zu Satz lauter.

Sein Gegenüber gibt ihm Kontra: »Und ihr Großkotze habt bei uns in Sonneberg eure dicken Wagen im Halteverbot, auf Bürgersteigen und Grünflächen abgestellt. So als wärt ihr der liebe Herrgott selber ...«

In Sonneberg-Köppelsdorf leitet Klaus Lämmerhirt, den ich zufällig als Jäger in seinem Revier an der Grenze getroffen hatte, die Regelschule. Auch in der Schule trägt er Manchesterhosen, ein flauschiges, großkariertes Hemd und eine grüne Weidmannsjacke mit Grandeln von selbstgeschossenem Rehwild am Revers. Er empfängt mich freundlich, hat aber wenig Zeit.

Ich möchte gern herausfinden, ob der Streit zwischen Neustadt und Sonneberg nur ein »Krieg der älteren Generationen« ist und ob die Jugendlichen schon »gesamtdeutscher« denken. Er ist einverstanden, daß die Schüler seiner zehnten Klasse mir schriftlich antworten, was sie über Neustadt und Sonneberg denken, in welche der Städte sie zu Partys gehen, wo sie arbeiten möchten, wo sie sich verlieben ...

Als ich ihn nach einer Partnerschule in Neustadt und einem Direktor frage, der mir dort behilflich sein könnte, zuckt er bedauernd mit den Schultern.

Zurück zur »Gebrannten Brücke«. Meine »Kumpels« stehen nicht mehr dort. Ich frage Kunden vor dem Einkaufszentrum, ob sie Sonneberger oder Neustadter sind. Wahrscheinlich sehen die Neustadter das Problem, daß sie ihr Geld in der eigenen Stadt lassen sollten, nicht so eng. Sehr viele von ihnen kommen zum Einkaufen nach Sonneberg. Doch als ich sie nach der Regelschule in Neustadt frage, mache ich einen Fehler. »Regelschule? Wir haben in Neustadt keine Regelschulen, sondern eine Realschule. Allerdings, wenn das so weitergeht ... Es unterrichten bereits Lehrer aus Thüringen in Neustadt, die mit ihrer marxistischen Gottlosigkeit unsere christlich erzogenen Schüler verderben.«

Während der Hofpause kämpfe ich mich durch das Gewimmel von deutschen und türkischen Schülern. Die Sekretärin, die mich beim Herrn Direktor anmelden will, läßt mich sehr lange in dem schulzimmergroßen Sekretariat warten. Eine andere Frau grüßt mich freundlich wie einen guten Bekannten, schwatzt mit der zurückgekehrten Sekretärin, und beide gehen noch einmal zum Direktor hinein. Danach sagt die Sekretärin: »Herr Direktor Bänisch erwartet Sie.«

Er verspricht, meine Fragen an die Schüler seiner zehnten Klassen weiterzugeben. Allerdings sei es nicht einfach, sie in den Unterricht einzubauen, denn sie hätten – im Unterschied zu den übrigen Bundesländern – in Bayern ein sehr streng geplantes und leistungsorientiertes Schulsystem. »Wenn man so will, ist es ähnlich wie früher bei Ihnen in der DDR.«

Ob es stimmt, daß Lehrer aus Thüringen an seiner Schule unterrichten. Er nickt. »Seit zwei Jahren arbeiten hier vier Kollegen aus Thüringen zu unserer vollsten Zufriedenheit. Eine Lehrerin kennt Sie wohl persönlich, sie hat sich gerade dafür eingesetzt, daß ich Sie empfange.«

Als ich mich später bei ihr bedanke, frage ich, wie es ihr

und ihren Thüringer Kollegen an der bayerischen Schule gefällt und wie sich der Unterricht unterscheidet. Darüber würden weder sie noch die anderen drei Lehrer sprechen, sagt sie entschuldigend. »Wir sind hier gut aufgenommen worden, das muß Ihnen reichen.«

Schon vor der »Gebrannten Brücke« überfällt mich der Hunger. Ich trage weder ihn noch mein Geld bis nach Sonneberg und kaufe mir Wurst und Brötchen im Neustadter Aldi. Ein Mann läuft am Ausgang an mir vorbei. In seinem Einkaufskorb liegt nur eine Wolldecke. Der Mann stutzt, als er mich bemerkt. Wir kennen uns seit Urzeiten von der gemeinsamen Arbeit beim »Freien Wort« in Suhl. Heute wohnt er in Mengersgereuth-Hämmern. Ich zeige fragend auf seinen Korb. In der Hand hält er einen Werbezettel. »Meine Frau hat mich deswegen zu Aldi nach Sonneberg geschickt. Aber den in Neustadt habe ich schneller gefunden.«

Wir, die wir uns sonst bei jedem Treffen herzlich und lange unterhalten, sind heute beide wortkarg verlegen und verabschieden uns ungewöhnlich schnell.

Von einem entsetzten Sonneberger Schuldirektor, der gefährlichen Nähe von Ost und West und dem Neustadter Schülerwunsch, gar nix zu arbeiten, gleich Millionär zu sein

Kurz vor Weihnachten erhalte ich zwei dicke DIN-A4-Briefe. In dem einen stecken vierundfünfzig Antworten von Schülern der 10. Klasse aus der Realschule im bayerischen Neustadt, in dem anderen fünfundfünfzig Antworten Gleichaltriger aus der Regelschule im thüringischen Sonneberg-Köppelsdorf. Der Neustadter Schuldirektor Ronald Bänisch schreibt in seinem Begleittext: »Beiliegend übersenden wir Ihnen die eingegangenen Bögen der Umfrage zur Kenntnisnahme. Wir wünschen Ihnen ein gesegnetes Weihnachtsfest ...«

Der Sonneberger Direktor Klaus Lämmerhirt schreibt: »Um ehrlich zu sein, ich war neugierig und gespannt auf die Ergebnisse ... Nun sitze ich hier und bin entsetzt! ... Und frage mich besorgt: Kann man das der ›Außenwelt‹ anbieten? Nach Abwägung der Bedenken habe ich mich für die ›ganze‹ Wahrheit entschieden, Ihnen also ohne Selektion alle Arbeiten zur Verfügung zu stellen ... Die ›gefährliche‹ Geisteshaltung einer doch deutlichen Mehrheit hat mich mehr als erschrocken gemacht ... Sie macht mich um so betroffener, weil ich weiß, daß die Schule, und unsere Schule im speziellen, ihren humanistischen und staatsbürgerlichen Lehrauftrag sehr ernst nimmt. Und nun das! Erklärungsversuche? Was kann man gegen das Vorbild im Elternhaus und dekadente gesellschaftliche Einflüsse schon ausrichten? Ist das ›osttypisch‹?«

Die acht Fragen, die ich in Neustadt und Bayern gestellt hatte:

1. Als was möchtest Du einmal arbeiten?

2. Wenn Du die Möglichkeit hättest, in Deinem Wunschberuf in Neustadt oder Sonneberg zu arbeiten, wo würdest Du das lieber tun? Und weshalb dort?

3. Wenn Du drei Wünsche frei hättest – welche sollten Dir erfüllt werden?

4. Wie sollte Deine Freundin/Dein Freund aussehen? Welche Eigenschaften wären Dir wichtig?

5. Merkst Du in einer Disco, welche Mädchen oder Jungen aus Sonneberg sind oder aus Neustadt? Woran merkst Du das?

6. Möchtest Du lieber eine Freundin oder einen Freund aus Neustadt oder Sonneberg? Weshalb von dort?

7. Was fällt Dir ein, wenn du an Neustadt denkst, und was fällt Dir ein, wenn Du an Sonneberg denkst?

8. Möchtest Du, daß Sonneberg und Neustadt sich zu einer Stadt vereinigen?

Wunschberuf Ergotherapeutin (Sonneberg): »Ich wünsche mir, daß ich immer Arbeit habe, wo ich viel verdiene, um meine Rente zu sichern … Ich erkenne die Neustadter, weil sie überheblich und arrogant sind … Ich möchte nicht, daß wir zusammengehen, weil wir zwei ganz verschiedene Völker sind, Ossis sind eben Ossis und Wessis Wessis. Das paßt nicht zusammen. Es reicht schon, wenn ich solche Leute in der Disco oder sonstwo ertragen muß.«

Wunschberuf Optikerin (Neustadt): »Ich würde in Neustadt arbeiten, weil mich der Dialekt nervt, den sehr viele Sonneberger sprechen. Außerdem würde ich mich … in einer Stadt ›im Osten‹ nicht bewerben, weil ich dort sowieso keine Chancen habe, denn es ist auch nach fünfzehn Jahren Grenzöffnung noch so, daß wir ›Wessis‹ zwar die ›Ossis‹ einstellen sollen, weil die ja so arm dran waren, als die Mauer noch stand. Aber im Osten gibt es kaum ein Unternehmen, das ›Wessis‹ einstellt … Ich möchte keinen Freund aus Sonneberg, weil ich schon mal einen Freund aus dem ›Osten‹ hatte, und wenn ich mich mit ihm unterhalten habe, habe ich fast nichts verstanden. Außerdem war er total dumm, weil im ›Osten‹ die Realschüler nur so viel wissen wie die Hauptschüler im ›Westen‹ … Eine Vereinigung der Städte möchte ich nicht, weil ich nicht einsehe, daß der ›Osten‹ noch mehr Geld von ›uns‹ bekommt.«

Wunschberuf Bundeswehr/Luftwaffe (Sonneberg): »Ich würde lieber in Sonneberg bleiben und nie nach Neustadt gehen. In Neustadt laufen mir zu viele andersgläubige Leute herum (Ausländer) … Meine drei Wünsche wären: Die Karriereleiter hinaufsteigen, ein schönes Eigenheim haben, einen schönen Sportwagen haben. Unterschiede zwischen Jugendlichen merkt man schon, Sonneberger sind lustig und freizügig und besonders nett. Neustadter sind unfreundlich und fangen Stunk an … Wenn ich an Neustadt denke, fällt mir nur eins ein: die machen gute Döner! … Nie im Leben eine Vereinigung. Denn dann ist Sonneberg mit Türken voll, und die

Sonneberger Kinder der Zukunft sollen nicht mit Ausländern zusammen sein. Dann platzt die Bombe! (Ausländer gegen viele Nazis!) Sonneberg soll deutsch bleiben!«

Wunschberuf Kfz-Mechaniker (Sonneberg): »Ich würde lieber in Neustadt arbeiten, da Neustadt zur ehemaligen BRD gehörte und deshalb immer noch die Löhne höher sind und das Arbeitsverhältnis immer noch besser ist, z. B. weniger Arbeitsstunden pro Woche … Das ›Wessi‹ und ›Ossi‹ sollte endlich aus den Köpfen der Menschen verschwinden, das verhindert nur die Zusammenarbeit … Ich merke eigentlich nicht immer, ob die Leute aus Neustadt oder Sonneberg kommen, weil es fünfzehn Jahre nach der Wende kaum noch Unterschiede zwischen den jungen Leuten gibt. Und die Unterschiede bei der Erziehung sieht man vom Aussehen eigentlich nicht … Eine Vereinigung hätte auf jeden Fall Vorteile für Sonneberg, z. B. die Infrastruktur verbessern, baufällige Gebäude sanieren. Auch die Geschäfte würden endlich belebt. Und auch viele Arbeitsstellen würden entstehen …«

Wunschberuf Bundesliga-Fußballstar (Neustadt): »Beide Städte sollten sich nicht vereinen, das ist das gleiche, wie wenn sich Deutschland und Holland verbinden würden.«

Wunschberuf Ärztin (Sonneberg): »Ich möchte einen Freund aus Sonneberg lieber haben als einen Freund aus Neustadt. Weil, in Neustadt sind viele Türken, und einen Türken als Freund haben, will ich nicht. Weil, sie sind sehr frech und haben ein großes Maul. Und außerdem müssen die eines Tages eine Türkin heiraten. Also das ist keine Beziehung für immer. Neustadt und Sonneberg zusammen? Nein, lieber nicht. Dann würde es nur Randale zwischen Ausländern aus Neustadt und den Rechten aus Sonneberg geben.«

Wunschberuf Bankfrau (Neustadt): »Ich erkenne, wer wo herkommt. Weil die Mädchen aus Sonneberg rumlaufen wie die Schlampen. Und die Jungen denken, sie sind so toll … Ich will mein Neustadt für mich, und die Sonneberger sollen bei sich bleiben. Es sind eh schon genug hier.«

Wunschberuf Versicherungskauffrau (Sonneberg): »Ich würde lieber in Neustadt arbeiten, denn dort gibt es mehr Feiertage und mehr Urlaubstage und wesentlich mehr Gehalt … Die Jugendlichen aus dem Westen sind überheblich, arrogant und schnöselig … In Sonneberg kennt jeder jeden, das ist ein eingeschworenes Volk. Bei Neustadt denke ich nur an Geldprotze und Türken. Allerdings bin ich kein Rassist. Doch die Neustadter Türken pöbeln oft die Leute an und suchen Streit … Sonneberg und Neustadt eine Stadt? Um Gottes willen! Die sollen bei sich bleiben! Nach Sonneberg sollen keinesfalls noch die Türken von Neustadt herkommen. Die Türken von hier sind keinesfalls mit denen zu vergleichen, die noch in ihrem Land leben. In der Türkei bin ich auf sehr viel Freundlichkeit gestoßen. Doch hier erlauben sie sich alles.«

Klaus Lämmerhirt unterrichtet seit zweiunddreißig Jahren Biologie und früher auch Sport. Biologielehrer ist er wahrscheinlich immer noch aus Leidenschaft. Im Garten neben dem Schulhof steht ein Bienenhaus. Es gehört dem Direktor. Die Schüler werden gewarnt: »Vorsicht Stechgefahr!« Tafeln auf dem Schulhof erklären das Leben der Bienen und stellen geschützte Tiere und Pflanzen vor, in einem gläsernen Herbarium wächst jetzt allerdings nur noch Vogelmiere. Daneben hat man nach der Wende ein Backhaus gebaut, in dem Lehrer und Schüler gemeinsam bei Schulfesten Brot und Kuchen backen. Bis 1990 war Klaus Lämmerhirt Lehrer in Sachsenbrunn und Effelder, danach Schulleiter in Effelder. Als die Schule dort ein Jahr später geschlossen wurde, berief man ihn hierher als Direktor.

»Die Wiedervereinigung war für mich das Größte, das ich bisher erleben durfte. Nicht wegen meiner Karriere oder weil mein Jagdrevier nun auch das Grenzgebiet umfaßt, sondern weil wir hier außer der Sperrzone auch die Menschen geöffnet haben.«

Ost-West-Konflikte zwischen Neustadt und Sonneberg

gebe es. Aber wenn er sie konkret benennen sollte – er überlegt sehr lange –, »… also es sind Vorbehalte, die sozusagen in der Luft liegen, nicht greifbar sind, vielleicht unterschiedliche Anschauungen über die Welt«.

Konkreter kann er über »seine« Schule und die Sonneberger Schulpolitik reden. Die Schulgebäude sind sehr alt, 1836, 1906 und zu DDR-Zeiten gebaut. In manchen Zimmern hängen noch die DDR-Tapeten. Geld ist knapp, auch wegen des neuen repräsentativen Prunkbaus des Sonneberger Berufsbildungszentrums, sagt der Direktor. »Aber man hätte hier mit wenig Geld selber viel machen können, wenn das Landratsamt den Schulen wenigstens eine kleine Summe zur eigenen Verfügung überlassen hätte und nicht alles nur nach langjährigen Anträgen bürokratisch genehmigte oder ablehnte. Vor sechs Jahren, als der Außenputz bröckelte, hätten 500 DM genügt, um den Schaden allein zu beheben. Aber es gab keinen Pfennig. Nun muß die gesamte Wand für vielleicht 10 000 Euro neu verputzt werden.« Der Kontakt zwischen Amt und Schule ist spärlicher, unpersönlicher geworden. Man redet selten über Pläne und Projekte, hört kaum zu. »Dafür gehen E-Mails hin und her. Eingeführt hat diese neuen bürokratischen, unpersönlichen Strukturen so ein … ein Wessi … einer von diesen Besser-Wessis, die noch immer tönen: ›Ihr müßt doch erst noch lernen …‹ Sogar uns Jägern wollen die erklären, wie man …«

Ich grinse zuerst.

Die Berufswünsche der 16jährigen in Sonneberg und Neustadt ähneln sich. Allerdings nennt in Sonneberg jeder einen Beruf, in Neustadt schreibt jedoch jeder fünfte, daß er es noch nicht weiß. In Sonneberg wollen zehn Kfz-Mechaniker werden, neun Krankenschwester oder Krankenpfleger, vier Kauffrau oder Kaufmann, drei Berufssoldaten, zwei Ergotherapeutinnen.

In Neustadt acht Kauffrau oder Kaufmann, drei Krankenschwester, zwei Bundesliga-Fußballstar, zwei Hotelfacharbeiter. Einer möchte »gar nix arbeiten, gleich Millionär sein« und einer »was beim Fernsehen machen, weil man da viel verdient und alle Bräute kriegt«.

Von den vierundfünfzig befragten Neustadter Schülern wollen nur vier in Sonneberg arbeiten. Von den fünfundfünfzig Sonnebergern würden – obwohl achtunddreißig von ihnen Neustadt »wegen der Türken und Ausländer« ablehnen – vierundzwanzig lieber in Neustadt als in Sonneberg arbeiten, weil man »in Bayern mehr Geld bekommt«, »mehr Feiertage hat«, »weniger arbeiten muß« und »eher einen Ausbildungsplatz erhält«.

Auch die drei Wünsche, die sich erfüllen sollen, sind nicht sehr unterschiedlich. Eine glückliche Familie oder Liebesbeziehung (siebenundzwanzigmal in Neustadt, fünfundzwanzigmal in Sonneberg), keine Geldsorgen (zweiundzwanzig in Neustadt, zweiundzwanzig in Sonneberg), Gesundheit (zwanzig und dreiundzwanzig), Arbeit (neunzehn und fünfundzwanzig), Frieden in der Welt (neun und zwölf). Außerdem wünschen sich in Neustadt sechs ein Leben ohne Tod, einer möchte einen IQ von einhundertvierzig ... In Sonneberg wünscht sich ein Schüler Immobilien in Kolumbien, Ägypten und den Niederlanden, einer ein Mittel gegen Krebs und einer »einen Lebtop mit kostenlosem I.-Netz«.

Etwa fünfunddreißig Prozent der befragten Sonneberger und Neustadter interessiert nicht, ob ihre Freundin (oder ihr Freund) aus der eigenen oder der Nachbarstadt kommt. Und auch bei den Eigenschaften der Partner herrscht relative Einigkeit: an erster Stelle Humor (sechzehn in Neustadt, dreizehn in Sonneberg), gutes Aussehen/Traumfigur – »möglichst mit Waschbrettbauch« – (fünfzehn in Neustadt und zehn in Sonneberg), Ehrlichkeit (vierzehn und zwölf), Treue (elf und elf). Außerdem nicht zickig sein (in Sonneberg achtmal). Blond (in Neustadt neunmal). Und was die »atheistischen Sonneberger« nicht nennen, ist für viele »katholische Neustadter« konkrete Bedingung: »gut im Bett«, »sehr geil«, »mich oral befriedigen«, »sie soll rasiert sein« ...

Daß Neustadt und Sonneberg sich eines Tages zu einer Stadt vereinen, wollen nur jeweils zwei der Schüler. In Neustadt sind vierunddreißig dagegen. In Sonneberg sechsundvierzig.

Direktor Ronald Bänisch, einundfünfzig Jahre alt, in der Nähe von Hof aufgewachsen, schwört auf das bayerische Schulsystem. Auf strenge Leistungsanforderungen. Auf Verdrängungswettbewerb. Es sei nicht Sinn und Zweck der Schule, daß alle immer sofort durchkommen. »Das wäre genauso, als wenn man alle Fußballspieler in der Bundesliga ›olbern‹ läßt.« Auch Edmund Stoiber ist schließlich einmal sitzengeblieben. Ronald Bänisch hat wie seine zwei Geschwister ohne Unterstützung seiner Eltern – die Mutter war Arbeiterin in einer Textilfabrik – das Gymnasium absolviert. Danach studierte er Wirtschafts- und Sozialkunde und hat sich im Lehrerberuf Stufe für Stufe nach oben gearbeitet. Seit 2001 ist er Direktor in Neustadt.

Ich frage ihn nach den Konflikten zwischen Ost und West. Er hat, sagt er, als er noch in einer Schule im bayerischen Hinterland unterrichtete, Partnerkontakte zum thüringischen Lauscha gepflegt. »Das ging sehr gut. Wir waren weit voneinander entfernt. Nur Besuche, wie bei einer Wochenendehe. Aber je mehr Alltag, je näher Ost und West einander sind, und wenn man Tag für Tag die Probleme auf dem Hals hat: Arbeitslosigkeit hier so groß wie in Sonneberg, Betriebe, die hier dichtmachen und nach drüben gehen, die einen bekommen Fördermittel, die anderen nicht … Je näher Ost und West territorial zusammen liegen, um so weiter sind Einheit und Harmonie entfernt.«

Wunschberuf Bankfrau (Neustadt): »Ich würde lieber in Neustadt arbeiten … weil hier alle lachen, wenn ich im Osten arbeiten muß. Einer meiner drei Wünsche: eine Weltreise außer nach Afrika, Asien, Rußland und solche doofen Länder … Ich möchte einen Freund aus Neustadt, weil mein Daddy nicht so gerne Ossis mag. Ich möchte nicht, daß Neustadt und Sonneberg vereint werden, weil verschiedene Menschen mit verschiedenen Angewohnheiten aufeinandertreffen und ich nicht zu den Ossis gehören möchte.«

Wunschberuf Bürokauffrau (Sonneberg): »Ich mag Sonneberg und Neustadt gleich sehr, und deshalb wäre es mir egal, wo ich lerne ... Ich habe von Geburt an bis zu meinem elften Jahr in Neustadt gewohnt und bin dort bis zur fünften Klasse in die Schule gegangen. Seit 2002 gehe ich nun in Sonneberg in die Schule und wohne auch hier. Die Jungs in Sonneberg sind genauso nett wie die in Neustadt ... Eigentlich wäre es keine schlechte Idee, Sonneberg und Neustadt zu ›vereinigen‹. Doch ... in Neustadt heißt es immer noch ›Scheiß Ossis‹ und in Sonneberg heißt es ›Scheiß Wessis‹. Ich finde es blöd, daß die Leute noch solche Unterschiede machen. Es gibt keinen Osten und keinen Westen mehr, doch viele Leute verstehen das nicht.«

Wunschberuf Hotelfachfrau (Sonneberg): »Neustadt und Sonneberg sollten nicht eine Stadt werden, dann sind noch mehr Ausländer in Sonneberg als zuvor. P. S. Ich bin nicht rassistisch. Ich mein', wenn die Ausländer für ihr Geld arbeiten und nicht faulenzen, dann habe ich kein Problem damit.«

Wunschberuf Psychologin (Neustadt): »Wenn ich an Neustadt denke, kommt mir die höchste Arbeitslosenzahl in Oberfranken und ein enorm hoher Ausländeranteil in den Sinn ... Vereinigung der Städte? Die Mauer ist zwar vor fünfzehn Jahren gefallen, doch sie ist für viele im Kopf sehr real. Da streitet man beispielsweise um zwei verschiedene Schwimm- bzw. Vergnügungsbäder und daß jede Stadt ein eigenes Bad haben möchte. Ich denke, die Frage sollte man erst einmal an die Politiker stellen.«

Wunschberuf Tierarzthelferin (Sonneberg): »Ich möchte in Neustadt lernen, weil dort die Tierärztin Frau Dr. Hauser ist, wo ich auch jeden Freitag zum Helfen hingehe.«

Wunschberuf Kaufmann (Neustadt): »Ich möchte in Neustadt bleiben, weil Ossis Scheiße sind. Ich wünsche mir einen Tresor mit Geld, der sich selbst auffüllt. Und eine geile

Freundin, die mich oral verwöhnt. Und Unsterblichkeit ... Ich merke auf Discos den Unterschied, die aus Neustadt kommen, sind meistens Türken. Die aus Sonneberg kommen, sind meistens häßlich und schielen. Neustadt ist für mich Türkei und Sonneberg auch Ausland.«

Wunschberuf Kfz-Mechaniker (Sonneberg): »Ich würde viel lieber in Sonneberg arbeiten. Aus einer gemeinsamen Vergangenheit entwickelt sich eine Solidarität der Ostdeutschen ... Ich wünsche mir die Abschaffung aller Differenzen zwischen den Menschen überall auf der Welt ... den Aufbau der Armutsländer und die gleichmäßige wirtschaftliche Verteilung auf der Welt ... Wenn ich an Neustadt denke, fallen mir spontan wichtige, immer beschäftigte Menschen ein, die für niemanden sonst Zeit haben außer für sich. Sonneberger Menschen helfen sich gegenseitig viel intensiver, obwohl es auch mit der Solidarität zwischen Ostdeutschen immer mehr abnimmt. Nein, ich möchte keine Vereinigung zwischen Neustadt und Sonneberg ... Die Menschen können nicht in einer Gemeinschaft leben, wenn sie von Grund auf ein unterschiedliches Gedankengut haben.«

Wunschberuf Tierarzthelferin (Neustadt): »Ich würde weder in Neustadt noch in Sonneberg arbeiten wollen, weil in Neustadt nur komische Leute wohnen. Aber mit Sonnebergern komme ich noch weniger zurecht ... Wenn Sonneberg und Neustadt sich vereinigen, ist Neustadt kein kleines Kaff mehr, sondern ein großes Kaff!«

Wunschberuf Polizist (Neustadt): »Neustadt ist klein, langweilig ... Sonneberg ist ähnlich. Nur Neustadt ist außerdem halt noch Bayern!«

Die etwa sieben Kilometer entfernt voneinander unterrichtenden Direktoren kennen einander noch nicht. Sie kennen auch die Antworten der Schüler aus der gegenüberliegenden Stadt nicht. Ich würde gern die Sonneberger Antworten nach Neustadt schicken und die Neustadter nach Sonneberg. Damit man sich darüber austauschen kann und die Sonneberger Regelschüler vielleicht die Neustadter Realschüler zu ihrem Backfest und die Neustadter die Sonneberger zu ihrer Multikultidisco einladen.

Von der historischen Stunde an der »Gebrannten Brücke«, den letzten europäischen Tierstimmenherstellern und einem fast volkseigenen bayerischen Industriewerk

Nach der »Gebrannten Brücke« schlage ich mich auf dem Kolonnenweg in die Büsche, und schon nach wenigen Schritten verschluckt der Nebel Neustadt genauso wie Sonneberg. Nur an der Nahtstelle der beiden Städte sehe ich noch die lila, grün und gelb bemalte »Zirkuskuppel« vom Supermarkt und ein wie ein Flugzeugwarnzeichen in der Höhe leuchtendes M. Ich laufe an den letzten Häusern und dem kleinen Friedhof von Hönbach vorbei. In der Hönbacher Gaststätte »Grüner Baum« stärkte sich Minister Peter-Michael Diestel, bevor er im Sommer 1990 im extra dafür aufgebauten Zelt an der »Gebrannten Brücke« mit seinem BRD-Kollegen Wolfgang Schäuble den Vertrag über den Wegfall der innerdeutschen Grenze unterschrieb.

Die Wirtin vom »Grünen Baum«, die ich nach dem welthistorischen Ereignis frage, meint: »Der Vater hätte Ihnen viel erzählen können, aber er starb vor zwei Wochen.« Minister Diestel sei damals sehr in Eile gewesen. Man servierte ihm und seinen Leuten lediglich ein paar belegte Brote.

In den ersten Monaten profitierte die Gaststätte von dem großen Ereignis. »Viele Touristen wollten die Stelle sehen, an der die Einheit vorbereitet worden ist. Später kamen noch Neustädter und Coburger, weil das Bier und das Essen hier billiger waren als bei ihnen. Inzwischen stehen die Kunden, die billiges Bier trinken, am Supermarkt.« Und die Neustadter Politiker betreten Sonneberg – wie zu DDR-Zeiten, als an der »Gebrannten Brücke« noch die Stacheldrahtzäune Deutschland teilten – heute wieder nicht …

Der Kolonnenweg führt dicht am Friedhof vorbei. Neben der 1949 gebauten Kapelle wachsen schlanke, weißstämmige Birken und dunkle, kegelförmig gestutzte Lebensbäume. Als plötzlich das Tor quietschend geöffnet wird, erschrecke ich. Eine ältere, sehr sorgfältig gekleidete Frau mit feuerrotem – ich nehme an, gefärbtem – Haar grüßt auf englisch. Sie entschuldigt sich sofort in akzentfreiem Deutsch. »Jenny Wright … Hier in der Hönbacher Schule nannten mich alle wegen der roten Haare nur ›Fuchsie‹.« Sie lebt seit vierzig Jahren in Oklahoma und sucht das Grab ihres Schulfreundes Manfred Hübner. Ihre Eltern sind 1952 einige Tage vor der Zwangsaussiedlung nach Bayern geflohen. Die Familie ihres Schulfreundes sollte damals auch ausgesiedelt werden. Aber Mutter, Vater und Sohn haben sich, bevor sie das Haus räumen mußten, umgebracht. Manfred war damals zwölf.

Wir finden keinen Grabstein mit dem Namen Hübner.

Es beginnt zu regnen. Hinter Hönbach verlief die Grenze durch sumpfiges, mit Büschen bewachsenes, unwegsames Gelände. Ich marschiere vorsorglich in das gegenüberliegende bayerische Wildenheid und hole mir für den Fall, daß ich mich verlaufe, in der Bäckerei Motschmann Notproviant: eine Tüte Weihnachtsplätzchen und zwei Semmeln. Auf der Dorfstraße frage ich eine Frau mit fransenverziertem Regenschirm nach dem kürzesten Weg zur Grenze. »Sie laufen ein Stück an der Röden entlang, dann nach rechts …« Die Röden, die heute fast über die Ufer schwappt, ist jener Fluß, der durch Großbetriebe wie den Sonneberger Schlachthof derart verschmutzt wurde, daß Bayern der DDR den Milliardenkredit – auch zum Bau einer Kläranlage – gewährte. Därme und Fettstücke schwammen damals im Fluß. Manchmal färbte er sich schaumweiß, manchmal blutrot. »Nur zu Pfingsten oder zum Schützenfest, wenn Gäste, also Fremde, zu uns kamen, war der Fluß sauber. Da ließen die drüben vorsorglich nichts hinein.«

Nun ist das Wasser der Röden klar. »Doch die Ruhe ist nach der Wende hin. Alle, die rüber wollen, fahren durch Wildenheid.« Und Siemens, wo die Frau gearbeitet hat, wurde geschlossen. »Aber ich bin's zufrieden, ich krieg 'ne gute Rente.«

Hinter Wildenheid regnet es Bindfäden. Ich schaue nicht mehr auf die Karte, schreibe nichts mehr auf, bemühe mich nur, daß Landkarte und Notizbuch unter meinem Regenumhang nicht naß werden. Eine vergebliche Liebesmüh. Ich krieche durch urwaldähnliches Unterholz und klettere steile Hänge hinauf, um mich von oben orientieren zu können. Schließlich zeigt mir ein Waldarbeiter auf einem Rücketraktor die Richtung nach Roth, dem Dorf, in dem ich abends ankommen will. Dann erzählt er mir, daß ich ahnungslos an einer der interessantesten Stellen vorbeigelaufen bin. »In dieser unübersichtlichen Wildnis hatte man unter der Grenze Tunnel gegraben, um unbemerkt enttarnte Spione von West nach Ost und von Ost nach West austauschen zu können.« Von den Tunneln ist heute nichts mehr zu sehen, sie sind zugewachsen. »Und hierhin, auf den sogenannten Generalsblick, wurden Staatsdelegationen aus Nordkorea, Äthopien und anderen Ländern gekarrt, die an der Grenze in den Westen schauen wollten.«

Ich sehe von hier oben nichts. Unter den dunklen, schweren Regenwolken liegt immer noch der milchige Nebel. Im Tal angekommen, finde ich eine Fahrstraße. Hoffnungsvoll gehe ich sie entlang, bis ich den Mupp-Berg plötzlich auf der falschen Seite erblicke und ein Wegweiser verkündet: drei Kilometer nach Neustadt bei Coburg. Ich bin im Kreis gegangen. Fluchend laufe ich zurück.

Aus einer Seitenstraße kommt mir ein einsamer Wanderer entgegen. Mit seinem großen schwarzen Regenschirm sieht er wie Arthur der Engel aus. Er hat, sagt er, in Neustadt beim

Fleischer eingekauft und will nach Meilschnitz. Seit einem Herzinfarkt läuft er bei Wind und Wetter fast jeden Tag nach Neustadt.

Wir haben zu zweit Platz unter seinem Schirm. Den Herzinfarkt, erzählt der Mann, erlitt er, als sein Betrieb schon gerettet war. »Industriewerk Neustadt. Ein traditionsreicher Betrieb. Der Besitzer, ein windiger Typ aus Coburg, wollte nach der Wende im Osten sofort den großen Gewinn machen. Erst steckte er Geld in ein Autohaus, dann in eine Baufirma, bis er 1995 Konkurs anmeldete, auch für den Stammbetrieb. Als der Unternehmer mit Sack und Pack und dem letzten Geld verschwunden war, haben die Beschäftigten des Industriewerkes den Betrieb gekauft. Jeder Betriebsangehörige hat 10- bis 20 000 DM, sieben Jahre nicht kündbar, aufgebracht. »Damals arbeiteten schon Leute aus dem Osten bei uns. Ihnen ist es sehr schwergefallen, 15 000 DM hinzulegen. Doch auch sie haben mitgemacht. Wir waren sozusagen fast ›volkseigen‹.« Er arbeitete damals als Prokurist, aber als Betrieb und Arbeitsplätze sicher waren, mußte er wegen des Herzens aufhören.

Vor der Haustür will er mir seinen Schirm schenken. Ein Grenz-Gänger mit Schirm? Ich lehne dankend ab.

Er rät mir noch, auf dem Bergkamm vom krummen Stein, der dort seit Jahrhunderten die ehemalige Grenze zwischen den Herzogtümern Sachsen-Meiningen und Sachsen-Coburg markiert, nicht auf dem Kolonnenweg weiterzulaufen, sondern erst einmal nach Effelder hineinzugehen. Dort solle ich mich bei seiner »Ostverwandtschaft« aufwärmen. »Meine Großmutter war auch die Großmutter der Gertrud Assmussen, die mit ihrem Mann noch im alten Pfarrhaus unter der Tanzlinde wohnt. Richten Sie ihr einen Gruß von Klaus Boßecker aus.« Schon von der Höhe aus sei die Tanzlinde unten im Dorf zu sehen.

Als ich endlich frierend und naß auf der Höhe über Effelder stehe, sehe ich keine Tanzlinde. Dagegen fällt mir sofort das ungewöhnliche Dach einer neuen Halle am Dorfeingang auf. Es ist nicht traditionell ziegelrot oder schieferblau gedeckt, sondern grell orange.

Zwei Männer stehen in der neuen Halle hinter automatischen Plastspritzmaschinen und packen weiße, gelbe, blaue und orange Ostereier in große Paletten. Die Ostereier aus Plaste, hundert pro Minute, sind nur ein Nebenprodukt der Firma, sagen die Männer. Nebenan werden Stimmen für Bären, Kühe, Möwen, Schafe und Mama-Stimmen hergestellt.

Ich tappe durch den mit Kisten verstellten dunklen Flur und öffne eine Zimmertür. Sechs Frauen sitzen mit dem Rücken zu mir an langen Werktischen. Sie montieren winzige Plättchen in zylindrische Steinkörper. Eine ruft mit heller Mädchenstimme, ohne aufzublicken: »Oma, mach die Tür zu, es zieht doch wieder!« Ich gehe hinaus, schließe die Tür hinter mir.

Im Flur fragt mich eine ältere Frau, was ich hier suche.

»Den Chef«, sage ich.

Sie erklärt, daß sie das Unternehmen als Familie leiten. Im Büro sitzt ihre Schwiegertochter, eine schöne junge Frau, am Computer, und ein Mann mit schon faltigem Gesicht schaut ihr über die Schulter. Die Frau, die mich hereingelassen hat, sagt: »Das ist mein Mann, der Dieter … Sozusagen ein Überbleibsel! Der letzte, der 1960 noch den Beruf eines ordentlichen Stimmenmachers erlernt hat.« Ihr Sohn Mario kümmert sich um das Technische, und die Schwiegertochter hat in der DDR Spielzeugherstellerin gelernt. Die Enkelin sitzt in der Werkstatt und montiert die Stimmen, sie lernt, nachdem ihr erster Ausbildungsbetrieb pleite gegangen ist, nun doch noch zu Ende. »Vielleicht wird sie, wenn sie einen Jungen findet, der mit ihr hier lebt – es bleiben ja immer weniger junge Leute in Effelder –, den Betrieb einmal übernehmen.«

»Und sich dann nicht mehr beschweren, daß die Oma die Tür zur Werkstatt wieder nicht schließt«, sage ich. Sie lacht.

Der Familienbetrieb wurde 1890 gegründet. In der DDR

gehörte er mal zur PGH Neufang, mal zu »Sonni«, mal zu »PIKO«. 1990 war Schluß, und »das Überbleibsel« Dieter Karl wagte mit dem Sohn den Schritt in die Selbständigkeit. »Wir hatten kein Geld, keine Werkstatt – wir arbeiteten im Keller und in den unteren Zimmern vom Wohnhaus –, und wir hatten keine Aufträge.« Mit zwei Tierstimmen in der Tasche fuhren sie zu den westdeutschen Spielzeugbetrieben und sammelten aus dem Schutt der nach der Wende geschlossenen großen volkseigenen Südthüringer Spielzeugbetriebe brauchbare Gußformen. Sie verkrafteten es auch, als nach den ersten Erfolgen eine westdeutsche Kundin einen neuen Interessenten mitbrachte, dem sie die vierundzwanzig notwendigen Arbeitsgänge zur Herstellung der Stimmen genau erklärten und der danach in Asien einen Konkurrenzbetrieb aufmachte.

Außer den fünf Karls haben im Betrieb zehn Mitarbeiter einen Arbeitsplatz. »Wir fünfzehn sind die einzigen in Deutschland, ja sogar in Europa, die Tierstimmen herstellen. Nur wir fünfzehn in Effelder. Die einzigen in Europa!«

Im letzten Jahr ist der Export von »Jägerstimmen« nach Amerika gestiegen. Ein amerikanischer Jäger hatte eine Bärenstimme aus Effelder mit zur Jagd genommen, und ob zufällig oder nicht, trat nach dem Imitieren der Stimme das Wild aus dem Gebüsch. Er schoß und traf. Seitdem er in einer renommierten amerikanischen Jägerzeitschrift über das »Anlocken mit Tierstimmen« geschrieben hat, boomt das Amerika-Geschäft.

Die Frau schenkt mir zum Abschied eine Kuhstimme. Als ich im Dorf die Tanzlinde doch gefunden habe, im alten Pfarrhaus der Familie Assmussen die Grüße des bayerischen Verwandten ausrichte, man mich ins Haus bittet und ich den Rucksack absetze, muht die Kuh. Die Assmussens wissen, woher ich komme.

Frau Assmussen war Deutsch- und Russischlehrerin, er Diplomingenieur im Forschungslabor der Elektrokeramischen Werke Sonneberg (EKS), ein Forscher mit Leib und Seele.

»Wir haben«, erzählt er, »in der DDR versucht, aus Tonerde Speckstein herzustellen, und immer härtere und bessere Keramik entwickelt. Jede Versuchsreihe mußten wir damals mühsam nachprüfen und auswerten. Das dauerte Wochen oder Monate. Heute könnten Computer die Forschungsergebnisse in Sekundenschnelle bestätigen. Doch gibt es im EKS keine Forschungsabteilung mehr.«

Auf dem Küchentisch liegen blau-weiß gemusterte Porzellanteile. Siebe, Fleischklopfer, Tassen, Leuchter ... »Alles Erbstücke. Der Urgroßvater und der Großvater arbeiteten im berühmten Rauensteiner Porzellanwerk, dem Vorläufer der Keramischen Werke ...« Peter Assmussen hält jetzt Vorträge über die Geschichte des Thüringer Porzellans. Überhaupt hat die Geschichte es ihm angetan. »Was allein in diesem 1692 gebauten Haus, das bis 1910 das Wohnhaus des Effelder Pfarrers war, alles geschehen ist ...«

Hier lebte zum Beispiel von 1783 bis 1820 der Bruder des berühmten Thüringer Arztes Ludwig Heim, des Leibarztes vom preußischen König, der die Armen in Berlin kostenlos behandelte. Dieser Bruder, der Pfarrer Friedrich Timotheus Heim, predigte nicht nur, sondern schrieb auch Bücher über den Anbau von Hopfen und Obstbäumen. Er hatte eine sehr schöne Tochter: Friederike. Dieser Friederike machte sechs Jahre lang der damals sehr bekannte Dichter Friedrich Rückert den Hof. Heute würden sich die Biographen streiten, wie er Friederike zum erstenmal begegnete. Eine Version sei die vom regennassen Dichter. »Rückert soll, ähnlich wie Sie, völlig durchnäßt in Effelder angekommen sein. Während er in der Gaststätte seine Kleider trocknete, ließ der Wirt zum Pfarrer schicken, um Bücher zur Kurzweil des Dichters auszuborgen. Als der sie dann persönlich zurückbrachte ...« Allerdings war der Pfarrer gegen die Verbindung mit einem »nichtsnutzigen Schreiberling« und verheiratete seine Tochter mit einem Regierungsrat aus Berlin. Friedrich Rückert blieben nur die Erinnerungen und seine »HEIM-weh Lieder«. Diese Gedichte sind, weil seine Erben sie für »unanständig und erotisch« hielten, nie veröffentlicht worden. Der Hobby-Historiker Peter Assmussen ist nach der Wende in das Rückert-Archiv nach Schweinfurt gefahren. »Schön sind die Gedichte auf ›unsere‹ Friederike. Aber was an ihnen ›erotisch‹ sein soll ...«

Seine Frau zeigt mir den Weg zurück zur Grenze, der an einem Gedenkstein vorbeiführt: »Zur Erinnerung an Korberoth, das die stalinistischen Machthaber im Jahre 1984 abgerissen haben.« Vier Häuser und eine Gaststätte, in der sie als Kind beim Sonntagsausflug immer rote Limo bekommen hat.

Der Kolonnenweg in Richtung Roth gleicht einer überdimensionalen Achterbahn. Steile Abhänge hinunter und aus der Talsohle sofort wieder steile Hänge hinauf. An den gefährlichsten Stellen haben die Grenzer die Wabenplatten zu breiten Straßen gelegt. Auf einer Anhöhe klingelt mein Handy. Das Sonneberger Lokalfernsehen möchte mich beim Grenz-Gang interviewen, aber nicht unten auf dem kaum noch befahrenen Kolonnenweg, sondern oben in Rückerswind.

Am Ortseingang verfällt ein altes Gehöft. In den Fenstern hängen zwar noch filigrane Spitzengardinen, aber die Schieferhaut ist bis auf die Balkenknochen zerstört, und auf den Treppenstufen vor der Haustür wachsen Holunderbüsche. Sie sind so groß wie die Bäume auf der ehemaligen Grenze.

Ich klingele am Nachbarhaus. Eine Frau sagt mir, daß die alte Besitzerin des Hauses schon 1988 weggezogen ist. »Danach wollte ein Mann aus Rödenthal mit einer Polin und vier Kindern und Ponys hier leben. Aber er bekam einen Herzinfarkt. Inzwischen ist das Grundstück verkauft. Aber eben nur das Grundstück.«

Ihr Haus dagegen ... Sie führt mich stolz herum. Große neue Fenster, zwei Garagen, ein gemauerter Grill, Glasveranda. »Das war nur möglich, weil alle noch Arbeit haben. Die Tochter fährt täglich nach Suhl und beschäftigt sich dort mit geistig behinderten Kindern. Der Schwiegersohn schafft im Autohaus.

Mein Mann in der LPG in Schalkau.« Sie selbst arbeitet noch immer in einem Plastebetrieb in Mengersgereuth-Hämmern. »Alle hier im Dorf sind sehr fleißig. Das heißt die, die noch in Lohn und Brot sind.«

Die Fernsehleute finden mich zwischen dem Ferienhof »Westernstadl« und einem schönen Einfamilienhaus, vor dem die FC-Bayern-München-Fahne hängt.

Immer noch naß und frierend, beschließe ich nach dem Interview, heute nicht weiterzulaufen und mit dem Fernsehteam zurückzufahren. Ich will nach Hause.

Von vierzehn Hektar Erdbeeren, die NVA-Grenzer in Roth bewachten, einem mit Schnaps erkauften Begräbnisweg nach Bayern und einer Lehrvorführung, wie man mit Hilfe von Zeitungspapier ohne erfrorene Füße aus dem Rußlandkrieg zurückkam

In das Tal, in dem der am Ufer schon gefrorene Effelder Fluß den Grenzweg quert, fällt im Winter kein Sonnenstrahl. Doch oben auf dem Berg bei Roth blenden mich blauer Himmel und funkelnder Schnee. Winterzauber eine Woche vor Weihnachten. Von den fünfzehn Häusern des Dorfes sind vierzehn weiß getüncht. Nur das letzte, neu verputzte leuchtet ockerfarben. »Fritz und Elisabeth Heilmann« steht unter der Klingel. Eine arg erkältete, aber freundliche Frau bittet mich – weil sie nicht in Wind und Kälte an der Tür stehen will – in das Haus. Sie sagt lachend, daß sie erst nachdem das Haus fertig gestrichen war, erschrocken bemerkt hat, wie sehr sie nun im Dorf auffallen. »Und das muß ausgerechnet uns, den aus Sonneberg Zugezogenen, passieren!«

Sie haben das Haus, in dem früher der Konsum des Dorfes gewesen ist, wegen der Ruhe und dem wunderbaren weiten

Blick bis zum Bleß gekauft. »Außerdem ist mein Mann ... wissen Sie, er ist ein Techniknarr. Früher hat er die Technikerausbildung im ›Sternradio‹ geleitet, danach war er noch an der Fachschule für Spielzeuggestaltung. Und nun, wo er raus muß aus seinem Beruf, besitzt er noch an die fünfzig uralte, teilweise kaputte Radios. Die will er alle irgendwann zum Spielen bringen. Und er schleppt immer neue an. Da braucht er viel Platz, jede Menge Lagerplatz.«

Der Mann sitzt, mit einer Baskenmütze auf dem Kopf, eingepfercht in einer winzigen holzverkleideten Dachschräge des Treppenhauses an seinem Computer. Jeder Zentimeter der Arbeitsecke ist mit Elektronikfachbüchern belegt. Seit seinem Studium in Ilmenau lebt er nur für die Elektrotechnik. Er würde auch als Rentner sein Wissen gern noch weitergeben. »Aber als Ostdeutscher kann man hierzulande nicht schnell genug entsorgt werden. Die Bundesrepublik muß ein sehr reiches Land sein, wenn sie es sich leisten kann, teueres ostdeutsches Wissen auf den Müll zu schmeißen.«

Seine Frau war Kunsterzieherin. In der Wohnstube steht ein Klavier. Die Tochter hat das Musikgymnasium in Belvedere besucht. Sie sollte an der Franz-Liszt-Hochschule in Weimar Klavier studieren. Doch als die Wende kam, überredeten sie der Vater und ihr Freund, auch ein Techniker, keine »in der neuen Zeit brotlose Zukunft als Pianistin« anzustreben, sondern ein Technologiestudium zu beginnen. »Die Kunst und das Künstlersein muß man sich heute leisten können, das ernährt keine Familie«, sagt er und rückt seine Baskenmütze gerade. Auf dem Tisch steht ein selbstgebundener Adventskranz. Er ist geschmückt mit selbstgefalteten Papiervögeln. »Das bringe ich der Enkelin bei«, sagt die Kunsterzieherin.

Zwei Häuser weiter schippt ein alter, beleibter Mann in einem blauen langen Kittel und mit blauer Kappe aus derbem Manchesterstoff den Schnee vom Hof. Ich sage »Guten Tag« und will weitergehen, aber er beginnt sofort über die Nachbarn zu reden. Früher hätten sie sich beim Schneeschaufeln lange unterhalten. »Heute sagen die höchstens: ›Der Schnee ist schwer‹, mehr nicht.« Er zeigt auf den alten Backofen am Dorfeingang. »Dort haben wir noch in der DDR in acht Familienpartien Brot und Kuchen gebacken. In einem Topf, in dem acht Holzkugeln mit eingeschnitzten Zahlen von eins bis acht lagen, losten wir die Reihenfolge aus. Jeder brachte Holz mit … und Zeit zum Reden. Haben Sie Zeit?« Ich muß heute noch bis Eisfeld, aber der 78jährige Walter Müller erzählt mir, daß er hier oben in der LPG, »auf dieser kalten, windigen Höhe«, bis zur Wende jährlich auf vierzehn Hektar Erdbeeren angebaut hat, Erdbeeren, so weit man gucken konnte. »In der DDR gab es Erdbeeren nur zur Erntezeit zu kaufen, das heißt, wenn man Glück hatte und vorne in der Schlange stand oder in Berlin wohnte. Aber bei uns in Roth gab es tonnenweise Erdbeeren. Klauen konnte sie niemand, denn die Grenzer bewachten uns hier im Sperrgebiet. Vielleicht hat man deshalb die Erdbeeren hier oben angebaut …«

Er redet gern von »damals«. Über das Heute muß ich ihn mühsam ausfragen. Seine Kinder? Der Sohn ist Milchfahrer beim Transportunternehmer Becker im bayerischen Weißenbrunn. Schweigen.

»Haben Sie auch eine Tochter?«

»Ja.« Schweigen.

»Und was macht die?«

»Sie ist auch drüben in Weißenbrunn beim Fabrikunternehmer, ich glaube, er heißt Metzler. Der wohnt dort alleine im Schloß. Und sie macht bei ihm sauber und kocht … Wissen Sie, als wir die Erdbeeren hier anbauten …«

Als ich ihn unterbreche, sagt er mißmutig: »Reden muß der Mensch, es ist wie Atmen! Wenn du nicht über das Heute oder Morgen reden willst, dann rede wenigstens über das, was gewesen ist. Und das brauchen nicht nur die alten Leute. Die Jungen, die noch nichts erlebt haben, das sie erzählen können, die sind arm dran, die zerschlagen statt dessen Bushäuschen oder …«

Am Dorfausgang füttert ein weißhaariger Mann in offenem Hemd, aus dem die dichten Brusthaare herauslugen, seine Hühner. Ich habe meinen Schal nicht mitgenommen und friere schon vom Hinschauen. Der Mann kannte den Grenzweg nach Weißenbrunn bereits als Kind. »Roth hatte früher keinen Friedhof. Wir begruben die Toten drüben in Weißenbrunn.« Als sein Großvater nach dem Krieg beerdigt werden sollte, mußten sie die Russen mit einigen Flaschen Schnaps bestechen, damit sie den Toten in die amerikanisch besetzte Zone bringen durften. Damals sei er, der kleine Emil Henkel, heulend hinter dem vollgummibereiften Pferdewagen gelaufen, auf dem der Brettersarg mit dem Großvater lag. »Nach der Grenzöffnung bin ich nach fünfzig Jahren wieder auf den Friedhof gegangen. Aber es gab kein Grab mehr von unserem Großvater.«

An der Friedhofsmauer von Weißenbrunn steht ein Denkmal für die Gefallenen der Kriege. Und darunter heißt es auch, am 22. Oktober 1952, dem »Tag der Treue«, in Stein gemeißelt: »… neun Vermißte werden noch erwartet …«

Weißenbrunn ist im Norden und Westen und Osten von der ehemaligen Grenze umarmt worden. Lange Abgeschiedenheit. Alte, sehr gepflegte fränkische Fachwerkhäuser. Bauerngehöfte ohne Misthaufen. »Bäckerei und Mehlhandlung 1896«. Ein großes, auf einem Pfahl stehendes Taubenhaus ohne Tauben. Eine verblaßte Inschrift »Kolonialwarenhandlung«. Knorrige Bäume, an denen immer noch rote Äpfel hängen.

Weil der eisige Wind auch im Schutz des Dorfes immer grimmiger bläst und mein Hals wie der einer gerupften Gans aussieht, hoffe ich, mich bei dem Fuhrunternehmer Becker oder dem Schloßbesitzer Metzler aufzuwärmen zu können und zu fragen, wie sie mit ihren jungen Leuten aus Roth zurechtkommen. Auf dem Lagerplatz des Fuhrunternehmers stehen ein verbeulter Milchtanklastwagen ohne Nummernschild, alte Fahrzeuge, Metallschrott und Unmengen von Ersatzteilen.

Aber die blechernen Garagentore sind verschlossen. Und auch vor dem kunstvoll geschmiedeten, mit Kranichen geschmückten Tor zum Schloßpark hängt leider eine Kette.

An den Giebel eines Hauses sind meterhoch und bunt die Bremer Stadtmusikanten gemalt, die krähend und bellend und jaulend die Räuberbande in die Flucht jagen. Ein vielleicht vierzig Jahre alter Mann versucht gegenüber am Straßenrand einen Gullydeckel vom Eis zu befreien. Ich frage ihn nach dem Fuhrunternehmer und dem Fabrikbesitzer und nach den zwei jungen Leuten aus Roth, den Müllers, die ... Er läßt mich nicht ausreden. »Der Becker ist mit seinem LKW unterwegs. Bei uns muß man auch sonnabends sein Geld verdienen! Früher hat der Fuhrunternehmer Becker im Schloß gewohnt. Aber nun hat er es an diesen Metzler abgeben müssen ... Und der ist mehr in München bei seiner Frau als hier, verdient aber mit seinen Billigbetrieben im Osten, in Heinersdorf, mehr als der Fuhrunternehmer.« Ich lenke ab und frage, wer die Bremer Stadtmusikanten gemalt hat. Da sagt er, der Maler hätte den Räubern dicke runde Augenringe, also ein »O« wie »Ossi«, malen sollen!

Hundert Meter weiter verkauft ein junger Mann in Autoreifen stehende Weihnachtsbäume. Eine alte Frau müht sich, den größten in ihr Haus schräg gegenüber zu tragen. Ich helfe ihr. Sie bemerkt meinen nackten Hals. »Von drüben, aus dem Osten kommen Sie? Sind ja wohl immer noch nicht so reich wie wir hier«, sagt sie und bringt mir einen selbstgestrickten Schal.

Die schmale »Emstädter Straße« führt zur Grenze und zum Thüringer Nachbardorf Emstadt. Vor dem Haus Nr. 14 steht eine Frau mit Lockenwicklern. Ich frage, ob ihre Straße schon immer »Emstädter« hieß. »Früher war es der Hirtenstieg. Danach hatten wir jahrzehntelang nur Hausnummern. Erst zur Wende bekamen wir wieder einen Straßennamen.«

»Und haben Sie gute Beziehungen zu den Leuten in Emstadt?«

»Wenn im Haus was repariert oder gemalert werden muß, holen wir uns Gelegenheitsarbeiter von drüben. Die sind billig und gut. Und gleich nach der Wende kam jahrelang eine Eierfrau aus Emstadt zu uns, zu Fuß oder mit dem Moped, im Winter sogar mit dem Schlitten. Doch von einem Tag zum anderen erschien sie nicht mehr. Schade! Es waren sehr große Eier mit sehr gelbem Dotter.«

An den steilen Weidehängen stehen noch Pferde in den schneeverwehten Koppeln. Ihnen dampfen die Nüstern. Mir tropft die Nase. Dort, wo die Verbindungsstraße zwischen Weißenbrunn und Emstadt die Grenze und den Kolonnenweg kreuzt, steht ein Granitstein zum Gedenken an die Grenzöffnung. Rechts und links davon hat man an historischer Stelle zu historischer Zeit jeweils auf bayerischer und thüringischer Seite, symmetrisch angeordnet, einen Lebensbaum und eine Kiefer gepflanzt. Die Kiefer auf bayerischer Seite ist inzwischen eingegangen.

In Emstadt klingele ich im ersten Haus links. Ein alter Mann öffnet oben ein kleines Fenster. Als ich nach der »Eierfrau« frage, will er wissen, was ich ausgerechnet von der möchte, und ich sage, daß mich das Leben an der Grenze früher und heute interessiert. Er kommt runter an die Haustür.

»Die Herta, die Eierfrau, wohnt nebenan. Aber die weiß nichts, aber auch gar nichts von der Grenze. Ich, ich kann was erzählen. Ich habe hier die Grenze aufgemacht. Ich hatte den Schlüssel von den Bayern für die bayerische Schranke. Und überhaupt: Ich hab hier alles aufgemacht.« Er zieht mich nach oben in die Küche. »Meine beiden Söhne waren eingesperrt. Der eine hat, weil er mit einem bayerischen Zöllner über die Grenze hinweg gesprochen hat, in Bautzen gesessen und ist später in den Westen freigekauft worden. Und der kleine, den haben sie, als er vierzehn war, ins Jugendgefängnis gesteckt, weil er überall erzählt hat, daß er irgendwann nach Kanada gehen und sich dort eine Ranch kaufen wird.«

Er zeigt mir Fotos, wie er, Günter Jakob, damals fünfundsechzig, an der geöffneten Grenze zwischen Emstadt und Weißenbrunn steht. Seine Tochter sengt indessen über der Flamme des Gasherdes eine geschlachtete Ente. Ab und an unterbricht sie den Vater. »Erzähl nicht soviel Zeug, Vater.« Ihr gehe es heute schlechter als früher. »In der DDR wußte ich, daß ich auch nach der Geburt meines dritten Kindes weiter als Köchin arbeiten kann. Heute habe ich keine Chance mehr.« Und da schimpft auch der Grenzöffner über die neuen Ungerechtigkeiten, daß beispielsweise die oben, also die Politiker, noch Sterbegeld bekommen, er aber keins …

Nebenan bei der Eierfrau hängt ein Schild an der Tür. »Wir wollen hier nichts kaufen, nichts spenden, unsere Religion nicht wechseln, wir sind versichert, und unsere Rechnungen sind bezahlt. Also Tschüß.« Neun Jahre lang hat die 72jährige Herta Matthes Eier verkauft, sie fütterte sechzig Hühner und Tauben. Aber sozusagen über Nacht ist Schluß gewesen. Damals sprang sie dem Tod gerade noch mal von der Schippe. Sie hatte eine Hühnerinfektion: die Papageienkrankheit. »Während ich im Krankenhaus lag, drehten die Behörden allen sechzig Hühnern und allen Tauben den Kopf um.« Inzwischen ist sie drüber weg. Sie geht mit mir in die Scheune. Dort stehen alte Kaninchenställe neben- und übereinander, und in ihnen muffeln hundert Kaninchen duftendes Heu.

Auf dem Rückweg klingele ich noch einmal bei Günter Jakob und frage, ob sein Jüngster sich inzwischen den Traum von einer Ranch in Kanada erfüllt hat. »Nee, er ist jetzt Baggerfahrer in Rauenstein. Er war noch nicht einmal im Urlaub dort.«

Eine halbe Stunde nachdem mir die »Eierfrau« angesichts ihrer hundert Kaninchen gesagt hat: »Man darf im Leben nie aufgeben«, bin ich drauf und dran, meine Grenz-Wanderung aufzugeben. Ich will mit dem Handy zu Hause anrufen und bitten: Holt mich ab, ich will nicht mehr. Von den steilen Berghängen in die froststarre Ebene laufend, hatte ich auf bayerischer Seite ein abgelegenes bahnhofsähnliches Haus bemerkt. Ich will hinüber, aber die Lauter, ein ziemlich breiter Bach, versperrt mir den Weg. Schließlich nehme ich Anlauf, springe, erreiche zwar das gegenüberliegende Ufer, habe aber das Gewicht des Rucksacks nicht einkalkuliert. Der zieht mich zurück, und ich stehe bis zu den Knien im eisigen Wasser. Die Hosenbeine gefrieren sehr schnell. Ich überlege, ob ich das Wasser – die angeblich wasserdichten Wanderschuhe lassen es zwar rein, aber nicht raus – auskippen oder, hoffend, daß es sich beim Schnellaufen erwärmt, drin lassen soll. Ich lasse es drin. Laufe, so flink ich kann, den Kolonnenweg weiter, am Katzberg vorbei und sehe endlich nach einer Stunde Eilmarsch rechts von der Grenze die Häuser von Heid. Es ist mir nicht pcinlich, irgendwo an der Haustür zu klingeln und zu fragen: »Wie geht es Ihnen?« Aber zu klingeln und zu sagen: »Ich müßte mal die Strümpfe wechseln ...«

Vor einem der Häuser baumelt an einem Ast ein Stück Schweinetalg für die Meisen. Und aus dem offenen, ebenerdigen Fenster hängen die Stubenläufer. Drinnen bullert ein alter eiserner Küchenofen. Die Frau, die wohl für den morgigen vierten Adventssonntag saubermacht, versteht mich nicht gleich, als ich sie durchs Fenster anspreche. Aber der große Mann, der bestimmt schon an die achtzig ist, sagt: »Komm rein.« Er stellt mir einen Stuhl vor den Ofen. Direkt über dem Ofen, so als ob sie sich wärmen müßten, hängen Fotos von splitternackten Models: der Reklamekalender einer Sägenfirma. »Wir haben nach der Wende unseren Wald im Grenzgebiet zurückerhalten. Dort sägen wir im Jahr zwei, drei Dutzend Bäume um. Das reicht für den Winter.« Er fragt mich, wo ich zu Hause bin. Und freut sich, daß er bis 1936 nur ein paar Kilometer von meinem Dorf entfernt, in Kühndorf, gewohnt hat. »Recknagel! Herbert Recknagel! Wir sind auch weitläufig verwandt mit dem berühmten Skispringer, dem Helmut Recknagel. Kennen Sie den?« 1936 sind sie als alteingesessene Kühndorfer »ausgesiedelt« worden. »Wir hatten Äcker und Wiesen am Dolmar. Und unter Hitler wurde das Land dort oben für den Bau eines Übungsflugplatzes beschlagnahmt. Da sind wir hierher nach Heid.«

Ich habe endlich die Schuhe mit einem alten Lappen einigermaßen trocken bekommen, bedanke mich und will frische Socken anziehen. Aber da gibt der Mann mir plötzlich drei alte Zeitungen. »Die wickelst du jetzt um die nackten Füße und läufst ohne Socken, nur mit dem Zeitungspapier in den Schuhen. Das saugt auf und wärmt ... So haben wir das im Krieg, als wir vor Moskau durch die Sümpfe mußten, auch gemacht. Ich habe Moskau schon durchs Scherenfernrohr gesehen. Auch Leningrad, als wir dort monatelang im Schnee lagen ... Und ich bin ohne erfrorene Beine aus Rußland zurückgekommen.«

Ich versuche es. Aber das um die Füße gewickelte Zeitungspapier reißt immer und immer wieder beim Versuch, die Wanderschuhe darüber zu ziehen.

»Entweder unser Zeitungspapier war damals dicker oder unsere Militärstiefel weiter«, sagt er.

»Wahrscheinlich beides«, sage ich.

Es wird schon dunkel. Auf der Straße laufe ich in Richtung Eisfeld.

Von sturen Schafen in der Eisfelder Feldmühle, einem traditionsbewußten Malermeister und einer jungen Frau, die Arafat im Palast der Republik bediente

Nach zwei Kilometern endet die schmale Landstraße auf der B 4. Ich müßte, um mir die Überbleibsel der im ehemaligen Bezirk Suhl am häufigsten befahrenen GÜSt (Grenzübergangsstelle) anzuschauen, nach links abbiegen, aber weil es schon dunkel ist, laufe ich die Bundesstraße nach Eisfeld hinein. Auf der B 4 haben sich noch vor Jahresfrist täglich über fünfzigtausend PKW, LKW und Schwerlasttransporte durch die engen Gassen von Eisfeld gequält. Inzwischen entlastet sie die neue Autobahnanbindung, und ich kann sicher bis zum Ortseingang und dem ersten Eisfelder Gebäude, einem flachen Ladentrakt, laufen. Neben der Tür klebt ein großes Reklameschild. »Mister Billig. Wir haben die kleinen Preise.« Darunter ein Zettel: »Aus technischen Gründen geschlossen.« Auch der »Reichenbräu-Imbiß« nebenan ist geschlossen. Und der an der Wand hängende Zigarettenautomat wahrscheinlich auch, denn ein LKW-Fahrer trommelt wütend mit beiden Fäusten dagegen. Auf meine Frage, was »Mister Billig« in der DDR war, sagt er: »Hierher kam man damals nicht. Das war der erste Kontrollpunkt der Grenzübergangsstelle.« Nach der Wende war es ein Autohaus, bis das pleite machte und »Mister Billig« es kaufte. An der zweiten Kontrollstelle des Grenzüberganges, dort, wo die Besucher aus der BRD von Mercedes-Bussen in Ikarus-Busse umsteigen mußten, wurde nach der Wende ein Hotel gebaut. Inzwischen hat es Konkurs angemeldet. Die Tankstelle auf dem Gelände der früheren Zoll- und Paßkontrolle, direkt neben der ehemaligen Grenze, arbeitet noch.

An der Bushaltestelle suche ich im Rucksack nach der Anschrift vom Eisfelder Malermeister Peter Dressel. Bei ihm habe ich mich für heute nacht angekündigt. Die Wände des Bushäuschens sind mit Sprüchen und Zeichnungen bemalt. »Nur die Sache ist verloren, die man aufgibt.« Das Zeichen der Ostermarschierer. »Wer mit Gewalt regiert, wird sich noch gewaltig wundern.« Englische »Fuck«-Zitate, die ich nicht verstehe. »Hätte ich gewußt, daß unsere Liebe ins Wasser fällt, wäre ich ein Fisch geworden.« – »Friede den Hütten – Krieg den Palästen.« – »Solange die Sonne scheint, ist alles gut.«

Ein junger Mann in schwarzen Zimmermannshosen stellt einen Plastebeutel, in dem leere Flaschen klirren, ordentlich in die hinterste Ecke vom Wartehäuschen. Ich frage, ob die Müllabfuhr hier regelmäßig vorbeikommt.

»Nee«, sagt er, »aber soll ich das Zeug noch weiterschleppen? Hättest du es lieber, wenn ich die Flaschen in den Straßengraben kippe?« Außerdem könnte es demnächst passieren, daß »diese Arschlöcher vom Arbeitsamt« ihn, einen erfahrenen gelernten Betonfacharbeiter, sowieso zur Müllabfuhr einziehen. »Scheißstaat!«

Ich laufe die menschenleere Straße weiter nach Eisfeld hinein. Weihnachtsmänner in grellen roten Mänteln entern auf gleißenden Lichtleitern die Schlafzimmerfenster der Häuser. Sternschnuppen fallen von den Dächern …

Die sorgfältig frisierte Frau des Malermeisters erzählt, daß ihr am Ortsrand von Eisfeld gelegenes Anwesen eine lange Geschichte hat. Sie haben Dachziegel aus dem Jahre 1570 gefunden. Es war eine Feldmühle und später ein Sägewerk. 1972 sind die Dressels in das heruntergewirtschaftete große Gehöft gezogen und haben es mühsam umgebaut.

Im Stall blöken Schafe. Die Frau führt mich durch große Kellergewölbe. Der erste Raum ist ein Lager für die Holzheizung, der zweite vollgestellt mit Malereimern und Farben. Ihr freundlicher Mann, sehr schlank und schon weißhaarig, sagt, daß sie das ehrenwerte Malerhandwerk in der vierten Generation hochhalten. »Und die fünfte Generation, der anderthalbjährige Enkel, rührt auch schon in den Farbtöpfen.«

Im Jahr 2000 hat der damals 60jährige Meister Peter Dressel den Betrieb schweren Herzens an seinen Sohn Christian übergeben. »Seitdem versuche ich mich auf die Zunge zu beißen, um den jungen Leuten nicht reinzureden. Aber das ist sehr schwer, wenn man fünfundzwanzig Jahre alles allein entschieden hat …« Doch den Pinsel hat er nicht zur Seite gelegt. »Ich gehe noch zu meinen alten Stammkunden. Die klopfen mir auf die Schulter und sagen: ›Peter, aber du kommst nicht wie die jungen Leute schon früh um sechs. Du kommst erst gegen zehn Uhr, ja?‹« Seine Familie ist eine Handwerkerfamilie. Ein Sohn Maler, der andere Gerüstbauer, und der Schwiegersohn besitzt eine kleine Autowerkstatt. »Nur die Tochter arbeitet in einer Buchhandlung. Sie werden sie heute abend alle zur Betriebsweihnachtsfeier auf der Kegelbahn in Harras kennenlernen. Es gibt Gänsebraten und Klöße.« Eigentlich bin ich müde von meinem Grenz-Gang. Außerdem sind die Wanderschuhe noch naß.

»Macht nichts«, sagt der Meister und sucht lange, bis er ein Paar Schuhe findet, die mir passen: glänzende Lack-Tanzschuhe. Meine gefütterten, pummligen Grenzgängerhosen passen schlecht dazu.

»Ich kenne die Grenze, ihre Einsamkeit, ihre Kälte und ihren Dreck«, sagt der Malermeister, der 1962 die Grenzanlagen bei Judenbach und Rotheul mitgebaut hat. Er fuhr beim Panzerregiment in der Erfurter Steiger-Kaserne den G 5 des Med.-Punktes. Damals bekam er, erzählt er lachend, Sonderverpflegung: Freibankfleisch aus der Eisfelder Pferdeschlächterei von seiner Kriemhild. Einmal allerdings hatte er Pech. Als das Paket schon auf der Poststelle lag, erhielten sie den Befehl, sofort nach Buchenwald auszurücken. Sie sollten gemeinsam mit sowjetischen Soldaten in dem Film »Nackt unter Wölfen« KZ-Häftlinge darstellen. Der Autor Bruno Apitz und der Regisseur waren nicht zufrieden mit den Komparsen. »Wir standen zwar bei eisigem Wind in den dünnen gestreiften KZ-Kleidern frierend auf dem Appellplatz des Ettersberges, aber nach Meinung von Bruno Apitz sah es nicht echt genug aus. Da sagte unser Offizier: ›Einen Moment, Genosse Apitz, das haben wir gleich!‹ Und er befahl: ›Stillgestanden!‹ Stundenlang kein ›Rührt euch!‹. Bis die ersten von uns echt umfielen.«

Die Kegelbahn in Harras ist neu und warm und hell beleuchtet. Der Wirt schenkt Schwarzbier aus, und Kellnerin und Köchin servieren knusprigen Gänsebraten. Aber der Wirt ist kein Wirt und die Kellnerin keine Kellnerin. Sie machen das ehrenamtlich, er als Vereinsvorsitzender vom Eisenacher Sportverein »Wacker 04«, die Frauen als helfende Vereinsmitglieder.

Beim Verdauungsschnaps an der Theke erfahre ich, daß der »Wirt« früher Rangierleiter auf dem Eisfelder Bahnhof war. »Bei uns wurden alle Loks vom Bereich bekohlt.« Deswegen hatte er auch Ahnung vom Kohlehandel, und als 1990 der Coburger Kohlehändler erfuhr, daß in Eisfeld vom VEB Kohlehandel jährlich hunderttausend Tonnen Kohle ausgeliefert wurden, glaubte er an ein Goldmarie-Wunder und übernahm den Betrieb. »Aber er dachte wie manche Westdeutsche, die auf den Supergewinn hofften, damals noch weniger perspektivisch als wir, die es nicht besser wissen konnten. Inzwischen ernährt der Kohlehandel allein seinen Mann nicht mehr.«

Jubel an der Kegelbahn. Meister Dressel hat alle neune geschafft. Die Jungen des Betriebes sitzen, wenn sie nicht kegeln, vor einem Laptop und schauen sich den »Jahresrechenschaftsbericht« an. Hunderte Fotos von ihrer Arbeit auf den verschiedensten Baustellen. »Die acht jungen Leute sind eine eingeschworene Truppe«, sagt der Juniorchef Christian Dressel. Es waren einmal sechzehn. »1999 habe ich den Fehler gemacht und viel Geld in eine neue Betriebshalle reingesteckt. Ich dachte damals, daß es nicht mehr tiefer gehen kann und der Aufschwung kommt. Wenn wir nicht wie eine große Familie wären und ich den Betrieb nicht schon in der vierten Generation leitete und die Verantwortung hätte, zu erhalten, was der Vater, der Großvater und der Urgroßvater aufgebaut haben, hätte ich vielleicht schon aufgegeben. Aber die Handwerkerehre …«

Sein Schwager, der Automechaniker, meint, die Ehre sei wichtig, heutzutage jedoch … Er gehörte zu den Auserwählten, die in der DDR im grenzüberschreitenden LKW-Verkehr einen Mercedes fahren durften. »Die Ersatzteile dafür kosteten schweinisch viel Devisen. Und weil die drüben, wenn ein einzelnes Teil kaputt war, die halbe E-Anlage rausschmissen und erneuerten, haben wir eben getüftelt und zum Beispiel drei Widerstände hintereinander geschaltet. Da lief die Kiste wieder. Manche westdeutsche Kfz-Schlosser lachten sich über unsere Erfindungen halbtot. Andere staunten, daß es mit unserer Handwerkerehre und unserer Sparsamkeit nicht vereinbar war, wegen eines kaputten Teils eine halbe Anlage wegzuschmeißen. Doch mittlerweile sind Sparsamkeit und Handwerkerehre auch bei uns oft nur noch Sache der Alten. Die Jungen bauen wegen eines kaputten Teils manchmal gleich eine komplette neue Anlage ein. Wir haben in manchen Unsitten inzwischen wirklich, wie es im Sozialismus die Partei gegen alle Logik agitatorisch forderte, den Westen überholt, ohne ihn einzuholen. Und die Politiker erst! Kaum daß sich unsereiner das vom Gesetz geforderte teure Abgasprüfgerät gekauft hat, erlassen die Politiker, als ob sie mit der Industrie im Bunde wären, ein strengeres Gesetz, und ich muß mir ein neues, noch teureres Gerät kaufen … Ein beschissenes System.«

Seine Frau mahnt Meister Peter Dressel, bei der Weihnachtsfeier nicht mehr über Politik zu reden, aber er bestellt mir noch ein Schwarzbier und klärt mich über die »schlimmste Unmoral, die nach der Wende aus dem Westen zu uns gekommen ist«, auf: Rechnungen nicht zu bezahlen. »Wir hatten in Hildburghausen ein Haus geputzt und gemalert. Aber der Hausbesitzer bezahlte die Rechnung über 60 000 Euro nicht. Er hatte keine müde Mark mehr, und das fertige Haus gehörte inzwischen der Bank, die ihm den Baukredit gewährt hatte. Sechzigtausend Miese, die steckt man nicht einfach weg, daran geht der Betrieb fast kaputt. Wir haben damals keinen Urlaub gemacht und uns nur das Nötigste zum Leben aus der Kasse genommen. Andere Handwerker erhöhen in solchen Situationen notgedrungen ihre Preise und gehen danach an fehlenden Aufträgen kaputt. Die Bank gewährt zwar den Baukredit, prüft aber nicht, wofür der Bauherr ihn verwendet. Von dem Geld kann er seiner Frau ein Cabrio kaufen und mit seiner Geliebten eine Weltreise machen, und dann ist das Geld eben weg.« In der DDR verwaltete die Bank den gewährten

Kredit und zahlte ihn nicht an den Bauherrn aus. Die Handwerker schickten die Rechnung an die Bank. Nein, er will die Zeit trotzdem nicht zurück. »Monatliche Zuteilung von sechzehn Rollen Rauhfasertapete und so.«

Am schweigsamsten auf der Betriebsweihnachtsfeier ist Tochter Heidi, die in der DDR die Gastronomielehrlinge im Kreis Hildburghausen ausgebildet hat und jetzt in einer bayerischen Buchhandlung arbeitet. Später erzählt mir die Mutter die, wie sie sagt, unheimliche Geschichte, die ihr kurz vor der Wende passiert ist. Sie weiß bis heute nicht, weshalb die »Organe« ihre damals 22jährige Tochter in den Westen fahren ließen. Ob sie ihre Zuverlässigkeit testen wollten oder ob sie hofften, daß sie nicht zurückkehrt und sie damit einen Grund gehabt hätten, den väterlichen Handwerksbetrieb zu schließen. Oder ob nichts davon zutrifft. Die Tochter erhielt jedenfalls 1988 die Besuchserlaubnis für die BRD. Sie kam zurück. »Manche Leute sagten: ›Heidi, du bist blöd, hättest drüben bleiben sollen.‹ Kurz vor dem 40. Jahrestag der DDR machte sie Urlaub in Ungarn und ging nicht über die offene Grenze nach Österreich, sondern kam zurück. Zum 40. Jahrestag – sie war von ihrem Ausbildungsbetrieb delegiert – bediente sie die internationalen Gäste beim Staatsempfang im Palast der Republik. Jede Kellnerin hatte nur einen Gast zu betreuen. Sie bediente den Palästinenser-Chef Jasir Arafat. Aber es stand immer einer hinter oder neben ihr, wohin sie auch ging. Nur Gorbatschow, den sie unbedingt sehen wollte, den hat sie nicht gesehen. ›Es war gespenstisch!‹ sagt sie immer. Mehr nicht.«

Der Abend endet am Kaminfeuer in Dressels großer Wohnstube. An den Wänden des Hauses hängen Landschaftsbilder und ein ausdrucksstarkes Porträt, das Peter Dressel von seiner Mutter gezeichnet hat. Er ist nicht nur Tüncher, sondern seit langem ein guter Grafiker. Und Autor von Kurzgeschichten über Eisfelder Originale. Eine von einem Bauern in Heid, der mit seiner Kutsche und dem Enkel lieber über Land fuhr, als die »Ardöpfel« (Kartoffeln) endlich rauszuholen, liest er mir vor. »Morchen«, sagte der Bauer, wenn seine Frau ihn schalt. Und »übermorchen«. Als er endlich den Roder herausgeholt und die Säcke bereitgelegt hatte und er am Morgen auf das Feld wollte, bedeckte dicker Schnee den Acker. Der Schnee blieb vom November bis Februar liegen. Erst danach kam ein warmer Wind, und der angesehene Bauer holte seine »Ardöpfel« aus dem Boden, während die der anderen Bauern im Keller inzwischen schon verschrumpelt waren. »Frisch und ausgereift waren sie bei dem Herbert Recknagel.«

Ich frage dreimal nach dem Namen. Ja, der Herbert Recknagel. »Klein ist die Welt, bei dem habe ich heute nachmittag die nassen Socken gewechselt«, sage ich. Also haben wir beide eine Geschichte über den alten Recknagel. Und auch sonst gibt es viel Gemeinsames zwischen den Dressels und mir. Auch bei ihnen sind die Regale im Keller mit selbstgekochten Marmeladen gefüllt. In der Küche stehen Flaschen mit hausgemachtem Kräuteressig und verschiedenen Ölen. Und Schafe haben sie im Stall. Allerdings hatte ich nie »Coburger Füchse«.

»Äußerlich kann man sie kaum unterscheiden, aber ich kann machen, was ich will: Die Thüringer Rhönschafe und die Coburger Füchse halten im Stall immer auf Abstand.«

Seine Frau Kriemhild protestiert gegen diese Übertragung der Ost-West-Problematik auf die Tiere. Sie hat nach der Wende bei einem Coburger Steuerberater gearbeitet. »Seine Ost-Kunden mußte er in der ersten Hälfte des Jahres 1990 noch nach dem einfachen DDR-Steuergesetz berechnen. Davon hatte er keine Ahnung, und ich war für kurze Zeit unentbehrlich.«

Danach ist es ihr leichter gefallen, sich unter seiner Anleitung das komplizierte Steuersystem der alten Bundesländer anzueignen.

Von einer Westberliner Pastorin, die eintausendzweihundertmal im Interzonenzug kontrolliert wurde, dem Hildburghausener PDS-Bürgermeister, der Advent gesamtdeutsch feiert, und einem, der zuerst Held und dann Verurteilter war

Der Sonntag beginnt in der Feldmühle mit einem stillen, besinnlichen, fast wortlosen Frühstück. Die Frau von Malermeister Dressel hat die vierte Kerze angezündet, und der Hausherr sagt leise: »Es ist heute auf den Tag vierzehn Jahre her … Damals fiel der Achtzehnte nicht auf einen Adventssonntag, aber das Datum kann man hier in der Gegend nicht vergessen.« Am 18. Dezember 1975 hatte der mit dreihundert Schuß Munition und einer Kalaschnikow bewaffnete fahnenflüchtige NVA-Soldat Werner Weinhold – er war mit drei gestohlenen Autos schon bis an die Grenze bei Eisfeld gekommen – sein letztes Versteck verlassen. In der darauffolgenden Nacht erschoß er bei seiner Flucht in den Westen (dort wurde er im ersten Prozeß freigesprochen und danach zu fünfeinhalb Jahren Gefängnis verurteilt) die Grenzsoldaten Klaus-Peter Seidel (21 Jahre) und Jürgen Lange (20 Jahre).

»Der Weinhold hatte sich damals – es war so wie heute um die fünfzehn Grad minus – auch im Scheunenkeller meines Bruders in Bockstadt, rund zwei Kilometer vor der Grenze, versteckt. Mein Bruder hat es erst daran gemerkt, daß Gläser mit eingeweckten Erdbeeren und Apfelweinflaschen leer waren … Wenn Sie sich nicht im hohen Schnee verlaufen, kommen Sie heute an den Gedenkkreuzen für die ermordeten Grenzer vorbei.« Ich müsse den »Ami-Blick« – »Von dort schauten die Amis in den Osten.« – hinaufsteigen und von dort aus den Kolonnenweg in Richtung Harras entlanglaufen.

Doch ich lasse den »Ami-Blick« rechts liegen und gehe, dem Ruf der Kirchenglocken folgend, zuerst hinunter in das bayerische Rottenbach. Schon aus der Ferne sehe ich vor den ersten Häusern drei Männer, die sich auf die Stiele ihrer Schneeschieber stützen und quatschen. Zwei von ihnen, die »Oppels«, sind Vater und Sohn. Beide sagen auf meine Frage nach ihren Adventswünschen: »Anständig bezahlte Arbeit für alle, die arbeiten wollen. Im Osten wie im Westen.« Der Sohn hat eine Anstellung in einer kleinen Coburger Metallhandelsfirma. Sein Vater arbeitet nicht mehr. »Nicht einmal in unserem Rottenbacher Gemeinschaftswald.« Davon hat er sich selbst ausgeschlossen, als er darüber abstimmen ließ, daß die über 65jährigen ihre Stunden im Wald nicht mehr abarbeiten dürfen. Nun ist auch er über fünfundsechzig. »Und viele jüngere Rottenbacher lassen ihre zweihundert Arbeitsstunden inzwischen von Ostdeutschen ableisten.«

Ich verstehe nicht, worüber die Männer reden. Der kleinste von den dreien – er sagt lachend »Ich heiße Mielke! Aber Mielke, Eberhard.« – schlägt vor, daß ich erst einmal durch den Ort gehen soll, und wenn ich zurück wäre, würde er mir bei einem heißen, selbstgeernteten Kräutertee die Sache mit dem Gemeinschaftswald erklären.

Am Gasthof »Zum Auerhahn« steht ein meterhoher, dicker, von einem Gebläse ständig prall gehaltener roter Weihnachtsmann. Ich frage eine Frau, die vom Wirtshaus Abfälle in die Mülltonne trägt, nach ihren Adventsgedanken. Sie brubbelt, ich solle, statt solche blöden Fragen zu stellen, lieber im Lokal zu Mittag essen. Kein einziger Gast sei bisher am vierten Advent gekommen. Der aufgeblasene Weihnachtsmann grient mich an. Und ich habe keine spitze Nadel dabei. Sündige Gedanken am Adventssonntag … Vor der Kirchentür sehe ich im frisch gefallenen Schnee noch keine Fußspuren, und drinnen im Altarraum ist die vierte Kerze noch nicht angezündet. Auf der ersten Stuhlreihe liegt der Text für das Krippenspiel …

Aus einem nicht umzäunten Gehöft an der Dorfstraße stürzt sich ein tollwütig bellender, zähnefletschender großer Hund auf mich. Im letzten Moment hält ihn eine Leine zurück, die an einem vom Dach der Scheune zum Wohnhaus gespannten

Laufseil befestigt ist. Ähnliches habe ich bisher nur auf Fotos von der DDR-Grenze gesehen.

»Vielleicht hat der Hundebesitzer sich das an der Grenze abgeschaut«, sagt Schneeschipper Mielke, »aber er ist im Gegensatz zu uns ein alteingesessener Rottenbacher.« Die Mielkes stammen aus Westberlin. Sie hatten dort eine gute Anstellung. Er arbeitete in der Geschäftsleitung des ältesten deutschen gemeinnützigen Wohnungsbauunternehmens, der Alexandra-Stiftung. Sie unterrichtete als Pastorin.

Wir sitzen in ihrer sehr dunklen, sehr niedrigen, aber gemütlichen warmen Wohnstube. Die Decke wird von dicken, groben Balken, an denen Küchengeräte, Kräutersträuße und Keramikgefäße hängen, gestützt. Das Teewasser kocht auf einem alten Küchenherd. »Das hier war früher der Stall«, sagt der Mann. »Die Wärme der Tiere wärmte das Wohnhaus.«

Weshalb sie als Berliner in das damals von der Grenze eingeschlossene einsame Dorf gezogen sind, frage ich. »Wegen Afrika!« Sie haben anderthalb Jahre in Guinea gelebt. »Danach erschien uns Deutschland wie ein Land voller Narren, die um das Goldene Kalb des Mammon tanzen.« Er gab seinen gut bezahlten Posten auf und begann in Rottenbach Gemüse und Kartoffeln anzubauen, Schafe zu halten, Apfelbäume zu pflanzen und Holz im Wald zu schlagen. »Rottenbach war das abgelegenste Dorf, das wir gefunden hatten. Außerdem verkaufte man an der Grenze die Grundstücke sehr billig.« Seiner Frau war in Bayern eine Anstellung als Religionslehrerin versprochen worden. Aber schließlich stellte die bayerische Kirche nur Bayern und keine Preußen ein. Deshalb blieb Annerose Mielke in Berlin. Sie stieg dreizehn Jahre lang an jedem Wochenende früh um vier Uhr in den Interzonenzug und fuhr acht Stunden bis Zeulenroda, wo sie vor der Weiterfahrt in den Westen kontrolliert wurde. »Rund eintausendzweihundertmal bin ich von den DDR-Grenzern auf der Hin- und Rückreise kontrolliert worden!«

Mehr sagt sie nicht. Ihr Mann lächelt. »Sie hat mir, bis sie

Pensionärin wurde, dreizehn Jahre an jedem Sonnabend das Geld für den Umbau des Hauses und die Liebe für das Leben gebracht.«

Die Pastorin im Ruhestand bietet selbstgebackene Plätzchen an. Ich frage die Mielkes nach ihren Adventswünschen. »Daß uns die Welt hier unten nicht noch schneller einholt.« Sie meinen damit nicht die neue Autobahn, die oberhalb ihres Anwesens vorbeiführt. »Dort haben wir durchgesetzt, daß sie hinter einem sehr hohen Lärmschutzwall verborgen bleibt.«

Dann klären sie mich über den Gemeinschaftswald in Rottenbach auf. Alle Hofeigentümer, auch die Mielkes, besitzen symbolisch fünfzehn von den dreihundertfünfzig Hektar. An fünfzig Tagen muß jeder von ihnen für seinen Anteil vier Stunden im Wald arbeiten, Holz einschlagen, Bäume pflanzen. »Wir sind dabei aufeinander angewiesen, helfen uns, sprechen miteinander. Aber viele junge Hoferben, die in der Stadt arbeiten, haben keine Zeit mehr dafür. Deshalb bezahlen sie Arbeiter, meist Thüringer, beispielsweise aus dem Nachbardorf Herbartswind, die für sie im Gemeinschaftswald die Stunden ableisten. Wenn das Schule macht, pflanzt keiner mehr neue Bäume! Dann können wir den Gemeinschaftswald nur noch aufteilen. Doch ich sage Ihnen: Das Materielle kann man regeln, das Ideelle nicht, das ist dann unweigerlich für immer verloren.«

Gegen Mittag erreichte ich Herbartswind. In dem kleinen Ort ist es sonntäglich still. Kein Mensch und kein Auto auf der Straße. Nicht einmal ein Dorfköter bellt. Ich klingele am Dorfeingang auf der linken Straßenseite am ersten Haus. Ein Mann öffnet. Noch ehe ich ihn nach Dorfbewohnern, die im Rottenbacher Gemeinschaftswald für die Bayern Stunden abarbeiten, gefragt habe, überschüttet er mich wie eine menschliche Dampfmaschine stoßweise mit Flüchen über den Zustand in diesem »Saustall Deutschland«. Ich sollte über die Bosse und Politiker, die Millionen Steuern verschieben und in einem Monat soviel verdienen wie er in seinem ganzen Leben als Werkzeugmacher, schreiben. »Den Armen wird der Strom abgestellt, wenn sie nicht bezahlen. Die sitzen in der Dunkelheit und in der Kälte, und die Großen, die eh schon alles haben, die kriegen den Strom noch umsonst … Daran ändert man auch nichts, indem man eine andere Partei wählt. Da ist einer wie der andere, nur auf seinen Vorteil bedacht. Es muß endlich einer kommen, der hier anständig auf den Tisch haut.« Als er – immer noch vor der Tür stehend – einen Moment schweigt und plötzlich sehr traurig aussieht, frage ich ihn nach seinen Adventswünschen. Er murmelt: »Gesundheit, mehr nicht.« Er ist der Vorsitzende des Kirchenvorstandes in Herbartswind und teilt zum Adventsgottesdienst die Kollektensammler in der Kirche ein. Das macht er auch, weil ihm vor dreizehn Jahren in einem christlichen Entwöhnungshaus endgültig und für immer geholfen wurde. »Manchmal denkt Gott auch an die kleinen Leute, aber sonst macht er nur die Reichen noch reicher.«

Er zeigt mir den Weg zu Bürgermeister Herbert Resch. »Der weiß alles, was Sie wissen wollen.« Der Bürgermeister, seit einem Jahr Rentner, weckt seine Frau aus dem Mittagsschlaf, damit sie uns Tee kocht und sich zu uns setzt. »Frauen erinnern sich oft besser«, sagt er. Die Namen der Leute aus Herbartswind, die im Rottenbacher Gemeinschaftswald arbeiten, nennt er mir nicht. »Wenn man wie ich nach der Wende vierzehn Jahre Bürgermeister war, hat man das mit dem Datenschutz in Fleisch und Blut.« Auch in Herbartswind gab es bis 1945 einen Gemeinschaftswald. Der sollte schon mit der Bodenreform aufgeteilt werden. »Aber weil sich damals einer weigerte, die Aufteilung zu unterschreiben, geschah gar nichts. Nach der Wende erhielten wir ihn zurück, aber da wollte keiner mehr einen Gemeinschaftswald, in dem alle wie in der LPG miteinander arbeiten müssen. Da wollte jeder nur noch seins.« Die Gemeinde hat deshalb den Dorfteich verkauft, um von dem Erlös Juristen und Behörden bezahlen zu können, die die zweiundachtzig Hektar Gemeinschaftswald auf die dreißig ehemaligen Eigentümer verteilten und ins Grundbuch eintragen ließen …

Der Bürgermeister erzählt von seiner früheren Arbeit als Bereichsleiter der LPG-Tierproduktion in Veilsdorf. Viertausendachthundert Hektar und dreitausendsechshundert Kühe. Zweiundvierzig Eigenheime sind in seiner Amtszeit in Herbartswind und Bockstadt gebaut worden.

Es wird spät beim Tee, und weil ich den Weg bis Hildburghausen heute nicht mehr schaffen könnte, schlägt er mir gegen meinen Protest vor, mich eine kleine Strecke zu fahren, wenigstens bis zu der Stelle, an der die zwei Grenzsoldaten von Weinhold erschossen worden sind. Er wird es niemandem erzählen, ich müsse es nicht aufschreiben, und außerdem sei hier sowieso »klassisches Lügengebiet«. Nebenan in Bockstadt hat ein Nachfahre des Barons von Münchhausen, der in Hildburghausen beim Herzog Erster Minister war, in dem Schloß gelebt, das der berühmte Architekt Karl Behlert entworfen hat. Das Schloß hat nach der Wende ein Schwabe gekauft, der es zu einem Feierabendheim umbauen wollte. Er ließ es entkernen, und so steht es nun seit Jahren und verkommt. Inzwischen möchte es der Landrat von Hildburghausen gern zurückkaufen.

Herbert Resch macht seinen Traktor klar. Er mummelt sich ein und setzt den Hund Tom, den er zum 60. Geburtstag geschenkt bekommen hat, auf den einen Kotflügel. Ich klettere auf den anderen. Wir schaffen die steilsten Hänge, aber mich friert es gottserbärmlich.

Als der Wald sich öffnet und den Blick auf die von der Sonne überfluteten schneebedeckten Äcker, die Wiesen und Hügel drüben in Bayern freigibt, hält Herbert Resch. Schweigend stapfen wir durch den Schnee. Ein Holzkreuz und ein Stahlrohrkreuz. Darunter liegen Alpenveilchen aus Plaste. Ein Stück Stacheldraht hängt wie eine Dornenkrone über allem. »Am 19. 12. 1975 erschoß hier …«, heißt es auf einer

Tafel, und auf einer anderen steht: »Glück und Friede sei beschieden Deutschland, unserm Vaterland … daß nie eine Mutter mehr …« Die DDR-Nationalhymne.

»Die beiden Grenzer haben keinen Schuß abgegeben, den einen hat der Weinhold im Sitzen mit einer MPi-Salve durchsiebt«, sagt Herbert Resch, und mehr zu sich als zu mir: »Er hat zwei Menschen getötet, um in die Freiheit zu kommen. In *die* Freiheit, in der wir heute leben.«

Er wendet den Traktor. Ich verabschiede mich von Hund und Bürgermeister und bin bald wieder allein in der sehr stillen, sehr friedlichen und sehr schönen Weite der Grenzlandschaft. Später, als die Sonne rot untergeht, kriecht mir die Kälte unter Mütze und Handschuhe. Als es dunkel wird, hoffe ich, daß irgendwo rechts von mir Veilsdorf liegt.

Auf der nächsten Anhöhe sehe ich wirklich die Lichter eines Dorfes. Aber ich verpasse den ersten Abzweig und stehe schließlich nicht vor dem Veilsdorfer Ortseingangsschild, sondern in Hetschbach. Weil ich die rund zehn Kilometer von der Grenze bis nach Hildburghausen hinein nicht mehr laufen will, rufe ich in einer »Übernachtungsstätte« an und erkläre, daß ich in der Dunkelheit noch auf dem Grenzweg stehe, bei ihnen übernachten möchte und sie mich bitte abholen sollen. Die Dame an der Rezeption legt wortlos auf. Die nächste legt nicht auf, entschuldigt sich jedoch mit dem vierten Adventssonntag und wenig Personal und will mir eine Taxinummer diktieren. Ich schreibe sie nicht mit, sondern rufe den Hildburghausener PDS-Bürgermeister Steffen Harzer an und beklage mich, daß ich in »seiner« Stadt zweimal erfolglos … Er sagt, daß es in seinem alten kleinen Haus ein Gästezimmer gibt und er mich an der Grenze abholt.

Obwohl sein Auto geräumig ist, muß er sich beim Aussteigen wie ein Aal winden. Steffen Harzer ist ein sehr kräftiger Zwei-Meter-Mann. Das kürzeste an ihm sind wohl seine Haare. Es stellt sich heraus, daß wir nicht zu ihm nach Hause fahren, denn er feiert mit seiner Frau und seinem anderthalbjährigen Sohn bei einer befreundeten Familie: Die PDS am vierten Advent unter sich! denke ich.

Der Mann, der uns öffnet, ist genauso groß wie der Bürgermeister, nur sehr viel schlanker. Die drei kleinen Kinder der beiden Familien rennen ausgelassen in der Wohnung umher, die zwei Frauen kochen und schwatzen in der nach Gänsebraten duftenden Küche, und wir drei Männer sitzen im Wohnzimmer in dicken Ledersesseln und trinken aus großen Gläsern Cola mit Whisky.

Ich frage Steffen Harzer, welche Funktion sein Freund in der PDS hat. Da lacht er so laut, daß sogar die Kinder erschrecken. »Björn in der PDS? Um Himmels willen – er ist ein westdeutscher Rechtsanwalt.« Sie treffen sich an einem Sonntag im Monat zum geselligen Beisammensein. Die Frauen kochen, die Kinder können zusammen toben, und die beiden Männer hocken vor dem Bildschirm, bekämpfen sich jedes Mal in dem Computerspiel »Herr der Ringe« und trinken Cola mit Whisky. Ihre Freundschaft ist bei einem Rechtsstreit entstanden. Bürgermeister Harzer hatte als Vorsitzender des Sportvereins »seine« Hildburghausener Fußballmannschaft mitten im Spiel gegen Steinheid vom Platz geholt. »Der Schiedsrichter pfiff gegen uns, und als einer unserer Spieler verletzt auf dem Platz lag und er nicht unterbrach, habe ich in meiner impulsiven Art …« Als Steffen Harzer vor Gericht Einspruch gegen Punktabzug, Geldstrafe usw. einlegte, war ihm klar, daß er nicht gewinnen würde. »Aber der westdeutsche Anwalt, also Björn, der hat sich tapfer geschlagen.«

Die mit Feigen, Aprikosen und Äpfeln gefüllte Gans schmeckt köstlich, und das Verhältnis von Whisky zu Cola verändert sich in den Gläsern immer weiter zuungunsten der Cola. Diesmal frage ich weder nach Adventswünschen noch nach der Kommunalpolitik. Es wird ein harmonischer gesamtdeutscher Abend. Ich kann mich nur an einen kurzen Streit erinnern. Steffen Harzer hatte vergeblich versucht, dem westdeutschen Rechtsanwalt klarzumachen, daß es Unterschiede zwischen Ost und West geben würde, solange die hiesigen Betriebe, die Schlösser und Supermärkte fast ausschließlich Westdeutschen gehörten. »Im eigenen Land ohne Eigentum, das weckt den Widerstand gegen die neuen Eigentümer.«

Am nächsten Morgen geht es mir sehr schlecht. Steffen Harzer allerdings hat seinen Amtsschlips bereits umgebunden, und seine junge Frau – eine Journalistin, die schon sechs Wochen nach der Geburt ihres Sohnes täglich wieder bis nach Weimar zur Arbeit gefahren ist – hat den Frühstückstisch überreichlich gedeckt. Über die großen Hildburghausener kommunalpolitischen Errungenschaften – Schwimmbad, Bibliothek, Rathaus, Busbahnhof, Berufsbildungszentrum, Gewerbegebiet, Förderschule, Lehrlingswohnheim – sprechen wir nicht. Ich frage Steffen Harzer nur, ob er als »rotes Tuch«, als einziger PDS-Bürgermeister einer Thüringer Kreisstadt, von der CDU-Regierung und den Investoren geschnitten wird.

»Ach wo, die haben sich an mich gewöhnt.« Bundeskanzler Schröder, Ministerpräsidenten Althaus und der Staatsministerin für Kultur hat er sein »mutigstes Ding« sogar persönlich offeriert. In Zeiten, wo das Geld für Kultur immer weiter gekürzt wird, möchte er das traditionsreiche alte Hildburghausener Stadttheater renovieren lassen. »So etwas Schweres reizt mich. Das kann ich durchkämpfen.« Schwierigkeiten hat er mit den kleinen Problemen. Weil er zum Beispiel nicht wollte, daß die Leute sagen, die Straße, in der er wohnt, wird nur erneuert, weil der Bürgermeister dort wohnt, ließ er sie nicht erneuern. Also beschwerten sich die Anwohner: »Nur weil der Bürgermeister hier wohnt, wird nichts repariert.« Da ließ er sie vor vier Jahren erneuern. Danach sagten die Leute: »Weil der Bürgermeister hier wohnt …«

Seine Frau bietet mir von den verschiedenen Marmeladen an. »Die müssen Sie kosten, die hat Steffens Bruder selbst gemacht.« Sein Bruder ist Bauingenieur, seit einigen Monaten ein arbeitsloser Bauingenieur. Die Firma hat ihn entlassen, nachdem sie den Zuschlag für einen öffentlich ausgeschriebenen Auftrag der Stadt Hildburghausen doch nicht erhalten hatte. Nun sitzt er fast jeden Tag hier vor dem Computer, studiert Stellenangebote und hat Hunderte Bewerbungen geschrieben. Alles umsonst. Und kocht eben Marmelade ein.

Der Bürgermeister will mir ein Glas davon mit auf meine Grenzgängertour geben. Doch ich habe schon schwer genug an meinem Rucksack zu tragen.

Von einem Eishäuser Autolackierer, der seinen richtigen Vater nach über vierzig Jahren in Jugoslawien fand, einem DDR-Hanghuhn, das Siemens-Manager in der Slowakei wurde, und einer Rodacher Männerrunde in einem Kurstadt-Café

Auf dem Kolonnenweg hinter Hetschbach entdecke ich im Schnee nicht einmal die Spuren von Hasen, Rehen oder Füchsen. Erst als er auf der Höhe das Birkenwäldchen verläßt und ich im Tal Massenhausen sehe, ist der Schnee von Rehen und Wildschweinen zertrampelt.

Massenhausen macht seinem Namen keine Ehre. Ich zähle in dem abgeschiedenen Ort wenig mehr als ein Dutzend Häuser. Am Ortseingang klingele ich wieder am ersten Haus links. Waltraud und Hans Woik haben Besuch. »Der Klaus, also der Dr. Swieczkowski, schaut wieder mal bei uns vorbei. Er war einer der Chefs im Betrieb. Kannten Sie die ›Hanghühner‹ in Eishausen? Das waren wir!« sagt der 71jährige Hans Woik stolz. Ich verstehe nichts, aber der Doktor, ein sehr sportlich aussehender, schlanker Sechziger, zeigt mir alte Betriebsfotos. »Wir dreißig Kollegen, fünfzehn Schwarzkittel und fünfzehn Weißkittel, haben in der Hangmechanisierung Eishausen Traktoren, Ladewagen und andere landwirtschaftliche Maschinen so erfinderisch umgebaut, daß sie auch bei extremsten Hanglagen eingesetzt werden konnten. In der DDR mußten wir jeden Quadratmeter Acker- oder Wiesenfläche intensiv nutzen.« Nach der Wende – als das Landwirtschaftsministerium Prämien an Bauern zahlte, die ihre Flächen brachlegten – hatten die bis dahin in den RGW-Ländern begehrten Erfindungen der »Hanghühner« nur noch Schrottwert. Die Berge wurden im besten Falle noch abgeweidet.

Auf einem Foto ist eines der vielen schlauen Patente dokumentiert: Das Heu wurde mit Hilfe einer Gebläseanlage in der Scheune unabhängig vom Wettergott getrocknet. Um die Temperaturen in den großen, feuchten Heuhaufen zu messen, mußte ein speziell dafür entwickeltes Thermometer bis zu fünf Meter tief in die Haufen gerammt werden. Das gelang meist nur zu zweit mit allergrößter Kraftanstrengung. »Aber Meinhardt Nehmer, der Bob-Pilot, der damals bei uns sein Berufspraktikum absolvieren mußte – auch Olympiasieger brauchten in der DDR einen Berufsabschluß –, der machte das mit einer Hand.« Das letzte Foto ist bei der letzten gemeinsamen Betriebsfeier im Winter 1990 aufgenommen. Wie in den Jahren zuvor hatten sie zum Fest ein Schwein geschlachtet. Es sollte den meisten kein Glück mehr bringen. Drei Wochen später war der 57jährige Werkstattmeister Hans Woik arbeitslos. Und er blieb es wie viele seiner Kollegen. Dr. Swieczkowski hatte schon sechs Monate zuvor als Arbeiter bei Siemens in Rodach begonnen. Inzwischen ist er bis zum Qualitätschef der großen Zweigwerke des Siemens-Betriebes in der Slowakei und Tschechien aufgestiegen.

Am Hauseingang hängt das Werbeschild einer bayerischen Brauerei. Bei den Woiks kann man Getränke kaufen, denn es gibt im Dorf keinen Laden mehr. Zweiunddreißig Einwohner hat Massenhausen heute. In der DDR waren sie einmal sechzehn Wahlberechtigte. »Aber da hatten wir bei uns im Grenzdorf trotzdem einen Konsum, ein Kulturhaus mit Ausschank, eine fahrbare Bibliothek, ein Gemeindeamt, eine Bushaltestelle … Und bei den Wahlen konnten wir als erste schon um acht Uhr fünf eine hundertprozentige Wahlbeteiligung melden. Trotzdem mußten wir vom Wahlvorstand bis zur Schließung um achtzehn Uhr im Wahllokal sitzen.«

Hans Woik lacht nicht. »In den ersten Jahren nach dem Krieg, als das Land des Rittergutsbesitzers von Butler – dem gehörte früher ein Gestüt – an die Umsiedler aufgeteilt worden war, lebten hier sehr viel mehr Menschen. Aber wir waren ein Grenzdorf, und in der Aktion ›Ungeziefer‹ – man muß sich das vorstellen, Menschen wurden im Sozialismus als ›Ungeziefer‹ bezeichnet – ›säuberte‹ die Arbeiter-und-Bauern-Macht das Dorf. Mein Schwager, auch ein Umsiedler, der mußte 1962 raus. Er hatte nur gesagt: ›Mit dem Beton, den ihr hier an der Grenze vergeudet, könnte man sehr viele Wohnungen bauen.‹ Sein Haus blieb leer, zerfiel.«

Die Woiks haben fünf Kinder und acht Enkel. Keines davon wohnt in Massenhausen. »Weil es im Dorf keine Gleichaltrigen gab, mußten die Kinder außerhalb heiraten, und danach durften sie nicht wieder zurück. Niemand von den jungen Leuten konnte hier ein Haus bauen oder ein altes beziehen. Niemand. Und ohne daß unser Grenzdorf abgerissen werden mußte, wäre es eines Tages, weil nur wir Alten bleiben durften, auf ›natürliche‹ Weise ausgestorben. Einfach verschwunden.«

An einem Haus der Hauptstraße wird gesägt und gehämmert. Junge Thüringer Zimmerleute aus Oberstadt bei Suhl renovieren ein altes Gehöft. Die neuen Besitzer sind ein etwa 40jähriger Maschinenbauingenieur aus Göttingen und seine Lebensgefährtin, eine Schmuckdesignerin. »Die Dorfleute haben uns gut aufgenommen«, sagt der Mann. »Sie sind direkt und ehrlich, diese Ostdeutschen an der Grenze. So in der Art: Lieber ’nen Freund verlieren, als ’nen Spruch runterschlucken.«

Ich frage, ob er und seine Frau im neuen Haus die Einwohnerzahl von Massenhausen vergrößern werden. »Wir arbeiten dran. Aber dazu sage ich nichts ohne meine Frau.«

Im nur zwei Kilometer entfernten Eishausen sind an der Schmiede noch die Ringe in der Mauer verankert, an denen die Pferde früher beim Beschlagen festgezurrt wurden. Ich frage einen kräftigen Burschen, wo in Eishausen noch alte, von den »Hanghühnern« entwickelte landwirtschaftliche Maschinen stehen. Er schickt mich in die Autolackiererei. »Der alte Heym hat den Hof voll mit Altertümern. Der ist nach der Wende noch mit einem Wartburg bis nach Jugoslawien gefahren und kam mit 'ner halben Sau im Kofferraum zurück. Angeblich hat er dort Halbgeschwister.«

Auf dem Hof stehen die verschiedensten Trabant- und Wartburgmodelle, aber weder Pflüge noch Ladegeräte. Ich frage den 60jährigen Helmut Heym, ob er mit dem halbverrosteten roten Wartburg in Jugoslawien war. »Nein, den roten hat vor kurzem die Stadtverwaltung von Ummerstadt gebracht. Er war dort bis vor einigen Monaten das Dienstauto des Bürgermeisters. Nach Jugoslawien bin ich mit …«

Helmut Heym nimmt mich mit ins Wohnzimmer, um mir die Sache mit Jugoslawien zu erklären. Zwei Stunden später möchte ich ihn dazu bewegen, seine Geschichte aufzuschreiben, denn er hat etwas erlebt, was sich Autoren oft mühsam ausdenken müssen. Aber er will es nicht.

Hier die Kurzfassung der Geschichte: Helmut Heym verdankt sein Leben auf besondere Weise seinem Großvater. Der hatte 1935 nach einem Unfall einen Arm verloren und wurde deshalb nicht eingezogen. Er mußte während des Krieges die ausländischen Zwangsarbeiter den Höfen in Eishausen zuteilen, auf denen die Frauen allein wirtschafteten. »Den Jugoslawen Radi schickte er auf den Hof meiner Mutter, die dort mit meinem 1942 geborenen Bruder lebte. 1944 wurde ich geboren. 1947, als der Vater aus der Kriegsgefangenschaft zurückgekehrt war, dann noch meine Schwester.« Manchmal sprachen die Eltern von Radi, dem Zwangsarbeiter, und einmal fand der kleine Helmut einen Brief mit einer jugoslawischen Briefmarke und schrieb sich die Adresse ab. Auf dem Sterbebett gestand ihm seine Mutter, daß der Zwangsarbeiter Radi, der 1945 nach Jugoslawien zurückgekehrt war, sein Vater sei. Helmut Heym arbeitete als Agrarflieger, deshalb verschwieg er das Geheimnis um seinen ausländischen Vater. »Die Organe hätten mich als Unsicherheitsfaktor sofort als Agrarflieger rausgeschmissen.« Inzwischen hat er den Vater und die drei Halbgeschwister einige Male in Jugoslawien besucht. Sein Vater sprach noch Dialekt. »›Drütschen‹ verstand er. ›Jauche‹ verstand er nicht.« Er ist im vergangenen Jahr gestorben.

Weil Dr. Swieczkowski mir angeboten hat, in seinem Haus zu übernachten, schlafe ich noch einmal in Hildburghausen. »Wir können uns«, sagt der Doktor, »in der Sauna unterhalten.« Die Sauna befindet sich in einem sehr großen modernen Fitneß-Center. Metallisch glänzende Foltergeräte und schweißglänzende Idealkörper. Das Fitneß-Center gehört seinem Sohn. »Es war eine meiner schwersten Entscheidungen, als er sagte: ›Vater, ich mache mich selbständig, hilfst du mir beim Umbau der Großbäckerei?‹ Da habe ich einen Teil meines von 1996 bis 2004 in der Slowakei und in Tschechien verdienten Geldes in den Bau hineingesteckt.« Wir werden mit großem Hallo begrüßt, aber dann stellt sich heraus, daß montags Frauensauna ist.

So unterhalten wir uns bei Dr. Swieczkowski zu Hause. Er hatte sich schon vor der Wiedervereinigung, als die »Hanghühner« noch arbeiteten, bei Siemens in Rodach beworben. »Ich ahnte, was kommen wird, und dachte: Als Dipl.-Ing. und Dr. hast du, wenn du dich rechtzeitig bewirbst, eine Chance. Der Personalchef von Siemens, ein gewisser Herr Morgenroth, sagte damals: ›Wir nehmen Sie, Herr Dr. Swieczkowski, aber vorerst nur als Arbeiter.‹ Da schleppte ich fleißig die Kisten zur Qualitätskontrolle, und keiner von den fünfzehn Kollegen sagte: ›Guten Morgen, Herr Doktor.‹« Wenig später wurde er Gruppenleiter und danach Angestellter. »Seitdem hätten die Kollegen zu mir als ihrem ostdeutschen Chef am liebsten fünfmal am Tag ›Guten Morgen, Herr Dr. Swieczkowski‹ gesagt.« Die Geschäftsleitung war zufrieden mit dem neuen Gruppenleiter. »Sie schätzten unsere an den DDR-Hochschulen erworbenen soliden Fähigkeiten, die sie damals zum Nulltarif erhalten haben.« 1996 schickten sie Dr. Swieczkowski als Qualitätschef erst in die Slowakei und dann nach Tschechien. In dem ostslowakischen Siemens-Zweigwerk arbeiteten mehr als dreitausend Leute, meist Frauen, die Kabelsätze für Autos montierten. »Sie arbeiteten für sehr wenig Geld, und ich mußte ihnen, die sich nie ein Auto würden leisten können, beibringen, nur allererste Qualität abzuliefern.« Die Betriebssprache war Deutsch. »Aber ich habe auch mit meinen slowakischen Nachbarn den Garten bestellt, Schnee geschippt und die Gegend am Wochenende mit dem Fahrrad erkundet.« Inzwischen hat Siemens die Produktion über die slowakisch-ukrainische Grenze noch weiter in den Osten verlagert. In Rodach kostet ein Montagearbeiter 25 Euro die Stunde. In Slowakien drei bis vier Euro. In der Ukraine nur noch einen Euro.

Die letzten vier Jahre hat Dr. Swieczkowski in Plzeň gearbeitet. »Dort rannten sich die westlichen Investoren allerdings schon gegenseitig über den Haufen. Sie überfluteten Gewerbegebiete, Villen, Bars und Bordelle. Manche der Deutschen entwickelten eine Art Besatzermentalität, stellten Diener an und hielten tschechische Mädchen aus. Andere, die den großen Max raussteckten, trugen feinstes Tuch und redeten sogar auf dem Klo noch englisch.«

Seit Januar ist er im Vorruhestand, aber unruhig wie vorher sucht er nach Betrieben, denen er bei unlösbaren Problemen »so aus Spaß« Lösungen anbieten kann.

Eigentlich möchte ich nach meinen Stippvisiten in Massenhausen und Eishausen nun nicht mehr von Grenzort zu Grenzort laufen, sondern wieder zurück auf den einsamen Kolonnenweg. Doch weil mir Dr. Swieczkowski erzählt hat, daß der Personalchef, der ihn und viele andere Ostdeutsche bei Siemens in Rodach eingestellt hat, heute der Zweite Bürgermeister ist, mache ich noch einen Abstecher in das Rathaus der Kur- und Badestadt.

Heinz Morgenroth ist auf den ersten Blick ein gemütlicher, in sich ruhender Herr. Er trägt zum grauen Anzug einen grauen Schlips und als Kontrast ein blaugraues Hemd. Wie er stolz sagt, ist er »siebenmal nach Thüringen hinüber verwandt, also fast ein Thüringer Franke«.

Nach der Wende habe er viele arbeitslose Thüringer eingestellt, weil sogar die Frauen, beispielsweise die aus der Veilsdorfer Porzellanmanufaktur, einen ordentlichen technischen Beruf erlernt hatten.

»Es gab damals einen sprunghaften Anstieg an Aufträgen und Mitarbeitern in unserem Betrieb. Wir waren in Rodach nach dem Krieg, schauen Sie es sich auf der Landkarte an, immer nur die Schwanzquaste des bayerischen Löwen. Nach 1990 aber waren wir plötzlich das Herz von Deutschland. Rodach gehörte zu den Gewinnern der Wende.«

Inzwischen kommt auch die Hälfte der Tagesgäste der Stadt aus dem Osten. Er selbst hat seinerzeit Werbezettel für das Rodacher Thermalbad auf dem Domplatz in Erfurt verteilt.

Ich frage ihn nach dem damaligen Verhältnis der alteingesessenen Arbeiter zu den neu eingestellten aus dem Osten. »Gab es Streit?« Nicht, daß er wüßte. »Wir hatten schließlich genug Arbeit für alle. Damals war die Einheit zumindest in den Betrieben schon fast gelungen. Heute dagegen ...«

Bevor ich zur Grenze zurücklaufe, stärke ich mich im Café »Fadler«. Ich setze mich zu drei Männern an den Tisch. Der erste ist dünn und quirlig und redet immerzu. Der zweite sieht mit seinem gepflegten Bart aus wie ein italienischer Adliger. Schweigsam raucht er seine Pfeife. Der dritte ist der kräftigste und auch der jüngste. Sie sitzen oft zusammen im Café. Lothar, der Unruhige, wohnt seit acht Jahren in Rodach. Er kommt aus dem Osten. »Ich bin ein Sandhase und verbrauche hier in aller Ruhe meine Rente.«

Hartmut, der vornehme Bärtige, hat sieben Jahre lang als »westliche Führungskraft« in Dresden die AOK aufgebaut. Er hat sich geärgert, als man ihm den Mercedes-Stern abbrach, und gefreut, weil die ostdeutschen Frauen, wenn es nötig war, auch am Sonnabend und Sonntag zur Arbeit kamen und weil sie genau wie ihre männlichen Kollegen »nicht um Karriereposten stritten, sondern nur das machten, was sie konnten«.

Erwin, der Kräftige, arbeitet noch im ehemaligen Siemens-Werk, das heute Valeo gehört und Klimasysteme herstellt. Er kennt Personalchef Morgenroth ebenso wie Qualitätsgruppenleiter Dr. Swieczkowski. Streit zwischen Ostdeutschen und Westdeutschen hat auch er damals nicht erlebt. »Aber wir hatten einen Ostdeutschen, einen, der in der DDR gesessen hat und danach freigekauft worden ist. Als der erfuhr, daß einer der Neueingestellten an der Grenze Oberleutnant war, hat er tagelang Terror gemacht. Der gab nicht eher Ruhe, bis der Personalchef den Grenzer, einen sehr ruhigen, sehr fleißigen Mann mit vier Kindern, wieder entlassen hat.« Er versteht nicht, daß Herr Morgenroth kein Wort davon erzählt hat.

Zwischen Rodach und Adelhausen finde ich den Kolonnenweg wieder. Aber schon bald muß ich über umgestürzte Bäume klettern und das Eis, das auf Sumpfwiesen bricht, vorsorglich umgehen. Ich bin in einem der vielen Naturschutzgebiete an der Grenze. Auf einem Schild heißt es: »Vom 1. März bis 15. August ist es verboten, das Gebiet zu betreten!« Zu schützen sind unter anderem Pirol, Nachtigall, die Türkenlilie und der Schachbrettfalter …

Von einem alten Schweden in Streufdorf, einem 105jährigen, der seinem schlimmsten Feind nicht wünscht, so alt zu werden, und einem von Geburtstagsfeiern geplagten rumäniendeutschen Pfarrer

Am Ortseingang von Streufdorf stehen auf der linken Straßenseite Baracken und niedrige Werkhallen, die eine dicke Heizungsschlange miteinander verbindet. Neben der Toreinfahrt überragt eine prächtige Edeltanne die alten Gebäude. An ihren Zweigen ist auch Ende Januar noch die Weihnachtsbeleuchtung befestigt. Auf der rechten Straßenseite steht ein baufälliges Haus, das ebenerdig wie eine Schmiede offen ist. Das rote Ziegeldach beult sich in der Mitte wie der Wassersack einer Zeltplane. »Die Dachziegel stammen noch aus dem Jahr 1939, als der Krieg begann und ich geboren wurde«, sagt ein Mann, der im Hof zwischen alten Maschinen, Fahrrädern und Mopeds Holz sägt. Die Ziegel rechts und links hat er erst kürzlich von abgerissenen Häusern geholt. »Daß mein Dach damit noch zwanzig Jahre hält, weiß ich. Aber was für eine Zeit dann sein wird, das weiß ich nicht.« Vor zwanzig Jahren, als er noch LKW für den Steinbruch von Gleichamberg reparierte, hätte er nicht im Traum daran gedacht, daß der Betrieb gegenüber, »der volkseigene EIO«, in dem achtzig Leute Staubsauger und andere elektrische Geräte herstellten, einmal einem kapitalistischen Unternehmer und noch dazu einem Schweden gehören könnte. »Ein alter Schwede in Streufdorf! Wer weiß, wer in zwanzig Jahren hier sein wird. Aber die Ziegel auf dem Dach, die halten dann noch …«

Zwar untersagt ein Schild am Eingang der »ADITECH. Aufzugszubehör, Türschließer, Gasfedern und Dämpfer« Betriebsfremden das Betreten der Hallen, aber auf der Suche nach »dem alten Schweden« stehe ich schließlich doch in einem werkstattähnlichen Raum und erschrecke vor dem Lärm einer tonnenschweren Umformpresse. Schwarzer Fußboden, ölverschmierte Wände, automatische Drehbänke und kaum Tageslicht, denn die Fenster sind mit riesige vielarmigen Kakteen, meterhohen Oleanderbüschen und Apfelsinenbäumen zugewachsen. Dazwischen steht ein großes Aquarium.

»Die Agave ist die älteste Pflanze«, sagt der als einziger in der Halle arbeitende Mann. »Halb so alt wie ich.« Jürgen Menzel ist vierundfünfzig. Vor vierzig Jahren hat er hier als Schüler in den Ferien geholfen. »Die zwei Wochen reichten, ich liebte die Natur, aber keine Eisenspäne und sagte mir: ›Nee, Jürgen, das ist nichts für dich.‹« Aber nun arbeitet er schon dreiunddreißig Jahre in dem Betrieb und hat sich seinen kleinen botanischen Garten in der Werkhalle angelegt. »Am schlimmsten war es Ende 1991, als die EIO dichtmachte. Wir haben alle Maschinen herausgeräumt, und dann mußte ich noch einen Monat lang die Schränke und Tische des Betriebes verkaufen. Schließlich war alles besenrein. Aber ich wußte nicht, wohin mit meinen Palmen und Agaven. Und dann standen eines Tages der Schwede und fünfzehn mit alten Maschinen beladene LKW vor der Tür. Das war die Rettung! Auch für meine Pflanzen.«

Zwischen Grünpflanzen und Maschinen stehen in einer Ecke ein Regal und ein Tisch mit Stuhl. Darauf liegen ausgefüllte Arbeitsformulare, Handschuhe, Brotpapier, Bücher, hausgemachte Rotwurst ... »Die Kollegen schimpfen, ich soll aufräumen, aber schließlich arbeite und esse ich hier.« Früher hat es im Betrieb arbeitsschutzgemäße Schuhe und Kleidung gegeben, einen Frauenruheraum, billiges Mittagessen. Heute dagegen gibt es den Hinweis am Anschlagbrett: »Eine Besonderheit aber gilt für die Nahrungsaufnahme in der betriebseigenen Kantine. Der Weg zur Kantine ist versichert, die Nahrungsaufnahme jedoch nicht ...«

»Mir kann nichts passieren, ich esse am Arbeitsplatz aus der Brotbüchse.«

Er könnte, sagt er, wie die Hälfte aller Streufdorfer im Westen arbeiten und dort vielleicht das Doppelte verdienen. »Aber bloß wegen des Geldes jeden Tag solche Strapazen auf den Straßen? Nein, ich wohn gleich nebenan ... Und das Geld? ... Es sind keine tausend Euro, die ich hier im Monat habe.« Wieviel genau, sagt er nicht. »Das haben sie uns zuerst beigebracht: Keiner darf dem anderen verraten, wieviel er verdient. Wenn man nichts voneinander weiß, solidarisiert man sich auch nicht miteinander.« Er winkt ab, zeigt mir lieber draußen die Bäume, die er in dreiunddreißig Jahren gepflanzt hat. »Die Christbaumbeleuchtung machen wir nicht ab, die wächst von Jahr zu Jahr mit in die Höhe.«

Er möchte, daß nach seinem Tod die Asche unter einem alten Baum vergraben oder verstreut wird. Aber weil auf dem neuen Streufdorfer Friedhof keine alten Bäume stehen und weil die Leute sich auf dem Friedhof nur übertreffen wollen, wer die teuersten Gräber hat – »Bloß im Winter, wenn Schnee darüber liegt, sind Gott sei Dank auf dem Gottesacker alle gleich.« –, und weil der neue Streufdorfer Pfarrer »so ein Auslandsdeutscher aus dem Osten ist«, wird er sich einen Baum im Garten aussuchen.

Auch im Musterzimmer des Betriebes stehen Pflanzen und Blumen auf dem Tisch und am Fenster. Roter und weißer Storchschnabel, dickblättrige Grünpflanzen. In einer Vase protzt kerzengerade prächtiger Rittersporn. Das macht mich stutzig. Im Gegensatz zu den Werkstattpflanzen sind die im Musterzimmer aus Papier und Wachs geformt. In der Vase mit dem Rittersporn steckt die blaugelbe schwedische Nationalfahne. Und genau davor sitzt während unseres Gesprächs der Betriebsleiter, der »alte Schwede«. Obwohl er fünfundsechzig ist, sieht er noch wie ein junger Schwede aus.

»Sind Sie ein richtiger Schwede?« frage ich.

»Ja«, sagt er in völlig akzentfreiem Deutsch. »Ein 1939 in Berlin geborener und jetzt schwedischer Staatsbürger.«

»Und Ihre Eltern flüchteten bei Kriegsbeginn als Juden nach Schweden?«

Nein, seine Geschichte ist nicht so dramatisch. In Berlin hat er die Schule nach der achten Klasse verlassen, ist zur See gefahren und war später Vertreter für Aufzugszubehör. Weil ihm das Land gefallen hat, ist er 1964, ohne ein Wort Schwedisch zu sprechen, nach Schweden gegangen. Als er anfing, ein Holzhaus zu bauen, und das Geld dafür nicht reichte, beschloß er, eine eigene Vertriebsfirma zu gründen. Doch wer dort Unternehmer werden will, muß schwedischer Staatsbürger sein. Also erwarb er die Staatsbürgerschaft. Inzwischen managt sein Sohn den Vertrieb der Türschließer und Aufzugsteile von dort aus, und in Streufdorf wird produziert.

»Aber wie kommt man«, frage ich, »von Schweden ausgerechnet nach Streufdorf?«

Diese Geschichte, sagt er, ist nun wirklich spannend. Sie hatten im Ruhrgebiet einen Betrieb gekauft. Aber im Ruhrgebiet gibt es die teuersten Facharbeiter der Welt. »In dem Betrieb produzieren wir keinen Tag, habe ich mir gesagt. Wir haben ihn dichtgemacht und wollten ihn in den neuen Bundesländern wiederaufbauen. Doch von denen wußte ich weniger als seinerzeit von Schweden.«

Es mußte alles sehr schnell gehen. Eine Woche lang ist er in Thüringen von Betrieb zu Betrieb gefahren. »Die Treuhand dagegen hat sich Zeit gelassen, als ob sie nicht sonderlich interessiert wäre, etwas zu verkaufen.« Bis dahin hatte er nichts Geeignetes gefunden, aber der Termin der Räumung im Ruhrgebiet stand fest. »Da haben wir die Maschinen aufgeladen. Fünfzehn LKW und grüne Planen drüber. Weil in Streufdorf noch ein Betrieb zu besichtigen war, haben wir die fünfzehn LKW nach Streufdorf fahren lassen. Doch das Betriebsgelände war viel zu groß für uns. Ich wollte die Karawane schon weiterziehen lassen, als plötzlich einer sagte, daß am Dorfeingang die kleinen Hallen der ehemaligen EIO leerstehen ...« Das war am 18. März 1992. Im April begannen sie zu produzieren.

Der »alte Schwede« beschäftigt fünfundzwanzig Mitarbeiter. Er ist sehr zufrieden mit ihnen. »Die Leute hier sind ein ganz besonderer Menschenschlag, verwurzelt mit ihrem Dorf, mit ihren Häusern, ihrem Garten, die arbeiten und feiern noch zusammen.« Doch sehr bodenständige Menschen sind in unserer unsicheren Zeit auch besonders gefährdet. »Was machen sie, wenn der Betrieb hier eingeht und sie vielleicht in Hamburg arbeiten müssen?« Hans Strandt ist froh, daß sein Betrieb nicht von den Schwankungen des Inlandmarktes abhängig ist. Siebzig Prozent werden exportiert, u. a. nach Südeuropa und Israel.

Der »alte Schwede« will in Streufdorf bleiben. Achtmal ist er den Rennsteiglauf schon mitgelaufen. Er spielt in Coburg Tennis, schwimmt in Rodach und läuft Ski im Thüringer Wald. Er wohnt über dem Büro des Betriebes und könnte, wenn er das schaffen würde, vierundzwanzig Stunden lang durcharbeiten.

»Und am Sonntag wenigstens in die Kirche gehen?«

»Selten. Aber der Pfarrer, ein Rumäne, soll ein interessanter und sehr einfallsreicher Mensch sein.«

Die Frau, die mir im Pfarrhaus öffnet, ist anscheinend die Haushälterin. Sie spricht leise, als müsse sie sich für jedes Wort entschuldigen. Der Herr Pfarrer sei unterwegs. Aber vielleicht in einer Viertelstunde … Nach einer Viertelstunde heißt es: »Der Herr Pfarrer wollte pünktlich zum Mittagessen …« Da sieht sie sein kleines Auto vor dem Haus. »Weit kann er nicht sein, der Herr Pfarrer.«

Ist er auch nicht, er kommt und steigt – »Ohne zu Mittag zu essen, Herr Pfarrer?« – wieder in das Auto. Auch für mich hat er keine Zeit. »Termine über Termine.« Doch für ein Fünf-Minuten-Gespräch steigt er noch einmal aus.

Ein Schwejk-Lachen in den lustigen Augen, stoppelbärtig, auf dem Kopf schon sehr gelichtet. Der 47jährige Pfarrer Zeno Scheirich kommt aus Siebenbürgen. »Nach der Wende wanderten die deutschstämmigen Menschen in Scharen aus Rumänien aus. Von meinen eintausendeinhundert Gemeindemitgliedern blieben nicht einmal einhundert, von den siebzigtausend der Landeskirche noch dreizehntausend. Vor allem junge Familien mit Kindern gingen fort. Meine Frau ist Lehrerin. Aber plötzlich war sie eine Lehrerin ohne Schüler.«

Zuerst hat er in Augsburg gelebt. Er sollte eine Pfarrstelle in Österreich oder der Schweiz erhalten. Doch bei einem Treffen mit dem Thüringer Bischof Leich bot der ihm Streufdorf an. »Auf der einen Seite eine gutsituierte, nicht gerade sehr arme und bestimmt brave Schweizer Kirchgemeinde – andererseits das abenteuerliche Angebot an der ehemaligen deutsch-deutschen Grenze. Wissen Sie, eine Grenze eröffnet, wenn sie geöffnet wird, immer sehr viele freie Räume. Es kommt aber darauf an, womit man die Räume ausfüllt. Mit der gemeinsamen Sorge um die Menschen, die Hartz IV bekommen, oder mit Witzen über Ossis und Wessis.«

Noch einmal entschuldigt er sich, daß er wirklich nur fünf Minuten Zeit hat. Er kommt von einem 80. Geburtstag, war zuvor schon bei einem 50., hat jetzt ein wichtiges Gespräch und danach noch einen 90. Geburtstag vor sich. Im Jahr geht er zu zweihundertsechzig Geburtstagen. Bis zum 90. zu runden, ab dem 91. zu jedem. Gewöhnlich gratuliert er und trinkt nur Kaffee. Am 12. Dezember 2004 allerdings hat er auch ein Gläschen Sekt angenommen. Zu Ehren des 105. Geburtstages von Albin Kaiser. »Es war, als ob Gott mich mit diesem Geburtstag dafür belohnen wollte, daß ich nicht in die Schweiz, sondern nach Streufdorf gegangen bin.«

Albin Kaiser ist der drittälteste Thüringer.

Ich habe noch nie – selbst in Mittelasien nicht – einen 105jährigen gesehen. Der Mann, der mir öffnet, ist zwar auch alt, aber erst dreiundsechzig und der Sohn von Albin Kaiser. Der sitzt mit schlohweißem, aber noch dichtem Haar ordentlich rasiert am Küchentisch und löffelt sehr hurtig, ab und an genüßlich schlürfend, eine Nudelsuppe. Ich entschuldige mich, daß ich beim Essen störe. Doch Albin Kaiser reagiert nicht.

»Er hört sehr schlecht, Sie müssen schreien, wenn Sie mit

ihm sprechen.« Aber wie schreit man eine Entschuldigung? Also schweige ich.

Nach dem Essen erzählt der Sohn, daß der Vater vor dem Krieg ein bekannter Schweinezüchter war, der in einem umgebauten PKW Schweine nach Bayern geliefert hat. In der DDR war er Einzelbauer, dann in der LPG. Er hat bis zum 85. Lebensjahr gearbeitet. Später schreie ich doch und frage den Mann mit den sehr kleinen, aber noch hellwachen Augen nach seiner Lebenserfahrung, nach einem Rat, den er anderen geben möchte.

»Gar keinen Rat. Mir hat auch keiner einen Rat gegeben. Ich hatte im Leben nur Glück, Glück wegen meiner Neun.«

Der Sohn erklärt mir, was es mit der Neun auf sich hat. Er ist 1899 geboren. Seine Frau Martha hat er kennengelernt, als sie *neun*zehn war. Mit *neun*undzwanzig hat er geheiratet. Bei Kriegsbeginn 1939 ist er nicht eingezogen worden, weil er für das erste Kontingent mit *neun*unddreißig zu alt war …

Ohne daß ich frage, beklagt sich der 105jährige, daß ein Leben in seinem Alter »nicht mehr wert ist, gelebt zu werden«. Vor einem Jahr konnte er noch gut laufen, aber nun hätte er es an den Gelenken und den Ohren und Augen. Als er beim Ohrenarzt war, hat der gefragt: »Wie alt sind Sie? Einhundertzwei? Na, da haben Sie doch schon genug gehört in Ihrem Leben.« – »Aber der Mensch lebt doch nur davon«, sagt der 105jährige, »daß er hört, was andere erzählen, und daß er sieht, wie die anderen Menschen leben. Alles andere ist langweilig.«

Ich schreie: »Der Pfarrer sagt, Sie können Gott jeden Tag danken, daß Sie so alt geworden sind.«

»Der liebe Gott? Nee, der hat nichts dazu getan. Das habe ich alles selbst gemacht.« Bis vor einem halben Jahr hat er sein Essen selbst gekocht, die Betten gemacht, die Stube gekehrt. Aber nun ist sein Sohn aus der Nähe von Potsdam gekommen, um ihm zu helfen.

»Haben Sie noch mehr Kinder?« schreie ich.

»Eine Tochter, aber die wohnt im Westen. Und noch einen Sohn, der ist jetzt sechzig.« Nach einer langen Pause: »Der wohnt auch hier, gleich nebenan im Dorf. Er war Ingenieur in der Landtechnik und hat daraus einen Stahlbaubetrieb gemacht. Den Stahlbaubetrieb Kaiser.«

Ich schreie: »Da könnte der Sohn von nebenan Sie doch pflegen oder pflegen lassen?«

»Nee, nee, nee. Der hat mehr als zehn Leute, da hat er genug zu tun als Unternehmer.«

Als ich »Alles Gute« und »Auf Wiedersehen« schreie, steht er auf, gibt mir lachend die Hand und sagt verschmitzt, als wolle er alles zuvor Gesagte widerrufen: »Das Wichtigste, was der Mensch im Leben braucht, ist Zufriedenheit. Aus der Zufriedenheit entsteht das Gute im Menschen. Und aus der Unzufriedenheit leider allzuoft das Böse.«

Von einem Würzburger Ehepaar, das mir das Leben in der DDR erklären will, einer Schloßfrau, die nicht nur über den Brand der Heldburg Bescheid weiß, und einem ABM-Mann, der eine Kalaschnikow nehmen würde

Auf dem freien Feld hinter Streufdorf versuche ich so schnell als möglich den schützenden Wald zu erreichen, denn der eisige Wind wirbelt den Schnee wie den Sand in der Wüste zu meterhohen rotierenden Säulen. Am Waldrand aber haben Weißdornhecken die ehemalige Grenze so dicht zuwachsen lassen, daß ich einen Umweg machen muß, um ins Bayerische hinüberzukommen. Zwischen Äckern, auf denen Wintergetreide wächst, begegne ich zwei vornehm gekleideten Spaziergängern. Die Frau trägt einen langen roten Schal zum braunen Mantel, er eine Pelzmütze. Ob der Ort in der Ferne Rudelsdorf ist, wissen sie nicht. Monica und Norbert Stanek sind aus Würzburg zur Kur nach Rodach gekommen. Der Mann hat von 1977 bis zu seiner Pensionierung im Auftrag vom »Katholischen Jugendsozialwerk« in München ein Internat für Berufsschüler geleitet. Er fragt, wo hier früher die Zonengrenze verlief. Ich zeige ihm den Waldrand. »Wir haben nach der Wende Mädchen und Buben aus dem Osten, die dort damals keine Chance mehr hatten, einen anständigen Beruf zu lernen, zu uns geholt. Wir bildeten sie zu Optikern, Automechanikern und Installateuren aus.« Er erklärt mir, daß es in der DDR ähnlich gewesen sei wie im Dritten Reich: »Dort mußte man PG – Parteigenosse – sein, damit die Kinder studieren oder ihren Traumberuf erlernen konnten, und in der DDR eben SED-Genosse.«

Ob die Schüler aus dem Osten anders waren als die Bayern, frage ich.

»Ja«, sagt die Frau, »die hatten keinen Glauben.« Eine Mutter habe, als sie ihr Kind brachte und das Kreuz im Internatszimmer sah, ängstlich gefragt: »Nehmen Sie auch Atheisten?« Manche der Schüler aus dem Osten hätten sich später taufen lassen.

Die beiden schauen immer wieder hinüber auf das vielleicht einen Kilometer entfernte Waldstück. »Wir waren noch nie drüben, aber jetzt könnten wir doch wenigstens einmal über die Grenze gehen«, sagen sie. Ich erkläre ihnen, daß sie zuerst über den kleinen Bach müssen, dann über die Lichtung und durch den Weißdorn in den Wald. Dahinter liegt Streufdorf. Von weitem sehe ich, daß sie schon vor dem Bach umkehren.

Vor dem ersten Haus links in Rudelsdorf stehen zwei Ponys in einem aus geschälten Stangen gebauten Gatter. Sie lassen sich streicheln. Aber ansonsten habe ich in Rudelsdorf wenig Glück. Erst im vierten Haus treffe ich jemanden an. Lisa Rottmann, neunundsechzig Jahre alt, erzählt, daß die Leute alle in der Stadt zur Arbeit sind, denn es gehe hier mit der

Landwirtschaft zu Ende. Sie selbst haben zwar noch vierundzwanzig Hektar und vierundzwanzig Kühe, aber die kleinen Flächen würden heute keinen Bauern mehr ernähren.

Ihre Kinder hat sie alle auf das Gymnasium geschickt. »Als hier an der Grenze die Minen explodierten, dachten wir, es kann nicht mehr schlimmer kommen. Mit den Minen war es ja dann zu Ende, als der Strauß dem Honecker den Milliardenkredit gegeben hat. Das Geld nutzte trotzdem nichts mehr, denn der Honecker war wirtschaftlich schon kaputt.« Aber sie weiß nicht, was aus dem Hof und dem Vieh einmal wird. »Die Konkurrenten, die Bauern im Osten, die sich auch nach der Wende nicht von ihren großen Kolchosflächen getrennt haben, die machen uns Kleine hier kaputt.«

Der Kolonnenweg von Rudelsdorf in Richtung Heldburg ist der bislang am besten gekennzeichnete. Genau unter der ehemaligen Grenze liegt jetzt eine Ferngasleitung, und alle zweihundert oder dreihundert Meter steht ein gelber Markierungspfahl. Obwohl es so sehr schneit und stürmt, daß meine Fußstapfen schon nach wenigen Minuten zugeweht sind, kann ich mich also nicht verlaufen. Aber die Strecke ist länger, als auf der Karte eingezeichnet, denn ich stapfe unentwegt sprungschanzensteile Abhänge hinunter und wieder hinauf. In den Senken bricht das Eis zugefrorener Wasserlachen. Oben auf den Hügeln stehen in den schnurgeraden Fichtenschneisen die Hochstände der Jäger. Bei einem erblicke ich aus der Ferne einen roten Anorak. Ein Junge versucht den Salzleckstein abzubrechen, der etwa vierzig Schritt vom Schießstand auf einer Stange steht und das Wild anlockt. Als er mich sieht, will er wegrennen, strauchelt aber. Ich sage ihm, daß ich kein Jäger bin. Da erklärt er mir, daß er in Rodach zu denen gehört, die Schutzzäune für Kröten bauen. Den Salzleckstein will er nur ein paar hundert Meter weiter in den Wald tragen. »Damit die Jäger das Wild nicht aus nächster Nähe beim Salzlecken abschießen können.«

Als die Grenze die Straße von Rodach nach Heldburg quert, schlage ich den Weg über Holzhausen nach Heldburg ein. In Holzhausen bleibe ich lange und fast andächtig vor einem sehr sorgfältig restaurierten Fachwerkhaus stehen. »Wer Gott vertraut hat voll gebaut.« Auch der zum Gehöft gehörende Holzschuppen mit Taubenhäuschen im Giebel ist originalgetreu hergerichtet. Der Eigentümer Bernd Heerdt, seit vergangenem Mai im Vorruhestand, erzählt, daß er vor allem wegen der Frage, ob es »voll« oder »wohl« heißen muß, Experten befragt und alte Bücher gewälzt hat. Das Haus ist mit Hilfe seines Sohnes, der Tischler ist, ein Schmuckstück geworden. »Nach der Wende gab es alles, was man brauchte: Farben, Holz, Schiefer ...« Und dann fügt er hinzu, was ich abgewandelt wenig später angesichts der nach 1990 vor dem Verfall geretteten Veste Heldburg noch einmal höre: »In der DDR ging es den Menschen, was ihre Arbeit und ihr einfaches Leben betraf, gut, aber den alten Häusern sehr schlecht. Nun geht es den alten Häusern wieder sehr gut, aber den Menschen, was die Arbeit betrifft, nicht so gut.«

Seit ich den hügeligen Wald hinter mir gelassen habe und in das flache Heldburger Unterland hineinlaufe, sehe ich von überall die Veste Heldburg. Sie steht auf einem hohen Felsen, den Buchenwälder wie ein wärmender Schal umwinden. Die Veste macht ihrem alten Namen »Fränkische Leuchte« – von hier aus wurden benachbarte Burgen und Vesten wie Straufhain und Coburg mit Leuchtfeuern vor Gefahren gewarnt – wieder alle Ehre. Der französische Bau leuchtet in makellosem frischem Weiß. Unten in der Stadt frage ich nach dem Burgherrn oben. »Wir haben hier seit der Wende eine Burgherrin, die Grohmannsche«, lautet die freundliche Auskunft eines Mannes, der einen an einem nackten Frauenkörper befestigten Autoschlüssel in der Hand schlenkert. Die zusätzliche Auskunft von seiner Frau, die eine Tasche mit Brot, Mehl, Zucker und Weinflaschen schleppt: »Bevor Sie den vierhundert Meter hohen Berg hinaufsteigen, gehen Sie besser erst mal in der Kreuzmühle vorbei. Dort wohnt die Inge Grohmann. Ein Nikol Gromann – aber ohne h – hat übrigens im 16. Jahrhundert den französischen Teil der Burg entworfen. Die Grohmann treffen Sie jetzt vielleicht zu Hause. Oben gibt es eine neue Burgfrau, eine Bauingenieurin aus dem Westen.«

Die Frau hat Ahnung, denn ich finde die mit ihren kurzen blonden Haaren und den lachenden Augen noch nicht wie eine 63jährige Vorruheständlerin aussehende Inge Grohmann und ihren Mann wirklich in der ehemaligen Mühle. Das Anwesen besaßen schon ihre Großeltern, sie hätte als gute Partie wahrscheinlich einen reichen Bauern heiraten können. Statt dessen aber nahm sie »einen armen Schlucker, einen Grenzer, und noch dazu einen, der nach einem langen Aufenthalt in der TBC-Klinik in Römhild erst wieder mit Speck und Butter aufgepäppelt werden mußte«. Später ist er in der DDR ein sehr begehrter Fachmann gewesen, weil er Fernsprechanschlüsse verlegte und Telefone reparierte.

Ich merke, daß sie mehr über ihren Mann als über sich sprechen möchte. Ja, sagt sie zögernd, sie hat als »Burgfrau« aufgehört. Aber weil sie seit vierzehn Jahren nur ein Leben für die und auf der Burg hatte, versucht sie manchmal noch Führungen zu machen und Ratschläge zu geben. »Aber ... ach, lassen wir das!« Sie sagt etwas von »altem Eisen« und »daß neue Chefs sich besser profilieren können, wenn sie die früheren außen vor lassen«, und daß man ihr einen Brief geschrieben habe, sie solle heute doch anerkennen, daß man sie vor fünfzehn Jahren trotz der Proteste wegen ihrer »DDR-Vergangenheit« als »Burgfrau« eingestellt hat.

Aus der Vergangenheit der Burg und der »Burgfrau«: Die Veste Heldburg, im 12. Jahrhundert erbaut, war auch eine »Hochzeitsgabe« des legendären Meininger Theaterherzogs Georg II. an seine dritte Ehefrau, die nicht standesgemäße Schauspielerin Helene Franz. Am Tag der Trauung, am 18. März 1873, verlieh er ihr den Adelstitel »Freifrau von Heldburg«. Nach ihrem Tod

1923 bewohnte Georg III. von Sachsen-Meiningen die Veste bis 1945. Danach wurde sie verstaatlicht.

Inge Grohmann besuchte die Veste zum erstenmal mit ihren Klassenkameraden. »Damals führte uns noch der alte Kastellan durch das, so ist es mir in Erinnerung geblieben, Märchenschloß mit dem großen Himmelbett.« Beim zweiten Besuch gab es weder Kastellan noch Himmelbett mehr. Auf der Veste waren für kurze Zeit sowjetische Offiziere untergebracht, und Inge Grohmann sang damals als Pionier beim Freundschaftstreffen mit den sowjetischen Kindern und Frauen deutsche und russische Volkslieder. Später wurde aus der Burg ein Kinderheim und sie Verwaltungsmitarbeiterin, danach Sekretär der Stadt von Heldburg. Und Genossin. »Das war die Zeit, also meine Vergangenheit, in der wir in Heldburg jährlich ein Filmfestival mit den neuesten DEFA-Filmen organisierten, Genossenschaftsbauern für Theater und Konzerte zu interessieren versuchten. Die Frauen kamen in ihren besten Kleidern und saßen, ängstlich und schwitzend die Hände ineinandergefaltet, im Saal. Danach redeten sie sogar mit Filmleuten und den Schauspielern über ihre Eindrücke. Es war aber auch die Zeit, in der Grenzalarm ausgelöst wurde, weil Kinder aus dem Kinderheim ausgerissen waren und niemand wußte, wohin. Es war die Zeit, als 1987 die Stadt ihr 1150jähriges Jubiläum feierte und die gedruckten Materialien über die Grenzstadt »nicht außerhalb und öffentlichkeitswirksam verteilt werden sollten«.

Am 7. April 1982 hatte Inge Grohmann Bereitschaftsdienst in der Stadtverwaltung. Plötzlich gab es Feueralarm: Das Kinderheim brannte! Als sie hinaufschaute, leuchtete die Veste wie eine Fackel. Elf Feuerwehren versuchten den Brand zu löschen. Unten warteten – weil oben kein Platz mehr war – noch weitere, und die bayerischen Wehren standen an der Grenze.

Alle Kinder konnten gerettet werden. Der französische Bau jedoch nicht. Entstanden war der Brand aus der ökonomischen Not der DDR. Um Öl und Brikett zu sparen, mußte damals in großen Mengen Rohbraunkohle verfeuert werden. Ein Gebläse sorgte dafür, daß der Dreck brannte. Die Funken stoben meterhoch aus den Schornsteinen, und die Balken der Veste waren hundert Jahre alt und sehr, sehr trocken …

Geplant war der Wiederaufbau schon in der DDR. »Aber bevor man begann, hieß es: ›Genossen, die Arbeiter in der Ziegelei Brattendorf schuften bei mörderischer Hitze. Dort müssen wir unbedingt Baumaßnahmen … Das Wohl unserer Menschen ist wichtiger als die Adelsburg!‹ Alten Häusern ging es in der DDR damals nicht gut.« Schließlich war der Verfall so weit fortgeschritten, daß der Bau abgerissen werden sollte. Die Eingaben dagegen an höhere Instanzen landeten jedoch immer wieder beim Kreis, und für den war der Abriß beschlossene Sache. »Hätte die DDR noch länger bestanden, wäre die Veste unwiederbringlich verfallen. Der unwiederbringliche Verfall der DDR rettete sie.«

Inge Grohmann weiß nicht mehr, ob der Seßlacher Bürgermeister und der Rodacher »Burgchef« im November 1989 eher auf der Heldburg waren oder die Heldburger eher in Seßlach und Rodach, um so schnell wie möglich die »Fränkische Leuchte« zu retten. Danach wurde ein gemeinsamer runder Tisch eingerichtet, an dem Behörden, Ministeriumsvertreter und Politiker saßen. Die Ministerien in München und Erfurt beschlossen den gemeinsamen Wiederaufbau der Veste, Otto von Habsburg wurde Vorsitzender des Fördervereins, Inge Grohmann Geschäftsführerin, die Messerschmidt-Stiftung spendete eine halbe Million DM, und täglich trafen weitere Spenden ein. Im Dezember 1990 stand der neue Giebel. Während noch gebaut wurde, schmückten Inge Grohmann und ihre Helferinnen die Räume mit Wiesenblumensträußen und organisierten sonntägliche Konzerte. Nach den Konzerten gab es selbstgebackenen Kuchen. Familien aus Bayern und Thüringen trafen sich zu Veranstaltungen. Nun leuchtet die »Fränkische Leuchte« wieder. Vielleicht wird Inge Grohmann die Geschichte der Rettung irgendwann aufschreiben. »Zeit habe ich jetzt dafür«, sagt sie sehr leise.

Oben auf der Veste treffe ich die neue Burgherrin Andrea Danisch, als sie den Fußboden mit dem Scheuerhader wischt. Die 38jährige hat nicht nur Ahnung von Architektur, sie hat auch schon auf Schloß Heidecksburg in Rudolstadt gearbeitet. »Ich habe als Westdeutsche Ost-Erfahrung«, meint sie und lacht. Als sie bemerkt, daß ich unser Gespräch notiere, sagt sie erschrocken und plötzlich sehr förmlich: »Wenn Sie mich zitieren, möchte ich es auf alle Fälle vorher lesen.« Ich verabschiede mich, ohne meine Fragen gestellt zu haben.

Auf der Terrasse schiebt ein Mann den Schnee zur Seite. Er wirkt mit dem Handy und den Stiften, die ordentlich in einer Jackentasche stecken, sehr dienstlich, aber er trägt eine »Wernesgrüner«-Reklamemütze.

»Sind Sie der Hausmeister?« – »Nee, nur ABM.« – »Bis wann?« – »Im März ist Schluß.« – »Und danach?« – »Weiß ich nicht.« – »Und vorher?« – »Kraftfahrer im Milchhof in Heldburg. Aber nach der Wende machte der zu.« Ich laufe, während wir reden, sozusagen im Gleichschritt seines Schneeschiebens immer hin und her. »Und dann?« – »Dann einen Job in Bamberg. Aber die Firma machte Pleite.« – »Und danach?« – »Hier in Heldburg gearbeitet. Leider machte auch diese Firma zu.« – »Und dann?« – »In einem Ort bei Seßlach als Gabelstaplerfahrer.« – »Auch zugemacht?« – »Nee, nur uns zwanzig Zeitarbeitern gekündigt.« Er bleibt, während wir reden, keine Minute stehen. Läuft und schiebt und redet, und ich tripple nebenher. »Und nun?« – »Und nun kommt das Ende. Meine Frau – ich habe sie schon in der zehnten Klasse kennengelernt, sie ist wie ich fünfundfünfzig, war früher Sekretärin in der LPG und hat jetzt nur noch ab und an eine Maßnahme –, also wir haben ein Leben lang beide gearbeitet. Aber die auf dem Arbeitsamt, die machen keinen Unterschied zwischen denen, die wirklich zu faul zum Arbeiten sind und den Alkohol lieben, und unsereins, die ihr Haus in Ordnung haben, die Kinder in Ordnung, immer geschuftet ... und die nun unverschuldet, ja, unverschuldet, arbeitslos sind.« Er geht auf die andere Seite der Terrasse, schiebt und redet ununterbrochen weiter. »Nach der Wende habe ich das Haus noch mal hergerichtet, neue Fliesen, neue Dielen.« Und dann folgt der Satz, den ich nun schon kenne: »Den Häusern ging es in der DDR schlecht, aber nun geht's den Häusern gut, doch unsereins … Wir werden nicht einmal Hartz IV bekommen.« – »Weshalb nicht?« – »Weil wir zuviel haben, also ein für uns viel zu großes Haus und Nebengebäude drum herum … Alles selbst erarbeitet, Mark für Mark gespart, ein Leben lang. Und nun hat meine Frau plötzlich einen reichen Mann, der ein armes Schwein ist. Du mußt alles angeben, wie viele Zimmer usw., du mußt erst einmal alles verkaufen, was du zuviel hast, und von dem Geld leben, ehe sie dir Hartz IV bewilligen. Aber ich werd einen Teufel … Das ist doch wie früher an der Grenze in der DDR: eine Zwangsenteignung! … Aber lieber nehme ich 'ne Kalaschnikow.« Er schippt unentwegt weiter und schimpft dann auf »den Russenpöbel und die Kanaken«, denen es in diesem Land besser gehe als einem hiesigen Arbeitslosen. Jetzt muß er sich beeilen mit Schneeschippen. Heute hat sich hoher Besuch auf der Veste angesagt, der Direktor der Stiftung Thüringer Schlösser und Gärten, Dr. Paulus, kommt zu einem Arbeitsgespräch. »Die werden bereden, was noch zur Verschönerung der Veste getan werden kann.«

Von einer auf dem Billmuthausener Friedhof gestohlenen Bronzeplatte, einem Hausmeister, der hofft, nicht mehr gesund zu werden, und Männergesprächen in der Bad Colberger Trinkhalle

Wenn ich die Grenze sehr zügig entlanglaufe, sagt Inge Grohmann, werde ich heute drei Gedenkstätten sehen. Kurz vor Bad Colberg das 1978 dem Erdboden gleichgemachte Dorf Billmuthausen. Nur der Friedhof (die Einwohner, die nach

Bad Colberg, Ummerstadt und in andere Orte umgesiedelt wurden, weigerten sich, ihre Toten umbetten zu lassen) und die Trafostation blieben erhalten. Danach bei Ummerstadt das ehemalige Gut Erlebach, dessen letztes Haus 1982 von den Grenztruppen abgerissen wurde. »Heute hat ein Nachfahre des früheren Besitzers, der Familie derer von Marschall-Greiff, die Wälder, den Teich und andere Flächen gekauft, um dort einen Reiterhof oder so etwas aufzubauen.« Schließlich käme ich im Wald bei Lindenau an jener Stelle vorbei, an der 1942 vor eintausend Zwangsarbeitern der Umgebung, vor Hitlerjungen, NSDAP-Mitgliedern und fanatisierten Zuschauern zwanzig Polen als Vergeltungsaktion für den Tod eines als besonders grausam bekannten Gendarmerie-Oberwachtmeisters gehängt worden waren. »Die Henker streiften ihre Kapuzen nur auf die Schultern, als sie, nachdem die Arbeit getan war, im Heldburger Wirtshaus einkehrten. Die zwanzig Toten lagen draußen auf dem Planwagen. Das geschah am 11. Mai 1942«, berichtet Inge Grohmann. »Es ist der Tag, an dem ich geboren bin. Wir haben oft an der Gedenkstätte meinen Geburtstagsstrauß niedergelegt.«

Hinter Holzhausen stehen am Kolonnenweg die ersten neuen Wegweiser: »Billmuthausen 2,1 Kilometer.« In den Löchern der Gitterplatten wohnen sehr viele kleine graue Feldmäuse. Sie ducken sich nicht in die Vertiefungen vor meinen Wanderschuhen, sondern fliehen, den Schnee sekundenschnell zu Gängen häufelnd, nach rechts und links. Am grauen Himmel kreisen sehr still die Bussarde im Gleitflug. Wanderpfade kreuzen den Kolonnenweg. Da ich nicht rechtzeitig nach rechts abgebogen bin, muß ich die Straße nach Billmuthausen zurücklaufen. Auf dem Parkplatz der Gedenkstätte steigen zwei Männer in einen PKW mit Fuldaer Kennzeichen. Ich frage, ob es sich lohnt, Billmuthausen anzuschauen. »Viel ist nicht mehr zu sehen, aber wenn Sie schon bis hierher gelaufen sind … Die Kommunisten haben die Bewohner wie Vieh davongejagt … Das ist deutsche Geschichte live! Die Verbrechen der DDR an der Grenze!«

Ich öffne in der alten steinernen Friedhofsmauer eine niedrige Holzpforte. Sie wird hinter mir sofort wieder quietschend von einer kleinen, aber starken Zugfeder geschlossen. So einfach geht das also auch, denke ich und lächle über meine Idee, an der Pforte statt der Zugfeder einen komplizierten modernen Türschließer aus dem Betrieb vom »alten Schweden« in Streufdorf anzubringen. Mit solchen Gedankenspielen versuche ich manchmal – wenn ich vom Schmerz und Leid anderer Menschen erfahre –, meiner schutzlosen Unsicherheit und ohnmächtigen Trauer zu begegnen. Behutsam wische ich den Schnee von einer in der Mitte des Friedhofes liegenden Platte. Eine gebeugt am Krückstock gehende Großmutter, dahinter ein kräftiger Mann, eine junge Frau und ein zurückschauendes Kind. Ein trauriger, kleiner Menschenzug. Wie in einem KZ. Darunter die Inschrift: »Hier stand von 1340–1978 das Dorf Billmuthausen. 1978 zerstört. Die Einwohner vertrieben.« (Später erfahre ich, daß die Original-Bronzetafel wenige Tage nach ihrer Enthüllung im Jahre 1991 gestohlen und nicht wiedergefunden wurde.) In der neuen Friedhofskapelle ist die Geschichte der Vertreibung nachzulesen: 1973 erläßt das Ministerium des Inneren die Weisung, daß Billmuthausen zur »Festigung der Ordnung und Sicherheit an der Staatsgrenze« zu räumen ist. Die Genossenschaftsbauern wehren sich. Drei Jahre später gibt die erste Familie dem ständigen Druck nach und zieht weg. Ihr Haus wird sofort abgerissen. Danach fällt ein Haus nach dem anderen. 1978, am 1. September, dem Weltfriedenstag, verläßt die letzte Familie Billmuthausen. Im Dezember steht kein Haus mehr.

Als ich durch die kleine Friedhofspforte hinausgehe, halte ich die hölzerne Tür fest, damit die starke Spiralfeder sie nicht hinter mir zuschlägt. Ein sehr gemächlich die Straße vor der Gedenkstätte entlangspazierendes älteres Ehepaar – wahrscheinlich Kurgäste – frage ich, ob sie schon die Reste von Billmuthausen besichtigt haben.

Der Mann lächelt mitleidig und erzählt, daß sie in Bad Colberg wohnen und er als Traktorist der LPG Ummerstadt hier bereits gepflügt hat, als das Dorf noch stand. »Die Billmuthausener haben sich im Gegensatz zu denen, die 1952 bei Nacht und Nebel aus den Grenzorten herausgeholt wurden, lange zuvor Wohnungen oder Grundstücke in anderen Dörfern und Städten hier an der Grenze aussuchen können. Und sie haben Geld als Entschädigung für ihre Häuser erhalten. Die wurden nicht vertrieben, sondern umgesiedelt.«

Der Mann rät mir, in Richtung Bad Colberg und Ummerstadt nicht auf dem steil ansteigenden Kolonnenweg zu laufen. »Das blanke Eis … Gehen Sie besser auf der Straße und erst kurz vor Bad Colberg wieder hinauf.«

Ich befolge den Rat und schaue schließlich von oben auf die wie eine futuristische Weltraumstation aussehende neue Thermenlandschaft von Bad Colberg und die Fachwerkhäuser von Ummerstadt. Auf einem Hochstand esse ich Brot, Speck und Zwiebeln, trinke einen Schnaps gegen die Kälte und einen Schnaps für die Verdauung und singe beim Weiterlaufen sehr laut »Partisanen vom Amur« und »Wenn alle Brünnlein fließen«.

Eine gute Stunde später wäre ich – hätten dort nicht Dieselmotoren gedröhnt – fast an Erlebach vorbeigelaufen. Zwei große Bagger schaufeln den Modder aus einem abgelassenen Teich. Aus gebührender Entfernung versuche ich, einen der Baggerfahrer zum Stillhalten seines Ungetüms zu bewegen. Er tut es. Mit seiner pelzmützenähnlichen Schapka und einem schnittigen kreisrunden Bart sieht er wie ein Kosak aus.

Der Teich, erzählt Lothar Kirst, gehört zum früheren Gut von Erlebach. Die Eichenbalken im Schlamm stammen von den abgerissenen Häusern. Einwohner des 1982 geschleiften Dorfgutes kennt er nicht, aber seine Frau stammt aus Billmuthausen. Ihre Eltern mußten 1978 dort weg. Den Teich baggert er im Auftrag des neuen Besitzers aus. »Er hat einige tausend Hektar Wald und Land hier gekauft. So ein Geldmensch aus Hamburg. Seine Eltern besaßen Erlebach wohl schon vor dem Krieg.« Aber ihm sei es, wie er sagt, »scheißegal«, wer das hier besitzt. »Hauptsache man bezahlt unsere Arbeit.«

Ein junger Mann steigt aus einem PKW und fragt, was ich hier zu besprechen habe. Es gibt Ärger mit anliegenden Eigentümern, weil ein paar Meter zuviel vom Teich ausgebaggert werden. Er verwaltet als Förster den Wald. Kommt aus Berlin.

»West- oder Ostberlin?« frage ich.

»Aus Ostberlin. Da der neue Besitzer aus dem Westen kommt, hat er sich gedacht, den Leuten hier soll nicht noch ein Westförster beibringen, daß sie kein Holz aus dem Wald holen dürfen! Deshalb hat er vorsorglich einen aus dem Osten eingestellt ...«

Statt bis zur Gedenkstätte für die ermordeten Polen laufe ich nach Bad Colberg hinein. Heute will ich mir Bad und Sauna, ein gutes Abendessen und ein warmes Zimmer leisten. Zuerst jedoch besuche ich die Frau des Baggerfahrers Lothar Kirst. Sie wohnen in einem zweistöckigen, etwas zurückgesetzten Haus an der Hauptstraße. Der Baggerfahrer sieht nun zu Hause mit seinem bärtigen Gesicht ohne die dicken Arbeitsklamotten wie ein brummiger, freundlicher Bär aus. Sie ist sorgfältig gekleidet. Bis 1976 hat sie im kleinen Konsum in Billmuthausen als Verkäuferin gearbeitet. Danach zog sie mit ihrem Mann in dessen Oberlausitzer Heimatdorf. Die letzten zwei Schicksalsjahre von Billmuthausen haben nur ihre Eltern miterlebt. »Sie gaben als vorletzte Familie des Dorfes auf.« Um die Leute zu zwingen, das Dorf zu verlassen, wurde der Konsum erst spärlicher, dann gar nicht mehr beliefert. (Damals war es noch eine schlimme Repressalie, wenn der Konsum im Dorf dichtgemacht wurde!) Der Schulbus fuhr nicht mehr. Die Eltern durften nur zweimal in der Woche in Begleitung von Grenzsoldaten zu ihrem am Berghang gebauten Keller, um dort Vorräte zu holen oder einzulagern. »Seit Mitte August 1976 wohnen sie nun hier. Die Entschädigung reichte nicht für den Neuanfang. Sie mußten einen Kredit aufnehmen und sich verschulden. Als ihr Haus in Billmuthausen abgerissen war, durfte der Vater sich paar Balken davon holen. Andere bekamen von ihren Häusern die Dachziegel. Manchmal sind die Eltern damals noch durch den Wald nach Billmuthausen gelaufen. Sie standen schweigend vor dem, was nicht mehr dort stand. Einer Frau wurde erlaubt, zweimal im Jahr auf dem Friedhof in Begleitung der Grenzer das Grab der Eltern zu schmücken.«

Margitta und Lothar Kirst kamen 1981 nach Heldburg und zogen mit in das Haus der Eltern. Sonntags spazierten sie oft zur Waldlichtung, von der sie den Friedhof in Billmuthausen sahen. »Mein Mann kannte hier jede Ecke, jeden Schleichweg an der Grenze.«

Ich frage, wie sie sich kennengelernt haben. »Im Konsum in Billmuthausen. Ich verkaufte den Grenzern Brause oder Brötchen oder auch mal 'ne Flasche Schnaps. Da machte er mir schöne Augen.«

Ich schaue ungläubig. Er sagt: »Ja, ich war von 1974 bis 1976 Grenzer. Und Billmuthausen gehörte zu meinem Abschnitt.« Damals ist er wie sie zwanzig gewesen. Meine nächste Frage beantwortet er, ohne daß ich sie gestellt habe: »Ich habe geschafft, was mir ein Kumpel aus meiner Kompanie geraten hat: ›Lothar, sieh zu, daß der Lauf deiner Waffe jedesmal, wenn du von der Grenze reinkommst, noch sauber ist.‹«

»Und wenn Sie nicht von 1974 bis 1976, sondern von 1976 bis 1978, als die Leute aus Billmuthausen raus mußten und die Grenzer die Häuser abrissen, wenn Sie damals dort gewesen wären?«

»Ich war aber nicht 1978, sondern von 1974 bis 1976 dort«, sagt er. »Und habe bei Margitta noch im Konsum eingekauft.«

Wir verabschieden uns sehr herzlich voneinander.

In den großen Glasflächen der neuen Thermenlandschaft spiegeln sich die schönen Jugendstilfenster des alten, 1907 gebauten Bades. In der historischen Trinkhalle im Park sprudelt aus achthundertzwanzig Meter Tiefe noch die kalzium-, sulfat-, kali- und magnesiumhaltige Quelle (3,83 Liter pro Sekunde). Die alte Schwimmhalle ist »wegen technischer Probleme« geschlossen.

Als ich an der Tür rüttele, erzählt eine freundliche, weißbekittelte Physiotherapeutin, daß die Kurklinik und die Thermenlandschaft seit 1. Januar dieses Jahres von dem früheren Eigentümer, der Thüringer Landesversicherungsanstalt, an einen privaten Betreiber verpachtet worden sind. »Und ob der nun Leute entläßt oder die alte Schwimmhalle schließt, weiß niemand. Nur eines ist klar: Er muß hier auf alle Fälle Profit erwirtschaften. Egal wie.«

In der Cafeteria der Klinik hole ich mir Tee und Obstsalat. Neben mir sitzen zwei Männer, die auf jedem »Durch-Sport-gesund«-Plakat posieren könnten. Ich frage, als was sie arbeiten. Der eine, Hans-Günter Müller, ist nicht Sport-, sondern Physik- und Mathematiklehrer am Gymnasium in Hildburghausen. Der andere, Stephan Bayer, Klempnermeister in Mengersgereuth-Hämmern. »Seit rund zehn Jahren rennen wir jede Woche fünfundzwanzig Kilometer entlang der ehemaligen Grenze und gehen danach hier in die Sauna. Es ist ein unglaubliches Gefühl, daß wir grenzenlos laufen und zu Wettkämpfen nach Frankreich und Italien fahren können.« Der eine ist Vizeeuropameister im Straßenlauf, der andere deutscher Berglaufmeister in seiner Klasse.

Beim Abendessen in dem großen, sehr nackten und nicht zum Verweilen einladenden Speisesaal habe ich Schwierigkeiten mit der gesunden Ernährung. Zuerst wegen der verschiedenfarbigen Punkte, die mir bei jeder Speise erklären, was ich essen und was ich besser lassen soll. Grün – fettarme Mortadella und Blattsalat – soll ich. Als ich mir trotzdem Rot – Knackwurst und hausschlachtene Leberwurst – auf den Teller lege, schauen mich Magerquark-Frauen so lange kritisch an, bis ich die Wurst zurücklege und mir Harzer Käse nehme. Danach will ich mich an einen Vierertisch, an dem nur ein älteres Ehepaar ißt, setzen. Aber die Frau scheucht mich sofort wieder hoch, weil dort »jemand sitzt, der hier schon seit vierzehn Tagen sitzt«.

Schließlich, mit dem Teller in der Hand umhersuchend, erhalte ich Asyl bei drei Männern. Der kräftigste von ihnen schenkt mir Kräutertee ein. Ich schätze ihn auf fünfundvierzig. Ungefragt erzählt er von seiner Krankheit. Er hat es schon ein paar Jahre mit dem Rücken, und weil er immer schlechter laufen konnte, wurde er »mit Einverständnis vom Betriebsrat« gekündigt. Er war Hausmeister in der Stadtverwaltung von Weimar. »Ich habe nur noch eine Hoffnung: daß die Krankheit so schlimm wird, daß ich als Invalide durchgehe.« Sein dünnes Gegenüber ist seit vier Wochen ohne Arbeit. »Mit meinen Wasserbeinen nimmt mich keiner. Aber vielleicht dauert die Krankheit länger. Nur nicht gesund geschrieben werden.« Er lacht, als er das sagt. Und ich versuche in meinen Kopf hineinzubekommen, daß man froh sein muß, wenn man nicht gesund wird!

Die Leiterin der Klinik, Ingrid Münch, sieht trotz ihrer wohl knappen Fünfzig sehr jung, sehr gesund und sehr fröhlich aus. Sie leitet die Klinik mit einhundertfünfzig Mitarbeitern seit 1991. In der DDR hat sie im Gesundheitswesen in Erfurt gearbeitet, danach im Sozialministerium als Klinikreferentin. Doch obwohl sie alle Thüringer Bäder und Kliniken kannte, hatte sie von Bad Colberg bis zur Wende nie etwas gehört. Weil es im Grenzsperrgebiet lag und Eigentum vom Ministerium des Inneren war, existierten Bad und Klinik nicht einmal auf dem Papier des DDR-Gesundheitswesens. Ingrid Münch hat den Bau der Thermenlandschaft in Bad Colberg von Anfang an mit geleitet. Ob der neue private Pächter – die Thüringer LVA hatte das Bad schon 1921 erworben und 1991 zurückerhalten – die Klinik künftig anders betreiben wird, weiß auch sie nicht. »Die LVA mußte alle Baumaßnahmen und andere Leistungen öffentlich ausschreiben. Der neue Pächter – ein Westdeutscher, der schon vier anderen Kliniken besitzt – kann sich nun den billigsten Anbieter aussuchen, und er muß sich auch nicht an die Tarifvereinbarung halten.«

Als ich frage, ob sich die soziale Struktur der Kurpatienten in den letzten Jahren verändert hat, schaut sie mich noch freundlich, aber nicht mehr fröhlich an. »Hierher kommen jetzt sehr viel mehr Arbeitslose und Leute mit Billig-Jobs, so um die fünfundvierzig bis sechzig Jahre alt. Auch aus Existenzangst, weil man keine Arbeit mehr bekommt, gerät man in die Krankheit ...« Mehr sagt sie nicht.

Mit ihrem Leben nach der Wende ist sie sehr zufrieden. Ihr Mann leitet eine Klinik in Altenburg. Finanziell haben sie keine Sorgen. Aber sie sehen sich nur an den Wochenenden, und dann braten sie sich ein ordentliches Schweineschnitzel.

»Ohne farbige Punkte?« Sie lacht. »Natürlich ohne Punkte.«

Am nächsten Morgen – ich habe in einem der schönen Zimmer des Jugendstilhauses gut geschlafen und mir zum Frühstück Joghurt mit frischem Obst geholt – gehe ich noch in die alte Trinkhalle. Ein seltenes Bild: Ein halbes Dutzend Männer stehen um den Sprudelbrunnen, schlürfen aus Plastebechern Wasser und schwatzen. Weil ich annehme, daß das Heilwasser nicht nur bei Magen- und Darmkrankheiten hilft, sondern auch Kondition gibt, fülle ich mir eine Plasteflasche für unterwegs.

Als ich den Rucksack aufhucken will, spricht mich ein Mann an, der mich erkannt hat. Christian Samjeske wohnt übern Berg im Nachbardorf Viernau, wo er bei der Firma Paatz gearbeitet hat. »Paatz« war einer der größten Privatbetriebe in der Metallbranche. Er hat in der DDR mit über fünfhundert Beschäftigten »sogar den Sozialismus überlebt«. Während der Wende hat Christian Samjeske im Betrieb Flugblätter verteilt und Streiks gegen die Partei organisiert. »Das war doch schlimm! Jeden Freitag roter Treff, und dort las man uns, als wenn wir Analphabeten wären, aus der Zeitung vor. Aber wir Ingenieure bei ›Paatz‹ hatten damals schon computergestütztes Konstruieren und Fertigen entwickelt. Da waren wir besser als die Westdeutschen.«

Ab 1990 gab es kaum noch Aufträge. Es arbeiteten nur noch sechzig Leute in dem Betrieb. »Herr Paatz mußte sein altes Familienunternehmen aufgeben. Ein Westdeutscher, der angeblich Beziehungen zur Raumfahrt hatte, übernahm es. Er wollte auch eine neue Produktionshalle bauen. Doch plötzlich waren die Fördergelder dafür verschwunden. Und er auch.« Christian Samjeske hat sich später den Betrieb des Unternehmers in der Nähe von Remscheid angeschaut. »Dort stand eine nagelneue Produktionshalle. Sprechen ließ er sich nicht.«

Inzwischen haben ehemalige Mitarbeiter des alten Betriebes die traditionsreiche Firma in Viernau aus dem Dreck gezogen. Christian Samjeske ist heute der »Oberelektriker« in der Herzklinik im bayerischen Bad Neustadt. Er hat dort ein Zimmer, spielt Volleyball und Tennis, und manchmal machen die Sportler zusammen eine Segeltour. »Ich habe mich sehr gut eingelebt. Ein Major der NVA, ein Politnik, der heute Möbel bei Opti in Neustadt verkauft, gehört auch zu unserer Truppe. Ein Bombenkerl ist das, aber leider in der DDR in der falschen Partei gewesen und das Falsche studiert. Hätte lieber Elektriker werden sollen …«

Zwei stark übergewichtige Männer um die Fünfzig schimpfen, daß sich in Bad Colberg die »Füchse gute Nacht sagen«. Einer kommt aus Halle, der andere aus Dorf Wehlen in der Sächsischen Schweiz. Sie sind schon drei Wochen hier. Der Hallenser, früher Chemieingenieur, heute selbständiger Stoffhändler, hat seine Frau zur Kur mitgenommen. »Aber die hockt jeden Abend nur im Zimmer vor dem Fernseher. Sie geht nicht mal mit in die Kneipe. Die Weiber müßten auch mal flanieren können. Aber wo denn?«

Ob sie die Umgebung schon erkundet haben, frage ich. Ja,

in Billmuthausen waren sie, ihn interessiert die Geschichte hier an der Grenze.

Ich erzähle, daß es noch eine zweite, völlig andersartige Gedenkstätte an der Grenze gibt: die Stelle, wo Faschisten zwanzig Polen aufgehängt haben. Der Hallenser Diplomingenieur schaut mich empört an. »Wissen Sie, mich als Deutschen interessiert die polnische Geschichte überhaupt nicht. Das können sich die Polen anschauen.«

Nun hucke ich endgültig den Rucksack auf und verabschiede mich so schnell, daß ich sogar meine mit Heilwasser gefüllte Flasche vergesse.

Von der amerikanischen Bürgermeisterin in Thüringens kleinster Stadt, einem entsorgten roten Dienst-Wartburg und den Versuchungen der Macht

Im dichten Schneegestöber laufe ich die zwei Kilometer nach Ummerstadt auf der Landstraße. Vor dem kleinen Ort stehe ich lange und ungläubig am Eingangsschild. Aber dort heißt es dick und ordentlich und offiziell »Stadt Ummerstadt«. Von oben hatte ich die zu einem Haufen zusammengedrängten Häuser auf nicht einmal einhundert geschätzt. Als ich dann durch die engen Gassen laufe, fegt der Wind die Schneewolken urplötzlich vom Himmel. Die Sonne strahlt. In der Stadt gibt es zwei Kirchen! Und auch sonst scheint sie von Gott geliebt zu werden. Die vielen alten, schönen fränkischen Fachwerkhäuser sind nicht für Touristen gestylt und gelackt. Die Mauern der Wehranlagen sind noch nicht mit Sandstrahlgebläsen von den letzten Moosresten befreit. Der große Marktplatz, in dessen Mitte ein alter Brunnen steht, ist noch nicht mit Imbißbuden verstellt. Am Stadtrand machen sich noch keine Auto- und Möbelhäuser breit. Die Straßen sind mit Kopfsteinpflaster erneuert. Romantisch und verträumt, denke ich, und erinnere mich, daß in der Autolackiererei in Eishausen ein roter Wartburg stand, den der Ummerstädter Bürgermeister noch bis 2004 als Dienstwagen gefahren hat.

Zwei Frauen unterhalten sich sehr laut vor einem kleinen Laden auf dem Marktplatz. Eine erzählt, daß nebenan im bayerischen Weidramsdorf der EDEKA, in dem sie gearbeitet hat, pleite ist. »Aber ich krieg schon was Neues.« Ungefragt mische ich mich ein und sage, daß mir Ummerstadt auf den ersten Blick gefällt. Die schönen alten Häuser. Der große Marktplatz. Das historische Kopfsteinpflaster ... »Wenn man das Pflaster nur wieder mit Teer zuschmieren würde«, sagt die eine. »Ich wohne hier gleich nebenan. Wegen der Kopfsteine fallen die Bilder von der Wand, wenn ein Lastauto vorbeidonnert. Aber das hat uns der Bürgermeister noch eingebrockt.«

Ich frage, welches Dienstauto er inzwischen fährt. »Überhaupt keins mehr.« – »Läuft er?« – »Nee, den haben wir im Sommer abgewählt.« – »Und der neue?« – »Das ist 'ne junge Frau, direkt aus Amerika zugezogen.« – »Und der frühere ist ein Hiesiger?« – »Ja. Er hat es vierzehn Jahre gemacht, aber zum Schluß fast alles selber bestimmen wollen. Die Neue ist jung, so um die Vierzig, und redet mit unsereinem ...«

»So ganz jung bin ich nicht mehr«, sagt die Bürgermeisterin, als ich unangemeldet in ihrem sehr großen Dienstzimmer, in dem wie in Bayern das Kreuz an der Wand hängt, auftauche. Aber sie lacht bei ihrer Antwort, als ob wir uns schon jahrelang kennen würden, und sie hat Grübchen in den Wangen. Den roten Wartburg hat sie als eine ihrer ersten Amtshandlungen entsorgen lassen, weil die Reparaturen teurer gekommen wären als das Benzin für ein Jahr. Ob es stimmt, daß sie direkt aus den USA nach Ummerstadt gezogen ist, frage ich.

»Ja, direkt.« Aber sie war Ummerstadt zuvor schon sehr nahe gekommen, denn sie wurde im bayerischen Heilgersdorf geboren, hat in Coburg Architektur studiert und an der Frankfurter Kunstakademie einige Semester »Entwerfen und freies Gestalten«. Von Frankfurt aus ist sie als Stipendiatin in die

USA gegangen und hat dort ihr Masterstudium als Architektin abgeschlossen. »Danach habe ich in den Staaten gearbeitet, vor allem Museen entworfen, ein großes Eisenbahnmuseum beispielsweise. Weil solche Kulturbauten in den USA fast ausschließlich privat finanziert werden, kann man dort nicht aus dem vollen schöpfen. Man ist gezwungen, einfach, aber schön zu bauen. Diese Sparsamkeit hat mich geformt und kommt mir nun in Ummerstadt sehr zugute.«

In den USA hat sie einen texanischen Filmproduzenten geheiratet und ihren ersten Sohn geboren. »Vielleicht wäre ich dort geblieben, aber meine Leute wohnen alle in Franken. Es zog mich nach Hause, und hier in Ummerstadt fand ich ein altes fränkisches Haus, das ich umbauen konnte.«

1995 ist sie mit Sack und Pack und ihrem Sohn ohne Möbel in Ummerstadt angekommen, zuerst ohne ihren Mann, denn Männer stören bei solchen gewagten Unternehmungen nur.

»Plötzlich war ich im Osten! Als Kind hatte ich die Grenze kaum wahrgenommen. Drüben war eben ein anderes Land, die DDR. Da lebten a Leut. Das war's. Nun aber sollte ich mit diesen Leuten auskommen, ohne zu wissen, wie sie denken.«

Viele waren neugierig auf die Fremde aus Amerika, manche mißtrauisch. Das hat sie erst später verstanden, als sie ahnte, was die Leute im Osten nach der Wende alles verkraften mußten. »Es änderte sich bis auf ihr Gottvertrauen und die Familienzusammengehörigkeit eigentlich alles um sie herum. Nur gut zehn Kilometer entfernt dagegen, im bayerischen Sesslach, hat sich nach der Wende nichts, aber auch gar nichts geändert. Die Leut lebten einfach so weiter.«

Nach Neugier und Mißtrauen erfuhr sie dann die Hilfsbereitschaft. Die Ummerstädter schenkten oder borgten der 33jährigen Möbel für das leere Haus. Vom Lehrer bekam sie das Ehebett. 1997 wurde ihr zweiter Sohn geboren.

Der Anfang ist ihr trotzdem schwergefallen. Sie hatte nie zuvor mit einer Sense gemäht. Sie hatte nie ein halbes Jahr auf einen Telefonanschluß warten müssen. Sie hatte auch noch nie in einem Funkloch gelebt, in dem sie nicht einmal per Handy den Mann in Kalifornien anrufen konnte. Im Dezember kam er dann nach. »Aber der hatte noch nie in seinem Leben einen Ofen anschüren müssen.«

»Was macht Ihr Filmproduzent heute in Ummerstadt?«

»Mit einem amerikanischen Freund hat er in Los Angeles eine Firma gegründet, die Postkarten und andere Reklameartikel vertreibt, die beim Aufklappen singen oder leuchten. Hergestellt wird das in Polen und Kroatien. Mein Mann ist in Ummerstadt nur die kaufmännische Abteilung.«

»Und wie sind Sie als Zugezogene Bürgermeisterin geworden?«

»Als Architektin war ich bereits berufene Bürgerin in der Stadt, danach ohne Partei Erste Beigeordnete. Vor der letzten Wahl hieß es auf einmal, daß der alte Bürgermeister nicht noch mal kandidiert. Es hätte vielleicht keinen Bürgermeister mehr gegeben, und das wäre ein Grund gewesen, Ummerstadt nach Bad Colberg einzugemeinden. Aber Ummerstadt hat schon 1394 das Stadtrecht erhalten. Heute ist es allerdings mit fünfhundertfünfundzwanzig Einwohnern die kleinste Stadt Thüringens! Und die zweitkleinste in Deutschland.«

Die Sekretärin verbessert die Bürgermeisterin: »Wir sind jetzt genau fünfhundertundzwanzig. Aber vier Frauen haben schon gesagt, daß mit ihnen in diesem Jahr zu rechnen ist.«

»Müssen sich schwangere Frauen bei der Bürgermeisterin anmelden?«

»Nee, die sagen nur: ›Ich bin schwanger, Christine, kauf schon mal einen Baum.‹« Für jedes geborene Kind pflanzen sie einen Obstbaum. Zwetschgen und Äpfel. Birnen nicht, die hatten eine Krankheit. »Wir müssen die Einwohnerzahl der Stadt wenigstens halten. Es leben sehr viele Alte hier. Und wie in den USA, als neun Monate nach dem Stromausfall eine Rekordzahl von Geburten zu verzeichnen war, funktioniert das in Ummerstadt wahrscheinlich nicht.«

Kinder waren bei ihrem Wahlkampf ein wichtiges Thema

neben der Renovierung der historischen Altstadt, der Wirtschaft, dem Tourismus. Der alte Bürgermeister – er kämpfte nach ihrer Kandidatur plötzlich wie ein Löwe – hatte die größeren Chancen wegen des Heimvorteils. Seine Familie ist schon seit Generationen in Ummerstadt zu Hause. »Außerdem, eine Frau aus Westdeutschland gegen einen hiesigen ostdeutschen Mann!« Trotzdem gewann sie mit siebzig Prozent. Bei zweiundsiebzig Prozent Wahlbeteiligung, ansonsten liegt sie um die fünfzig Prozent.

Das Telefon klingelt. Sie lacht auch beim Telefonieren. Ich schaue mich im Zimmer um. Neben dem Kreuz hängt ein großer Schlüsselkasten. Schlüssel mit Bart, neue Sicherheitsschlüssel und winzig kleine für Vorhängeschlösser, mehr als fünfzig, ordentlich mit Pappen beschriftet. An einem steht »Grenzkompanie«. »Die ist inzwischen abgerissen«, sagt die Sekretärin. Im Karton mit Reinigungsmaterial liegt obenauf ein großer, flauschiger Staubwedel in den Farben Schwarzrotgold.

Wie war das, als sie Wahl gewonnen hatte. »Mir war ein bißchen bange, denn plötzlich hieß es: Am 3. Oktober findet in Ummerstadt der große thüringisch-fränkische Wandertag statt! Mit Minister Krapp, Landräten und so. Bei dem gemeinsamen Gottesdienst hatte ich kein Problem. Ich singe gern mit den Leuten in der Kirche. Aber dann sollte ich auch reden. Ich habe einfach gesagt: ›Ich lebe die Einheit.‹ Da haben die Leute geklatscht.«

Ich zeige auf das Kreuz. »Wie in Bayern?«

»Nee, nee, nee, ich will in Ummerstadt keine bayerischen Verhältnisse. Aber das hier ist nicht mein Dienstzimmer. Weil das Rathaus renoviert wird, haben wir nur Asyl im Pfarrhaus.«

Die Kneipe am Rathaus hat Urlaub. Unten am alten Viehmarkt trinke ich Tee und frage die Wirtin, wie es kam, daß der einheimische Bürgermeister so deutlich gegen die Neue verloren hat. »Ich bin Wirtin!« sagt sie. Und enthält sich jeden Kommentars.

Der alte Bürgermeister wohnt gleich neben der Gaststätte. Er kommt mir eilig in einer grünen Arbeitslatzhose mit orangefarbenen Trägern entgegen. Ein Träger ist an der Schnalle gerissen und schnell zusammengeknotet. Er macht nur eine kurze Pause von der Waldarbeit, sagt er. Ich frage ihn, ob er wegen der verlorenen Wahl und dem danach entsorgten roten Wartburg sehr traurig ist.

»Der Wartburg war immer billig. Den habe ich selbst reparieren können. Schade drum.« Und nach einer langen Pause: »Zuerst habe ich mich sehr geärgert. Aber heute ... Heute bin ich denen, die mich abgewählt haben, dankbar. Ich habe mit meinen Sechsundsechzig im Wald die Ruhe wiedergefunden, die ich mir im Alter verdient habe.« Mit seinem Schwiegersohn, einem gelernten Zimmermann, macht er im Winter Holz und verkauft es. Im Sommer fährt er Motorrad. Das hat sich der Junge gekauft, aber weil der keine Zeit hat, fährt er damit. Mit Politik habe er nichts mehr am Hut. Ich frage ihn trotzdem nach seinen vierzehn Jahren Amtszeit.

Er zählt nicht das Positive zuerst auf, wie das in der DDR üblich war und heute bei der Obrigkeit wieder ist. »In letzter Zeit hatte ich manchmal versucht, die von mir vorbereiteten Beschlüsse auch gegen den Willen des Stadtrates durchzusetzen. Ich brachte sie einfach, wenn sie abgelehnt waren, nach vier Wochen wieder aufs Tapet. Schließlich habe ich auch weniger mit den Leuten geredet. Wissen Sie, mit den Jahren wird man immer überzeugter, daß man alles richtig macht. So wie Rauchen eine Sucht ist, so kann auch Macht – und wenn es nur die kleine eines Bürgermeisters ist – zur Sucht werden ... Trotzdem: Es waren vierzehn Jahre harte Arbeit und Spaß und vierzehn Jahre Existenz für mich.« Damit ist er bei den positiven Dingen. Eine neue Kläranlage. Ein Gewerbegebiet mit über zweihundert Arbeitsplätzen. Insgesamt für 8,5 Millionen Euro investiert. »Und die Stadt ist fast noch schuldenfrei. Einmal mußte ich mir zwei Millionen DM auf dem freien Markt borgen. Da habe ich wirklich schlecht geschlafen. Aber nach vier Jahren war alles zurückgezahlt.«

Das hat ihm nichts mehr genutzt. Vielleicht liege es an der Ausstrahlung der neuen Bürgermeisterin und wie sie auf die Leute zugehe. Außerdem sei sie jung. Er hat sich inzwischen nicht wieder im Rathaus sehen lassen. »Es ist mir alles egal.«

Auf dem Sofa liegen Fotos von Kindergartengruppen mit Bildunterschriften. In seiner Amtszeit hat er noch die Renovierung des Kindergartens für 200 000 Euro durchgesetzt. Für die Feier zur Neueröffnung kramt er nun alte Fotos aus der Geschichte des Kindergartens heraus.

»Aber hingehen werde ich zur Feierstunde wohl nicht.« Und das sagt er doch sehr leise.

Von ehrenamtlichen Totengräbern in Poppenhausen, dem nächtlichen Faßrollen über die Grenze und dem Casimir, der Geschütze ziehen sollte

Hinter Ummerstadt wird das Schneetreiben immer dichter. Ich laufe zum Kolonnenweg hinauf und dann in großem Bogen – Ummerstadt war zu DDR-Zeiten im wahrsten Sinne des Wortes eingesackt – wieder nach Erlebach. Die zwei Bagger kämpfen noch mit dem Morast des Teichs. Schmatzend klatschen die Schaufeln auf den Dreck. »Zweimal sind die Bagger uns schon abgesoffen, kaum daß wir sie wieder herausbekommen haben«, sagt der Baggerfahrer Lothar Kirst. »Der Boden hier ist grundlos.«

Lindenau lasse ich rechts liegen. Ich stiefele den Hang hinauf. Neben einer kleinen Sprungschanze stehen zwei Jungen und trauen sich nicht. Auf der Höhe verläuft der Kolonnenweg schnurgerade, wie mit dem Lineal gezogen. Das ist selten. In der Langeweile des Geradeauslaufens – an der Strecke sind sogar die Seitenäste der wildwachsenden Kiefern beschnitten – erschrecke ich plötzlich über Stimmengewirr und Hundegebell auf der linken, also der bayerischen Seite. Durch das dichte Unterholz krieche ich hinüber. Das Eis bricht in Senken unter mir, und ich lärme wie ein Rudel Wildschweine.

Plötzlich kommt mir der nicht abwegige Gedanke, es könnten Jäger sein. Halb aus Spaß und halb aus Bange rufe ich: »Nicht schießen.«

Mit zerkratztem Gesicht stehe ich endlich vor zwei jungen Männern, einer Frau und einem sich nicht beruhigen wollenden Hund. Die Gebrüder Mehling aus dem bayerischen Gleismuthhausen machen Holz an der Grenze. Ein Bruder ist einundzwanzig, der andere sechsundzwanzig, beide arbeitslos, weil auch die Kartonagenbude in Coburg Schwierigkeiten hat. Früher haben sie kein Holz gemacht, sagen sie, aber nun müsse man zuverdienen. Als sie erfahren, wo ich herkomme, sagt der ältere, der ein schmales Kinnbärtchen trägt: »Die Arbeitslosen bei euch im Osten, die hocken nur herum und warten! Dabei wachsen bei euch gleich hinter der Grenze Buchen und bei uns nur Kiefern und Fichten.«

Als ich in Richtung Poppenhausen weiterlaufe, bellt der Hund nicht mehr. Die Motorsäge kreischt.

Die Häuser in Poppenhausen sind sorgfältig gestrichen, die Zäune erneuert. Erst nach einer Weile treffe ich den ersten Mann auf der Straße. Er ist an die Sechzig und sieht mit seinem Schweizer Hut sehr fesch aus. Ich frage, ob sie hier noch Holz machen.

»Natürlich schlagen manche noch Holz, so wie wir das immer getan haben. Doch als die Bruderus, und wie die noch heißen, mit ihren Gasheizungen aus dem Westen kamen …« Aber sonst, sagt er, sonst halten sie in Poppenhausen an den alten Dorftraditionen fest. Sie brauen noch gemeinsam Bier, feiern gemeinsam Feste, und die Gräber werden nicht von privaten Begräbnisinstituten ausgehoben, sondern von den Männern im Dorf, die auch die Särge tragen. Das organisiere Helmut Baum vom Kirchenvorstand.

Da ich Helmut Baum nicht finde, frage ich einen Mann, der in seinem Hof steht, ob er auch zu denen gehört, die im Dorf die Toten zu Grabe tragen. Nein, sagt der lang aufgeschossene, kräftige Mann. Er sei nur ein- oder zweimal dabeigewesen, denn er hatte in der Vergangenheit wenig Zeit dafür.

Gerhard Wolfschmidt gehört zu denen, die im Heldburger Unterland sehr effektive, große Mustergenossenschaften und Kooperativen aufgebaut haben. »Mit dem Wiegand, der war ja überall bekannt, haben wir 1973 das erste Kuhhotel für einhundertachtzig Rinder gebaut.« Zur Wende hatten sie siebentausend Hektar, viertausend Rinder und viertausend Schweine. »Keiner wußte, wie es weitergehen sollte. Die Berater aus Bonn empfahlen: ›Ihr müßt alles wieder aufteilen, kleine Flächen sind gut.‹ Im Bauch hatte ich so ein Gefühl, daß wir nur überleben, wenn wir groß bleiben. Das war auch die Zeit, als Otto von Habsburg, dieser österreichische Kaiser-Nachfahre, hier bei uns im Unterland in der Kneipe saß und den Bauern riet: ›Holt euch eure Viecher wieder aus der Kolchose zurück!‹ Gott sei Dank hatten die Bauern inzwischen aus ihren Kuhställen Garagen gebaut, und in den Schweineställen standen die Waschmaschinen. Als die Berater immer wieder riefen: ›Die Flächen kleiner machen!‹, habe ich geschrien: ›Wir bleiben groß!‹ Und wenn ich mal schreie, klappert's im Karton.« Weil 1 200 Genossenschaftsbauern in einer Agrargenossenschaft zu viel waren, entschieden sie sich für eine Aktiengesellschaft, obwohl er auf der Parteischule der Bauernpartei gelernt hatte, daß die Aktiengesellschaft der Inbegriff alles Bösen im Kapitalismus ist. Bis zum Januar 2005 war er Geschäftsführer der »Bäuerlichen Produktion und Absatz AG Hellingen«. Sie schreiben schwarze Zahlen, und die kleinen Gehöfte mit weniger als fünfundzwanzig Hektar gehen inzwischen kaputt.

Wegen der Toten, sagt auch er, solle ich Helmut Baum fragen. Aber der ist noch nicht zu Hause. Ich klingele bei den Nachbarn. Ein kleines Haus mit vielen Kunstblumen vor der Tür. Die Frau, um die Fünfzig, trägt eine Kittelschürze. »Wie wir in Poppenhausen die Toten begraben? Das können wir Ihnen auch sagen.«

Ihr Mann, mit gebrochenem Bein, sitzt im Trainingsanzug auf dem Sofa und löffelt Schokoladenpudding gleich aus dem Kochtopf. Ich frage ihn, ob er auch schon Gräber geschaufelt und Särge getragen hat. Er nickt. Aber Reinhard Freund beginnt so langsam zu erzählen, daß ihm sofort seine Frau in das Wort fällt. »Also die Leichen bringt man mit dem Leichenauto hierher in die Leichenhalle. Die Angehörigen schmücken den Sarg und die Halle, und dann heben sechs Männer das Grab aus. Die tragen dann auch den Sarg in Begleitung aller Trauergäste auf den Friedhof, versenken ihn und schaufeln zu. Wenn das Grab ausgehoben ist, gibt es schon auf dem Friedhof eine Flasche Schnaps oder ein paar Bier für die Männer. Und meistens sind sie auch zum Leichenschmaus eingeladen.«

»Immer dieselben?« frage ich.

»Nein, immer andere. Die sucht der Helmut Baum aus. Manche Familien können ja manche Leute nicht leiden, und wenn die als Träger kommen, das geht nicht …«

Der Mann brummt ab und zu dazwischen. »Am schwierigsten ist das Loch für eine Urne zu graben. Da mußt du in der halben Höhe 'ne Stufe schachten, damit du drauftreten kannst, wenn du die Urne reinsenkst. Sonst plumpst sie einfach hinunter ins Loch.«

Auch sonst schaffen sie im Dorf viel gemeinsam. »Weil wir keine ABM-Kraft mehr haben, die die Kirche saubermacht, erledigen wird das nun der Reihe nach selber. Die Frauen die Kirche und wir Männer von der Feuerwehr drum herum. Ich bin dieses Jahr mit Mähen dran. Das Bein muß nur wieder mitmachen«, sagt er. Reinhard Freund ist Mitglied der Feuerwehr und im Schnupfer-Verein. Den haben sie erst nach der Wende gegründet. »Wer als Schnupfer in die Kneipe kam und seinen Schnupftabak vergessen hatte, mußte eine Saalrunde zahlen. Das war mehr so ein Gaudi.« Zehn DM Jahresbeitrag haben sie bezahlt. Heute zahlen sie nichts mehr. Dafür organisieren sie Feste. Sie brauen nach jahrhundertealter Tradition noch den Haustrunk im Brauhaus. »In diesem Jahr sind tausendfünfhundert Liter angesetzt. Angezapft wird zu unserem Braufest am Ersten Mai. Außerdem gibt es bei uns das Traktorenfest mit über hundert alten Traktoren, die Kirmes und ...«

»In Poppenhausen stand schon immer 'ne Bretterbude zum Tanzen«, sagt die Frau lachend. Sie würden sich nicht unterkriegen lassen. Früher nicht, als sie die Grenze ertragen mußten – »Die fünfzig DDR-Mark Grenzentschädigung, die wir im Monat als Bestechung bekamen, waren zwar kein kleines Zubrot ...« –, und heute auch nicht.

Beide haben bis zur Wende im VEB PIKO in Heldburg gearbeitet. »Ich wurde einen Tag vor meinem 20jährigen Betriebsjubiläum entlassen. Mein Mann ein paar Tage vor seinem fünfundzwanzigsten ... Da sind die Feiern eben ausgefallen.« Sigrid Freund ist inzwischen invalidisiert und ihr 57jähriger Mann arbeitslos. Ob er trotz ihres großen Bauernhofes Hartz IV bekommen wird, weiß er nicht. Aber verhungern würden sie nicht. »Wir haben zwei gute Töchter, die uns helfen. Die eine ist gleich nach dem Zusammenbruch rüber ins bayerische Birkenfeld gegangen. Sie arbeitet dort in einer Gaststätte. Und wir halten hier fünfzig Enten und liefern sie dem Gastwirt. Man muß sehen, wie man durchkommt.«

Bis nach Gleismuthhausen, dem bayerischen Nachbardorf von Poppenhausen, laufe ich nur eine Viertelstunde. Es ist genau wie Poppenhausen ein um die Kirche gebautes Haufendorf. An den Straßen stehen – anscheinend hatten die Brüder Mehling recht – viele, große, ordentlich gebaute Holzstapel. Ein Mann schichtet Buchenholz auf. »Aus dem Osten geholt?« – »Ja, wir fahren auch rüber.« – »Und, wie kommen Sie sonst mit den Leuten von Poppenhausen und Lindenau aus?« – »Mit denen gibt es jetzt weniger Schlägereien als vor dem Krieg. Die waren ja evangelisch und wir katholisch. Und da setzte es, wenn ein evangelischer Bursche im katholischen Revier räuberte, nach dem Tanz schon mal Prügel. Aber heute: Unser Bäcker macht denen zu ihrem Braufest am 1. Mai den Zwiebelkuchen.« Wer in Gleichmuthhausen die Gräber für die Toten ausschachtet, frage ich noch. »Wir haben einen Totengräber, den Hartmann, Horst. Der arbeitet für das Beerdigungsinstitut.«

Ich treffe ihn vor seinem Haus. Horst Hartmann wird noch nicht sechzig sein, und wenn er lachte, sähe er mit seinem braunen Igelschnitt bestimmt wie ein lustiger Kobold aus. Aber er lacht nicht. Er kneift seine kleinen, schmalen Augen zusammen und wirkt deshalb sehr ernst. Er arbeitet in einer Kunststoffbude in Coburg. Totengräber ist sein Nebenjob. Das Begräbnisinstitut ruft ihn an, wenn er gebraucht wird. »Und weil das mit den Toten nicht planbar ist, entgeht einem, ich arbeite in Schichten, schon mal ein Begräbnis. Schnaps und Leichenschmaus? Nee, höchstens hier im Dorf. Aber bei den Fremden setzt man sich mit den dreckigen Klamotten nicht dazu. Die sagen auch: Der kriegt doch sein Geld! Aber dreißig Prozent davon gebe ich regelmäßig dem Finanzamt. Für jedes Grab, das ich schaufle. Die oben machen doch nur Gesetze, wie sie an unsereinem verdienen. … Das Ausgraben der alten Leichen ist schwieriger als das Eingraben. Hier in der Gegend liegen manchmal noch Wasserleichen in den Gräbern. Der schwere Tonboden läßt das Wasser nicht durch, und wenn man nach fünfzehn oder zwanzig Jahren das Grab aufmacht, dann schwimmen noch die Überreste drin. Ich hab schon Cremedosen und Zahnbürsten gefunden, die man den Toten mitgegeben hat. Ich weiß nicht, weshalb ausgerechnet Cremedosen und Zahnbürsten. Pfeifen lagen auch drin. Vielleicht war's ein Politiker … Wissen Sie, heutzutage haben wir keine anständigen Politiker mehr. Strauß war der letzte. Der hat schon damals gesagt: ›Gebt denen in der Zone was ab, dann kommen sie nicht zu uns rüber!‹ Nein, ich habe nichts gegen die drüben. Im Gegenteil, der Hübner aus Lindenau ist so was wie ein alter Freund. Sein Vater hat Bierfässer gemacht, und weil wir sie brauchten und er sie nach dem letzten Krieg nicht zu uns rüberbringen durfte, hat er sie nachts vom Berg in Lindenau über die Grenze auf unsere Wiesen rollen lassen. Und wir haben sie in den Heuhaufen versteckt. Ich mag den Hübner, aber manchmal kommt bei denen drüben eben die Stasi durch.«

»Stasi?«

»Ja, der hatte sein Feld direkt an der Grenze. Der durfte dort ackern. Dort rein konnten doch nur die ganz Standfesten, die, wo se wußten, daß se net ausreisen. Also Stasi sind und so. Die ließen sie rein …«

»Aber um an der Grenze zu ackern, mußte man doch nicht bei der Stasi …«

»O ja, dessen Sohn hatte auch einen Jagdschein. Und wer in der DDR einen Jagdschein hatte, der mußte bei der Partei oder dem Haufen sein …«

»Woher wissen Sie das?« frage ich, ohne seine völlig unsinnige Behauptung zu kommentieren.

»Das wußte ich schon, bevor die Grenze offen war. Aus der Zeitung und dem Fernsehen. Man war doch politisch nicht blöd …«

Nebenberuflicher Leichengräber ist er seit siebzehn Jahren. Er schachtet die Gräber noch von Hand aus. Manche Begräbnisinstitute nehmen inzwischen, damit es billiger wird, einen kleinen Bagger. »Aber Bagger auf dem Friedhof, nee … Die meisten Leuten wollen keinen Bagger. Die sparen ja auch noch nicht bei der Beerdigung, die kaufen sehr teure Särge … Aber wenn das so weitergeht mit dem Geld, was die drüben von uns brauchen. Ich trau dem Einheitsfrieden nicht mehr. Die wollten doch eigentlich nur unser Geld und unsere Maschinen und unsere Gerätschaften. Die hatten ja kaum Technik im Osten. Nur das, was sie fürs Militär brauchten, die wollten uns ja irgendwann militärisch kriegen. Die fuhren auf den Feldern mit dem Casimir, einem großen Raupenschlepper, umher. Da dachtest du, den brauchen sie, um zu pflügen. Aber das waren nur getarnte Militärfahrzeuge. Bei Alarm hätten sie einfach 'ne Kanone hinten drangehängt ...«

Er hat mit mir bis jetzt am Wohnzimmertisch unter dem Kreuz gesessen. Nun geht er zum Küchenfenster. »Dort oben stand ihr Wachturm. Die Grenzer konnten uns beim Essen mit dem Fernglas auf den Teller gucken, und die haben alles fotografiert, jeden von uns.«

Wir setzen uns wieder in die Stube. »Das schlimmste ist, wenn man junge Leute begraben muß. Ein Mädchen, so alt wie unsere Tochter, die wurde im Skiurlaub unter einer Schneelawine begraben. Für alte Leute das Grab schaufeln, das ist mein Job. Aber für junge ...«

Zum Abschied fragt er, ob ich nach Lindenau hineinlaufe. »Nein, ich marschiere weiter runter nach Käßlitz, den südwestlichsten Zipfel der ehemaligen DDR.«

»Schade«, sagt er. »Sonst hätten sie den Hübner von mir grüßen können. Wir sind doch alte Kumpel.«

Während ich zur Grenze zurücklaufe, höre ich aus der Ferne noch die Motorsäge der Gebrüder Mehling. Als ich schon die halbe Strecke auf freiem, verschneitem Feld hinter mir habe, bemerke ich vor einem etwas außerhalb des Dorfes stehenden Gehöft einen schwarzen und einen braunen Punkt, die sich hin und her bewegen. Sie werden immer größer und immer schneller. Irgendwann identifiziere ich sie als einen schwarzen Schäferhund und einen braunen Pinscher. Als der große schwarze Schäferhund bedrohlich bellend auf mich zukommt und im Laufen nicht stoppt, versuche ich mich abzuducken und stürze. Der Schäferhund bleibt in Angriffshaltung vor mir stehen. Ich rapple mich auf, aber sobald ich einen Schritt mache, bellt er lauter. In dem etwa fünfhundert Meter entfernten Gehöft sehe ich eine winkende Gestalt. Ich schreie hinüber: »Holen Sie Ihre Hunde zurück.«

Vom Gehöft fährt ein Auto ab. Wenige Minuten später steigt eine Frau aus einem Polo. »Aber die beißen doch nicht!« erklärt sie vorwurfsvoll.

»Sie hatten kein Schild um: ›Wir beißen nicht!‹«, sage ich, und daß ich gestürzt bin, Schmerzen habe.

Sie lädt die Hunde in ihr Auto. Wenn schon eine Begegnung, egal wie, dann muß ich sie wenigstens nutzen, denke ich und frage die Frau, wie sie heute, fünfzehn Jahre nach der Grenzöffnung, in Gleismuthhausen leben. Da sagt sie laut und schneidend: »Früher war's besser hier. Da liefen drüben die Vopos entlang und bei uns der Bundesgrenzschutz und der Zoll. Da lebten wir sicher und ungestört! Kein Diebstahl, kein Gesindel! Nichts!«

Ich frage, ob nach der Wende schon bei ihr eingebrochen wurde.

»Nein! Aber dafür habe ich ja meine Hunde.«

Mein Doktor, der mich krank schreibt, sagt vorwurfsvoll: »Wie kannst du auch ohne Pfefferspray allein an der Grenze entlanglaufen?« Darüber muß ich nachdenken.

Vom 16jährigen Freiheitskampf im bayerischen Ermershausen, von Riether Legenden, die nicht im Bett sterben, und Schafschlachten in der Heimdusche

Südlicher als Käßlitz liegt in Thüringen kein Ort meiner Grenzgängertour. Hier will ich auch noch das südlichste Gebäude finden und laufe durch das Dorf in Richtung Grenze. Ein sehr schöner, von alten Bäumen umstandener Bauernhof ist das letzte Haus. Aber als ich ihn erreicht habe, bemerke ich hinter Bretterzäunen verfallene Dächer. Ich gehe also weiter und komme zu einem häßlichen Schrottplatz, dem nun wirklich südlichsten »Gebäudekomplex« von Thüringen. Eine Wagenburg aus verrosteten Schiffs- und LKW-Containern, dazwischen Traktorreifen, aufgebockte Wohnwagen, eingestürzte Holzwände, Eisenträger, Rohrleitungen, Schilder »Betreten verboten«. An einem alten Wohnwagen hängt noch ein Briefkasten. Als ich ein Verkehrsschild hochhebe, rennen Ratten über das Gelände.

Ich laufe zurück, läute an dem alten schönen Bauernhof und verfluche meine Neugier nach der »letzten Wahrheit«. Die junge Frau, die öffnet, weiß nichts von Käßlitz in der DDR, denn sie ist mit ihrem Mann erst nach der Wende hergezogen. »Aber der Opa im Nachbarhaus, der weiß alles.«

Der Opa schläft und darf auch nicht geweckt werden. Ich könnte ein paar Häuser weiter bei Steinerts Ilse klingeln, sagt die Enkeltochter.

Vor dem Steinertschen Haus stehen zwei kindergroße, aus Eichenholz geschnitzte Steinpilze. Die haben sie vom Urlaub aus Mecklenburg mitgebracht, sagt die ältere, freundliche Frau mit dicker Hornbrille, hellen Augen und sehr sorgfältig gelegter Dauerwelle.

Als ich frage, wie lange sie schon in Käßlitz lebt, rechnet sie: »Es sind jetzt genau fünfzig Jahre. Mit achtzehn kam ich als Kindergärtnerin hierher, und jetzt bin ich achtundsechzig.« Als sie bereits drei Kinder hatte, wurde Ilse Steinert 1971 Bürgermeisterin des »am weitesten in Bayern liegenden Vorpostens der südwestlichen DDR«.

»Und wie war das Leben, Genossin Bürgermeisterin?« frage ich.

Sie schüttelt den Kopf. »Ich war nie in der SED! Selbst hier an der Grenze blieb ich auch als Amtsperson parteilos. Erst vor der letzten Kommunalwahl bin ich in die Bauernpartei eingetreten. Aber nicht für lange, denn nach der Wende war die Bauernpartei plötzlich CDU.« Das hat sie nicht mitgemacht. »Man kann sich doch nicht von einer Partei in die nächste verkaufen lassen. Und noch dazu in eine, in der führende Mitglieder heute die Bodenreform rückgängig machen wollen. Nee, mit mir nicht.« Daß sie Bürgermeisterin – sie blieb es bis 1995 – des südwestlichsten Dorfes in der DDR war, wußte sie erst nach der Wende. »Die Zeit damals war schon grotesk. Beispielsweise die Kirschenernte. Die Bäume standen direkt an der Grenze. Ich durfte als Bürgermeisterin zwar nachschauen, wann die Kirschen reif waren, aber dann mußte ich die Frauen mit Namen und Adresse zum Pflücken anmelden. Ein Posten stand wortlos, ohne daß er mal 'ne Kirsche aß, mit umgehängter MPi neben uns.« Die Bäume tragen heute immer noch, aber jetzt erntet kaum noch einer die Kirschen. Auch sie nicht. Seit der Wende – »Vorher war das nicht möglich.« – hält sie mit ihrem Mann, einem Jäger, auf einem Hektar felsigen Geländes vor dem Dorf dreiundzwanzig Stück Damwild. »Nein, kein Tierpark. Gutes Wildfleisch. Läßt sich leichter schießen als draußen an der Grenze.«

Dort, wo die Grenze vom südwestlichsten Punkt hinter Käßlitz wieder nach Norden wendet, entdecke ich ein halbes Dutzend Rehe. Später scheuen auf dem von blühenden Weiden und Haselnußsträuchern gesäumten Kolonnenweg zwei äsende Tiere vor einem aus dem Seitenweg kommenden, dem Aussehen nach professionellen Wanderer. Derbe Schuhe, über den Waden gebundene Kniehose, leichter Anorak, Lederrucksack. Den Stock allerdings trägt er mal wie eine Balancierstange vor sich her, mal klemmt er ihn wie den wertvollen Elfenbeinstock eines weißen Kolonialherrn unter den angewinkelten Arm. Er mag über Sechzig sein, aber er läuft die Anstiege, ohne zu schnaufen, sehr schnell hinauf. Nach einer Weile fragt er, wohin ich gehe.

»Bis Trappstadt will ich heute schon.«

Dorthin möchte er auch. Er wandere oft an der Grenze. Rolf Schneider stammt aus dem thüringischen Grenzdorf Rieth, wohnt in Simmershausen und ist gelernter Kfz-Schlosser, außerdem Wurstmacher, Apfelbauer und Bierbrauer. »Bier zu brauen ist hier im Heldburger Unterland für den Hausgebrauch erlaubt. Dafür dürfen wir keinen Schnaps brennen wie die drüben in Franken. Also trägt man seine Pflaumen nach Franken und nimmt zur Verfeinerung noch paar Schlehen mit.« Zu Hause hört er lieber »Radio Bayern« als Thüringer Sender. Im Unterland hielt man es schon früher mehr mit den Franken als mit Hildburghausen, meint er.

Als ich ihm erzähle, daß ich nicht geradewegs bis Trappstadt laufe, sondern rechts und links in einige Dörfer hineingehe, schlägt er vor, mich zu begleiten. Rolf Schneider kennt sich in der Gegend aus. In Rieth ist er aufgewachsen, in Gompertshausen arbeitet seine Frau, den »Bayernturm« hat er schon oft bestiegen, und im bayerischen Ermershausen lebt sein Großcousin. Ermershausen kennt er noch aus der Zeit vor dem Krieg. Sein Vater, der ein Fuhrgeschäft hatte und mit Waren aus dem Umland handelte, hat mit ihm dort Schränke deportierter Juden gekauft.

»Als ich das erstemal nach der Wende nach Ermershausen hinübergelaufen bin, traute ich meinen Augen nicht. An den Häusern hingen Plakate wie ›Freiheit für Ermershausen!‹, ›Wir lassen uns vom bayerischen Staat nicht einsperren!‹, ›Freiheit für die DDR und Ermershausen!‹. Das Dorf hieß damals, weil diese Losungen jahrelang auf Bettüchern an den Häusern hingen, auch Bettuchhausen«, berichtet er.

Sein Großcousin wohnt in einem 1818 gebauten, mit blauem Schiefer ummantelten Haus. Davor stehen Fliederbüsche. So einfach und schön das Haus von außen ist, so bunt ist es von innen. Nicht nur der Großcousin sieht mit seinem wallenden, dichten Haar und dem großen goldenen Kreuz vor der Brust wie ein russisch-orthodoxer Pope aus. Auch die Zimmer sind wie eine russisch-orthodoxe Kirche überladen mit goldenen Altertümern und bunten Gegenständen aus aller Herren Ländern.

Hier erzählt uns der Großcousin die Geschichte des Kampfes in Ermershausen. Durch die bayerische Gemeindereform von 1976 bis 1978 sollte Ermershausen genau wie die Nachbargemeinden dem Markt Maroldsweisach zugeschlagen werden. Geplant war dort ein Markt mit achtzehn Gemeinden, siebzig Quadratkilometern und viertausend Einwohnern. Aber die sechshundert Einwohner von Ermershausen waren nicht bereit, ihre Eigenständigkeit aufzugeben.

Daraufhin ordnete der Landrat an, das Gemeindebüro von Ermershausen zu räumen und die Akten nach Maroldsweisach zu transportieren. Vorsichtshalber bewachten die Ermershausener von nun an Tag und Nacht das Rathaus. Bei Übergriffen sollten die Wachen die Kirchenglocken läuten oder die Feuerwehrsirene betätigen. Da Spitzel allerdings die Verteidigungs- und Alarmstrategie der Dorfbewohner verraten hätten, besetzten am 19. Mai 1978 nachts um 3.30 Uhr eintausendachthundertundsiebzig (!) Polizisten das Dorf, verhinderten den Feuer- und Glockenalarm, warfen die Akten der Gemeinde auf LKW und brachten sie unter dem Wutgeschrei der inzwischen aufgewachten Bewohner nach Maroldsweisach. In der Eile des Überfalls und des Abtransportes hatte man das Einsatzauto mit den Vertretern der Staatsmacht vergessen. Es wurde umgestürzt und obendrein ein Eichenstamm quer über die Hauptstraße gelegt. Nachdem es erste Rundfunk- und Fernsehberichte vom »Krieg um die Freiheit in Ermershausen« gegeben hatte, reisten Tausende an. Als Bürgermeister Adolf Höhn, jahrelang der Aktivist des Freiheitskampfes, drohte: »Sollen wir aus dem Unrechtsstaat Bayern etwa in den Unrechtsstaat DDR abhauen?«, öffneten angeblich die DDR-Grenzer einen Grenzabschnitt. Fünfhundert bundesdeutsche Grenzer sicherten in Doppelreihen einen »Grenzdurchbruch von West nach Ost« …

Die Übermacht der Polizei siegte vorerst. Aber die Ermershausener gaben sechzehn Jahre lang nicht auf. Sie boykottierten die Wahlen, warfen die Wahlzettel in zu Urnen umfunktionierte

Telefonzellen oder ließen sie an Luftballons entschweben. »Erst fünf Jahre nachdem die Menschen in der DDR ihre Freiheit hatten, wurde am 1. Januar 1994 auch Ermershausen wieder frei.« Der Großcousin zeigt mir den Freiheitsplatz vor der Kirche und dem Rathaus mit einem tonnenschweren, riesengroßen Granitstein, der dort am 19. Mai 1978 »sozusagen als Zeichen Gottes vom Himmel gefallen ist«. Die Ermershausener hatten ihn über Nacht einbetoniert.

»Unser Freiheitskampf hat sechzehn Jahre gedauert«, sagt der Großcousin. »Eurer nur einen Herbst.«

Wieder auf dem Kolonnenweg, läuft Rolf Schneider sehr schnell, denn er will mir seinen Geburtsort Rieth zeigen. Die Schule, in die Rolf Schneider ging, steht auf dem Berg neben der Wehrkirche. Dazwischen liegt der alte Friedhof. Abseits von den übrigen Gräbern entdecke ich zwei Grabsteine, einer mit dem Sowjetstern: »Julia Batjenko, gestorben 21. 12. 1943«. Rolf Schneider kann sich noch an diese Julia erinnern. »Sie war Zwangsarbeiterin aus der Ukraine auf dem Hof meines Vaters. Als die Pferde durchgingen, fiel sie vom Mistwagen und kam unter die Räder.« Neben ihrem Grab steht ein schon vom Moos grüner Stein ohne Inschrift. »Hier ist ein deutscher Soldat begraben, der bei dem Angriff der Amerikaner auf Rieth von einer Panzergranate getroffen wurde«, sagt Rolf Schneider. Außerhalb der Mauer thront das Kriegerdenkmal. Ein Soldat mit einem kleinen Kopf, aber einem um so größeren Schwert steht auf einem Steinsockel. In der DDR wurde die Figur des Kämpfers irgendwo auf dem Friedhof deponiert. Auf dem leeren Sockel standen nur die Namen der Gefallenen des Ersten Weltkrieges. Nach der Wende wurde der Soldat wieder aufgestellt. Leider fand man seinen Kopf nicht mehr, und der nachgemachte geriet zu klein. Inzwischen sind auch die Namen der Gefallenen des Zweiten Weltkrieges in den Stein gemeißelt. »Sorge der, der das liest, daß nicht umsonst wir gefallen sind. Sei auch du deinem Volke treu bis zum Tod wie wir.«

Während wir vom Berg hinuntersteigen, erzählt Rolf Schneider, daß er auf der ehemaligen Maschinen-Traktoren-Station in Rieth als Kfz-Schlosser gearbeitet hat. »Heute ist es das Büro des privaten Agrarbetriebs Wirsching junior. Dessen Vater war einer der großen Chefs in der sozialistischen Landwirtschaft hier im Unterland. Kam gleich nach dem Helmut Wiegand, dem Vorsitzenden der legendären LPG ›Bundschuh‹. Wiegand war Mitglied der Bezirksleitung der SED, ein guter Fachmann und ein strenger, machtbewußter Führungskader. Aber schon im Herbst 1989 hat der Wiegand eine Vollversammlung aller LPG-Mitglieder einberufen und die Vertrauensfrage gestellt. Von den rund dreihundert abgegebenen Stimmen fehlten ihm acht. Da hat er seinen Aktenkoffer genommen und ist wortlos aus dem Saal gegangen. Er übergab den Schlüssel für den Panzerschrank und sagte: ›Das war's!‹ Obwohl er für die Landwirtschaft gelebt hat. Aber wohl auch für den Sozialismus.«

Auf dem Hof läuft einer der Leute mit einer Schirmmütze umher. Darauf steht: »Legenden sterben nicht im Bett«. Nachdem Wirsching junior 1986 die Parteischule absolviert hatte, sollte der gelernte Agrotechniker und studierte Agroingenieur 1990 der kaderpolitisch geplante Nachfolger von Helmut Wiegand werden. Aber erstens kam es anders, und zweitens … »Wir hatten zur Wende rund siebentausendzweihundert Hektar und zehn Millionen DM Altschulden. Das beste wäre gewesen, Insolvenz anzumelden. Aber dann hätte zuerst die Bank kassiert, und für die Mitglieder wäre all das, was sie seinerzeit an Land, Tieren und Geräten eingebracht hatten, verloren gewesen. Wir haben also einzelne Teile herausgelöst und verpachtet. Ich war damals vierunddreißig Jahre alt, und alle in der Familie sagten: ›Norbert, du wirst uns ins Unglück stürzen!‹ Aber ich kannte die Fehler, die wir hier in der LPG gemacht hatten oder auf Befehl machen mußten: Jungpflanzen und Gemüse züchten, Kartoffeln für dreihundert Mark bei hundert Mark Erlös anbauen. Außerdem war meine Frau

Sekretärin in der LPG, der Vater mit seinen Erfahrungen als LPG-Vorsitzender noch rüstig und unser Sohn mit vierzehn ein geborener Landwirt.« So übernahm er am 1. Juli 1991 tausend Hektar, dreihundertfünfzig Kühe und achtzehn Leute. Heute leitet er einen »rentablen Familienbetrieb ohne Nachwuchsprobleme«. Er schaut unruhig auf das Telefon. »Unsere Tochter liegt im Krankenhaus. Ich werde wahrscheinlich heute zum erstenmal Opa.«

Im nächsten Jahr feiern sie das 15jährige Jubiläum des Agrarbetriebes. Ich sage: »Vielleicht sollten Sie dann für alle Mitarbeiter Schirmmützen mit der Aufschrift ›Legenden sterben nicht im Bett!‹ anfertigen lassen.«

Der Kolonnenweg umgeht jetzt die steilsten Berge. In der Ferne sehen wir inzwischen ein beliebtes Ausflugsziel, das wir besichtigten müßten, wie Rolf Schneider sagt. Eine sehr hohe Aussichtsplattform, die wie eine Keksdose aussieht, steht auf einem Eisengestell. Je näher wir kommen, um so häßlicher sieht der Koloß aus. Vor dem »Bayernturm« erstreckt sich ein großer Parkplatz, auf dem nur ein Auto steht. Wenn man einen Euro eingeworfen hat, läßt das Drehkreuz am Turmeingang immer nur einen Menschen hindurch. Ich mache mich dünn, damit wir zusammen hinauf können.

Innen ist das Eisengestell mit Wellasbestplatten ausgeschlagen. Ich zähle einhundertachtzig Stufen. Also ist der Turm etwa vierzig Meter hoch. Ein Fünf-Minuten-Aufstieg zwischen rund dreihundert Quadratmetern Asbestplatten. Von oben haben wir einen weiten Blick über Thüringen und Bayern. Am Fuße des Berges steht eine Bungalow- und Villensiedlung.

»Das sind alles Berliner. Die hatten sich seinerzeit für den Fall, daß die DDR oder die Russen Berlin mal dichtmachen, hier eine Zweitwohnung gebaut«, erklärt mir Rolf Schneider. Über die Geschichte des Turmes weiß er nichts Genaues. Also wollen wir in der Gaststätte neben dem Turm danach fragen, aber dort sitzt kein Mensch. Aus dem langen Gang hinter dem Tresen fällt Licht. Ich gehe weiter, bis ich in einem beleuchteten Hinterzimmer einen alten Mann erblicke. Man könnte ihn sich in einem Wiener Kaffeehaus oder einem tschechischen Kleinwarenladen vorstellen. Unter der sehr ordentlichen Strickjacke trägt er wie ein ehrwürdiger Prokurist einen Schlips.

Nein, er ist kein Krämer, sagt er, sondern der ehemalige Bürgermeister des nahe gelegenen Dorfes Zimmerau und heute Besitzer dieser Gaststätte. Edmund Spielmann kennt die Geschichte des Turmes sehr genau, denn er ist auch sein geistiger Vater. Anläßlich des Jubiläums der Vereinigung von Franken mit Bayern hatte der Landrat vorgeschlagen, ein Denkmal zu errichten. Das brachte den damaligen Bürgermeister von Zimmerau 1966 auf die Idee, einen Aussichtsturm bauen zu lassen. »Sieben weitere Bürgermeister bewarben sich um den Aussichtsturm. Der Landrat setzte sich in einen amerikanischen Hubschrauber und entschied, daß er hier nahe der Grenze stehen sollte.« Das Nachbardorf Sternberg beteiligte sich an den Kosten von 360 000 DM. Sie nannten ihn aber weder Franken- noch Grenzturm, sondern »Bayernturm«. »Wir hatten gehofft, daß die Bayern ihn deshalb bezahlen würden, das heißt der bayerische Staat«, sagt Edmund Spielmann lachend. Sie täuschten sich nicht. Zum Schluß blieben lediglich 10 000 DM an den zwei Gemeinden hängen. Und die waren sehr schnell wieder hereingeholt. Im ersten Jahr bestiegen vierzigtausend Touristen den Turm, um in die »Zone« hinüberzuschauen. Als Eintrittsbillett – damals gab es kein Drehkreuz, sondern Personal mit weißen Mützen – erhielten die Besucher eine Ansichtskarte mit der Aufschrift »Aussichtsturm an der Zonengrenze«. Nicht eine davon ist jemals in der DDR angekommen. Die Post der DDR zog alle ein. Als man den Text in »Bayernturm« (ohne »Zonengrenze«) änderte, erreichten die Postkarten auch Adressaten in der DDR. Rolf Schneider erinnert sich, daß sie Weihnachten von Rieth aus auf dem »Bayernturm« immer einen Lichterbaum sehr nah und doch unendlich weit entfernt sahen.

Bei der Grenzöffnung gab es dann einen Besucheransturm aus dem Osten. »Wir haben zehn Eimer Kraut aufgemacht. Eis, Bratwurst, alles gab es umsonst. Und am nächsten Sonntag«, erzählt Spielmann, »sind dreitausend von uns hinüber nach Rieth. Die hatten doch nicht mit so vielen Leuten gerechnet, und die Bratwürste waren sehr schnell alle. Da verkündete der Bürgermeister über Lautsprecher, wir sollten uns gedulden. ›Die Grenzer kommen mit ihrer Feldküche!‹ Und sie kamen wirklich! Grenzsoldaten mit der Gulaschkanone!« Seitdem ist es stiller geworden um den »Bayernturm«. Jährlich besteigen ihn noch rund sechstausend Besucher.

Dort, wo die Straße von Zimmerau nach Rieth die Grenze quert, steht auf Thüringer Seite, unübersehbar und mit einem spitzen Dach vor Schnee und Regen geschützt, ein ans Kreuz geschlagener menschengroßer Jesus. »Den haben katholische Gläubige, die nun wieder zum bayerischen Wallfahrtsort Vierzehnheiligen pilgern können, aus Dankbarkeit für die Grenzöffnung gestiftet«, weiß Rolf Schneider. Am alten Kfz-Sperrgraben hängt ein mit krakeligen roten Buchstaben falsch geschriebenes Schild: »Das verfüllen des Grenzgrabens mit Grünschnitt und anderen Müll ist verboten«.

»Man hätte die Grenzanlagen als Touristenattraktion stehenlassen sollen. Die Chinesen haben ihre alte Mauer ja auch nicht abgerissen.« Der Riether redet noch im schnellen Lauf ohne Unterlaß.

Im Bayerischen zeigt er mir ein Waldstück. »Vierundzwanzig Hektar. Ein Achtel davon gehörte uns. Aber in der DDR haben wir es – man konnte es ja nicht nutzen – an die Kommune in Zimmerau verkauft. Das Westgeld dafür kam auf ein Sperrkonto, von dem wir uns über Genex Waren aus dem Westen bestellen durften. Deshalb hatten wir in der DDR schon eine Westmotorsäge.«

Kilometerweit haben Thüringer Holzfäller das in Jahrzehnten an der Grenze gewachsene starke Eichenholz geschnitten und gestapelt. Auf einem der Stapel machen wir endlich die erste Rast. Heißer Bohnenkaffee, hausgemachte Knackwurst, Käse, Wodka, Brot und Äpfel. Während wir essen und den Duft des frischen Eichenholzes einatmen, erzählt Rolf Schneider von seinem Schwiegervater, der mit dem Großvater eine gutgehende Tischlerei in Simmershausen betrieb. Er war sehr jung eingezogen worden und wollte nach Kriegsende so schnell wie möglich wieder zu seiner Frau. Er war zu schnell. Die Amerikaner griffen ihn in Simmershausen auf. Er starb in einem Kriegsgefangenenlager in Frankreich an der Ruhr. Nach der Wende wollten Rolf Schneider und seine Frau endlich das Grab aufsuchen, aber bisher waren sie noch nicht dort. Als er von seinen Kindern und den Enkeln erzählt, sagt er plötzlich übergangslos: »Solche, die Kinder töten oder mißbrauchen, müßte man standrechtlich erschießen! Alle. Für die muß man die Todesstrafe wieder einführen! Aber man sorgt sich jetzt mehr um die Psychologie der Kindermörder … Wenn nicht endlich ein starker Mann das Recht in diesem Land wieder vom Kopf auf die Füße stellt …«

Kaum daß wir aufgegessen haben, läuft er schon wieder weiter. Aber er hält sehr bald vor einem gartenlaubengroßen, mit Drahtgittern umzäunten Häuschen, das in einer Senke steht. Anstelle von Türen führen Tonröhren in das Innere. Auch der Schornstein besteht aus solch einem Rohr. An der Wand des Holzhauses hängt ein Schild: »Fangeinrichtung«. Es steht genau auf der früheren Grenze. Wir vermuten, daß es eine große Falle für tollwütige Füchse ist.

Auf dem freien Feld erblicken wir den Gompertshausener Weinberg. Bevor wir allerdings nach Gompertshausen hineinlaufen, will mir mein Begleiter noch die Quelle der Fränkischen Saale zeigen. Die Quelle ist ordentlich in Stein gefaßt. »Einige Leute aus Thüringen behaupten, sie würde östlicher, in der Gompertshausener Flur, entspringen und sei mit unterirdischen Rohrleitungen bis ins Bayerische gebracht worden. Wenn der ›Mitschurin‹ noch leben würde, der könnte es rauskriegen.« »Mitschurin« hieß mit richtigem Namen Paul Hoffmann. Ihn hat seine Schwiegermutter 1948, nachdem ihr Mann in Frankreich gestorben war, geheiratet. Dieser »Mitschurin« ist der geschickteste Rutengänger der DDR gewesen, außerdem ein Hobbyforscher, Strahlungsexperte … »Der hat die Strahlungen an kranken Körperteilen, im Urin und im Essen, am Getreide und an Steinen mit Ruten und Drähten feststellen können. Er hat Wasseradern unter dem Haus und krank machende Ströme entdeckt. In der ›materialistischen‹ Wissenschaft der DDR war er nur ein geduldeter Außenseiter, aber heute könnte er mit seiner Kunst auch Geld verdienen. Leider ist von seinen Erfindungen, beispielsweise züchtete er grannenloses Getreide, und den vielen Metern Tagebücher, die er über seine Forschung geschrieben hat, nichts mehr erhalten.«

Auf der Tischplatte der Grenzgedenkstätte vor Gompertshausen hat eine Inschrift Regen und Schnee überdauert: »Nabil Said, Libanon, ich liebe dich«. Ich gucke verdutzt.

Rolf Schneider erklärt, daß die ehemalige Grenzkaserne Gompertshausen zu einem der beiden Asylbewerberheime des Landkreises Hildburghausen umfunktioniert worden ist. Er selbst wird dort manchmal in der Nacht als Wachmann eingesetzt. Seine Frau arbeitet tagsüber in dem Heim als Betreuerin.

»Ist sie Pädagogin?« frage ich. Nein, sie hat Geflügelzüchterin gelernt. Später war sie Brigadier in der Tierproduktion, und nach der Wende wurde sie zunächst Mitarbeiterin im Obdachlosenheim Hildburghausen, schließlich im Asylbewerberheim in der Grenzkaserne.

Das Haus ist quittegelb gestrichen. Auf den Wäscheleinen hinter dem Heim hängen Teppiche und bunte Bettücher. Vor dem großen Müllcontainer liegen verbeulte Fahrräder, ein ausgeschlachteter Fernseher und Autoreifen. Im Flur des Heimes hängt ein Schild mit den Verhaltensregeln. Verboten ist beispielsweise, unangemeldet Gäste zu beherbergen, gewerblich zu handeln, ohne Genehmigung zu feiern und dann, das ist extra mit einem blauen Filzstift noch einmal groß geschrieben: »... in der Dusche Teppiche zu waschen oder Schafe zu schlachten!« Die Frau meines Wandersmanns – ihr krauses, struppiges Haar ist das einzig Strenge in ihrem freundlichen, mütterlichen Gesicht – hat, sagt sie, schon Schafe in der Dusche erlebt. »Eine uns fremde Welt. Sie kommen aus einer völlig anderen Welt. Fünfundachtzig Leute dreizehn verschiedener Nationalitäten wohnen hier.«

Sie sitzt im Zimmer des früheren Feldwebels der Grenzkompanie. Die Asylbewerber mögen die Frau. Sie sagen »Frau Marga« zu ihr. Einem schwarzhaarigen und dunkelhäutigen Kosovo-Albaner, der an ihrem Schreibtisch steht, fehlen zwei Finger. »Ein Unfall, schon vor zwei Jahren«, sagt Frau Schneider. »Er hat manchmal in einem Betrieb gearbeitet. Er hilft mir auch, wenn mit dem Computer was nicht klappt. Oder eine elektrische Leitung kaputt ist. Aber er war nicht versichert.«

Ein knappes Dutzend Asylbewerber arbeiten inzwischen für einen Euro pro Stunde in der Kommune.

Hinter Gompertshausen wird der Grenzweg immer flacher. Sogar den vierhundertvierundvierzig Meter hohen Spanshügel umgeht er. Trotzdem laufen wir hinauf, um in der Ferne unser Ziel, Eicha, zu sehen. Wieder unten, queren wir Verbindungswege zwischen kleinen Dörfern, die Staatsstraßen ähneln. »Die Kommunen hatten nach der Wende einen guten Draht zu ihrem Landrat. Aber heute fährt hier kaum noch ein Auto.«

Mir ist es recht. Kurz vor Eicha wächst der Kolonnenweg schon mit Hecken zu, und im Kfz-Sperrgraben fault das Wasser.

Wo die Grenze endlich die Straße von Trappstadt nach Eicha kreuzt, ist zwischen Bayern und Thüringen ein Parkplatz ausgeschildert. Die Abfallcontainer sind überfüllt, der Platz ist eine große Mülldeponie. Verbeulte Fahrräder, ausgeschlachtete Fernseher, Autoreifen … Plasteflaschen, Zeitungen, Farbeimer …

»Diese Schweinerei«, sagt Rolf Schneider. Ich schaue zum Grenzpfahl.

»Ost- oder Westschweine?«

»Ich weiß nicht«, sagt er. Ich stochere lange im Müll, finde eine F6-Schachtel. »F6 wird im Westen nicht verkauft«, sagt er. Dann entdecke ich einen »Coburger Anzeiger« und eine bayerische Adresse auf einem Werbeprospekt für Erotikartikel.

Ich suche nicht mehr weiter. Zwischen all dem Müll leuchten die ersten sonnenähnlichen Huflattichblüten.

Von einem nicht mehr schwindelfreien Fischverkäufer, Bauern ohne Saatkartoffeln und einem gut entwickelten bayerischen Ostkrippenkind

Es geschehen noch Wunder. Als ich zwei Wochen später in Richtung Milz weiterlaufe, ist die gesamtdeutsche Mülldeponie wieder als Parkplatz zu erkennen. Auch sonst scheint es ein guter Tag zu werden. In den Löchern der Betonplatten vom Kolonnenweg blühen Veilchen. Dicke Hummeln brummen um die sich plusternden Kätzchen der Weiden am Wegrand, und als ich in das stille bayerische Dorf Breitensee komme, sehe ich zuerst einen Schornsteinfeger. Er marschiert im Eiltempo durch den Ort, so daß ich hinterherrennen muß. Aber aufhalten läßt sich der Aubstädter Bezirksschornsteinfegermeister Herrmann nicht. »Genau getimte Besichtigungstermine.« Inzwischen steige er, sagt er, auch wieder zum Fegen auf die Dächer, denn immer mehr Leute heizten mit Holz, aber ansonsten sei er viel häufiger Techniker und Meßingenieur als Schlotkehrer. Seine schwarze Jacke fasse ich trotzdem heimlich an. Ich bin enttäuscht, daß ich keine rußigen Finger bekomme, hoffe aber, daß es mir trotzdem Glück bringt.

Der Mann, der mit seinem Verkaufswagen in der Mitte des Dorfes steht und Fischwaren aus dem thüringischen Veilsdorf anbietet, hat weniger Glück. Ich erinnere mich, wie glücklich ich war, wenn ich in der DDR ein Glas der delikaten Veilsdorfer Rollmöpse ergattert hatte, hier aber zeigt sich auch nach zehn Minuten noch kein Kunde. Der Fischhändler kommt nur alle zwei Wochen mittwochs nach Breitensee. Von Beruf ist Norbert Behringer Klempner. Aber nach der Wende bekam er immer häufiger Schwindelanfälle und konnte nicht mehr »freihändig auf dem Dach laufen«. Damals hatte er noch Glück. Eine Großfleischerei aus Kulmbach stellte ihn »zu einem ganz normalen Lohn« in einem Rodacher Zweigbetrieb ein. Als fünf Jahre später Osteuropäer und Ostdeutsche für immer weniger Lohn im Westen arbeiteten, wurde er entlassen; für dasselbe Geld wurden nun zwei Leute eingestellt. Wieder hatte er Glück, denn seitdem ist der 50jährige für den Veilsdorfer Betrieb unterwegs. Die »Veilsdorfer Fischkost« behauptet sich mit immer noch dreißig Beschäftigten gegen die norddeutsche Konkurrenz.

Nachdem er zwanzig Minuten gewartet hat und schon weiterfahren will, öffnet sich eine Hoftür. Eine ältere Frau kommt mit einem großen Einkaufskorb zum Wagen. Aber sie nimmt nur zwei kleine Fische. Sie schimpft, daß alle Preise gestiegen sind. »Nachdem die Händler und Supermärkte die blöden, alles kaufenden Ossis als neue Kunden hatten, haben sie ihr Zeug immer teurer gemacht. Keiner hat das geahnt, als im Januar 1990 die aus Milz und Hindfeld das erstemal mit Musik und Kind und Kegel zu uns herübermarschierten.« Ihre Nachbarin, Theresia Breun, hatte vor Freude damals ein Gedicht verfaßt. Sie kennt ein paar Zeilen auswendig: »Nun sind die Türen geöffnet weit nach einer langen, langen Zeit. Wir dürfen wieder gute Freunde sein, die Händ' uns reichen und uns verein'.« Ich hoffe, daß ich ihre fränkische Mundart verstanden und richtig übersetzt habe. Eine zweite Frau kauft Kabeljaufilet. Die beiden bleiben an diesem Tag die einzigen Kunden. Der Fischhändler meint, daß die Leute im Westen weniger kaufen als die im Osten. »Bei uns spart man zwar auch, aber nicht am Essen!«

Ich kaufe mir ein Stück Rotbarsch, setze mich auf eine Dorfbank und esse den geräucherten Fisch ohne Brot. Ein junger Mann, der sein Auto putzt, wünscht guten Appetit. An der Heckscheibe hängt ein Schild: »Ich bin ein Franke«, daneben ist ein Bier- oder Weinglas gemalt. Aber er trinkt weder Bier noch Wein.

»Ich fahre jeden Tag mit dem Auto nach Schweinfurt zu ›Kugelfischer‹. Also kein Alkohol. Hin und zurück einhundert Kilometer, das sind täglich mindestens acht Euro für Benzin«, doch immerhin hat er Arbeit. Er deutet auf einen Mann, der weiter hinten einen Traktor repariert. »Sein Sohn, gelernter Landmaschinenmechaniker, ist einundzwanzig. Seine Freundin ist noch in der Lehre, aber sie haben schon ein Kind von anderthalb Jahren, und nun ist er arbeitslos.«

Der Vater, den ich nach dem Sohn frage, brummt griesgrämig was von »auf der Tasche liegen«. Ich erzähle, daß ich anschließend hinüber in das thüringische Milz gehen und dort mit dem Chef des großen Agrarbetriebs sprechen werde. »Vielleicht, daß Ihr Sohn dort als Mechaniker ...«

Er schneidet mir das Wort ab. »Mein Sohn ist Arbeiter. Drüben nehmen sie zwar Chefs von uns, aber Arbeiter haben die selber genug.«

Eigentlich wollte ich mir den Abstecher nach Milz sparen. Aber der Chef des Agrarbetriebs hatte geschrieben, daß ich, wenn ich an der Grenze entlanglaufe, seinen Betrieb anschauen solle. Außerdem hoffe ich, dort ordentliche Saatkartoffeln für den Kartoffelanbau zu Hause zu bekommen. Und nun will ich mich noch nach einer Stelle für den Landmaschinenmechaniker erkundigen.

Ich muß nicht bis nach Milz hineinlaufen, denn der Agrarbetrieb steht schon am Rande des Dorfes. Aber als ich vor dem ehemaligen LPG-Büro nach dem Chef frage, sagt mir ein Bauer: »Der Chef macht jetzt Urlaub in Griechenland!«

Wie sich die Zeiten ändern. Frühjahrsbestellung, und der Chef ist in Griechenland. Also scheint es dem Unternehmen gutzugehen. Auf meine Frage nach Saatkartoffeln schüttelt der Mann wieder den Kopf. »Bauen wir nicht mehr an. An Kartoffeln verdient man hier fast nichts.« Und einen Arbeitsplatz für einen Mechaniker? Da guckt er mich an, als ob ich von einem anderen Stern käme. Wahrscheinlich bringt das Anfassen eines sauberen, rußfreien Schornsteinfegers doch kein Glück.

Ein älterer Mann hat die ganze Zeit still lächelnd neben uns gestanden. Nun sagt er, daß er noch Acria-Saatkartoffeln, eigene Zucht, im Keller hat. Aber er ist aus Linden, sieben Kilometer retour, und ich will heute noch bis nach Mönchshof.

»Und wo schlafen Sie?« Das weiß ich nicht. Wenn ich möchte, würde er mich von Mönchshof mit dem Auto nach Linden holen. Dort könnten wir über den Kartoffelanbau und die Welt reden. Einen Schlafplatz hat er auch, denn die Kinder sind alle aus dem Haus. Ich nicke und hoffe, daß ich es heute bis Mönchshof schaffe.

Verlaufen werde ich mich nicht, denn die Grenze wölbt sich im Grabfeld als gut sichtbare, schlecht verheilte wulstige Narbe aus Hagebutten und Weidengestrüpp auf schwarz glänzendem Acker oder frühlingsgrüner Wiese. Außerdem lotsen mich hier die Grenzbeobachtungstürme, die nicht wie anderswo an Stahlseile gebunden und mit Volkes Zorn und Maschinenkraft umgestürzt worden sind. Zum erstenmal während meiner Tour ist die Grenze für mich nicht mehr nur schreckliche Erinnerung, sondern wird zur Vision. Ich stelle sie mir in Südthüringen als einen gut befestigten, vierhundert Kilometer langen Wanderweg vor. Eine in der Welt einmalige Wanderroute mit vielen Aussichtstürmen, auf denen die Touristen nicht nur weit ins Land schauen, sondern sich aufwärmen, Rast machen, notfalls übernachten könnten. Aber die Türme sind geschleift. Und die wenigen, die noch stehen? An den beiden zwischen Milz und Mendhausen sind Nistkästen angebracht. An ihren Wänden und den eingetretenen Türen stehen noch die alten Sprüche: »Russen raus!«, »Grüße nach Leipzig«, »Mauer weg!« und »Mach kaputt, was dich kaputtmacht!« Daneben ist sorgfältig neu gemalt: »Zerstört nicht unser Haus!« Die Wachtürme als Nisthäuser für Eulen, Uhus und Fledermäuse. Im Inneren riecht es wie in einer Brauerei nach Maische. Auf dem Boden und in den zerstörten alten Schaltkästen liegen Haufen von Körnern und Vogelkot.

Wegen des Räucherfischs muß ich, um meine leer getrunkene Wasserflasche aufzufüllen, ins thüringische Mendhausen gehen. Am Eingang rechts der Friedhof. Gegenüber steht ein alter Bauernhof. Die klingellose Tür ist zwar offen, aber von Balken und Steinen verstellt. Im Inneren wird gehämmert und gesägt. Ein blonder Mann, der seine Haare zum Pferdeschwanz gebunden hat, verlegt Dielenbretter. Ich frage ihn zuerst nach Wasser und dann nach dem Hausherrn. Er richtet sich auf, ruft: »Maika, bring mal Wasser« und sagt: »Wir sind die Hausherren.« Seine schöne junge Frau lächelt. »Einmal hatte man uns, als letztes Haus des Dorfes, das Wasser abgedreht, aber es gibt hier noch eine Quelle …«

Der Mann hat sich ein Leben auf dem Hof lange gewünscht. Er wohnte vor und nach der Wende im Meininger Neubaugebiet. Auf sein fachmännisches Verlegen der Fußbodenbretter anspielend, sage ich, daß Handwerker in der DDR selten im Neubaugebiet gelebt hätten. Olaf Edler ist kein Handwerker, er hat in Schmalkalden Maschinenbau studiert und im Meininger »Robotron« gearbeitet. »Nach der Wende, als wir auf unsere Festplattenproduktion hofften, aber von der Breuel verarscht worden sind, habe ich noch den Verkauf einiger Betriebsteile an das neue Landratsamt organisiert.« Danach hat er im »Ponde Rosa« Freizeitpark in der Rhön Ponys mit Kindern im Kreis herumgeführt. Viermal war er arbeitslos. Seit

1998 baut der 41jährige mit seiner 26jährigen Freundin Maika Poppelreuter aus Milz hier das alte Gehöft aus.

»Kinder?« – »Nee! Aber drei Katzen.« Sie sagt es, ohne zu lächeln, und entschuldigt sich für den Galgenhumor. »Ich bin Köchin.« Kritisch schaue ich auf ihren spindeldürren Mann. »Nein, für ihn koche ich nicht. Ich fahre früh um neun zur Arbeit ins bayerische Bischofsheim und komme gegen dreiundzwanzig Uhr oder Mitternacht zurück. Wie sollte ich da für ihn kochen, geschweige denn ein Kind versorgen? Und wenn ich erst mal draußen bin wegen des Kindes, bekomme ich hier in der Gegend keinen neuen Job mehr. Das ist so sicher wie das Amen in der Kirche.«

»Wenn man sich nicht so oft sieht, streitet man sich seltener«, sagt er. Aber im gleichen Atemzug: »Was ist das für ein Staat, der als oberste Priorität von den Arbeitnehmern Flexibilität verlangt? Also die Familien auseinanderzureißen. Die Großeltern können nicht mehr in der Familie gepflegt werden, das übernimmt der Staat und kassiert dafür Pflegebeiträge von seinen Bürgern.« Ich werfe ein, daß er seine Arbeitslosenzeit gut nutzen kann, um das Haus auszubauen. Aber er hat Urlaub genommen. »Seit über einem Jahr habe ich eine gute Arbeit in Rohr. Wir hobeln dort, das ist wohl einmalig in der Welt, Führungsschienen aus Edelstahl.«

Unvermittelt fragt mich seine Freundin: »Sind Sie stolz, ein Deutscher zu sein?« Ich antworte, um Zeit zu gewinnen, mit der Gegenfrage, weshalb sie das wissen möchte. »Weil die Merkel sagt, daß man stolz sein muß. Und da frage ich Leute, die ich treffe, wie sie das sehen.« – »Und was sagt Ihr Freund?« – »Der redet nur über den Sozialabbau und daß man auf ein Land, das amerikanische Verhältnisse nachahmt, nicht stolz sein kann. Und Sie? Sind Sie stolz?«

Wahrscheinlich bin ich kein guter Patriot, weil ich mich freue, wenn die deutsche Fußball-Nationalmannschaft gegen Malta, Albanien oder ein anderes kleines Land verliert, sage ich.

Er schüttet das Leitungswasser aus meiner Flasche. Holt mir – »ist zwar staatlich nicht hygienisch geprüft, schmeckt aber besser« – frisches von der Quelle.

Neben dem Friedhof parkt ein junger Bursche sein sehr großes Auto vor dem Gartentor auf dem Gehweg. Als eine alte Frau vorbei will, entschuldigt er sich. Der höfliche Junge sieht zwar wie achtzehn aus, ist aber schon sechsundzwanzig.

»Eine ziemlich große Kiste, der Ford«, sage ich.

»Ja«, sagt er, »ich brauche ihn, um Werkzeug, Material und meine Klamotten zu verstauen.« Er fährt ihn noch nicht drei Jahre und hat schon einhundertsechzigtausend Kilometer auf dem Tacho.

Christian Krempel hat das Fliesenlegen zwar zu Hause in Mendhausen gelernt, aber danach in Haßfurt, München, Hanau und zuletzt in der Schweiz gearbeitet. »Schweiz ist gut, vor allem, wenn du dir den Job selber suchst, dann verdienst du anständig. Aber ich wurde vermittelt, also mußte ich die Leute von der Vermittlung noch miternähren.« Deshalb und weil ihm für einen neuen, wiederum vermittelten Job in der Schweiz nur eine Containerunterkunft angeboten wurde – »so wie für die Ausländer hier in Deutschland« –, hat er sich eine Arbeit in München besorgt. »Wenn ich gekündigt werde, frage ich nie nach dem Grund. Man lernt doch mit jeder Arbeitsstelle dazu, kann sich immer schneller auf neue Bedingungen und Anforderungen umstellen. Wie früher, als die Handwerker nach der Lehre auf Wanderschaft gegangen sind.« Am Wochenende kommt er meist nach Hause. Er spielt in Mendhausen Fußball.

Wenn seine Freundin studiert hat, möchte er nicht mehr weiterziehen. Dann brauchen sie »was Festes, ein Zuhause«, gleich, ob im Westen oder im Osten.

Er fährt sein großes Auto zur Seite. »Damit die alten Leute auf dem Fußweg gehen können.«

Der Weg von Mendhausen nach Rothausen ist bis an die Grenze mit kleinsteinigem Schotter belegt. Die Autos, die mir begegnen, fahren zwar langsam, aber in Erinnerung an die Steinschleudern meiner Kindheit gehe ich jedesmal vorsorglich zur Seite. Über den Grenzbuckel nach Bayern machen die Autos einen kleinen Hopser und rasen dann auf einer asphaltierten Straße nach Rothausen hinein.

Am ersten Haus im Dorf muß ich nicht klingeln. Eine Frau und der Sohn werkeln auf dem Hof. Die Mutter säubert die Teppiche. Der Sohn repariert Fußbälle. Er ist sechzehn und spielt in der Jugendmannschaft vom bayerischen Nachbarort Irmelshausen. »Bis vor kurzem spielten auch zwei Jungens aus Mendhausen bei uns, weil es dort keine Jugendmannschaft gibt. Sie sind mit mir dort sogar in die Kinderkrippe gegangen.« Ich sage, daß ich das nicht verstehe. Und die Mutter, Roswitha Jucht, erklärt mir, daß sich die Fußballmannschaften um die jungen Leute streiten, weil es in den Grenzdörfern immer weniger Jugendliche gibt. »Deshalb trainieren auch Thüringer hier bei uns in Bayern.« Das begreife ich, sage ich, aber ob sie ihren Sohn wirklich in eine Thüringer Kinderkrippe gebracht hat? »Ja, im April 1991, Alexander war damals gerade fünfzehn Monate alt. Er war weit und breit der einzige Bayer in einer ostdeutschen Kinderkrippe.« Nur so war es ihr möglich weiterzuarbeiten. Sie ist Schulsekretärin in Bischofsheim. Ihr Mann, ein Kraftfahrer, war dagegen, Alexander in einer der im Westen verpönten Kinderkrippen unterzubringen, weil die Zeitungen schrieben, wie die Kinder in der DDR dadurch geschädigt worden wären. Sie beteuert leidenschaftlich, als ob sie sich nachträglich entschuldigen muß: »Die zwei Jahre in der Krippe haben Alexander in keiner Weise geschadet. Im Gegenteil, er war den Gleichaltrigen hier im Dorf immer eine Nasenlänge voraus, konnte eher allein trinken, den Löffel halten und Bausteine aufstellen.«

»Und heute?« Sie ist zufrieden mit ihm. »Ein ordentlicher Junge, er hat auch schon eine Lehrstelle.«

Ich frage Alexander, ob alle im Dorf eine Lehrstelle haben.

Das weiß er nicht. Aber einige, die inzwischen ausgelernt haben, seien heute arbeitslos, und er zählt langsam auf: »Der Hans-Jürgen, der Helmut, der Bernd, der Thomas ...« Er zeigt mir den Weg zu Hans-Jürgen Stengel. »Der ist aber nicht mehr ganz jung, der ist schon siebenundzwanzig.«

Ich unterhalte mich mit dem jungen Mann an der Haustür. Er steht hinter der Schwelle, ich davor. Er schaut sehr freundlich lächelnd, fast geistesabwesend auf die Straße. Auch seine Vorwürfe klingen eher traurig als aggressiv. Er hat Landmaschinenmechaniker gelernt und fast acht Jahre lang in Schweinfurt in der Konservenfabrik Kühne gearbeitet. »Wir waren froh, daß die Spreewälder nach der Wende ihre Betriebe und die berühmten Spreewälder Gurken nicht an ›Kühne‹ verkauft haben. Dann wäre der vielleicht schon damals in den Osten gegangen. Inzwischen aber hat er in Mecklenburg, ich glaube in Hagenow, einen neuen, billigeren Betriebsteil und entläßt hier die Leute.« Das kann er verstehen, sagt er, denn die im Osten wollen ja auch arbeiten. Überhaupt nicht versteht er allerdings, daß es unter den Arbeitern keine Gemeinsamkeit mehr gibt. »Ich meine das Wort Solidarität, das heute kaum einer noch kennt. Weshalb gehen die, die noch Arbeit haben, mit uns, die keine mehr haben, nicht gemeinsam auf die Straße?« Er schweigt, denkt nach und lächelt. Schließlich sagt er, daß er nie etwas mit der Jagd am Hut hatte. »Aber seitdem ich arbeitslos bin, mache ich meine Jägerprüfung. Einfach so, um wieder eine Aufgabe zu haben. Man wird doch blöd ohne Arbeit. Und ich will nicht depressiv werden, verstehen Sie? Nicht depressiv werden, wenn man den ganzen Tag allein zu Hause ist, nur das nicht«, sagt er und streift immer wieder seinen wirren, gekräuselten und noch etwas flaumig aussehenden Oberlippenbart glatt.

Vom Glauben an die wachstumsfördernde Kraft des Mondes, von einem karrierehemmenden westdeutschen Groschenheft und Verrätern, die zu Helden wurden

Von Rothausen laufe ich in Richtung Behrungen weiter. Doch als der Kolonnenweg ansteigt – ich bin nach den Flachetappen im Heldburger Unterland und im Grabfeld wohl keine Berge mehr gewöhnt –, rufe ich Erhard Schulz, den freundlichen Kartoffelanbauer und Gastgeber, in Linden an und bitte ihn, daß er mich abholt. An Linden war ich vorbeigelaufen, obwohl das Dorf nur etwa drei Kilometer von der Grenze entfernt liegt. Nach dem langen Abendgespräch bei Eva und Erhard Schulz weiß ich, daß ich bei meiner Grenzgängertour nicht nur Orte in Ost und West, sondern auch viele interessante aufschreibenswerte Geschichten liegengelassen habe …

Das Häuschen von Eva und Erhard Schulz steht auf einer Anhöhe am Ortsausgang. Bevor wir die Treppen hinaufsteigen, zeigt er mir am Hang sein ordentlich gemauertes und mit Glas abgedecktes Frühbeet. Der Salat hat schon apfelgroße Köpfchen. Früher brannte hier nachts eine Straßenlaterne, da wuchs alles noch viel schneller, sagt er. Aber er könne auch heute nicht klagen. Die Zwiebeln, die er erst vor einer Woche gesteckt hat, treiben schon Schlotten. Er sät und pflanzt Blumen, Frucht- oder Wurzelpflanzen an genau festgelegten Tagen und zu festgelegten Stunden nach dem Stand des Mondes und der Gestirne. »Zuerst wollte ich es nicht glauben, aber jetzt halte ich mich daran. Ich vertraue auf die wachstumsfördernden Kräfte des Mondes. Wissen Sie, der Glaube ist wichtig.« Seine Frau, die auch dann noch still vor sich hin lächelt, wenn sie ihm widerspricht, sagt: »Er glaubt heftiger als ich.« Sie habe ihr SED-Parteibuch schon vor Erich Honeckers Rücktritt, nachdem der Sohn und ihre Schwiegertochter im Mai 1989 verhaftet worden waren, abgegeben, er erst im November, nach der vom Meininger Gericht ausgesprochenen Amnestie für ihre Kinder.

Erhard Schulz war siebzehn Jahre Instrukteur der SED-Kreisleitung in Hildburghausen, zuerst verantwortlich für die Landwirtschaft, dann für die Grenze. Nachdem er bei der Kreisleitung in Ungnade gefallen war, arbeitete er fünfzehn Jahre als Sicherheitsinspektor in der LPG Pflanzenproduktion Streufdorf. Eva Schulz war bis 1991 Maschinenarbeiterin in der »Schraube« in Hildburghausen, in drei Schichten. »Trotzdem habe ich unsere 1955, 1956, 1959 und 1962 geborenen Kinder mit Fürsorge und Liebe ordentlich großgezogen. In der Spätschicht war es am schlimmsten, da konnte ich die Kinder nicht selbst ins Bett bringen.« Als ihr Sohn und die Schwiegertochter verhaftet wurden, hat ihr Parteisekretär in der »Schraube« – »Wir waren schon als junge Leute zusammen beim ersten Deutschlandtreffen.« – kein vorwurfsvolles Wort zu ihr gesagt. »Doch manche im Dorf grüßten mich nicht mehr, als Mutter von ›Staatsfeinden und Verrätern‹. Aber man muß doch, komme, was wolle, immer zu den Kindern halten … Nicht wahr?« Ich sehe ihr an, daß sie sich immer noch quält.

1936 ist sie in Linden geboren worden. Ihr Mann stammt aus dem Erzgebirge. Mit vierzehn Jahren begann er in Annaberg-Buchholz in einem Elektroinstallationsbetrieb zu arbeiten. »Wir mußten als Lehrlinge die Kisten mit Reparationsgut wieder ausräumen, die die Russen hiergelassen hatten oder nicht haben wollten, und Schrauben und Kleinteile ins Lager sortieren. In manchen Kisten fanden wir Hitlerbilder, die hatten Deutsche noch 1947 den Russen reingelegt.« Fünf Jahre später kam er als Grenzer nach Thüringen. Er war zuerst FDJ-Sekretär in der Kompanie und sollte dann hauptamtlicher FDJ-Sekretär an der Grenze werden. Man schickte ihn auf die FDJ-Schule. Dort wurde er krank, und als die besorgten Genossen ihn im Krankenhaus besuchten, das war 1957, lag auf seinem Nachttisch ein »Groschenheft« aus dem Westen. Ende der FDJ-Laufbahn. Er wurde Dreher in der »Schraube«. Aber seine Schleimhäute vertrugen das Öl und die Schmiermittel nicht. Ein Genosse holte ihn in die SED-Kreisleitung. Dort wäre er ohne die Westverwandtschaft seiner Frau wahrscheinlich bis 1989 geblieben. Aber 1975 traf er sich in Sonneberg mit den westdeutschen Geschwistern seiner Frau. Sie umarmten sich auf dem Parkplatz, und obendrein schickte der Bruder anschließend über den Deutschlandfunk noch herzliche Grüße an seine liebe Schwester Eva und ihren Mann Erhard in Linden in der Sowjetzone. Da endete auch seine Laufbahn bei der Kreisleitung. »Nicht aber meine Einstellung als Genosse. Für mich war der Sozialismus immer die bessere und sozial gerechtere Gesellschaftsordnung.« Er hatte nicht einmal gezweifelt, als sein Schwiegervater 1958 eingesperrt und nach Bautzen gebracht wurde, weil er in der Kneipe betrunken über den Wegfall der Lebensmittelkarten geschimpft hatte.

1989 war ihr Sohn Uli (Mitglied der SED) zweiunddreißig, die Schwiegertochter Monika (auch Mitglied der SED) dreißig Jahre alt. Er arbeitete als Bauingenieur. Sie in der Verwaltung beim legendären LPG-Chef und Mitglied der SED-Bezirksleitung, Helmut Wiegand.

»Uli hatte nie mit mir ernsthaft über Politik gestritten«, erzählt der Vater. »Aber nachdem meine Frau von einem Geburtstagsbesuch bei den Verwandten aus dem Westen zurückkam, sagte er: ›Wir werden einen Ausreiseantrag stellen, wir können nicht mehr in diesem Land leben.‹«

Seine Frau verschüttet das Bier, als sie nachgießt. »Ich begriff nicht, was er uns sagte. Ich wollte es nicht begreifen. Dabei hatte er auf einem guten Dutzend Seiten geschrieben, weshalb er mit seiner Familie aus der DDR weg will. Er zitierte, was Marx und Engels über Recht und Freiheit und über Menschlichkeit gesagt hatten. Er nannte konkrete Beispiele für Unrecht und Unmenschlichkeit und die ökonomischen Probleme in der DDR. Aber deshalb weggehen?«

Monika und Uli versuchten die Eltern zu trösten, man könnte sie aus der Partei rausschmeißen und entlassen. Aber irgendwann müßte man sie mit den Kindern gehen lassen.

»Doch die staatlichen Organe warteten nur noch – wohl um keine Störungen zu provozieren –, bis die Kommunalwahlen am 10. Mai vorüber waren. Drei Tage später verhafteten sie die beiden. In Suhl wurden sie wegen Staatsverleumdung zu einem Jahr Gefängnis verurteilt.«

Eva Schulz versucht mir zu erklären, daß sie als Genossin zuerst an einen Justizirrtum glaubte. Sie bat, daß wenigstens Monika wegen der 11- und 14jährigen Kinder nicht eingesperrt würde. Sie bat vergeblich. »Die beiden wurden in Handschellen unter Bewachung im Extraabteil eines Personenzuges in die Haftanstalten gebracht, Monika nach Hohenleuben, er kam in das Gefängnis nach Karl-Marx-Stadt. »Wir haben sie so oft als möglich besucht. Einmal hatte ich, weil er sie gern aß und zur Erinnerung an den heimischen Garten, ein Sträußchen Petersilie auf das genehmigte Päckchen gelegt. Der Beamte wog alles und sagte: ›Die Petersilie ist zuviel, die müssen Sie wieder mitnehmen!‹ In diesem unserem Land so was, verstehen Sie das? ... Es war doch aber nicht alles schlecht, was wir gewollt hatten ... Wenn man das soziale Unrecht heute sieht ... Aber die Kinder!«

Am 6. November 1989 hob das Gericht in Meiningen das Unrechtsurteil gegen Monika und Uli Schulz auf. »Manche, die uns vor einem halben Jahr nicht gegrüßt hatten, klopften uns nun auf die Schultern und sagten: ›Eure Kinder sind richtige Helden gewesen!‹ Monika und Uli hätten nach ihrer Entlassung hier bleiben können. Es war doch plötzlich alles möglich. Aber sie wollten nicht mehr. Er war ein Idealist, der Uli.«

Das ist er auch geblieben. In Gmünden hatte man ihm eine Stelle als Bauingenieur angeboten. »Als die Bewerbungskommission ihn fragte, ob er sich die Arbeit zutraut, sagte er ehrlich: ›Was ich noch nicht kann, werde ich lernen.‹ Da war er durch. Er engagiert sich heute für die Grünen und ist zur Zeit als einziger von unseren Kindern und Enkelkindern arbeitslos. Als einziger arbeitslos. Im Westen arbeitslos ...«

Sie erzählt mir, daß sie damals, »als viele nach der Wende alles wegschmeißen wollten«, ihre neun sorgfältig geführten Brigadetagebücher mit nach Hause genommen hat. »Die schaue ich mir manchmal noch an. Es war doch nicht alles schlecht. Unsere Arbeit, unsere gemeinsamen Feiern, das kann man doch nicht sagen, oder?«

Ihr Mann zeigt mir das Bad. Obwohl das Haus mit Heizung und Warmwasser modernisiert ist, steht dort noch ein alter Kohlebadeofen neben der Wanne. »Den wollten alle weghaben, aber ich habe mich gewehrt. Wenn ich ihn anschüre, wissen Sie, wie gemütlich warm – so ganz anders warm – es im Bad ist? Man kann sich doch nicht alle Erinnerungen nehmen lassen.«

Am nächsten Morgen holt er aus dem Keller schon gut vorgekeimte Acria-Kartoffeln. »Die kochen mehlig«, sagt er und erklärt mir genau, an welchen Tagen um wieviel Uhr ich sie nach dem Stand des Mondes und der Gestirne legen muß. »Sie wachsen besser. Man muß doch an was glauben«, sagt er und bedankt sich, daß ich bei ihnen übernachtet und mit ihnen geredet habe.

Von einem Professor mit goldenem Notizbuch, einem geklauten Erdbunker und müden Sicherheitswesten

Am nächsten Morgen fällt mir der Aufstieg über die Magerrasen-Wiesen, auf denen noch trockene, bizarre Silberdisteln vom vergangenen Sommer stehen, leichter. Als ich oben im Mischwald vor Behrungen angelangt bin, sehe ich neben dem Kolonnenweg einen alten, kahlköpfigen Mann mit gelbem Anorak und langem grauem Bart auf einem kombinierten

Wanderstock-Stuhl sitzen. Im freundlichen Berliner Dialekt fragt er, wie weit es noch bis Schweickershausen ist.

»Gut dreißig Kilometer, zwei bis drei Tagestouren.«

Nachdem er die Landkarte aus seinem rot-blauen Rucksack gekramt und nachgeschaut hat, lächelt er verlegen. »Kartenlesen war noch nie meine Spezialstrecke.« Egon Cohlmeyer – »Bitte mit C!« – ist pensionierter Professor für Kommunikation.

Als ich frage, was er in Schweickershausen will, erfahre ich, daß dort westdeutsche Grenzer oder Zöllner zwei Viehhändler an der Grenze erschossen haben sollen. Ich erzähle, daß ich bei Schweickershausen schon entlanggelaufen bin, aber davon nichts erfahren hätte ... Ohne mich ausreden zu lassen, beginnt er über die ostdeutschen Intellektuellen zu schimpfen, »die nach der Wende die deutsch-deutsche Geschichte nicht aufarbeiten oder nur mit den Wölfen heulen und vom kalten Krieg lediglich die Untaten der DDR-Behörden, der NVA-Grenzer oder Stasi-Geheimdienstler aufzählen«. Er verlange nicht, daß ostdeutsche Historiker, Philosophen und Schriftsteller über die Berufsverbote, die Verfolgung von Kommunisten und Antifaschisten in der alten Bundesrepublik, über den von ehemaligen Nazis geleiteten Geheimdienst der BRD, der auch DDR-Bürger als Spione angeworben habe, forschten und schrieben. »Aber differenziert über die eigene Geschichte berichten sollten sie wenigstens. An der Grenze haben nach 1945 auch Westdeutsche geschossen. Und Sie laufen an Schweickershausen einfach vorbei, ohne ...«

Ich verteidige mich nicht, und ich habe auch keine Chance, ihm zu entgegnen, daß er vom Leben in der DDR keine Ahnung hat, denn seine Frau stammt aus Leipzig. Sie hat an der Karl-Marx-Universität Philosophie studiert und ihren Doktor gemacht. Aber weil sie als SED-Mitglied nach der Wende nicht einmal mehr eine Chance als Seminarleiterin erhalten habe, arbeite sie nun in Kreuzberg als Sozialhelferin.

»Als Sozialhelferin in Kreuzberg wird sie kaum die Zeit finden, um die Irrungen und Wirrungen der DDR-Philosophie aufarbeiten zu können …«, sage ich.

Wir einigen uns schließlich auf seine These, daß es in Deutschland heute anders aussehen würde, wenn die SPD zur Wende die kritischen SED-Leute aufgenommen hätte. »Dann wäre sie eine starke linke soziale Partei, und im Osten wäre weniger geistiges Potential vernichtet worden. Schröder hätte was aufbauen können und müßte heutzutage nicht die Drecksarbeit für die CDU erledigen.« Der Professor will ein Buch über die deutsch-deutsche Geschichte schreiben. Auf die erste Seite seines goldenen Notizbuchs hat er schon den Titel aufgemalt. »Prof. Egon Cohlmeyer: Die ostdeutschen Historiker, Philosophen und Schriftsteller (1989 bis 2005) – von Helden zu Feiglingen.«

Wir verabschieden uns freundlich und gehen in verschiedene Richtungen. Sein Weg führt nun bergab.

Als ich vor Behrungen aus dem Wald herauskomme, laufe ich über eine weite Wiesenfläche. Dort stehen um einen Beobachtungsturm noch Teile der deutsch-deutschen Grenzanlagen. In die Erde gerammte, gekreuzte Stahlträger, die wie Panzersperren vor Moskau aussehen, dahinter, von der Grenze gesehen »freundwärts«, der 3,20 Meter hohe Metallzaun, auf dessen Krone in Y-Form Stacheldrähte gespannt sind, Eisentore, der acht Meter breite Spurensicherungsstreifen und die Minensperranlage. (Die Minen und Selbstschußanlagen wurden auf Befehl von Erich Honecker und ohne Genehmigung durch die Sowjetunion erst 1985 demontiert.) Hinter dem schwarzrotgoldenen Grenzpfahl mit dem »feindwärts« angebrachten DDR-Wappen steht die Originaltafel des Bundesgrenzschutzes, die BRD-Bürger aufklärte, daß das Betreten der DDR-Grenze »lebensgefährlich« sei und die Grenze nicht erst am Metallzaun, sondern schon davor beginne, denn: »An der Grenze zur DDR gibt es kein Niemandsland.«

Auf dem Weg zum Beobachtungsturm bemerke ich einen metertiefen Laufgraben, der in einen großen, aus Beton gegossenen Erdbunker mit spitzem schwarzem Dach und seitlich angebrachten Sehschlitzen mündet. Das Original wurde 1993, so steht es auf der Erklärungstafel, »widerrechtlich entfernt«. Also auf gut deutsch: geklaut. Aber wer klaut tonnenschwere Grenzbeobachtungserdbunker? »Die Besichtigung des 2002 aus Originalteilen und mit neuer Betonfüllung wiederaufgestellten DDR-Grenzbunkers geschieht auf eigene Gefahr.« Ich hangele mich in den Laufgraben und versuche von dort aus, in den Bunker zu gelangen. Obwohl ich meinen Rucksack absetze, gelingt es mir nicht, durch die schmale Öffnung hineinzugehen. Ich ziehe Kopf und Bauch ein. Bleibe trotzdem in dem sehr niedrigen Spalt stecken, und das, obwohl ich gerade meine einwöchige Frühjahrsfastenkur hinter mir habe! Schließlich gebe ich es frustriert auf, mich in den kalten Betonkasten hineinzuzwängen, bezweifele aber, daß die DDR-Grenzsoldaten kleiner als 1,73 Meter und leichter als 80 Kilo waren …

An dieser Stelle unterbreche ich die chronologische Beschreibung meiner Grenzgängertour und erzähle, wie mich am Tag darauf der Behrunger Bürgermeister, Dr. Rußwurm, ob meines Steckenbleibens in der Öffnung zum Erdbunker spitzbübisch lachend tröstet. Er hatte 1993 gesehen, daß zwei Leute aus einem Nachbardorf den alten Beobachtungsbunker mit einem Greifer und einem Traktor abtransportierten. »Er gehörte niemand, das heißt zumindest nicht der Kommune … Also deswegen zeigt man doch niemand an …«

Wo der Bunker hingekommen ist, weiß er nicht. Aber nachdem die Behrunger sich weigerten, die Wiesenfläche als Golfplatz vermarkten zu lassen, baute Andreas Erhard aus Schweinfurt dort die »Mahn- und Gedenkstätte: Deutsch-deutsches Freilandmuseum«. Zur Vollständigkeit fehlte ein Beobachtungserdbunker. »Schließlich haben wir im Bayerischen – in den alten Bundesländern war man im Gegensatz zu uns schon kurz nach der Wende auf alle großen und kleinen Grenzsouvenirs sehr scharf – noch einen Originalbunker gefunden. Ich schickte einen ABM-Mann rüber, der die Originalöffnung genau ausmessen sollte. Doch anscheinend lagen die Segmente mit der Öffnung verkehrt herum. Er hat falsch gemessen, und nun steht im Freilandmuseum ein Erdbunker mit nicht mehr ganz originalem, sondern etwas zu kleinem Eingang.«

Der dunkelgrün gestrichene LKW der Grenzer neben dem Beobachtungsturm ist noch original. Im Fahrerhaus hängt ein Schild: »Nicht fahrbereit.« Die Tür zum Beobachtungsturm ist mit stabilen Winkeleisen verschlossen. Eine Tafel vom »Deutschen Kuratorium zur Förderung von Wissenschaft, Bildung u. Kultur e. V.« erklärt dem Besucher, daß alles, was er hier besichtigt, »im Sinne von Mahnung und Auftrag …« zu verstehen ist. An jedem dritten Sonntag im Monat wird der Grenzturm geöffnet. Eintritt 3 Euro. Die gesamte Besichtigungsstrecke des Freilandmuseums beträgt einen Kilometer. Zeitdauer anderthalb Stunden. Entsprechendes Schuhwerk ist geboten. Außerplanmäßige Besichtigungen können bei Andreas Erhard in Schweinfurt telefonisch vereinbart werden. Neben den Grenzanlagen steht eine Tafel für seinen Sohn Manuel Erhard. Der 10jährige hatte hier 2001 eine Tretmine gefunden und »umsichtig gehandelt«.

Das Verlegen von Minen und das Anbringen von Selbstschußanlagen kostete auf einem Kilometer Grenze zweihunderttausend Mark. Für die Grenzstrecke, die ich ablaufe, waren das 80 Millionen. Für 80 Millionen »freundwärts« in einem Jahr zwei Tote und elf Verletzte …

Ich bin die Einsamkeit als Grenz-Gänger inzwischen gewohnt. Aber hier schaue ich immer wieder, ob von der nahe gelegenen Hauptstraße eines der vielen vorüberfahrenden Autos zum deutsch-deutschen Freilandmuseum abbiegt. Doch alle fahren vorbei, und ich laufe ich weiter. Zehn Minuten von den alten Grenzanlagen entfernt, bietet sich ein friedliches

Bild: Auf einem tümpelähnlichen Teich neben dem Kolonnenweg brüten Wildenten.

Nach einer knappen halben Stunde quert der Kolonnenweg die Straße zwischen Behrungen und dem bayerischen Rappershausen. An der ehemaligen Trennlinie steht an der Straße ein mannshoher Schuppen, der einer Hundehütte ähnelt. Die wackligen Seitenwände sind mit schwarzer, verwitterter Dachpappe verkleidet. In die Dachpappe hat man »Мы были здесь. Люба.« (»Wir waren hier. Ljuba.«) geritzt. Die Tür ist nur angelehnt. Im Inneren steht lediglich ein Kanonenofen. Vor der Hütte eine alte weiß-blaue bayerische Grenzschranke. Das gehört ebenso zur »Mahn- und Gedenkstätte: Deutsch-deutsches Freilandmuseum« wie der dicke, am westlichen Ortsrand von Rappershausen stehende Turm, der wie ein Getreidesilo aussieht. Laut Tafel des »Deutschen Kuratoriums zur Förderung von Wissenschaft, Bildung u. Kultur e. V.« wurde dieser Turm früher vom Bundesgrenzschutz genutzt.

Neben der alten Schranke und dem Teerpappenhäuschen glänzt ein neu gesetzter Gedenkstein, enthüllt durch Andreas Erhard am 17. Juni 2003: Unter der Schirmherrschaft vom Thüringer Kultusminister haben sich der Ort Rappershausen, die Gemeinde Behrungen, die bayerische Landespolizei, Inspektion Mellrichstadt, die Polizeiinspektion Schmalkalden-Meiningen und andere als »Mahnung und Auftrag verpflichtet, den Vollzug der Deutschen Einheit aktiv mitzugestalten«.

Die Straße nach Rappershausen heißt »Straße der Deutschen Einheit«. Ein Auto kommt von dort und hält. Der ältere Mann, der aussteigt, beginnt, an der Straße geschnittene Weidenzweige zu bündeln. Ich erkundige mich, was die Dachpappenhütte soll. Statt zu antworten, zeigt er auf den Stein und die Mahntafel und sagt, daß so etwas schnell gesetzt ist und daß dieser Andreas Erhard sich wohl ein bißchen wichtig nimmt. »Ich war am 17. Juni nicht in Rappershausen und wollte am Vortag schon mal auf den Stein gucken, um zu erfahren, was das bedeuten soll. Aber der Herr ließ mich nicht einmal unter die Plane schauen!«

Der 67jährige Horst Schubert arbeitet seit der Wende an seinem Naturwunder, er hat hier an der ehemaligen Grenze einen besonderen Garten geschaffen. Die Zweige von Weiden, Eschen und Erlen sind zu einer natürlichen Trennwand verflochten. Drinnen, zwischen Wassertümpeln, Sumpfgras und Hecken, stehen auch Obstbäume. Aber jetzt soll er alle Bäume fällen und das Zaungeflecht wieder wegreißen. Ihm rutscht, als er das erzählt, vor Erregung immer wieder seine Brille herunter. »Weil … weil … das Sumpfgras, das hier wächst, kein gewöhnliches Sumpfgras sein soll, verlangen die Umweltbürokraten in unserem Landratsamt, daß ich … Aber ich werde keinen einzigen Baum fällen, sollen die doch selber …« Er, der ein Leben lang auf dem Bau arbeitete, hat nach der Einheit hier einen kunstvollen und trotzdem natürlichen Garten der Wildnis angelegt. »An der Straße der Einheit! Aber das ist keine Straße der Einheit. Das ist eine Straße der Willkür unserer Bürokraten geworden.«

Und die kleine, mit Teerpappe verkleidete Hütte? »Drinnen haben sich unsere bayerischen Zöllner beim Grenzgang aufgewärmt. Ich habe die Bude nach der Wende aufgeräumt und dabei einen Eimer mit leeren kleinen Taschenrutschern rausgetragen. Die haben hier immer ordentlich einen draufgemacht.«

Im Regen laufe ich zur nächsten Station vom »Deutsch-deutschen Freilandmuseum«, dem alle Häuser überragenden Beobachtungsturm. Das Innere des Turmes ist wahrscheinlich längere Zeit nicht besichtigt worden, denn auf einem vergilbten Anschlag werden für den Besuch immer noch 0,50 DM verlangt.

In den Vorgärten der Nachbarhäuser drehen sich an Seerosenteichen kleine Mühlen im Wind. Dicht beieinander stehende Fichten sind zu dicken Hecken gestutzt. An das erste Haus links neben dem Turm sind, architektonisch interessant, quer und längs noch Teile angefügt. Nun sieht es wie ein

Schmetterling aus. In der Haustür steckt der Schlüssel. Durch die großen Fenster gut einsehbar, sitzen in einem geräumigen Zimmer mit Aktenregalen und Computern ein junger Mann und eine junge Frau.

Ich frage nach dem dicken Bundesgrenzschutz-Beobachtungsturm. »Das ist der Wasserturm des Dorfes. Den Beobachtungstrakt hat man später drangebaut. Die Touristen haben von dort oben häufiger in den Osten geschaut als der BGS.« Ich frage, was die Einwohner von Rappershausen tun würden, um die Vollendung der deutschen Einheit aktiv zu befördern, wie auf dem Gedenkstein steht. Davon wissen die beiden nichts. Sie sind aus dem Osten hierhergezogen. Ralf Peter Reincke ist Maschinenanlagenmonteur, Sabine hat 1987 in Weimar ihr Architekturstudium abgeschlossen. Zusammen haben sie drei Jahre lang in der ersten Phase das geplante Atomkraftwerk bei Stendal mit aufgebaut. Es wurde nie fertiggestellt, weil es nach der Wende hieß, daß die Sicherheitstechnik der nach sowjetischem Muster gebauten ostdeutschen Atomkraftwerke nicht den bundesdeutschen Sicherheitsbestimmungen entspreche. Sie wurden noch bis Ende 1991 beim Abriß der Atomkraftwerksbaustelle beschäftigt. »Der Reaktorblock hat lange widerstanden, man konnte ihn nicht abbauen, so dick und fest war der.« Dann kehrten sie von Stendal nach Römhild zurück, bekamen Arbeit in Bayern. Er war Leiharbeiter in Frankfurt/Main und Heizungsmonteur in Bad Neustadt, danach arbeitslos. Das bayerische Arbeitsamt erklärte ihm vor vier Jahren, daß er mit seinen neununddreißig Jahren schon zu alt für eine Umschulung ist. Seitdem hilft er hier im Architekturbüro seiner Frau. Sie hat einen festen Job im Betonwerk Bischofsheim aufgegeben. »Lieber weniger verdienen, aber frei sein«, sagt sie. Zur Zeit sieht es mit dem Verdienen nicht gut aus, denn immer weniger Leute ließen sich heutzutage ein neues Haus bauen. Sie lacht, wie um sich selbst zu trösten. Doch weil sie in der DDR vor dem Architekturstudium eine ordentliche Ausbildung als

Betonfacharbeiter hatte, kann sie nun beim Ausbau und Umbau oder Bau ihrer Entwürfe selbst mitarbeiten. Außerdem malt sie Wandbilder für die Zimmer ihrer Kunden. »Wir schaffen das schon!«

Und die Verpflichtung, die Vollendung der Einheit aktiv zu befördern?

»Ich entwerfe Häuser in Ost und West, das reicht doch. Oder? Außerdem tanzt der Bürgermeister unserer bayerischen Einheitsgemeinde mit der Volkstanzgruppe oft drüben in Behrungen.«

Der Bürgermeister wohnt nicht in Rappershausen. Die Geschäfte im Dorf leitet eine Frau, deren Haus abseits der übrigen Häuser wie ein verwunschenes Schloß hinter Mauern und Büschen versteckt in der Kirchgasse steht. Statt einer Klingel entdecke ich schließlich einen alten Türklopfer. Im Flur riecht es nach Spaghetti und Sauce Bolognese. Die Frau, um die Vierzig, sieht mit ihren schwarzen Haaren, dem braungebrannten, schmalen Gesicht und den dunklen Augen wie eine Italienerin aus. Aber Christa Halbig-Hölzer ist in Franken aufgewachsen. Sie war zur Wendezeit Journalistin in der Mellrichstädter Lokalredaktion.

»Damals, als sich die Menschen mit unbeschreiblichem Jubel in die Arme fielen, war auch ich wie betrunken. Ich habe immer nur auf den Auslöser gedrückt. Immer nur draufgedrückt. Tausende Male.« Von ihrem Heimatort aus hatte sie all die Jahre lang die Gleichberge gesehen und gedacht, dort werde sie niemals hinkommen. Schon beim ersten Treffen nach der Grenzöffnung lernte ihr Mann einen Behrunger Tischlerkollegen kennen. Sie gründeten zusammen in Rentwertshausen am Fuße vom Gleichberg einen Fensterbaubetrieb. In diesem Betrieb der Einheit werden immer noch fünfzehn Leute beschäftigt. Das sei für sie wichtiger als Gedenktafeln und Freilandmuseen und die Verpflichtung, die sich Andreas Erhard aus Schweinfurt ausgedacht hat. Sie möchte nicht über seine Einheitsprojekte urteilen, sagt sie, doch eins müsse man ihm lassen: »Er schafft unentwegt an der ehemaligen Grenze, gräbt und baut dort mit seiner Frau und seinem Sohn. Er will den Ostdeutschen – die das leider kaum selbst tun – ihre Geschichte erhalten und erklären. Aber bei jeder neuen Einweihung holt er Politiker und Medien und redet und redet und stellt sich immer wieder für die Fotografen auf.«

Im Schullandheim ein paar Gassen weiter repariert, umringt von vielen Kindern, ein junger Mann die Gangschaltung eines Rennrades. Das Schullandheim, so steht es an der Tür, ist auch ein Jugendradsportzentrum.

»Eine Art spezialisierte Kinder- und Jugendsportschule?« frage ich.

»Nein. Hierher kommen für jeweils fünf Tage Schulklassen mit ihren Lehrern und machen Exkursionen und Radwanderungen.«

Früher war der inhaltliche Schwerpunkt des Schullandheimes die deutsch-deutsche Grenze. »Aber mit diesem Thema lockt man heutzutage keine Schulklasse hierher.«

Schließlich rufe ich in Schweinfurt bei Andreas Erhard an und erkundige mich nach seinem »Deutschen Kuratorium zur Förderung von Wissenschaft, Bildung u. Kultur e. V.«. Wieviel Mitglieder es genau hat, kann er nicht sagen. Das sei unwichtig, sie würden Projekte und deren Initiatoren betreuen, also immerzu wechseln. Als ich erwähne, daß ich Journalist bin, wird er sehr gesprächig und erzählt von Internetverbindungen seines Kuratoriums mit dem Ausland, beispielsweise würden sich die Japaner für die deutsch-deutsche Grenzgeschichte interessieren

Auch wann die nächste Mitgliederversammlung stattfindet, weiß er noch nicht …

Als ich im kleinen Rathaus von Rappershausen ein lediglich an die Wand gemaltes, altes Fenster bestaune, fragt mich Rucksackmenschen eine rothaarige, knapp 50jährige Frau, wo ich heute noch hinwandern würde. »Nach Behrungen und Berkach und vielleicht noch ein Abstecher nach Mellrichstadt.« Sie würde jetzt nach Mellrichstadt fahren und dort zwei Stunden zu einem Bewerbungsgespräch bleiben. »Wenn Sie wollen, nehme ich Sie mit und bringe Sie anschließend wieder zurück. Zwei Stunden reichen allemal für Mellrichstadt.«

Ich weiß nicht, weshalb ich mich darauf einlasse. Aber wir brauchen mit dem Auto nur zehn Minuten. Ich nehme an, daß die Polizeiinspektion, die sich verpflichtet hat, aktiv die Einheit zu befördern, im Rathaus stationiert ist. Doch im Hof stehen weder Polizeiautos, noch gibt es Reservierungsschilder für die Polizei. Nur eines für »Versehrte« und daneben das für den »Ersten Bürgermeister«. Auf dessen Audi lese ich an der Rückfrontscheibe: »Für Sie unterwegs, Ihr Bürgermeister.«

Er hat eine Besprechung. Die Sekretärin schickt mich zum Leiter der Verwaltungsgemeinschaft. Der erzählt mir, daß es nach der Wende mit Mellrichstadt aufwärtsgegangen ist. Das neue Gewerbegebiet, dazu drei Supermärkte. Die Ostler aus der Meininger Gegend würden immer noch gern bei ihnen einkaufen. Sie hätten in der Verwaltungsgemeinde die höchsten Gewerbesteuereinnahmen seit vielen Jahren, und das, obwohl nach der Grenzöffnung rund tausend Soldaten der Bundeswehr abgezogen wurden, das Forstamt dichtgemacht und nun auch noch das Amtsgericht in Frage gestellt sei. »Wie damals, als Mellrichstadt den Status einer Kreisstadt an Bad Neustadt abtreten mußte. Heute denkt das Land darüber nach, das uns damals als Trost übergebene Beschußamt zu schließen. Obwohl sie dort vor wenigen Wochen durch die sorgfältige Prüfung von Schußwesten vielen Polizisten das Leben gerettet haben. Doch die Politiker kümmert das nicht.« Das Land Bayern habe zwar mit dem G8-Versuch, also dem Gymnasiumsabschluß in der achten Klasse – »Damit wir in Bayern schneller junge Manager bekommen.« –, den Kommunen die Pflicht für diese Schulform und die dadurch notwendige Ganztagsbetreuung, das Mittagessen usw. auferlegt, gleichzeitig zahle es den

Landeszuschuß dafür nur, wenn die Kommune fünfzig Prozent der Kosten übernehme. »Das ist unverschämt.«

Ich frage, ob ich seinen Namen aufschreiben darf. Er nickt. »Peter Schmitt. Mit katholischen zweimal harten t hinten dran. Die evangelischen Schmidts sind meist die mit der weichen dt-Endung.«

Als ich ihm erzähle, daß ich wegen der Verpflichtung, aktiv den Vollzug der Einheit mitzugestalten, noch zur Polizei wolle, sagt er, daß er schon mehrere Briefe wegen des Kuratoriums auf seinem Tisch hatte. Es wurde darin angefragt, Andreas Erhard für seine Dienste an der deutschen Einheit auszuzeichnen. Er ließ Informationen über das Kuratorium einholen. Als Ansprechpartner des Kuratoriums wären im Internet und auf der Visitenkarte lediglich Andreas Erhard, seine Frau und sein 14jähriger Sohn angegeben. »Eine Art ›Familienkuratorium‹, bei dem, wenn man so will, Familie Erhard vorschlägt, Andreas Erhard auszuzeichnen ...«

Bevor ich gehe, frage ich, weshalb das Mellrichstädter Beschußamt Polizisten das Leben gerettet hat.

»Weil sie festgestellt haben, daß die vom bayerischen Staat für viel Geld gekauften Schußwesten nicht mehr kugelsicher sind.«

Die Tür des Beschußamts bleibt nach meinem Klingeln und einem Wechselgespräch verschlossen. Dann jedoch kommt der stellvertretende Leiter, Horst Willner, höchstpersönlich heraus. Der 50jährige spricht sehr langsam und sehr leise und ohne Erregung in der Stimme.

»Schaumerma, ob sie uns in Zukunft einsparen werden. Schaumerma.«

Das Beschußamt verdanken die Bayern den Suhler Waffenfabrikanten, die sich nach dem Zweiten Weltkrieg lieber bei den Amerikanern als bei den Sowjets niederließen. Um die Waffen zu prüfen, mußten sie ihre Gewehre zuerst nach Schweinfurt bringen. Dann gab es ein Beschußamt in Münnerstadt und schließlich das in Mellrichstadt. Sieben Beschußämter gibt es in Deutschland, zwei in den neuen Bundesländern, das älteste in Suhl.

Horst Willner redet auch, als er über die Schußwesten spricht, kein bißchen schneller, lauter oder leidenschaftlicher. »Sie sind viel leichter als die schweren der Konkurrenz. Als sie neu waren, überstanden sie den Test. Aber nach zwei oder drei Jahren? Schaumerma. Die Sache war so, daß die neuen, leichten Fasern nun ermüdet waren und die Kugeln nicht mehr abhielten.« Der Staat Bayern hat wie andere Bundesländer Tausende dieser leichten Westen für Steuergelder gekauft. Aber Regreßforderungen sind nicht mehr möglich. »Die Firma, die sie lieferte, existiert inzwischen nicht mehr.« In Bayern also auch!

In der Polizeiinspektion werde ich von der Pförtnernische in das Dienstzimmer gewunken und versuche vergeblich, den Polizisten, der mit einem »Verunfaller« gerade den Hergang aufschreibt, zur »Verpflichtung zum aktiven Vollzug der Einheit« zu befragen. Als noch eine »Verunfallerin« dazukommt, telefoniert er nach dem Dienststellenchef.

Der Polizeihauptkommissar sieht noch sehr jung aus, ist aber »schon« dreiundvierzig. Er hat von 1985 bis 1990 an der Grenze gedient. »Wir mußten die Grenze weniger bewachen als beobachten, das heißt, wir hatten zu melden, wenn sich bei denen drüben was bewegte.« Als die Grenze geöffnet wurde, lag er wegen einer Knieoperation im Krankenhaus. »Allerdings habe ich damals sofort begriffen: Das ist für uns die zweite Vertreibung aus dem Paradies! Die Straße nach Thüringen war zuvor kaum befahren. Jeder kannte in Mellrichstadt jeden. Es gab kaum Diebstähle … Heute dagegen ist die Fernstraße B19 die sogenannte Todesstraße. Die organisierte Kriminalität schlägt inzwischen auch hier zu.«

Als ich ihn wegen der »Verpflichtung« befrage, lacht er. »Wir haben damals als Nachfolger der Grenzinspektionsstelle eine Urkunde bekommen. Und das war's. Was die Einheit betrifft: Wenn die Meininger einen Verkehrsrowdy auf der B19 jagen, rufen sie uns an, und wir stehen dann schon an der Grenze.« Die Mellrichstädter und Meininger Polizisten haben oben an der ehemaligen Grenze auf der »Schanz« auch schon gemeinsame Verkehrskontrollen organisiert. »Wir wollten uns mit den Arbeitsmethoden der Meininger und ihren persönlichen Problemen vertraut machen. Dadurch haben wir mitbekommen, daß sie immer noch länger arbeiten, also weniger verdienen als wir. Aber sie riskieren bei ihrem Job genau wie wir ihr Leben.« Er stutzt und lacht. »Allerdings sind sie sicherer. Die Thüringer Polizisten tragen diese neuen Sicherheitswesten nicht.«

Bevor wir zurückfahren, lade ich die rothaarige Frau aus Rappershausen zu einem Trost-Eis ein. Sie hat den Job nicht bekommen.

Von Rappershausen laufe ich hinüber nach Behrungen. An der ehemaligen Grenze liest der mit den Umweltbürokraten des Landratsamtes kämpfende Gartenkünstler Papier und anderen Unrat neben der weiß-blauen Schranke und dem Dachpappenhaus vom deutsch-deutschen Freilandmuseum auf. Er sagt, daß es meist Sechsämtertropfen waren, die die westdeutschen Zöllner hier in der hundehüttenähnlichen Bude am Kanonenofen getrunken haben. »Sonst wären die doch vor Langeweile an der Grenze gestorben.«

Von gastronomischem Schleuderservice, dem eingeschleppten asiatischen Holzborkenkäfer und einem Grenzturm-Bungalow

Die drei Grenzkilometer von der Straße Rappershausen–Behrungen zur Straße Sondheim–Behrungen sind flach und die Löcher in den Gitterplatten vom Kolonnenweg wanderfreundlich zugewachsen. Trotzdem treffe ich keine Wandersleute.

Zwei kleine Bäche haben den Kfz-Sperrgraben knöcheltief mit Wasser gefüllt. Aus diesen mit »Entengrütze« getarnten Tümpeln flattern – erst erschrecken sie vor mir und dann ich vor ihnen – bunte Erpel auf.

Nach der Hälfte des Weges hält vor mir ein kleiner, offener Transporter. Auf der Ladefläche liegen nur unzureichend unter einer Plane versteckte Bündel von Buchen-, Eichen- und Ahornbäumchen, die noch nicht ausgeschlagen haben. Am größten und schon zartgrün belaubt sind vier Birken, deren Wurzelballen in Supermarkttüten stecken. Der Fahrer kommt aus der Nähe des bayerischen Ostheim und verkauft in Franken und Thüringen Pflanzen und Bäume. Weil ich mir die Waldbäumchen genau anschaue, guckt er mißtrauisch auf mein Notizbuch. Als er weiß, daß ich Thüringer bin, erzählt er, so als müßte er mir jetzt etwas Freundliches sagen, daß sein Großvater, »der nur Karl der Krumme hieß, weil er immer gebückt lief«, ein halbes Leben lang im Osten, in Meiningen, gearbeitet hat. Ostheim gehörte genau wie Nordheim bis 1945 zum Kreis Meiningen. »Sie waren deshalb reicher als die umliegenden kleinen bayerischen Orte. Ostheim besaß damals schon eine eigene Feuerwehr. ›Es ist uns gutgegangen unter der Meininger Regierung‹, sagte der Großvater oft.« Freilich hätten sie dann auch Glück gehabt, daß sie 1945 Bayern zugeschlagen worden sind.

Die Bäumchen gräbt er auf dem ehemaligen Grenzstreifen aus. »Der gehört keinem. Ist doch Niemandsland«, sagt er und glaubt es trotz der dort stehenden Naturschutz-Eulen-Schilder wohl auch. Er verabschiedet sich freundlich und diktiert mir seine Telefonnummer. »Falls Sie einen guten, billigen Weihnachtsbaum brauchen …«

Ich aber schreibe mir seinen Satz auf: »Vor dem Krieg war Ostheim reich, weil es zu Meiningen gehörte. Nach dem Krieg blieb es reich, weil es nicht mehr zu Meiningen gehörte.«

Auf der besser als manche Mecklenburger Bundesstraße asphaltierten Verbindung zwischen Sondheim und Behrungen laufe ich in den Thüringer Ort hinein. Am Eingang stehen links die alten Gebäude der LPG. Ihre Tankstelle rentierte sich wahrscheinlich nach der Wende trotz Umbau nicht mehr. Sie ist teilweise schon abgebaut. Auf der Anzeigetafel für die Benzinpreise aber steht noch fünfmal die allerletzte Neun hinter dem Komma, die Endzahl, die meist auch im verwirrendsten Konkurrenzkampf auf der Anzeige unverändert bleibt und die Vorzahl schönt.

Am Ortseingangsschild ist zu lesen, daß Behrungen 1995 sein 1200jähriges Jubiläum gefeiert hat. Und daß es das »Dorf des deutsch-deutschen Freilandmuseums« ist. Nachdem ich durch den ehrwürdigen Ort gelaufen bin und die gut erhaltenen und sorgfältig renovierten Häuser bestaunt habe, würde ich als Bürgermeister ein Schild »Historisches Zeugnis für thüringisch-fränkische Fachwerkbaukunst« anbringen.

Die Gemeindeverwaltung, die sich auch nicht in einem Neubau aus Glas und Beton befindet, sondern in einem alten Fachwerkhaus, an dem außen eine überdachte Treppe in die erste Etage hinaufführt, ist geschlossen. Die Kneipe nebenan hat geöffnet. Der Wirt sagt mir, daß Bürgermeister Dr. Walter Rußwurm – »Dr. Löwenzahn genannt, weil er über die unerwünschte Verbreitung des Löwenzahns in genossenschaftlichen Wiesen promovierte« – im Landratsamt von Hildburghausen arbeitet und landwirtschaftliches Ungeziefer wie Schnecken, Käfer und andere Insekten bekämpft. Ein regelmäßiger Kneipengänger sei er nicht, aber ein sehr geselliger Mensch. Schon in der DDR sang er (Tenor) mit seiner Frau (Alt) im hiesigen »Bahragrund«-Gesangsverein. Außerdem war er Mitglied der Tanzgruppe. Aber inzwischen hat er es im Kreuz und singt nur noch.

Wenn die Straßen alle saniert sind – im Moment werden sie vor der Gemeindeverwaltung und der Kneipe aufgerissen –, ist Behrungen ein touristisches Kleinod. »Der Bürgermeister hat in seinen dreizehn Jahren Amtszeit hier schon viel geschafft. Nur den Bierumsatz konnte er nicht steigern«, sagt der Wirt und lächelt traurig. »Heute schenke ich noch achtzig Hektoliter aus. Zur Wende waren es doppelt soviel. Eine Dorfkneipe lebt von den Stammkunden, die hier abends sitzen und über den lieben Gott, die Welt und die Nachbarn reden. Doch die Alten werden weniger, und die Jungen arbeiten außerhalb. Die Vereine, die kaum noch Geld haben, schenken, um ein paar Euro zu verdienen, ihr Bier selber aus. Und eine vierköpfige Familie, wo der Vater tausend Euro verdient, kann es sich nicht leisten, zweimal im Monat sonntagmittags in der Gaststätte zu essen. In der DDR hatten wir Gäste ohne Ende und keine Waren. Heute haben wir Waren ohne Ende, aber keine Gäste.« Er muß es wissen. Er arbeitete in der DDR beispielsweise im Meininger »Sächsischen Hof« und im Suhler »Kaluga«. Außerdem war er Lehrausbilder. »Trotz des wegen der Überfüllung oft praktizierten ›Schleuderservice‹ hatten die Kellner in der DDR eine solide Ausbildung, eine vorbildliche Tragehaltung. Aber eine professionelle Bedienung und akkurates Tabletttragen rettet heute keine Dorfkneipe mehr.«

Auch die Schule von Behrungen ist ein schönes, altes Fachwerkhaus. Den DDR-Anbau haben die Architekten so flach gehalten, daß man ihn von der Straße aus nicht sieht. Wahrscheinlich fragen Fremde hier selten nach dem Lehrerzimmer. Die Kinder rennen schreiend vorneweg und zeigen mir die Tür. Ich klopfe und gehe unaufgefordert hinein. Neun Frauen unterbrechen ihr Gespräch und schauen mich an, als ob ich der reitende Bote vom Ministerium wäre, der ihnen beibringen solle, daß auch ihre Schule geschlossen werde. Die Frau an der Stirnseite des langen Tisches redet als erste wieder. Sie entschuldigt mein Zuspätkommen für die »Lehrerweiterbildung« und erklärt mir, daß sie eine freischaffende psychologische Beraterin aus Meiningen ist, heute das Thema »Individuelle psychologische Beobachtung« behandelt, und bittet mich, Platz zu nehmen.

Stotternd kläre ich das Mißverständnis auf. Es würde mich interessieren, wie sie hier an der Grenze fast fünfzehn Jahre nach der Einheit …

Eine sagt, daß ihr Mann, der aus dem Sperrgebiet stammt, immer noch bei jeder nötigen oder unnötigen Gelegenheit den Ausweis vorzeigt.

Eine andere erzählt, daß sie bei einer Feier kürzlich vier junge Leute, einer davon aus dem Osten und drei vielleicht 18- bis 21jährige aus dem Westen, erlebt hat. »Als die sich wegen einer Nebensächlichkeit ernsthaft stritten, redeten die drei aus dem Westen plötzlich von ›Zuständen wie früher bei euch in der Zone‹ und ›Zonies‹.«

Eine berichtet, daß sie, obwohl das Mellrichstädter Bad schon ausgelastet war, für ihre Klasse noch einen Termin zu einem regelmäßigen gemeinsamen Schwimmunterricht mit einer bayerischen Klasse bekommen hat.

Eine stört es, wenn Leute »von drüben« die Ortschroniken über hiesige Grenzdörfer schreiben oder Museen über das Leben an der DDR-Grenze gestalten und »sich anmaßen, uns die eigene Geschichte erklären zu wollen«.

Außerdem erzählen sie, daß bayerische Gastschüler in Behrungen zur Schule gehen, daß sie an Wandertagen hinüber nach Rappershausen laufen, daß Westdeutsche arroganter sind und »klug reden«, obwohl sie weniger wüßten …

Vier Wochen nach diesem Fünf-Minuten-Gespräch ruft mich eine der acht Frauen an. Sie hätten mir ohne Genehmigung vom Schulamt nichts erzählen dürfen und könnten deshalb eine Abmahnung erhalten. Ich verspreche, keine Namen zu nennen. (Einigen meiner Gesprächspartner auf den Grenz-Gängen wurden nach der Veröffentlichung ihrer Meinung zu allbekannten Tatsachen von ihren staatlichen oder privaten Arbeitgebern Strafen angedroht bzw. sie haben Abmahnungen erhalten. Das ist meine Schuld, denn ich habe mir immer noch nicht meine DDR-Interviewmethode abgewöhnt. Damals fragte ich nicht nach der Meinung zu Honecker oder dem Ersten SED-Bezirkssekretär, sondern wollte wissen, wie die Leute über ihre Arbeit, über Mißwirtschaft, Materialversorgung und soziale Probleme in ihrem Betrieb dachten. Darauf antworteten sie sehr ausführlich und sagten anschließend: »Das können Sie ruhig aufschreiben und meinen Namen auch.« Heute könnte ich sie nach Schröder oder Althaus fragen, und jeder würde, ohne Konsequenzen befürchten zu müssen, sehr ausführlich seine Meinung sagen und hinzufügen: »Das können Sie ruhig aufschreiben und meinen Namen auch.« Ich aber frage statt dessen wie früher immer noch nach ihrer Arbeit in Betrieben und staatlichen Einrichtungen und sollte endlich begreifen, daß sie darüber heute besser nicht sprechen sollten. Denn so frei sind wir nun doch nicht in diesem Land.)

Im DDR-Neubau der Schule ist der Hort untergebracht. Ein großes buntes Wandgemälde ziert den Treppenflur. Pioniere spielen in der Sonne und sammeln leere Flaschen und Altpapier. Die Hortnerin, sie ist seit vierzig Jahren an der Schule, hat die Eltern jetzt zu einer Spielzeugsammlung aufgerufen. Für Spielgeräte erhält der Hort pro Kind im Jahr nur 10 Euro. Außerdem hat die Frau fünfhundertvierzig Unterschriften gegen die Streichung der Landeszuschüsse für Horte gesammelt und an Ministerpräsident Althaus geschickt. »Kinder aus bayerischen grenznahen Nachbarorten kommen in unseren Hort, weil sie dort nichts Ähnliches haben. Wir vollenden die deutsche Einheit nicht dadurch, daß im Westen neue Horte aufgebaut werden, sondern indem man die Hortbetreuung bei uns im Osten abbaut. Genau wie die Schulküchen. Ich glaube, in Südthüringer Schulen wird nur noch in Wasungen und bei uns in Behrungen gekocht.«

Als ich zur Grenze zurücklaufe, öffnet an der Hauptstraße eine Frau das Fenster. Sie fragt, ob ich der Grenz-Gänger sei, ein Stück Kuchen essen, einen Kaffee trinken und mit ihrem Mann, Bürgermeister Dr. Walter Rußwurm, der in einer halben Stunde nach Hause komme, sprechen möchte. In der Wohnstube sitzt schon eine ältere Frau. »Das ist unsere Oma. Sie hat in der LPG im Feldbau gearbeitet.« Sie selbst, Gabriele Rußwurm, ist dreiundfünfzig und unterrichtet als Lehrerin.

Während wir Kaffee trinken, schaue ich mir die Bücher in den Regalen der Wohnstube an. Mehrere Liederbücher, ein Fitneßbuch, der Duden, Lenins Ausgewählte Werke in zwei Bänden, Karl May, Schafproduktion, Friedrich-Engels-Biographie, zwei Regalreihen mit Witzbüchern, Grabfeld-Landschaft, Marx-Engels-Werke, DDR – Werden und Wachsen, Tausendjähriger Kalender, Naturheilpraxis ... Daneben ein Spruch: »Mach es wie die Sonnenuhr, zähl die heitern Stunden nur.«

Der Streuselkuchen schmeckt sehr gut. Die Oma schimpft, daß die DDR im Fernsehen heutzutage oft einseitig dargestellt wird. »Da fragt mich doch meine Enkelin, die jetzt in München ist: ›Oma, euch haben sie damals nicht erschossen?‹ Sie hatte einen Fernsehfilm über die Jugendwerkhöfe in der DDR gesehen.« Und die Lehrerin meint, »daß es genau das Gegenteil bewirkt, diesen Filmen dann solchen Blödsinn wie die Fernsehserie ›Der starke Osten‹ entgegenzustellen. Das ist im Stil früherer Geschichten vom ›starken siegreichen Sozialismus‹.«

Als der Bürgermeister kommt, wechsle ich das Thema und frage ihn nach seiner Arbeit beim Pflanzenschutz. Er zählt die gefährlichsten Gegner auf: die spanischen Wegschnecken, die Kleingärten kahlfressen, die asiatischen Holzborkenkäfer, die drei Millimeter große Löcher bohren können, und den Maiszünsler, der die Maisstengel zernagt. »Den Maiszünsler haben amerikanische GIs aus Kroatien eingeschleppt, und nun vermehrt er sich grenzenlos.« Wenn die Schnecken oder Käfer über Thüringer Gärten herfallen, warnt er – »obwohl der Pflanzenschutz Sache der Landkreise ist« – auch die Grenzdörfer in Bayern. Seitdem er 1992 parteiloser (er war von der Bauernpartei nicht in die CDU übergewechselt) Bürgermeister wurde, versucht er die Einheit als Alltag zu begreifen. »Angefangen hatte es mit der Freundschaft zum ›tanzenden Bürgermeister‹ aus dem bayerischen Hendungen.« Nächtelang saßen sie nach der Wende zusammen. »Er sagte uns, wie wir zu Fördermitteln kommen und die Verwaltung umkrempeln müssen, und meine Frau hatte Kuchen gebacken. Auch heute versäumen wir keine Geburtstags- oder Familienfeier. Auf unsere Chorfrauen und Sangesbrüder muß der ›tanzende Bürgermeister‹ großen Eindruck gemacht haben, denn die warfen mir nach einer Chorprobe und langem nächtlichem Umtrunk einen Bierdeckel in den Briefkasten. Auf dem stand nur: ›Wir gründen auch eine Tanzgruppe.‹« Im Winter helfen die Behrunger und ihre bayerischen Nachbarn einander beim Schneeräumen. Im Sommer fahren sie auf dem gemeinsam geplanten und gebauten Radwanderweg.

Walter Rußwurm entschuldigt sich, weil er schon bald wieder gehen muß. In Rohr will er mit dem Landtagsabgeordneten Michael Heym ein Doppelgesangsquartett probieren. Ich sage, daß ich trotzdem ein wenig über ihn, der in der DDR als Wissenschaftler in der Landwirtschaft gearbeitet hat, Bescheid weiß, und zeige auf sein Bücherregal. Er sagt, daß die Witzbücher seiner Frau gehören. Sie bietet mir den restlichen Kuchen als Wegzehrung an. Ich lehne dankend ab, weil ich die Grenze entlang bis Berkach und in den Ort hinein wohl keine Stunde mehr brauche.

Doch dann wird es eine lange, anstrengende Tour. Nach dreißig Minuten bemerke ich in der Ferne Bagger, Raupenfahrzeuge, Dumper und LKW, die einen aufgeschütteten Damm entlangfahren. Der Kolonnenweg endet vor der planierten breiten Trasse der künftigen Autobahn nach Schweinfurt. Ich stapfe die matschigen Hänge hinauf und hinunter und suche vergeblich den Kolonnenweg. Schließlich frage ich zwei Arbeiter. Einen aus München und einen aus dem Erzgebirge. Beide wissen nichts von der ehemaligen Grenze hier. Ein Dritter, der schon seit vielen Jahren von Baustelle zu

Baustelle zieht, ist froh, »der Heimat wieder näher zu sein«. Er stammt aus Queienfeldt. Den Kolonnenweg, »die Autobahn der Grenzer«, müßte ich hier nicht mehr suchen, sagt er. »Der liegt nun auf einem kleinen Wegstück genau unter der Autobahntrasse. Das muß man sich mal vorstellen. Die Autobahn heute, wo vor fünfzehn Jahren noch ...«

Ob die Autobahn endlich den wirtschaftlichen Aufschwung für das ehemalige Grenzgebiet bringt, weiß er nicht. »Es ist doch so: Früher durfte, heute will keiner ins Grenzgebiet!«

Und die Gewerbegebiete, die entlang der neuen Autobahn entstehen?

»Inzwischen entstehen entlang der neuen Autobahn kaum neue Gewerbegebiete. Man braucht die neue Autobahn jetzt, um die schon bestehenden Gewerbegebiete schneller zu erreichen.«

Von der Autobahntrasse laufe ich nach Berkach hinein. Wie schon in Behrungen und anderen ehemaligen DDR-Grenzdörfern stören am Ortseingang die verfallenen Wirtschaftsgebäude der LPG. Ein Schild zeigt an, daß hier eine Schreinerei zu verkaufen ist. Wie um den Gegensatz von häßlich und schön zu verdeutlichen, steht gegenüber ein gepflegtes Einfamilienhaus. Die Frau, die darin wohnt, arbeitete »bis zum Ende gleich nach der Wende« in der LPG. »Die Schreinerei hat vor zwei Jahren dichtgemacht. Früher war das die LPG-Werkstatt. Ein Westdeutscher hatte sie erworben, aber er mußte wegen fehlender Aufträge wieder aufgeben.«

Der LPG-Tischler dagegen hat sich an der Hauptstraße eine inzwischen gutgehende neue Werkstatt gebaut. Die Frau zeigt mir den Weg. Aber bevor ich dort ankomme, entdecke ich an der Straßenkreuzung einen kleinen unscheinbaren Wegweiser »Judenfriedhof« und laufe, dem Schild folgend, auf einem Feldweg wieder aus Berkach hinaus. Ich sehe keinen Friedhof. Laufe aber unentwegt, denn ich weiß, daß jüdische Friedhöfe oft weit außerhalb der Ortschaften angelegt werden mußten.

Ich laufe, bis ich fluchend an einer anderen Stelle der Autobahntrasse angelangt bin. Im Dorf zurück, frage ich den ersten, den ich treffe – einen alten, hageren Mann –, nach dem jüdischen Friedhof. Ich hätte gleich hinter dem Dorfausgang auf dem Feldweg links abbiegen müssen, sagt er. Der Judenfriedhof liege hinter Büschen und Bäumen versteckt. Er selbst ist seit dreißig oder vierzig Jahren nicht mehr dort gewesen. »Aber die nach der Wende wiedereröffnete Synagoge im Dorf habe ich mir angeschaut. Sie ist sehr schön und teuer renoviert worden. Bestimmt mit Geld aus Amerika! Die Juden, die dort leben, sind ja immer noch sehr reich.«

Woher er das wisse, frage ich.

Nun, manchmal kämen Juden, die überlebt hätten, aus den USA, Israel oder Westdeutschland nach Berkach, »und die fahren alle dicke Autos«. Eine lang aufgeschossene, grauhaarige Frau neben ihm nickt zustimmend. Er wolle es nicht verteidigen, sagt er, doch er könne es verstehen, daß Arbeitslose und andere Arme in Notzeiten wie 1933 auf die reichen Juden nicht gut zu sprechen waren. »Nehmen Sie heute die Reichen aus dem Westen, die hier im Osten die teuersten Villen aufkaufen. Meine Cousine aus Erfurt hat ihr Haus an einen Wessi verkaufen müssen, damit sie ihren Aufenthalt im Altenheim bezahlen kann.«

Ich gehe noch einmal in Richtung Friedhof. Ein beschwerlicher Gang. Tiefe Traktorspuren zerfurchen den Feldweg. Der Zaun des Friedhofes ist hinter Weißdornhecken kaum auszumachen. Das Tor mit dem Judenstern steht offen. Die Wiese ist gemäht. An die hundert verwitterte Grabsteine. Auf einem Stein entziffere ich: »Hier ruht Salomon Hessberg, geb. 12. Januar 1854, gest. 30. Januar 1926. Stets zufrieden. Arbeitsam. Liebevoll zu allen Menschen. Opferfreudig. Männlich weise. Oft der Helfer und Berater. Nie besorgt ums eigene Ich.«

Die renovierte Synagoge ist verschlossen. Den Schlüssel verwaltet, weiß der vierte Berkacher, den ich frage, die Frau vom Polstermeister Bach. Die macht auch Führungen.

Als ich klingele, stelle ich mir vor, daß eine Fremdenführerin auf dem Dorf eine ältere, hagere Frau mit streng geknotetem Dutt wäre. Es öffnet ein sehr schönes, junges Mädchen, das wegen des fremden Besuches nicht stutzt, sondern mit einem offenen, freundlichen, nicht endenden Lächeln grüßt. Sie ruft die Mutter, eine ähnlich schöne Frau. Sie gibt der Tochter noch die Anweisung, beim Kuchenbacken die Mandeln nicht zu vergessen, und läuft dann mit mir zum Gemeindeamt, um den Schlüssel für die Synagoge und das jüdische Badehaus zu holen.

Ich frage, ob die freundlich lächelnde Tochter aufs Gymnasium geht. »Nein, sie ist im ersten Lehrjahr. Bankkauffrau ... Das Lächeln ist nicht berufsbedingt. Sie hat schon als Baby immer gelacht.« Der Sohn dagegen ist ernsthafter. Er hat gerade sein Abi als Klassenerster im acht Kilometer entfernten Mellrichstadt bestanden. Ein Thüringer mit dem besten Abitur auf einem bayerischen Gymnasium. »Er hat sich«, sagt sie, »dort sehr wohl gefühlt. Es gab keinen ›Du bist Ossi‹-Konflikt. Vielleicht sind die Westdeutschen in dieser Beziehung toleranter als wir.«

Die Schlüssel liegen im Zimmer der kleinen Dorfbibliothek. Jeden Donnerstagnachmittag leiht Gundela Bach hier Bücher aus. »Manchmal kommen – wir haben in Berkach keine Schule und keine hauptamtliche Gemeindeverwaltung mehr – nur drei oder vier Leser. Ich könnte sagen, daß sich meine Zeit dafür nicht rechnet! Aber es rechnet sich immer, wenn Leute Bücher lesen.«

Am Gemeindeamt, dem ehrwürdigen ehemaligen Steinschen Gutshaus, hängt eine Gedenktafel für dreiundvierzig Erwachsene und neunundzwanzig Kinder, die am 5. Juni 1952 in Berkach zwangsausgesiedelt worden sind. Ich frage, weshalb am »Rathaus« als Mahnung für Einheimische und Besucher keine zweite Tafel zur Ehrung der deportierten und ermordeten Berkacher Juden angebracht ist.

»Die hängt in der Synagoge.« Doch die Synagoge ist, wenn man nicht bei Gundela Bach klingelt, verschlossen.

Der Fachwerkbau hat ungewohnt hohe Rundbogenfenster. Am rechten Pfosten der Innentür hängt eine kleine, längliche silberne Kapsel, die Mesusa. »Das Zeichen dafür, daß die Synagoge – Haus der Zusammenkunft – geweiht worden ist.« Die Wände sind mit braun-grünen Ornamenten geschmückt. An der Stirnseite die »Menora«, der siebenarmige Leuchter. Daneben der Thoraschrein. Ich stehe und schweige.

Durch das Fenster neben der Thora sieht man wie ein gerahmtes Bild die evangelische Kirche von Berkach.

»Bei ihrem Gottesdienst schauten die Juden immer auf diese Kirche«, sagt Gundela Bach. Das Verhältnis zu den Juden sei – obwohl Ende des 18. Jahrhunderts noch drei Schlagbäume die Häuser der Juden von der Ortsgemeinde trennten – einvernehmlich gewesen. Sie erzählt mir vom Juden Selig Gutmann, der nach der Pogromnacht 1938 nach Buchenwald gebracht wurde. Als er wieder freikam, schleppte er sich todkrank nach Berkach zurück, siechte dahin und starb 1941. Die Gemeinde erhielt keine Genehmigung, ihn zu beerdigen. Da spannte der Bauer Kirchhof, der in »besseren Zeiten« oft mit ihm Skat gespielt hatte, seine Ochsen an und fuhr Selig Gutmann zum Friedhof und begrub ihn. Elf Jahre später gehörte der Bauer Karl Kirchhof zu denen, die über Nacht zwangsausgesiedelt wurden. (Vielleicht hatte ihn damals einer der früheren Nazis denunziert. Die alte Rechnung beglichen, weil Kirchhof entgegen den völkischen Bestimmungen den Juden zum Friedhof gefahren hatte?)

»Es ist nicht leicht, über die Vergangenheit zu sprechen. Ganz sicher hat kein Berkacher, als die letzten Juden am 6. Oktober 1942 abgeholt und ins KZ Theresienstadt deportiert wurden, noch etwas dagegen unternehmen können.« Aber zuvor ließen ein Finanzbeamter aus Meiningen und der Bürgermeister die Möbel, die Wäsche und den Hausrat der Juden zusammentragen und in deren Beisein an die Dorfbewohner verkaufen.

Und ich fragte mich: Wer von den Einwohnern hat protestiert, als 1952 viele Familien zwangsausgesiedelt worden sind? Familien, mit denen sie jahrzehntelang freundschaftlich zusammen lebten.

Als Gundela Bach mir das original wiederaufgebaute jüdische Badehaus öffnet, frage ich, wie sie dazu gekommen ist, sich mit jüdischer Geschichte zu beschäftigen, die Schlüssel zu verwalten und Fremde zu führen.

Sie hat in der Energieversorgung in Meiningen gearbeitet. Danach rettete sie sich sechs Jahre lang mit ABM-Stellen in der Gemeinde über das Schlimmste hinweg. Erst war sie so etwas wie eine Sekretärin, dann wurde sie Geschichtsschreiberin und danach Bibliothekarin. Der vierte Versuch scheiterte, weil das Arbeitsamt sich weigerte, eine neue ABM, »gleich, welcher Art, zu genehmigen, wenn der Name Gundela Bach darunter steht«.

In den sechs Jahren auf der Gemeinde hatte sie bereits die Schlüssel verwaltet und die Synagoge aufgeschlossen. Sie hat sich geschämt, als einer fragte, was eine jüdische Mesusa sei, und sie nicht antworten konnte. Da begann sie mit dem Selbststudium. Sie hat bayerische und Thüringer Schulklassen, Rabbiner aus Israel, Herrn Levi aus London und ehemalige jüdische Einwohner, die mit der Fotografie ihres Elternhauses in der Hand hier ankamen und es nicht mehr fanden, durch Synagoge, Friedhof und in das Bad geführt.

Ein gemeinsames Treffen der ehemaligen Berkacher Juden und deren Kinder und Enkel gab es im Ort auch nach der Wende noch nicht. »Wer sollte so etwas bezahlen und organisieren?« Und seit der Weihe der Synagoge am 3. November 1991 und den großen Reden der anwesenden Politiker (u. a. der Bundestagspräsidentin Rita Süssmuth), die alle versicherten, daß die Berkacher Synagoge künftig zu einer Begegnungsstätte junger Christen und Juden werden solle, gab es in den dreizehn Jahren lediglich zwei öffentliche Begegnungen, ein Klezmer-Konzert und eine Schriftstellerlesung. Zwei in dreizehn Jahren. Die drei unauffälligen Wegweiser zu den

Kultstätten der Juden im Dorf könnte man eventuell damit begründen, sagt Gundela Bach, daß in dem Grenzort Berkach jeder jeden kannte. Aber heute?

Gundela Bach ist noch nie geflogen. Sie hat Angst davor. Aber wenn sie es doch einmal wagen würde, dann nur nach Israel. Ich wünsche ihr, daß sie die Angst vor dem Flug überwindet. Und mir wünschte ich nach dem Besuch in Berkach, daß nicht nur an den Zufahrtsstraßen vor Behrungen große Hinweisschilder zum »Deutsch-deutschen Freilandmuseum« stünden, sondern auch vor Berkach Tafeln mit der Aufschrift »Berkach – einzigartiges Freilandmuseum der deutsch-jüdischen Geschichte in Südthüringen« angebracht würden.

Ich laufe den durch Berkach fließenden Bach entlang und finde so auf dem freien Feld den Kolonnenweg wieder. Von der Höhe kann ich bis Eußenhausen schauen. Neben einem kleinen Stausee entdecke ich in der Nähe von Schwickershausen mitten zwischen Ackerflächen zwei PKW vor einem Grenzturm, einen aus dem bayerischen Landkreis Bad Neustadt und einen aus dem Landkreis Schmalkaden-Meiningen. Die Fahrer scheinen im Turm zu sein. Die Eisentür, die einen halben Meter über dem Erdboden eingebaut ist, steht offen. Davor liegt als Trittstufe ein standfest auf ein Brett genagelter umgedrehter Holzbierkasten.

Bisher ist es mir auf meiner Grenzgängertour nicht gelungen, in einem Grenzturm oder offenen Vogelschutzturm nach oben in den Beobachtungsraum zu steigen. Überall fehlten die Eisenleitern. Hier aber steht eine neue mit glänzenden Metallsprossen. Ein junger Mann mit Igel, etwas längerem Bart und sehr flink umherschauenden, freundlichen Augen sagt, daß ich hereinkommen könne.

»Was kostet die Besichtigung?«

»'ne Flasche Bier.«

Er öffnet eine Klappe, die in den Keller führt. »Hier unten stand der Stromdiesel der Grenzer.« Am Fuße der Leiter zeigt er mir die ehemalige Waffenkammer. Dort stehen nun Wasserbehälter. Die Innenwände des Turms sind frisch gestrichen, die Außenwände teilweise neu verputzt. Burkhard Fritz hat den Grenzturm 1990 von der Kommune gepachtet und ihn Jahr für Jahr wohnlicher ausgebaut. Als er oben im Beobachtungsraum die gegen Steinwürfe von Vandalen verbarrikadierten Fenster öffnet, kann man weit über die Äcker und Wälder des Grabfeldes schauen. Die Wände des Zimmers sind holzverkleidet, der Tisch und eine lange Sitzbank selbst gebaut. In der Ecke ist eine kleine Kochstelle. Ich begreife, daß das hier weder ein deutsch-deutsches Grenzmuseum noch ein Vogelturm, sondern ein zehn Meter hoher Bungalow ist.

Ein unsicher umherblickender, seine Hände immer wieder nervös zwischen den Beinen reibender Gast sitzt schon am Tisch. Der Hausherr holt Käse und Wurst, Speck, Brot, Zwiebeln und Bier. Aber das Gespräch stockt immer wieder. Burkhard Fritz, der von Beruf Fotograf ist und in Rohr wohnt, stellt mir den vielleicht vierzig Jahre alten Gast vor. »Otto Hoch kommt aus dem bayerischen Eußenhausen. Er lebt dort von der Landwirtschaft. Nach der Wende hat er im Grenzgebiet ostdeutschen Acker zugekauft. Aber als er seine Fläche gegen eine andere des Thüringer Agrarbetriebes tauschen wollte, stellte er fest, daß der Turm auf seinem Acker steht, das heißt zu zwei Dritteln.«

»Ich habe ihn«, sagt der bayerische Bauer, »zuerst nur von Ferne angeschaut, aber nicht gewußt, was ich damit anstellen soll. Abreißen oder erhalten? Beides wäre teuer gekommen.« Also kümmerte er sich nicht darum, und der »jetzige Hausherr«, der drinnen seinen »Bungalow« ausbaute, ahnte nichts davon, daß ihm entgegen dem Pachtvertrag mit der Kommune nur ein Drittel des Turmes, nämlich der Eingang, gehört. Im vergangenen Jahr meldete sich der Eußenhausener bei ihm und sagte, daß der Pachtvertrag der Kommune ungültig sei.

Ich frage, ob sie vor Gericht gehen werden. Der bayerische Bauer schüttelt den Kopf. »Ihr Ostdeutschen werkelt viel mehr als wir im Westen. Ich hätte nichts am und im Turm gemacht.« Er will lediglich ab und an in »seinem Turm« mit Freunden feiern. Und dazu muß er zur Tür hinein, aber die Tür …

Als mich der Fotograf wieder hinunterbringt, sagt er: »Niemand weiß heute, wenn es um Geld und Gut, um Grund und Boden geht, was morgen sein wird. Vor Gericht streiten werde ich nicht. Doch wenn ich hier rausmuß, werde ich zuvor alles, was ich eingebaut habe, abmontieren und …«

Vom gescheiterten Versuch, DDR-Grenzsteine auszugraben, von Europas bestem Lipizzanerfohlen in Unterharles und einer das Kreuz schleppenden Obrigkeit

Bevor ich, von Schwickershausen kommend, auf dem Kolonnenweg die ehemalige Grenzübergangsstelle an der B19 zwischen Eußenhausen und Henneberg erreiche, muß ich hinunter in das tief eingeschnittene Tal von Ober- und Unterharles. Bei Sonnenschein ist es wahrscheinlich ein sehr idyllischer Ort. Aber es regnet, und mir läuft, weil ich den Rucksack schützen will, das Wasser in den Hosenbund. Direkt am Bach steht links als erstes Haus ein sorgsam renoviertes, gelb gestrichenes Gehöft mit einfachem Fachwerk. »Pferdepension« steht auf einem Schild.

Ich suche den Hausbesitzer, finde aber nur drei Pferde in einem neu gebauten, hellen Stall. Ein schlanker Mann mit schon sehr gelichtetem Haar und einer geraden, großen Nase über dem Schnauzer werkelt im Hof an einem alten »Beloruß«-Traktor.

»Gut geht es den Pferden hier«, sage ich.

»Den Pferden ja!«

Ich weiß noch nicht, wie er das meint.

Andreas Scholz ist von Beruf kein Pferdezüchter, sondern hat Karosserieschlosser in der PGH »Wartburg« in Meiningen gelernt. Das Gehöft hier war kein Gestüt, sondern die untere der drei Mühlen des Dorfes. Erst nach der Wende zogen er und seine Frau von Henneberg hierher. »Henneberg war auch Sperrgebiet. Einmal wollte ich einen Kollegen aus Bibra, den ich schon zehn Jahre von der gemeinsamen Arbeit in der PGH kannte, zu meinem Geburtstag nach Henneberg einladen. Er bekam keine Genehmigung.«

Vor der Wende fuhr Andreas Scholz einen B 1000 bei der Konsumverwaltung. »Das war ein guter Job. Den hätte ich gerne bis zur Rente gemacht. Doch dann kam diese unvergeßliche Nacht vom 9. zum 10. November 1989. Ich schlief sehr fest, hörte aber – ein Kraftfahrer hört so etwas wie eine Mutter, wenn ihr Baby schreit –, ich hörte die unterschiedlichsten Motoren auf der Straße. Hunderte. Sie tuckerten im Stand und heulten beim Anfahren auf. Tuckern. Aufheulen. Hunderte Trabi-, Lada-, Wartburg- und Dacia-Motoren.«

Die Grenze war auf, und von der Grenze bis weit hinter Henneberg stauten sich die Autos kilometerlang. »Ich mußte die Tage danach auf Schleichwegen über Felder fahren, um von der Arbeit überhaupt nach Hause zu kommen.« (Im Januar 1990 passierten auf dieser Straße im Stop-and-go-Tempo fast eine halbe Million Autos den Grenzübergang.)

In Unterharles hat er den Grenzzaun noch »direkt vor der Mühle« mit eigenen Händen abmontiert. »Ich fragte mich, wie die Menschen das hier ausgehalten haben, im finsteren Tal, oben vielleicht dunkle Regenwolken, rechts und links die Berghänge und am Talausgang die Grenzsperre mit dem vergitterten Bachlauf.«

Die drei Wohnhäuser und zwei Höfe von Oberharles wurden zu DDR-Zeiten geschleift. »Die untere Mühle hat die Frau vom letzten Müller Otto Wolf vor dem Abriß gerettet. Sie hat allen Drohungen widerstanden und weigerte sich, die Mühle an den Staat zu ›verkaufen‹.«

Wir gehen in die Wohnstube. Er kocht Tee, räumt ausgebreitete Flurkarten vom Tisch, um Platz zu machen. Er will in der Umgebung ungenutzte Flächen erwerben und Streuobstwiesen daraus machen, zum Äpfelmosten. »Es war zu klein und trotzdem viel zu groß für uns, was wir hier angefangen haben. Wir besaßen wenig Geld wie die meisten im Osten. Aber bau solch eine verfallene Mühle mal ohne Geld um.« Vor ihm gehörte die Mühle einem westdeutschen Bauunternehmer. »Er wollte im Tal viele kleine Ferienhäuser aufstellen. Aber es wurde nichts daraus. Ich habe aus der Mühlradgrube – Mühlrad, Mahlwerk und alte Maschinen hat er mit dem Vorschlaghammer kurz und klein geschlagen – neunzehn LKW Schutt herausgeholt. Und manchmal kommen noch Gläubiger, denen er Geld schuldet.«

Andreas Scholz hat die Mühle so originalgetreu renoviert, daß sie die grüne Hausnummer erhielt. Die Grundmauern sind wieder aus Kalkstein. Aus fünf Orten hat er alte Ziegel geholt und in Berkach eine Scheune allein abgerissen, um die alten Balken wieder zu verwenden. Er hat die Anstriche der Türen abgebrannt, eine Ferienwohnung und die Ställe für die Pensionspferde und für seine eigenen Pferde gebaut. Er ist ein Pferdenarr. Eines seiner Fohlen wurde 2002 als bestes europäisches Lipizzanerfohlen prämiert.

Wohin ich heute noch laufe? In Richtung Eußenhausen? Dann solle ich mir oben an der Grenzübergangsstelle auf der »Schanz« die – er verzieht etwas den Mund – »Kunstwerke« anschauen. »Ein Künstler aus Bayern hat dort am 9. November 1996 als Kunstwerk eine goldfarben gestrichene Holzbrücke genau auf der Grenzlinie aufbauen lassen. Der Kohl war da, aber bezahlt haben es wohl die Landkreise hüben und drüben. Nach und nach stellte dieser Künstler für gutes Geld dort immer neue sogenannte Kunstwerke aus Glas und Stahl auf. Einen Adler. Einen umgestürzten Stuhl. Den Kaiser Barbarossa. Wenn er nichts Neues hat, verbrennt er auch mal was Altes. Und ausgerechnet am 9. November, zur Pogromnacht.

Das ist dann eben auch Kunst. Ich möchte wissen, was das alles kostet. Mit unseren Steuergeldern bezahlt. Andere dagegen bekommen keinen Pfennig ...«

Er, der sonst freundlich plaudert, beißt sich – als ob er sich das Wort verbieten müßte – auf die Unterlippe. Dann, erst langsam und immer schneller werdend: »Wissen Sie, wie wir das hier geschafft haben? Die Mühle renoviert. Die Ferienwohnung gebaut, die Ställe ... Wir haben alles selber gemacht! Zehn Jahre lang keinen Urlaub. Die Knie sind kaputt von der Schufterei.« Der über 40jährige wurde vor drei Jahren arbeitslos. »Aber danach habe ich das Arbeitsamt, den Staat keinen einzigen Tag belastet. Ich verstehe das alles nicht mehr. Auf der einen Seite sind Zehntausende Euro Staatsgelder vorhanden, damit ein Künstler sogenannte Kunst an der Grenze aufstellt oder verbrennt ... Aber unsereiner, der mühsam versucht, etwas Handfestes in diesem Land aufzubauen, der bekommt nicht einmal einen zinslosen Kredit.«

Wann er sich den ersten Urlaub gönnen wird, weiß er noch nicht. Vielleicht, daß er den Mühlgraben freilegt ...

Als ich das Tal von Unterharles hinter mir habe und der Kolonnenweg wieder zur Achterbahn wird, läßt der Regen zwar nach, doch unter den Buchen regnet es zweimal. Schon aus der Ferne sehe ich auf der »Schanz« die Gebäude der ehemaligen Grenzübergangsstelle. Aber der Grenzstreifen macht einen weiten Bogen, bis ich endlich vierhundertundneunzig Meter über dem Meeresspiegel auf der Grenzhöhe stehe. Links von mir sehe ich die goldene Brücke. Sie sieht wie die Vergrößerung eines Bausteins aus dem Holzbaukasten meiner Kindheit aus. Aber leider ist sie nicht holzfarben. Neben der Brücke stehen, aus Stahl und buntem Glas gebaut, der wehrhafte Adler, Kaiser Barbarossa und ein umgekippter Stuhl im Stahlgeviert. Der Künstler Herbert Fell wohnt in Berlin und im bayerischen Niederlauer. Auf den Plastiken ist klein die Herstellerfirma genannt: »Stahlbau Niederlauer«.

Ein rothaariger – nicht nur dadurch wie Pumuckl aussehender – Mann liest neben den aufgestellten Ruhebänken Papier auf.

»ABM?« frage ich.

»Nein«, sagt er, »ehrenamtlich, damit es hier nicht so liederlich aussieht.« Seit fünf Jahren kommt er einmal im Monat zur »Schanz« und macht sauber. Zuerst nur wegen der Erinnerung, weil er viele Jahre an der Grenzübergangsstelle als Sicherheitsoffizier gearbeitet hat. »Und nun habe ich mich eben dran gewöhnt.« Nur im Winter kommt er nicht.

Die Bedeutung der Figuren kann er mir nicht erklären. »Das hat alles mit der Einheit zu tun. Der Barbarossa beispielsweise soll als Kaiser aus seiner Höhle herauskommen und das deutsche Volk in Ost und West endgültig einen.« Ein Dutzend Jungen und Mädchen rennen unter der goldenen Brücke durch, die mit einem Pfeiler auf ehemaligem DDR-Gebiet und mit dem anderen auf dem der alten BRD steht. Die 13jährigen aus Bischofsheim waren zu einem Sängerwettstreit in Erfurt. Die Mädchen beginnen unter der goldenen Einheitsbrücke plötzlich zu singen: »Zieht alle durch, zieht alle durch, durch die goldene Brücke … der letzte wird gefangen, mit Spießen und mit Stangen.« So war das mit der Einheitsbrücke an der ehemaligen Grenze wohl nicht gedacht.

Der Rothaarige, ich schätze ihn auf Sechzig, schüttet das Papier in einen Plastesack. Sein Auto hat eine Nummer aus dem Kreis Schmalkalden-Meiningen. Ich frage nach seinem Namen. »Schreib den Vornamen Eduard.« Als ehemaliger Sicherheitsoffizier an der Grenze hätte er, was ja bekannt war, mit der Stasi zu tun gehabt, jetzt arbeitet er als Hausmeister und Fahrer in einer Südthüringer Wach- und Schließgesellschaft. »Dort muß das nicht jeder wissen, auch wenn es inzwischen schon fünfzehn Jahre her ist.«

Auf der Tafel neben der goldenen Brücke steht, daß die umliegenden Kommunen das Holz für den Bau spendeten und daß Berufsschüler aus Bayern und Thüringen und andere Arbeiter die Brücke kostenlos zimmerten und malerten. »Lediglich der Künstler bekam für sein Kunstprojekt deutsche Einheit ein Honorar. Aber Kunst ist eben nur Kunst, wenn sie Geld kostet.« Er lacht, holt eine Schaufel und einen Rutenbesen aus dem Auto und kehrt unter der Brücke trockenes Laub zu Haufen. Ich halte ihm die Schaufel. Auf der Tafel ist auch der Sinn der goldenen Brücke erklärt. Sie wurde aus Holz gebaut, damit sie langsam zerfällt. »So wie sie … zerfallen wird, wird die Einheit wachsen.« Ich meine, daß sie aber – welch schlechtes Omen für die Einheit – nach neun Jahren trotz Wind und Wetter hier auf der Höhe noch kein bißchen zerfallen ist.

Er lacht wieder. »Kann sie auch nicht. Man hat sie im vergangenen Jahr mit goldener Farbe neu lackiert.«

Auf der bayerischen Seite der »Schanz« stehen keine Kunstwerke. Dafür hat man auf einem umzäunten Platz die Überbleibsel der DDR-Grenzanlagen und Grenzübergangsstelle versammelt. Rotweiß gestrichene automatische Straßensperren, die wie mittelalterliche Rammböcke aussehen, mit Moos bewachsene Betonbunker und Grenzpfähle, an denen die schwarzrotgoldene Farbe immer noch nicht abgeblättert ist. In einem alten Postenhaus stelle ich mich beim nächsten Regenguß unter und laufe dann, was wegen der vielen Autos nicht einfach ist, über die B19.

Zwar finde ich den Kolonnenweg nicht, aber an den Bäumen markieren blaue Schilder mit einem weißen kleinen »f« den »Friedensweg«, der, teilweise auf der Grenze oder daneben, vierzig Kilometer als Wanderstrecke von der »Schanz« bis nach Birx führt. Verlaufen kann ich mich also nicht, denke ich und stapfe weiter durch morastiges Unterholz. Hier oben, auf der damals allerdings noch sichtfreien, dafür mit Stacheldraht abgesperrten Bergkuppe, beobachteten bis zur Wende amerikanische Soldaten für den militärischen Geheimdienst der US-Armee alle Bewegungen im unten liegenden DDR-Grenzgebiet.

Erst als ich aus dem Wald herauskomme, öffnet sich unter mir der weite Blick in das Land. Henneberg, Hermannsfeld und leuchtend weiß mit rot gedecktem Dach das renovierte Jagdschloß Fasanerie. Mitten zwischen Äckern und Wiesen steht auf einem Hügel ein Grenzbeobachtungsturm, der von einem großen Kreuz überragt wird. Auf dem Weg zum Hügel entdecke ich einen alten Granitgrenzstein mit der Aufschrift »DDR«. Er ist zwar schon einen Viertelmeter tief ausgegraben, aber sosehr ich auch daran rüttele, er bewegt sich nicht. Neben ihm liegt – ich ertappe mich, daß ich allein in der Einsamkeit laut zu lachen beginne – ein abgebrochener Spaten.

Als ich auf dem Hügel ankomme, steht ein PKW mit Hänger hinter dem Grenzbeobachtungsturm. Ein Mann lädt flache, offene Kisten, die mit Maschendraht bedeckt sind, vom Hänger. In den Kisten trippeln Brieftauben.

»Kein gutes Flugwetter heute«, sagt der Mann. Gestern, als er sie in Bad Neustadt aufsteigen ließ, ist blauer Himmel gewesen. »Aber da stießen, sozusagen aus heiterem Himmel, sofort zwei Habichte herunter und schlugen zwei Tauben.« Auch heute fliegen sie nur kurze Übungsstrecken. Später, bei Wettkämpfen, müssen seine Tauben bis zu sechshundertsiebzig Kilometer zurücklegen. »Eine gute Taube schafft das ohne Pause, sie fliegt je nach Wind und Wetter sechzig bis siebzig Kilometer in der Stunde.«

Schon als 10jähriger hat Wolfgang Other seine ersten Tauben erhalten. Der edlen Zucht ist der Meininger nun schon einundvierzig Jahre treu geblieben. »Zuerst hatte ich meist Strasser, die kamen in den Kochtopf. Danach auch Brieftauben.« Flüge über die Westgrenze, das heißt das Auflassen an Rhein und Main, waren zu DDR-Zeiten nicht möglich. Die Tauben flogen meist im Osten, in Polen, auf. Heute starten sie auch in Frankreich, und die westdeutschen Züchter fahren mit ihren Tauben nach Polen. Er rückt die Kisten zurecht. Jede Taube trägt einen kleinen Chip, der, sobald sie das Flugloch im heimischen Schlag erreicht hat, die sekundengenaue Ankunftszeit speichert. »Früher«, erzählt Wolfgang Other, »früher mußte man oft stundenlang neben dem Schlag auf die Ankunft der Tauben warten, um die Gummiringe mit einer Art Stempel zu kennzeichnen.« Kurz nach der Wende waren sie fünfzehn passionierte Taubenzüchter in Meiningen. Jetzt sind es nur noch zwei oder drei.

Ich sage, daß ich das nicht verstehe, denn inzwischen haben manche Arbeitslose doch sehr viel mehr Zeit für ihr Hobby.

»Aber kein Geld.« Er braucht, um Futter, Impfungen und den Transport zu bezahlen, im Jahr rund 3 000 Euro für seine zweihundert Tauben.

Ich frage ihn, was das bestimmt acht Meter hohe Kreuz neben dem Grenzbeobachtungsturm bedeutet.

»Das ist ein Weltfriedenskreuz. Es wurde zuerst außerhalb von Hermannsfeld, auf dem Acker bei der alten Wallfahrtsstätte St. Wolfgang, aufgestellt ... das war kurz vor der Wende. Noch zu DDR-Zeiten.«

»Zu DDR-Zeiten? Zu DDR-Zeiten wurde solch ein großes Kreuz außerhalb der Kirchgemeinde aufgestellt?«

»Ja, ich erinnere mich noch genau. Wir waren damals hinbestellt, um die Tauben, also Friedenstauben, aufsteigen zu lassen.«

»Und weshalb steht das Kreuz jetzt nicht mehr unten bei St. Wolfgang, sondern hier oben?«

»Weil der Besitzer des Ackers das nach der Wende nicht mehr wollte. Vorher war der Acker ja LPG, da konnte er nichts dagegen machen.«

Er fragt, ob ich eine Kiste öffnen und die Tauben fliegen lassen möchte.

Ich nicke, bin aufgeregt. Nicht die nasse Kälte läßt mich frösteln und beschert mir eine Gänsehaut, als ich die Klappe aufmache und »meine« zwanzig Tauben aus der Enge des Kastens in die freie Weite des Himmels aufsteigen lasse. Sie fliegen dem Schwarm hinterher. An die Habichte will ich in diesem Moment nicht denken. Die Tauben werden eher in Meiningen sein als Wolfgang Other mit seinem Auto.

Ich laufe hinüber zum Kreuz. Auf der Erinnerungstafel steht, daß 1462 ein Kreuz am Wallfahrtsort St. Wolfgang aufgestellt worden ist. Der Stifter des Kreuzes, Graf Wilhelm III. von Henneberg, habe den Baum, aus dem es gefertigt wurde, auf seinen Schultern aus dem Wald getragen. Das folgende lese ich einmal und noch einmal: Am 3. Oktober 1991 sei zum ersten Jahrestag der Wiedervereinigung ein neues Kreuz auf St. Wolfgang geweiht worden. Eines der Weltfriedenskreuze, wie sie auf Anregung von Gotthilf Fischer, dem Begründer der weltberühmten, dem Frieden verpflichteten Fischerchöre, nach 1980 in sechs Orten der Welt errichtet worden seien, in Washington, Jerusalem, Rom, im Bregenzer Wald, in Rhens am Rhein und in Hermannsfeld.

Am 3. Oktober 1991. Nach der Wende! Nicht schon in der DDR flogen die Tauben des Wolfgang Other bei der Einweihung. Wie schnell verwischen wir doch die Zeitabläufe.

Zur Umsetzung des Friedenskreuzes von St. Wolfgang auf den Dachsberg am 9. November 1996 steht auf der Tafel nur: »Nach Anhörung der Bürger von Hermannsfeld wurde der Beschluß gefaßt …« Aber weshalb dieser Beschluß?

Ich laufe von der Grenze nach Hermannsfeld hinein, um mich zu erkundigen. Ich frage drei Passanten, weshalb das Kreuz auf dem Acker von St. Wolfgang abgebaut und mühsam zum Dachsberg hinaufgebracht worden ist, und erhalte drei verschiedene Antworten.

»Der Besitzer des Ackers, ein gewisser Müller, dessen Vorfahren nach dem Krieg als Flüchtlinge aus Mazedonien hierherkamen, aber sehr fleißige Leute waren, also der wollte im Jahr über tausend Euro Pacht von der Gemeinde eintreiben.«

»Der Meiniger Landrat, damals war es wohl noch dieser Wessi Puderbach, der drüben noch arm wie eine Kirchenmaus war und hier so gute Geschäfte machte, daß er dafür vom Gericht verurteilt und als Landrat abgesetzt wurde – allerdings jahrelang noch sein Gehalt erhalten hat –, dieser Landrat brauchte einen neuen Werbegag für den Landkreis. Und das klappte auch, denn wo sonst hat man schon mal solch ein Riesenkreuz aufgestellt, gegen alle Stürme der Zeit festgezurrt und es vier Jahre später mit großen Bimbamborium zwei Kilometer weiter wieder aufgestellt?«

»Der berühmte Chorleiter Fischer wollte, daß sein Kreuz höher steht. Damit es von überall zu sehen ist.«

Eine Frau spottet zunächst: »Wir hatten damals eben noch zuviel Geld«, dann rät sie mir aber ernsthaft, daß ich mich bei den Wilhelms, die außerhalb von Hermannsfeld, in Sorghof, wohnen, erkundigen solle. Sie wüßten in der Geschichte Bescheid, hätten hier jeden Weg abgewandert und den Verein für sanften Tourismus in Hermannsfeld gegründet.

Vier oder fünf Gehöfte stehen in Sorghof. Die Wilhelms sind im oder kurz vor dem Rentenalter. Der Mann bittet mich freundlich in das alte Haus. Seine Frau fragt mit gütigem Lächeln, ob ich schwarzen oder selbstgeernteten Tee trinken möchte. Ihr Gesicht ist sehr schmal und eingefallen. Die dunklen Haare dünn und glatt und strähnig.

Ich hätte Glück, daß sie zu Hause sind, sagt die Frau. »Ich wollte wenigstens noch einmal ein Stück die Rhön entlangwandern. Die Schilder vom Friedensweg werden dort oft geklaut. Und ich will es schaffen, sie mit meinem Mann wieder anzubringen. Vielleicht zum letztenmal tun, was ich so oft getan habe. Zum letztenmal, bevor …«

Sie hat, sagt sie, im Garten auch noch einmal gesät. »Ob ich ernten werde, weiß ich nicht. Es kann zwei Monate dauern mit mir oder drei, ein wenig länger oder kürzer. Ich habe mich nicht noch einmal operieren lassen. Es hat keinen Sinn mehr. Ich war über zwanzig Jahre Gemeindeschwester in Hermannsfeld. Da weiß man, wann es vorbei ist. Ich nutze die Zeit, um jede Stunde zu erleben, verstehen Sie. Ich rieche an jeder aufgeblühten Blume … Und bereite mich darauf vor und spreche mit allen, die es angeht, was in den letzten Tagen noch zu tun ist. Die Schilder vom Friedensweg anzubringen, das wäre wichtig …«

Als sie bemerkt, daß ich nicht weiß, was ich vor Verlegenheit sagen und wohin ich schauen soll, wechselt sie sofort das Thema und erzählt, daß sie aus dem angeblich schlimmsten Gartenunkraut, dem Giersch, einen schmackhaften, würzigen Salat macht. Und ich frage nun, weshalb das Friedenskreuz umgesetzt worden ist.

»St. Wolfgang liegt noch weiter draußen als Sorghof. Die Gehöfte hier heißen Sorghof, weil die Wallfahrer, bevor sie nach St. Wolfgang gingen, hier noch einmal mit Wasser und Brot und Speck versorgt wurden, genau wie die Fischer der umliegenden Seen. Der Bauer Müller, der draußen auf St. Wolfgang wohnt, hatte zur Wende noch kein fließendes Wasser und keinen befestigten Weg. Als die Obrigkeit ihn 1991 bat, das Kreuz auf seinem Acker aufstellen zu dürfen, sagte er: ›Aber nur, wenn man mir dafür endlich eine Wasserleitung legt und die Straße baut.‹ Doch als er vier Jahre später weder Wasser noch Straße und von den Versprechen der Obrigkeit die Nase voll hatte, verlangte er: ›Das Kreuz verschwindet wieder von meinem Acker!‹ Es gab ein Gerichtsverfahren, und die Obrigkeit verlor.« Ob die »Obrigkeit« das Kreuz wie Jesus selbst auf den Berg schleppen mußte, wissen Hella und Hartmut Wilhelm nicht. Sie waren nicht dabei.

Sie holt selbstgebackenen Rührkuchen mit Zitronenguß aus der Küche. Ihre Mutter hat ihr und den drei Geschwistern auf dem Feld bei der Arbeit immer Geschichten erzählt, die gut ausgegangen sind oder wenigstens von guten Menschen handelten. »Sie hat mich dadurch das positive Denken gelehrt. Das hat mir im Leben immer geholfen. Selbst bei fast aussichtlosen Unternehmungen.« 1994 begrüßten viele Dorfbewohner und der Bürgermeister, die Presse und die Politiker den Plan eines Investors, Hermannsfeld und seine stille Umgebung in ein riesiges, lautes Feriencenter zu verwandeln.

Auf rund einhundertundsechzig Hektar sollten Gaststätten, Hotels, Bars und Bungalows für rund viertausend Dauergäste und Tausende Tagesgäste entstehen. Damals gründeten die Wilhelms und andere Naturfreunde »gegen die politische und ökonomische Mafia des Feriencenters« den Verein für sanften Tourismus. Sie setzten sich mit dem Biosphärenreservat und dem Naturschutzbund und den Bürgermeistern der umliegenden Gemeinden für einen stilleren Tourismus in dieser sensiblen Landschaft ein, vor allem für kinderreiche Familien, Wanderer und ältere Menschen. Schließlich verweigerten die Genehmigungsbehörden den Bau des Feriencenters in der Umgebung des Vierhundert-Seelen-Dorfes Hermannsfeld.

Ihr zweites großes Erfolgserlebnis nach der Wende ist der Friedensweg, den sie, »vor allem mit meinem Mann«, oft abgelaufen ist. Sie haben ihn mit den Vereinsmitgliedern begehbar gemacht und immer wieder propagiert. »Die Behörden in Bayern haben uns dabei unbürokratisch und schneller geholfen als manche Hiesigen. Der Förster in Oberfladungen zum Beispiel, der ist mit uns die Wege in seinem Revier abgelaufen und hat vor Ort einfach bestimmt, ja, hier kann es langgehen, aber nicht dort.« Inzwischen laufen bayerische und thüringische Schulklassen die Etappen des vierzig Kilometer langen Friedensweges gemeinsam ab, teils auf bayerischem, teils auf thüringischem Gebiet. »Gemeinsam, verstehen Sie, gemeinsam wandern und sprechen. Denn wenn man wandert, spricht man miteinander.«

Nach einer langen Pause: »Vielleicht schaffe ich in der Rhön doch noch einmal fünf Kilometer. Wenigstens fünf Kilometer, bevor ... Alles andere habe ich schon erledigt.«

Als ich mich verabschiede, umarme ich die mir vor einer Stunde noch völlig unbekannte Frau. Ich sage: »Danke für den Mut, den Sie anderen geben.«

(Vier Wochen später rief mich der Mann an und sagte, daß seine Frau gestorben sei.)

Von einer alten Dame, die nur zwei Minuten Zeit hat, Schwierigkeiten mit dem Adelsnamen und einem pensionierten bayerischen Lehrer, der Gysi mag

Von Hermannsfeld gehe ich über die Wiesen zurück zum Kolonnenweg. Er ist naß und glitschig, und viele schwarze Nacktschnecken kriechen auf den Gitterplatten. Ich schaue stur nach unten, um keine der schleimigen Schwarzen zu zertreten. Den Weg verlassen kann ich nicht, denn rechts und links wächst dorniges Gestrüpp. Also laufe ich eine gute Viertelstunde mit seitlichen Ausfallschritten, als ob ich betrunken wäre. Ich stutze, als zwischen den großen Schwarzen auch eine kleine Graue mit einem kunstvoll gestreiften Haus auf dem Rücken kriecht, bleibe stehen und setze sie vorsichtig neben dem Kolonnenweg ins Gras.

Es ist eine gute Tat, denn am nächsten Waldweg steht auf dem Kolonnenweg ein PKW mit der Schnauze in die Richtung, aus der ich komme. Nur dreißig Meter von seinem Hochsitz entfernt, kontrolliert ein Jäger – wenn ich richtig verstanden habe, Kuno Kranz aus Wohlmuthausen – die Futterstelle. Er müsse jetzt anfüttern, damit das Wild nicht in die Maisfelder gehe.

»Und man es aus der Nähe besser schießen kann?« sage ich.

Ja, ein sauberer Dreißig-Meter-Blattschuß sei allemal besser als der Versuch, aus hundert Meter Entfernung zu treffen. Früher dagegen, sagt er, früher habe es hier an der Grenze richtige Sauereien gegeben. »Da ließen sich Grenzoffiziere – ich kenne einen davon persönlich – in der Nacht mit dem Jeep zur Grenze fahren. Der Suchscheinwerfer wurde eingeschaltet und das geblendete Wild abgeknallt. Ach, die Grenze, dieser Scheiß!« Alles, was damit zusammenhänge, sei pervers. »Die flüchtenden Menschen, auf die man schoß, egal, weshalb sie abhauen wollten, das waren sozusagen Überläufer. Wenn ich heute hier ein Schwein, das ein Jahr alt ist, schieße, dann ist das in der Jägersprache … ein Überläufer.«

Er hat die Jagd gepachtet. Der Wald nebenan gehört dem im bayerischen Völkershausen lebenden Freiherrn von Stein, der den in der DDR verstaatlichten Wald zurückgekauft hat. Das Wild reicht für beide.

Nur einen Kilometer später quert die Fahrstraße nach Völkershausen die Grenze. Schon in Dorfnähe steht am Straßenrand ein verwittertes Steinkreuz: »Christus ist mein Leben. Sterben ist mein Gewinn. Dem habe ich mich ergeben, mit Freud fahr ich dahin.« Ein Sühnestein, den ein Soldat im Mittelalter vor seiner Hinrichtung aufstellen ließ, weil er an dieser Stelle einen Leutnant aus Hermannsfeld erstochen hatte.

Von Völkershausen sehe ich hinter einem Wiesenhügel zuerst nur die Kirchenkuppel. Am Ortseingang stehen zwei falunrot gestrichene Häuschen. Drum herum verwilderte Gärten, in denen zwischen Korbballständern und Spielautos hohes Gras wächst. Das untere Häuschen ist aus roten Klinkern gemauert, das obere nur aus dünnen Rundhölzern gefügt. Efeu rankt an den Wänden.

Ich klingele am unteren Haus. Die ältere Frau, die öffnet, ist sehr sorgfältig gekleidet und noch sorgfältiger frisiert. Die Haare sind rot getönt. Sie spricht die Worte sehr langsam, überdeutlich und gedehnt vornehm: »Bitte schön, mein Herr, kommen Sie herein. Aber ich habe nur zwei Minuten Zeit für Sie.«

Die Zimmer sind niedrig und wegen der kleinen Fenster und der davorstehenden großen Bäume sehr dunkel. Als ich Elsbeth Knobel nach ihrem Alter frage, sagt sie lächelnd: »So etwas fragt man eine Dame doch nicht, mein Herr.« Ein Mädchen, das sich mit zwei jungen Leuten gerade verabschiedet, wirft ein: »Die Oma ist jetzt neunundsechzig.« Wir gehen in die kleine Stube, bleiben aber stehen, während die Frau erzählt, daß sie schon andere Zeiten erlebt habe. Zwar sei sie hier geboren, aber bereits mit siebzehn arbeitete sie in einem Friseurgeschäft in Düsseldorf. Weil die Mutter nicht mehr allein bleiben konnte, kam sie 1969 nach Völkershausen zurück. »Ich dachte, die Welt verschluckt mich hier mit ihrer Einsamkeit.« Als die beiden Mädchen und der Junge gehen, streicht sie dem hoch aufgeschossenen Enkel über die kurzgeschnittenen Haare. »Der ist jetzt bei de Soldaten, und der hatte so schene Locken druff.«

Das Steinhaus gehörte ihrer Mutter. »Nebenan das Holzhaus, das hat mein Mann, Gott hab ihn selig, in vier Jahren mit eigenen Händen gebaut. Von 1945, als er todkrank aus Rußland zurückkam, bis 1949. In dem Jahr, als er fertig war, ist er auch gestorben. Er war Tischler, Geld und Reichtümer hatten wir nicht. Also machte der sterbenskranke Mann Stangen im Wald, schnitt Rundhölzer, hobelte und fügte sie zusammen. Es war sehr, sehr mühsam.« In dem Holzhaus wohnt jetzt ihre Tochter Evelyn mit den drei Kindern.

»Die zwei Minuten sind aber um, mein Herr.« Hinter mir schließt sie die Tür wieder sorgfältig von innen.

Ihre Tochter, eine kräftige und überhaupt nicht wie eine Dame aussehende Frau, meint, daß wir besser draußen bleiben, weil es so beengt sei im Haus. Zum Glück sei der Große nun beim Bund. Sie kann wegen der Kinder nicht mehr arbeiten. »Ich bin hier alleen. Ich brauch hier keen' Mann. Manchmal sag ich mir: ›Evelyn, du wirst hier mal sterbe.‹ Aber wenn ich um sechs Uhr aufstehe und Glück habe und sehe, wie die Reh' hier laufen … Wir schlagen uns durch, und die Mutter hilft uns mit ihrer Rente. Nur wenn das Dach vom Haus mal undicht wird, wo wir das Geld dann hernehmen sollen, das weiß ich nicht …«

Ich frage sie nach dem Freiherrn von Stein. »Der Eckardt von Stein, wo jetzt tot ist, der war so einer aus dem Volk, der ist mit der Mutter konfirmiert worden. Sein Bruder, der Hans-Dietrich von Stein, der ist nicht so nah beim Volk. Einmal, beim Wiesenfest, habe ich ihn mit ›Herr Stein‹ angesprochen, da belehrte er mich sofort: ›Mein Name ist Herr Hans-Dietrich von Stein. Und das gilt auch beim Wiesenfest!‹«

Manchmal, wenn das Geld kaum mehr für feste Winterschuhe reicht, denkt sie darüber nach, weshalb der Vater ihr nur dieses kleine Holzhaus hinterlassen hat, der Herr von Stein aber ein Schloß und so viele Häuser, Güter, Wald und Felder besitzt. »Aber es gab schon immer die Armen, die in solchen Häuschen lebten wie wir, und die Reichen, die Schlösser für sich allein hatten. Die sind ihr Eigentum. Und wenn man ihnen das, wie im Osten nach dem Krieg, wegnimmt ... Man sieht ja heute, was für Zustände daraus geworden sind. Nein, lieber soll alles bleiben, so wie es immer war. Wir kommen schon durch.«

In der Mitte des Dorfes finde ich neben dem Bushäuschen – das Schloß selbst ist hinter den Gesindehäusern nicht zu sehen – den Eingang zum Steinschen Anwesen. Bevor ich bei »Freiherr Hans-Dietrich von Stein« auf den Klingelknopf der Sprechanlage drücke, zögere ich sehr lange. Meine Schuhe und die Hosenbeine sind schlammverschmiert, der Anorak und der Rucksack hängen naß und schwer an mir herunter. Ich hoffe, daß über dem Eingangstor keine Videokamera aufgebaut ist. Mit aller mir gebotenen Höflichkeit nenne ich dann meinen Namen, umreiße mein Vorhaben und bitte, daß ich den Freiherrn Hans-Dietrich von Stein kurz befragen dürfe. Das schmiedeeiserne Eingangstor öffnet sich automatisch. Ein großer Garten, dahinter das Schloß, ein klassizistischer zweigeschossiger Bau. Ich kann die vielen Fenster nicht alle zählen, denn der Freiherr steht schon vor der Tür auf der Freitreppe. Er ist nicht feingliedrig, schmal und weich, wie ich mir einen »Blaublütigen« vorstelle, sondern ein großer, kräftiger Mann. Vor dem langen Gang durch den Schloßflur will ich die Schuhe ausziehen. »Lassen Sie die Schuhe an«, sagt er. Also versuche ich, als wir in dicken Sesseln sitzen, sie möglichst still zu halten. Ich stelle mich nochmals vor und schalte mein Tonbandgerät ein.

Der Freiherr ist 1941 in Darmstadt geboren. 1942 kam er nach Völkershausen. Damals gehörte der Familie von Stein in Thüringen noch das rund zweihundert Hektar große Gut Ruppers samt dem alten Schloß. Mit der Bodenreform enteignete man auch diesen feudalen Besitz im Osten, verteilte Grund und Boden an Landarbeiter und Neusiedler. »Unser Großvater mußte damals hier in Völkershausen mit anhören, wie sie drüben sein altes Schloß in die Luft sprengten.«

Für Hans-Dietrich von Stein ist die Grenze gegenwärtig gewesen, seit er denken kann. Die Besitzungen und das Gut Ruppers, dessen Bewohner später wegen Grenznähe ausgesiedelt wurden, konnte er nie besichtigen, weil sie im Sperrgebiet lagen, das für BRD-Bürger tabu war. Erst 1997 konnte er das Gut zurückerwerben. Er hat nach der Wende dafür gekämpft, die Bodenreform rückgängig zu machen. »Vorher hatte die Regierung immer wieder versprochen: ›Wenn es je zu einer Wiedervereinigung kommt, werden wir dieses Unrecht beseitigen.‹ Aber man hat uns danach lediglich eine Entschädigung, die allenfalls ein Trinkgeld war, angeboten. Daß die Flächen, die sich drüben in Staatseigentum befanden, nach der Wiedervereinigung nicht uns zurückgegeben, sondern vom Staat verscherbelt worden sind, ist eine große geschichtliche Ungerechtigkeit. Ich hatte die Hoffnung, daß es anders läuft. Aber diese Hoffnung hat sich nach der Einheit nicht erfüllt.«

»Wie die Hoffnung von den versprochenen blühenden Landschaften im Osten«, sage ich. Da widerspricht er sehr laut. »Was wollen Sie? Die sind doch da, die blühenden Landschaften! Absolut. Die sind da. Und wer das nicht sieht, hat keine Augen im Kopf. Schauen Sie sich die Telekommunikationseinrichtungen an … Das viele Geld, was drüben reingeschossen worden ist, das sieht man überall. Was im Osten entstanden ist, das ist sensationell … Am besten geht es den Rentnern, die zwei Renten beziehen … Die blühenden Landschaften sind da.«

»Und die geschlossenen Betriebe und die Leute ohne Arbeit?«

»Es ist normal: Wenn eine Firma pleite geht, werden alle Beschäftigten erst einmal entlassen. Und Ihre Firma, die DDR, war eben pleite!«

Wir reden nicht darüber, wer der Insolvenzverwalter war und wer sich aus dem noch vorhandenen Kapital zuerst sein Honorar herausholen durfte. Er sagt nur, daß er nach Kräften im Osten geholfen habe. Seine Frau arbeitet im Förderverein des Meininger Theaters, und er hat u. a. bei einer Benefizveranstaltung auf seinem Schloß Zehntausende Euro für eine neue Orchestermuschel gesammelt …

Durch die Marxsche Lehre habe ich immer noch ein gestörtes Verhältnis zum Drang nach immer mehr Eigentum. Zu tausend Hektar noch tausend Hektar? Zu einem Dutzend Eigentumshäuser noch ein Dutzend? Zu hundert Fabriken noch hundert? … Und ich kann es mir auch nicht verkneifen, eine meiner Fragen, die mich seit der Kindheit beschäftigen, loszuwerden: »Wieviel Zimmer hat Ihr Schloß?«

Er denkt lange nach, ehe er sagt: »Ich habe sie zwar noch nicht gezählt, aber es müßten siebzehn sein.«

»Und was machen Sie in diesen siebzehn Zimmern?«

»Man kann sich aufhalten, wo man gerade will.« Aber er schränkt ein, daß er im Winter nur drei oder vier Zimmer heizt.

Seit dreißig Jahren arbeitet er als Unternehmensberater.

Seine Frau, sagt er, macht sehr vieles allein im Haus. Sie hat als Hilfe nur eine Haushälterin, die täglich für drei Stunden kommt.

»Mägde und Knechte kann man sich heute nicht mehr leisten, bei den Lohnnebenkosten.«

Er begleitet mich bis zur Freitreppe und öffnet von hier aus das noch nicht einzusehende Tor. Ich frage, ob ich zurückrufen soll, wenn ich draußen bin, damit er es wieder schließen kann. Doch er meint, daß er es im Gefühl hat, wie lange einer bis zum Tor braucht. Und wirklich: Nur Sekunden nachdem ich wieder draußen bin, schließt sich automatisch die Eingangstür zum Schloß.

Neben dem Tor steht eine Tafel zur Geschichte des Geschlechts der Freiherrn von Stein. Die Familie, zahlenmäßig klein, aber schon im 13. Jahrhundert urkundlich erwähnt und reich an Besitztümern, eignete sich über dreißig Lehen und Altgüter in der Rhön und im Grabfeld an. Die von Stein waren u. a. Domkapitulare zu Würzburg, Minister und Kanzler. Carl Freiherr von Stein, seit 1760 Mitglied des deutschen Ordens, brachte es bis zum Landkomtur von Thüringen und Premierminister des Kurfürsten von Mainz.

Den Text der historischen Tafeln, wie dieser am Schloß, am Völkershausener Sühnekreuz und am Friedensweg, hat, so steht es darunter, Gerhard Schätzlein verfaßt. Er schrieb auch mit dem zwölf Jahre im bayerischen Grenzdienst und später als Polizeioberkommissar arbeitenden Reinhold Albert das in Hildburghausen erschienene dreibändige Werk »Grenzerfahrungen«.

Ich hatte angenommen, daß die insgesamt eintausendsiebenhundertvierundfünfzig Seiten über deutsch-deutsche Grenzerfahrung von 1945 bis 1989 der gleichen Gewichtung wegen von einem westdeutschen und einem ostdeutschen Autor verfaßt worden sind. Frage nun aber, durch die historischen Tafeln in Völkershausen verunsichert, ob Gerhard Schätzlein etwa ein Hiesiger sei.

»Ja, der wohnt im Nachbardorf Filke. Etwa acht Kilometer von hier.«

»Auch ein ehemaliger bayerischer Grenzpolizist?«

»Nein, ein pensionierter bayerischer Lehrer.«

Es ist schon spät am Nachmittag. Ich sollte nicht mehr versuchen, bis Filke zu laufen, mache es aber trotzdem, weil ich wissen will, was ein bayerischer Lehrer außer Mauer, Schießbefehl, Stasi, Flucht, Minen, Zwangsaussiedlung, Unrechtsstaat, Diktatur und Gefängnis noch über die DDR weiß. Der

Kolonnenweg ist hinter Völkershausen mit Schildern und Schranken »für alle gesperrt«. Heidelbeerkraut, dessen zahlreichen Blüten eine gute Ernte versprechen, wächst rechts und links vom Weg. Aber je länger ich laufe, je dunkler es wird, um so weniger achte ich auf die Umgebung, sehe nur noch den Gitterplattenweg vor mir. Stutze, weil er plötzlich endet und statt seiner ein breiter, mit Schotter belegter Forstweg (»Für alle gesperrt«) beginnt. Kilometerweit liegen auf dem »grünen Naturschutzstreifen« der Grenze die zur Seite geschobenen Wurzelstöcke und Lehmklumpen und die Bierbüchsen, Zigarettenschachteln und Plasteabfälle der Bauarbeiter. Ich nehme an, daß dieser neue Weg mich irgendwann in einen Ort führen wird, täusche mich aber. Es soll nicht die letzte Täuschung an diesem Tag sein …

Als es so dunkel wird, daß ich die Landkarte nur noch mit der Taschenlampe lesen kann, bin ich sicher, daß Filke nunmehr links der Grenze liegen muß, und suche vergeblich nach Lichtern. Ich stolpere weiter, bis ich endlich auf eine Straße komme. Von ihr aus erblicke ich die Lichter von Filke. Aber sie liegen schon weit hinter mir.

Gerhard Schätzlein sieht wie ein kräftiger Bauer aus, der den Acker noch selbst pflügt. Auch er ist, mit Freunden die Grenze entlangwandernd – von der aus Filke vor ein paar Jahren noch gut zu sehen war –, schon an seinem Dorf vorbeimarschiert, tröstet er mich. Weil seine Frau nicht zu Hause ist, serviert er mir in seinem Arbeitszimmer eine Brotzeit und stapelt freundlich noch ungeöffnete Päckchen Käse, Wurst und Schinken zu einem sehr großen Haufen. Seine geistige Nahrung steht ordentlich in Regalen, Schränken und einem großen Drehturm: zweihundert Tonbandkassetten mit Gesprächen und rund vierhundert dicke Ordner mit Tagesmeldungen der Grenztruppen, Protokollen des BGS und Akten der Gauck-Behörde. Der heute 68jährige kam 1959 als Volksschullehrer nach Filke. »Diese Wohnung war früher die Schule, in der ich unterrichtet habe.«

Ich frage, was ihm beim Beschreiben der deutsch-deutschen Grenzgeschichte am schwersten fällt.

»Ich möchte verstehen, weshalb die Menschen in ihrem Gesellschaftssystem so oder so gehandelt haben.« Sein Vater, erzählt er, war bei der Gestapo. »Aber ich schätze meinen Vater, unbehalten, was er getan hat, immer noch als Vater.« Er verteidigte ihn und dessen Generation gegenüber seinen Kindern, die nicht verstehen konnten, daß man so etwas mitgemacht hat. »Ich wollte ihnen erklären, wie schwer es ist, als Normalverbraucher in einem politisch einseitigen System gegen den Strom zu schwimmen ... Den bei Helmershausen stehenden Gereuthhof, der wegen Grenznähe beseitigt werden sollte, rissen nicht die Grenztruppen, sondern die Kameraden der Freiwilligen Feuerwehr von Helmershausen und Kaltensundheim ab!«

Gerhard Schätzlein gehörte zu den Jusos. Wegen Willy Brandt ist er in die SPD eingetreten. »Ich war Vorsitzender des Kreisjugendringes in Oberfranken und habe dazumal in Meiningen für eine deutsch-deutsche Zusammenarbeit geworben. Das war, was viele inzwischen vergessen haben, um 1950 noch möglich. Da wollte nämlich die DDR gesamtdeutsche Beziehungen und Veranstaltungen. Aber Vertreter der DDR wurden von uns an der Grenze nicht in die BRD hereingelassen. Zu bestimmten Zeiten gab es auch eine Vielzahl von Menschen, die aus der BRD in den Osten siedelten. Doch die Angst vor Agenten und Klassenfeinden war so groß, daß man diese Leute erst in Auffanglager sperrte, bevor sie Arbeit bekamen. Der Sozialismus in der DDR war von Beginn an zum Scheitern verurteilt, weil das Sicherheitsdenken der Kommunisten alle demokratischen Ansätze zunichte gemacht hat. Aber am Anfang hatten viele die Hoffnung auf eine neue deutsche demokratische Ordnung. Am Anfang, 1945, und am Ende der DDR noch einmal!«

»Was war, wenn Sie es in einem Satz sagen müßten, die DDR für Sie?« frage ich.

»Ein leider gescheiterter Versuch, soziale Gerechtigkeit in Deutschland durchzusetzen.«

Ich schmiere mir nur Butterbrote, schneide die abgepackten Käse- und Wurstpäckchen nicht auf.

Nach dem Erscheinen seiner Bücher hätten viel mehr Ostdeutsche als Westdeutsche angerufen, um die Texte zu berichtigen oder zu ergänzen. Die Tagebuchaufzeichnungen vom Herbst 1989 bis zum Oktober 1990 des Oberstleutnants Harald Hentschel, des Kommandeurs der Bad Salzunger Grenztruppen, hat er original im Buch abgedruckt. Für nächste Woche hat er von der Kameradschaft ehemaliger Grenzer des Bad Salzunger Bataillons »Florian Geyer« zu deren Jahresversammlung eine Einladung erhalten.

»Weil Sie immer noch ein Linker sind?«

»Das weiß von denen keiner. Ich war seit 1972 fast dreißig Jahre lang für die SPD im Kreistag Rhön-Grabfeld. Aber heute sehe ich keine Möglichkeit mehr, dem Profitstreben, dem in dieser Gesellschaft alles untergeordnet wird, noch etwas Vernünftiges entgegenzusetzen. Als ich Gysis Abschiedsrede als Parteivorsitzender gehört habe – ich hätte sie sofort unterschrieben –, spielte ich mit dem Gedanken, mich im Westen für die Ideen der PDS einzusetzen. Aber die Betonköpfe, die es in dieser Partei noch gibt ...«

Ich sage ihm, daß es mir nach unserem Gespräch nicht mehr wichtig ist, ob ein westdeutscher und ein ostdeutscher Autor gemeinsam den geplanten vierten Band der »Grenzerfahrung« schreiben oder ob es zwei Westdeutsche tun. Wahrscheinlich sind Ost-West-Ortsbestimmungen allein nicht entscheidend.

Als seine Frau nach Hause kommt und sieht, daß ich nur Butterbrote gegessen habe und all die Wurst- und Käsepäckchen noch ungeöffnet auf dem Brett liegen, sagt sie freundlich zu ihrem Mann: »Gerhard, das Leben besteht nicht nur aus Geschichtsakten.«

Von Kaffeewasser aus dem Friedhofsbrunnen, einem Beschwerdebrief an Adolf Hitler und dem Nachtlager über dem Rhöner Schafstall

Von Filke bis zum nächsten Etappenziel, dem Dreiländereck, an dem die Grenzen von Bayern, Hessen und Thüringen zusammenstoßen, muß ich gut zwanzig Kilometer laufen und habe mich deshalb sehr zeitig auf den Weg gemacht. Die kalten Morgennebel liegen noch in den Senken vom Kolonnenweg und über der als Museum erhaltenen oder neu aufgebauten Grenzmauer mit Signalzaun im Wald am Steinkopf. Erst vor Weimarschmieden, dem nördlichsten fränkischen Ort, der am weitesten in die DDR hineinragte, steigen die Nebel aus den Wiesen, und als ich dort am ersten Haus an der linken Seite vom Dorfeingang – es müßte also das am weitesten im Norden liegende fränkische Haus sein – ankomme, wärmt die Sonne schon so stark, daß die Hauskatze im Blumenkasten vor dem Fenster schnurrt. Der Name des Besitzers ist über der Tür in Holz geschnitzt, »Johann Bayer«. Der Mann lädt Buchenholzstämme vom Wagen.

»O Gott, ist das schon wieder fünfzehn Jahre her?« sagt er, als ich ihn nach dem Leben seit der Grenzöffnung frage, und meint, daß es in der ersten Zeit nach der Wende mit den Leuten im Osten angenehmer gewesen sei. Trotzdem fährt er zum Einkaufen nicht mehr nach Fladungen, sondern wieder nach Meiningen, wie das schon vor dem Krieg üblich war, als die Leute aus der Gegend hinüber nach Thüringen zu Arbeit gingen. Er stammt aus Volkach und hat 1962, »als die Grenze richtig dichtgemacht wurde«, nach Weimarschmieden geheiratet.

Während er erzählt, schaue ich immer wieder auf seinen Kopf. Ein Viertel der rechten Schädelseite ist eingedrückt und hat eine haarlose, mindestens faustgroße Delle. Ich frage, weshalb das Verhältnis zu den ostdeutschen Nachbarn früher angenehmer war. »Es ging so lange gut, bis die drüben sagten: ›Das steht uns doch auch zu!‹ Doch wenn ich überlege, daß eine Frau aus dem Osten, die dort in die LPG ging, wo sie, das weiß ich nicht genau, wenig oder gar nichts gearbeitet hat, also wenn die sich hinstellt und sagt: ›Das steht uns doch auch alles zu!‹, und die bekommt dann mehr Rente als ich mit meinen tausendeinhundert Euro, für die ich in Neustadt vierzig Jahre lang in drei Schichten gearbeitet habe … Nein, das kann doch nicht sein. Kein Pfennig hier bei uns eingezahlt, aber nun sagen: ›Das steht uns zu!‹«

Er merkt nicht, daß ich wie hypnotisiert auf seinen Kopf schauen muß. Vor zehn Jahren ist er in den Vorruhestand versetzt worden. »Unser Betrieb in Neustadt, eine traditionsreiche Firma, die Lüftungen und anderes Autozubehör herstellt, hatte damals, um sich zu verjüngen, sechsundfünfzig Auszubildende eingestellt. Als die fertig waren, hieß es, entweder hundert teure ältere Kollegen hören auf, damit die Jungen eingestellt werden können, oder wir haben sie umsonst ausgebildet. Da sind wir Alten gegangen.«

Als ich dann doch nach seinem verunstalteten Kopf frage, sagt der 67jährige schmunzelnd: »Ich habe zweimal im Jahr Geburtstag. Einmal meinen richtigen im November und dann noch den am siebenten September. Wissen Sie, wir haben wie viele andere hier eine Holzfeuerung und machen das Holz selber. Als ich am siebenten September 2004 eine Buche fällen wollte, brach an ihr ein mindestens zehn Zentimeter dicker Ast ab und stürzte kerzengerade wie ein hölzernes Fallbeil auf meinen Kopf.«

Er hat wochenlang im Meininger Klinikum im Koma gelegen, danach in der Neuroklinik im bayerischen Bad Neustadt. »Obwohl man annimmt, daß mir ein Viertel vom Gehirn fehlt, kann ich sehen, hören und sprechen. Vor der Wiedervereinigung hätte man mich nicht auf dem kürzesten Weg zur Gehirnchirurgie nach Meiningen bringen können, und wer weiß, wie es dann ausgegangen wäre.«

Ich solle ein paar Häuser weiter beim alten Hübner vorbeigehen. »Der kann Ihnen erzählen, wie es hier vor 1961 an der Grenze war.«

Eine alte, freundliche Frau öffnet. Ich frage nach ihrem Mann. Sie bedauert. »Der ist gerade rüber in die Ostzone.«

»In die Ostzone?«

»Ja, zu seinem Cousin. Der wohnt in der Ostzone, in Wohlmuthausen.«

»Haben Sie im Osten noch mehr Verwandte?«

»Nein, wir haben sonst keine Kontakte nach drüben. Die sind irgendwie anders, die dort in der Ostzone.«

»Wie anders?«

»Sie sind eben anders. Wie genau anders? Das kann ich nicht sagen.«

Als ich aus Weimarschmieden hinauslaufen will, schaut mich ein junger Mann mit leicht gelocktem Haar, in Strickpullover, Jeans und orangefarbenem T-Shirt immerzu prüfend an. Als er nicht aufhört, mich zu mustern, sage ich: »Was glotzen Sie mich an, als ob ich ein Außerirdischer wäre?«

Er murmelt erschrocken: »Nun auch schon soweit?«

Ich frage, ob er im Dorf arbeitet. Er nickt. Als Maler. Ich imitiere mit der Hand Anstreichbewegungen. »Nein, ich male!« Seine Frau schaut lachend aus dem Fenster.

Im Haus sind »Baustellen« mit bunten Tüchern verhängt. Ihre Wohnung voller Spielzeug, Skulpturen, Bilder, Keramiken und alter Möbel würde meine Mutter als »verkramert« bezeichnen. Nichts haben sie auf modern gestylt. Sogar das Ofenrohr steigt wie früher erst einige Meter in die Höhe, um auch die Hitze des manchmal glühenden Rohres zu nutzen, bevor es unter der Decke in den Schornsteinzug geleitet wird.

Die 34jährige Frau nimmt ihre vierjährige blonde Tochter auf den Schoß. Die gibt dem Papa eine kleine Balalaika, und er spielt darauf. Silke Ohlert und Uwe Harreck sind vor vier Jahren aus Berlin in das kleine, wohl kaum einhundert Häuser zählende Weimarschmieden gezogen. Er hat Kunstgeschichte und Philosophie studiert, »und in den Berliner Künstlercafés so viel getrunken und so klug über Kunst und Politik geschwätzt, daß es nun für ein Leben reicht«. Er hat schon damals gemalt, auch große Fresken. Nichts Figürliches, sondern Farb- und Formspiele. »Beispielsweise an allen Wänden eines Arbeitszimmers. So etwas dauert Monate.«

»Und wer kann das bezahlen?«

»Gut Betuchte.«

»Im Westen?«

»Nein, auch im Osten, etwa in einer Jugendstilvilla in Neuruppin. Sie gehörte dem Chef einer Reinigungsfirma.«

Sie ist Puppenspielerin und erhielt, als sie von Westberlin nach Weimarschmieden kam, zuerst ein Engagement am Meininger Theater. »Doch einmal von Berlin weg, wollte ich richtig frei sein und habe begonnen, hier mein eigenes Puppentheater aufzubauen.« Nun sind sie »in jeder Beziehung, auch finanziell, frei«. Er malt und gestaltet Kulissen für ihr Theater. Sie spielt und ordnet seine Bilder und Dias für künftige Ausstellungskataloge.

»Das Leben ist nicht mehr in Freizeit und Dienst aufgeteilt«, sagt sie. »Man hat plötzlich mehr Zeit und kann sich in dieser Ruhe und Einsamkeit des Dorfes an der Grenze zwischen Thüringen und Bayern intensiver mit sich selbst beschäftigen.«

Er lächelt. Heute ist ihm zum erstenmal aufgefallen, daß die Einsamkeit nicht nur positive Spuren hinterläßt. »Wenn man jetzt schon wie die Einheimischen jeden Fremden im Dorf anstarrt ...«

Ein Ost-West-Problem gibt es für sie in ihrer Arbeit nicht. »Wir spielen und malen in Ost und West dasselbe. Die Kunst ist schon viel einheitlicher als Politik und Ökonomie. Außerdem sollten wir Deutschen ein wichtigeres Thema als das Auseinanderleben vor und den Versuch des Zusammenfindens nach der Wende nicht vergessen: unsere gemeinsame Zeit und das gemeinsam begangene Unrecht vor 1945.«

Ihrer Tochter gaben sie zwei Vornamen: Fritzi und Hannah.

»Fritzi?«

»Es sollte deutsch klingen.«

»Und weshalb Hannah?«

»Uwe ist Mitglied der jüdischen Künstlergruppe in Berlin. Und ich lese manchmal in der Synagoge im thüringischen Aschenhausen Einwohnern und Touristen jüdische Geschichten vor.«

Fritzi-Hannah nimmt dem Papa die Balalaika weg und versucht selbst zu spielen.

»Zu unserem Freundeskreis in Weimarschmieden«, sagt die Puppenspielerin, »gehört auch eine hier wohnende Sinti-Familie.«

Sich in der Rhön zu verlaufen kostet viel Kraft. Dabei sehe ich die Hohe Rhön mit den steilsten Hängen bei Frankenheim erst als entfernten Gebirgszug vor mir. Aber mir reicht es schon, als die Grenze zwischen Weimarschmieden und Brüchs eine Kehrtwendung um dreihundertundsechzig Grad macht, ich sie auf meinem Weg nach Melpers verliere, in die falsche Richtung gehe und den über sechshundert Meter hohen Abtsberg immer wieder hinauf- und hinunterlaufe und dort vergeblich den Kolonnenweg suche. Ich finde nur die Tafel vom Friedensweg, auf der tröstlich vermerkt ist, daß sich in dieser Gegend schon 1950 ein westdeutscher Zöllner so sehr verlaufen hat, daß er auf dem Gebiet der DDR vor Melpers von Volkspolizisten gestellt und nach Meiningen gebracht wurde. Drei Tage lang verhörte ihn ein sowjetischer Major. Am vierten wurde er freigelassen. Die Verhöre gingen aber weiter. Denn nun versuchten die Amerikaner herauszubekommen, ob er drüben »umgedreht« worden wäre.

Statt Melpers sehe ich jedesmal, wenn ich aus dem Wald herauskomme, wieder das bayerische Brüchs vor mir. Endlich höre ich eine Motorsäge. Der bayerische Holzfäller weist mir den Weg, »der dich, wenn du nirgendwo abbiegst, direkt nach

Melpers führt«. Daß er ein bißchen grient, sehe ich zwar, denke mir aber nichts dabei.

Ich finde den empfohlenen Weg und biege nirgends ab. Komme an einer ehemaligen US-Beobachtungsstation vorbei, marschiere aber nur im Kreis, und nach fast einer Stunde bin ich wieder dort, wo ich herkam. Dann laufe ich doch hoffnungsfroh in ein Tal hinunter. Auf dem Ortseingangsschild steht nicht »Melpers«, sondern »Fladungen«, und in einem der ersten Höfe entdecke ich den Traktor und den vollbeladenen Hänger des Holzmachers. Ich bin froh, daß ich den Mann nicht sehe, und formuliere die ungerechten Schimpfworte »Scheiß-Wessi« nur in Gedanken.

Im Eiltempo marschiere ich durch Oberfladungen, lese flüchtig, daß morgen, am 1. Mai, eine mir unbekannte Techno-Gruppe auftritt. Dann bleibe ich doch vor vier Männern, die am alten Rathaus sitzen, stehen. Nur einer von ihnen sitzt auf der Bank, die anderen in modernen Rollstühlen. Einem pustet ein Sauerstoffkompressor ständig Luft in die Nase.

»Er hat Lungenkrebs, ist aber schon fünfundachtzig.«

Als der Mann hört, daß sie über ihn reden, sagt er: »Ich war im Krieg in Rußland.« Ein anderer war in Afrika. »Dort haben wir nicht so gefroren wie die in Rußland.« Ein dritter hat Frankreich erlebt. Sie alle waren viele Jahre im selben Fladunger Baubetrieb beschäftigt.

Ich frage, ob es am 1. Mai eine Kundgebung geben wird.

Nicht, daß sie wüßten. Sie haben, sagen sie, auch noch nie eine rote Mainelke getragen und erinnern sich an keine Maidemonstration. »Weshalb sollten wir demonstrieren? Bei uns ist das Leben bis zur Wende doch immer nur besser geworden. Drüben die Arbeiter, die mußten zum Ersten Mai demonstrieren, denen ging es ja nicht so gut. Wir dagegen konnten schon feiern.«

Die Alten raten mir, nach Frankenheim nicht die Grenze oben im Rhönwald entlangzulaufen, sondern die Straße von Oberfladungen über Leubach nach Frankenheim zu nehmen.

Ich höre nicht auf sie und verfluche wenig später meinen Starrsinn, denn die Rhönberge werden schließlich so steil, daß ich kaum noch Wege, geschweige denn den Kolonnenweg finde und mich mühsam, immer wieder auf vermoosten Baumwurzeln ausrutschend, die Abhänge hinunterhangele. Erst kurz vor Frankenheim entdecke ich den Kolonnenweg.

Links am Ortseingang, wie zur freundlichen Begrüßung, ein kleiner Blumenladen. Aber an der Tür hängt ein Schild: »Komme gleich wieder«. Das nächste Haus, wohl eine ehemalige Gaststätte, verfällt unbewohnt.

Rechts stehen die Häuser auf einer Anhöhe. Am Hang harkt ein Mann Gras zusammen. Ich frage ihn, ob sie in Frankenheim morgen, am Ersten Mai, demonstrieren oder sich zu einer Kundgebung versammeln würden. »Schließlich war die Rhön nach dem Ersten Weltkrieg Notstandsgebiet, in das sogar die hungernden sowjetischen Arbeiter solidarisch Mehl schickten, also ein armes Land und deshalb eine revolutionäre Gegend.«

Er fragt, weshalb ich ihm das erzähle, er sei nie in der SED gewesen. Aber vielleicht, meint er, sollte man heute demonstrieren. »Heute hat es einen Sinn, heute ist es keine Lüge wie in der DDR. Doch inzwischen macht jeder nur noch seins. Das ging nach der Wende sehr schnell bei uns.«

Egon Friedrich ist jetzt vierundfünfzig und schon vier Jahre lang ohne Arbeit. Die Frau hat seit nach der Wende keine richtige Anstellung mehr. Bis 1982 arbeitete er als Baumaschinist in Meiningen. »Dann waren Diesel und Öl, die uns die Russen gegen Devisen lieferten, plötzlich knapp, und wir mußten unsere nagelneuen LKW ungenutzt in die Hallen stellen und die älteren Autos auf Holzvergasung umstellen. Da habe ich hier in Frankenheim bei der Grenzkompanie als Hausmeister angefangen.«

»Hausmeister in der Grenzkompanie, ohne in der Partei zu sein?«

Er nickt. »Ja, bis Ende 1990.«

Danach hat er die Grenzanlagen bei Gompertshausen mit abgebaut. »Aber dann …« Er, dem man wohl auch in einem Frack den Arbeiter ansehen würde, wischt mit einer Hand das Ende des Satzes weg. »Manche in Frankenheim schämen sich, über ihre Arbeitslosigkeit zu sprechen, und keiner muckt auf. Auch nicht am Ersten Mai. Wer sollte es denn organisieren?«

»Die SPD«, sage ich.

»Die gibt es hier wohl gar nicht mehr.«

»Die PDS.«

»Das sind auch nur noch zehn oder zwölf Hanseln.« Die Chefin der PDS ist eine Frau. Wenn ich bei ihr vorbeigehen wolle: hinter der Kirche geradeaus und dann rechts.

An der Kirche frage ich einen Mann, der vor seinem Haus steht, noch einmal nach dem Weg zur PDS-Chefin. Was ich bei der wolle, möchte er wissen. Ich erzähle, daß ich mich nach der Mai-Kundgebung, die es wohl nicht mehr gebe, erkundigen möchte.

»Früher spielte hier zum Ersten Mai unsere Kapelle. Aber morgen kann ich, weil diesmal der Erste Mai ein Sonntag ist, Kirchenmusik anhören. Natürlich von draußen.«

Nach einer Pause meint er, daß es gut wäre, wenn sich wenigstens die Arbeitslosen am Ersten Mai versammelten.

»Sie auch?«

Er nickt. Über dreißig Jahre hat er beim Straßenbau gearbeitet. »Doch vor drei Jahren bin ich mit dem Holzmann-Konzern untergegangen. Das heißt, untergegangen sind dort bestimmt nur die Arbeiter und kleinen Angestellten. Ich denke mir, daß die Geschäftsführer von Holzmann heute nicht mit Hartz IV auskommen müssen …«

Er, der betont, in der DDR in keiner Partei gewesen zu sein, bezweifelt, daß Kundgebungen und Demonstrationen und Proteste heute noch etwas bewegen können. »Der Staat hat alles sicher in der Hand. Er kann Telefone abhören, Bankkonten kontrollieren, er weiß über jeden Quadratmeter der Eigentumswohnung Bescheid. All das wird heute demokratisch geregelt. Die brauchen keine Stasi.«

Seinen Namen soll ich nicht aufschreiben, aber den Satz: »Wer seine Arbeit verliert, hat sein halbes Leben verloren.«

Der dritte, den ich nach dem Weg frage, ist auch ein Friedrich, Bernd Friedrich, aber nicht mit Egon Friedrich verwandt. Er ist fünfzig und hat noch Arbeit als Maurer. Seine rötlichen wirren Haare kleben ihm verschwitzt an der Stirn. Er weiß, daß die Nachbarin nicht zu Hause ist und daß sie die Geschäfte der PDS nicht mehr leitet. »Das macht jetzt der Franz Dietzel, der unten am Brunnen wohnt«.

Kundgebung zum 1. Mai? Er beginnt sofort auf die Mächtigen von heute zu schimpfen. »Die mißbrauchen die Macht und lügen dem kleinen Mann die Hucke voll, damit sie an der Macht bleiben können.«

»Das war in der DDR ähnlich«, sage ich.

»Ja, aber wegen deren Lügen bin ich nicht in die SED rein. Mein Vater war ein Roter, VdN, und meinem Bruder hat man sogar den Karl-Marx-Orden an die Brust geheftet. Aber um den Orden zu bekommen, das habe ich ihm damals auf den Kopf zugesagt, da mußtest du lügen, da konntest du nicht sagen, was dir im Sozialismus nicht paßte.«

Ich frage, ob er morgen zum Maifeiertag ein Bier trinken und eine Bratwurst essen würde. Er zuckt unentschlossen mit den Schultern. »Ich werde, wie ich das jedes Jahr am Vorabend zum Ersten Mai mache, gegen vierunszwanzig Uhr die Nationalhymne abspielen. Manchmal stehe ich dann auch auf.«

»›Deutschland, Deutschland über alles‹ zum Ersten Mai?«

Er schaut mich entgeistert an. »Natürlich nicht die, sondern ›Auferstanden aus Ruinen‹, alle Strophen.«

»Und das jedes Jahr am Vorabend vom Ersten Mai?«

»Ja, man muß sich an was festhalten. Aus der Idee vom Sozialismus hätte man trotz der Lüge noch was machen können. Aber aus dieser verlogenen Geldgesellschaft, was soll man daraus für die Zukunft entwickeln?«

Am Brunnen steht ein Schild: »Kfz waschen verboten!«, aber kein Hinweis, ob man das Wasser trinken kann. Also frage ich, bevor ich meine Flasche auffülle, eine im Garten nebenan die Blumenrabatte harkende Frau, ob es genießbar ist. »Unser Bürgermeister«, sagt sie, »holt es sich sogar zum Kaffeekochen.« Das allerdings hat eine besondere Bewandtnis. Weil die Quelle in der Nähe vom Friedhof entspringt, ist der Brunnen zur Nazizeit dichtgemacht worden. »Aber unser neuer Bürgermeister, der mit der Wasserwirtschaft oder etwas Ähnlichem zu tun hat, ließ nach der Wende das Wasser untersuchen und den Brunnen regenerieren. Damit jeder glaubt, daß es nun trinkbar ist und daß der Bürgermeister immer recht hat, holt er sein Kaffeewasser vom Brunnen.«

»In welcher Partei ist denn der Frankenheimer Bürgermeister?«

»Er ist, glaube ich, als Parteiloser für die CDU angetreten.«

»War der Franz Dietzel von der PDS früher in der SED?«

»Ja. Aber das war keiner von den Funktionären. Der hat ein Leben lang im Forst gearbeitet.«

Man sieht es dem 72jährigen an, daß er immer draußen im Wald war. Er ist klein, aber drahtig, noch muskulös, flink auf den Beinen und gebräunt im Gesicht. Ich frage ihn zuerst nach seinem Namen, denn sein Namensvetter Karl Dietzel, eine DDR-Legende, die es vom Neulehrer aus der Rhön zum Stellvertreter der Volksbildungsministerin Margot Honecker gebracht hatte, stammte auch aus Frankenheim. Ein Bekannter hatte mir einmal über den Meininger Neulehrer berichtet, daß er sehr gerecht und schülerfreundlich war, aber in seinem Geschichtsunterricht mit den Fakten Schwierigkeiten hatte. Wer im Siebenjährigen Krieg gegeneinander kämpfte, wußte er nicht genau, er konnte jedoch die »Ideologie der Kriege« erläutern. So schloß man einen Pakt: Der Schüler verriet dem Neulehrer die historischen Fakten, und der brachte dem Schüler die »Ideologie« bei. Der Stellvertretende Volksbildungsminister soll bei einer Jagd gestorben sein, als er einer angeschossenen Sau im Unterholz nachspürte, sie auch fand, aber selber mit Herzschlag dort liegenblieb.

Franz Dietzel schüttelt den Kopf. »Das mit dem Tod hat seine Frau, als sie hier zum Klassentreffen war, anders erzählt. Er soll beim Kaffeetrinken gestorben sein.« Er selbst will mir nur erzählen, was er genau weiß, nämlich daß der Stellvertretende Minister sein Stiefcousin war, dessen Vater der Stiefbruder seines Vaters.

Als Franz Dietzel im Jahr der DDR-Gründung in Meiningen eine Bäckerlehre begann, war sein Stiefcousin dort schon Neulehrer. »Wenn er mich Bäckerlehrling auf der Straße sah und der Schulrat oder sonst jemand von der neuen Obrigkeit neben ihm lief, tat er immer so, als würde er mich nicht kennen. Aber sonst ist er nicht hochmütig gewesen. Er hat durchgesetzt, daß in Frankenheim eine neue Schule für 1,6 Millionen Mark gebaut wurde. Vorher gab es hier für jedes Fach ein eigenes Schulzimmer. Sechs an der Zahl, die bis zu vierhundert Meter voneinander entfernt lagen. Ganz umsonst hat der Dietzel das mit der Schule aber nicht gemacht. Die Frankenheimer sollten einige tausend Stunden im NAW beim Neubau helfen. Und das haben wir dann auch getan.«

Als nach der Wende die Schule geschlossen werden sollte, fand die letzte siegreiche Revolution in Frankenheim statt. Aufgemuckt hätte man hier zu jeder Zeit, aber immer nur im kleinen. Beispielsweise sein Großvater. »Der war ein bißchen juristisch beschlagen. Unsere Mutter mußte sich zur Nazizeit als Arbeiterin in der Frankenheimer Zigarrenfabrik allein mit drei Kindern durchschlagen. Weil der Vater als Soldat an der Front war, erhielt sie vierundneunzig Reichsmark Unterstützung. Eine andere Frau, die nur ein Kind hatte, deren Mann aber als Feldwebel an der Front war, erhielt dagegen einhundertvierundachtzig Reichsmark. Daraufhin hat der Großvater persönlich an Hitler geschrieben, sich beschwert und gefragt: ›Ist ein Volksgenosse nicht soviel wert wie der andere?‹ Man könnte doch nicht verlangen, daß die Kinder seiner Tochter ›vor Hunger Klimmzüge am Tischkasten machen‹. Meine Mutter bekam zwar nicht viel mehr Geld, aber es war Aufruhr gewesen, damals in Frankenheim.«

So ein kleiner Aufruhr war es auch, als Franz Dietzel und sechzehn seiner Forstarbeiterkollegen während der Frühstückspause spontan beschlossen, die Arbeit niederzulegen, weil sie die versprochene warme Arbeitsschutzbekleidung nicht erhielten.

»Jedenfalls waren der Betriebsleiter, der Parteisekretär, der BGLer, Mitglieder der SED-Kreisleitung und wohl auch die Stasi noch nie so schnell bei uns im Wald wie seinerzeit, als wir wegen der Klamotten streiken wollten. Ich habe die Gelegenheit, daß lauter hohe Tiere anwesend waren, genutzt und mich auch wegen des Holzes für den Hausbau beschwert. Als Beschäftigter in der Forstwirtschaft bekam man nämlich acht Festmeter Holz zugewiesen, aber das war zuwenig für all die Balken, Dachlatten und Bretter, die wir für unser Haus brauchten. Auch mein Vater und mein Bruder arbeiteten im Forst. Doch es gab eben nur einmal acht Festmeter pro Familie! Da hat der von der Partei den Betriebsleiter beiseite genommen, und auf einmal ging es, wir alle drei erhielten ein Holzkontingent. Als auch das mit den Arbeitssachen geregelt war, wurde ich gefragt, ob ich schon in der Partei bin, denn in der Partei könnte man die Dinge alle selbst mitbestimmen. Da bin ich eben damals in die SED eingetreten. Mein Bruder nicht, der hat also bis 1989 viel Geld gespart.«

Man darf, sagt der Waldarbeiter, bei dem, was man verändern will, nicht so schnell aufgeben. Nach der Wende war er dreizehn oder vierzehn Jahre lang in der Gemeindevertretung. »Dort haben wir keine Parteipolitik gemacht. Parteipolitik gehört ins Parteibüro. In der Kommune, wir waren sechs von der CDU-Liste und vier von der PDS, erledigten wir die Dinge gemeinsam. Wir hatten Erfolge mit dem Gewerbegebiet, mit dem Abwasser, mit den Straßen und der Schule. Als ich ging, habe ich dem Bürgermeister gesagt: ›Manfred, du verlierst mich nicht.‹« Er geht noch zu jeder Gemeindesitzung. »Als neulich von der Verwaltungsgemeinschaft angekündigt wurde, daß unser Kindergarten dichtgemacht wird, weil dafür kein Geld mehr da ist, also da habe ich, weil für die Aufforstung unseres Gemeindewaldes – an der Grenze haben wir zirka dreißig Hektar – schon Geld bereitgestellt war, vorgeschlagen: ›Es gibt in Frankenheim genug Leute, die im Forst gearbeitet haben! Wir können also selbst aufforsten und die eingesparte Summe für den Kindergarten verwenden ... Wenn Sie morgen an der Grenze auf der Rückseite von Frankenheim entlanglaufen, sehen Sie vielleicht die neuen Bäume.«

Ich hoffe, daß die Anhöhe, auf der einer der beiden Frankenheimer Grenzbeobachtungstürme steht, der letzte Rhöngipfel ist, den ich heute bewältigen muß. Quadratisch oder in schmalen, handtuchähnlichen Rechtecken liegen die vom kargen Acker gelesenen Steine als natürliche Grenze. Steinerne Grenzen, die von der Armut und Mühsal der Landwirtschaft in der Rhön zeugen.

Zwei Familien aus Frankfurt am Main, die ihr Auto am Hochmoor geparkt haben, sind mit ihren Kindern bis zum Beobachtungsturm gelaufen. Die Väter versuchen den 8- bis 14jährigen zu erklären, weshalb es mitten durch Deutschland diese Grenze gegeben hat. Die Kinder quengeln nach Eis. Nur der älteste Junge sagt, daß sie das gerade in der Schule behandeln, das von Hitler und Honecker, und rüttelt an der verschlossenen Tür des Beobachtungsturmes.

Ich überlege, ob ich heute noch hinunter bis nach Birx laufen und dort den Punkt suchen soll, an dem Bayern und Hessen und Thüringen zusammenstoßen. Aber als ich an der Grenzturmtafel von einem Rhönhof lese, hoffe ich, daß man dort übernachten kann, und laufe nach Bayern hinein und finde noch vor Anbruch der Dunkelheit das Gehöft. Es ist einer der auffallend großen Höfe in der Rhön, deren vor Schnee und

Sturm schützende, riesige steile Dachfläche bis zur Haustür reicht und kaum mehr Platz für die kleinen Fenster läßt. Holzbänke und Tische stehen auf dem Hof. Schafe blöken im Gatter. Die Miste ist ordentlich geschichtet.

Der Wirt sitzt mit einem Gast beim Bier. Es ist ein junger Mann, und von weitem sieht es aus, als ob er rote Bartstoppeln hätte. Er ähnelt, denke ich mir, mit seinem verwegenen Hut dem Robin Hood oder Rhön-Paulus. Als ich ihn begrüße und sage, daß er von weitem den Räubern gleicht, die seinerzeit den Reichen Geld und Gut wegnahmen, um es den Armen zu geben, erwidert er: »Das wäre schön. Doch die sitzen heute in Berlin und erledigen das vom Schreibtisch aus. Und leider umgedreht.«

Er schläft nicht in dem großen Gehöft, sondern unten im Ort. Er hat auch keine Zimmer zu vermieten. Doch er beruhigt mich, daß er schon etwas für mich finden wird. Während er die Schafe aus der Koppel in den großen Scheunenstall treibt, bestelle ich mir Sauerkraut mit Hammelbratwurst. Auf der Speisekarte vom Rhönhof stehen lediglich Gerichte und Getränke aus Produkten, die von Bauern, Fleischern, Bäckern, Schnapsbrennern und Apfelmostern der Rhön angebaut, geerntet, gekocht, gebacken und gebraut worden sind: Rhöner Säfte, Holunderblütenlimonade, Kräutertee, Schlehen- und Heidelbeerwein, Rhöner Käse, Wurst aus der Rhön, Kartoffelsuppe … Es gibt hier keine Cola, keinen Whisky, kein französisches Mineralwasser, keinen kanadischen Lachs und keine italienischen Nudeln. Lediglich beim Eis mußte der Wirt nach drei Jahren wegen der Kinder seine Prinzipien aufgeben. Im Gastraum steht eine Tiefkühltruhe mit den herkömmlichen Sorten. Nachdem ich gegessen habe, setzt sich Ullrich Kolb zu mir. »Wer nicht mit seinen Gästen spricht, ist nur Bierausschenker, aber kein Wirt.«

Ich trinke einen in der Rhön gebrannten Obstler, »Rhönhof-Wärmele«.

Am nächsten Morgen wache ich in aller Herrgottsfrühe

vom Blöken der Schafe auf. Stallgeruch mischt sich mit dem irren Duft von frischem Heu. Ich wühle mich aus dem Heuhaufen, krieche aus dem Schlafsack und schaue von der Heutenne hinunter in den Schafstall, und die Schafe schauen herauf zu mir. Aber ich kann ihnen kein Heu zuwerfen, denn der Wirt hatte mir am Vorabend nur ein paar Gabeln voll Heu auf den Boden getragen und zum Lager gehäufelt.

Am Abend hatten wir noch zusammengesessen, bis alle Gäste des Rhönhofes gegangen waren.

Ullrich Kolb ist ein gläubiger Mensch. »Ich glaube an Gott«, sagte er. »Aber nicht an die Institution Kirche. Die Rituale des Papstes haben doch nichts mit Gott, sondern mit Macht zu tun.« Er betet jeden Abend und bittet Gott, daß er ihm ein Zeichen gebe, wie er bei wichtigen Entscheidungen handeln solle. »Manchmal läßt er diese Zeichen über den Körper zu uns kommen.« Als er anfing, diesen Hof zu entrümpeln, bekam er nach einem halben Jahr schwerster Knochenarbeit einen Leistenbruch. »Aber ich habe nicht drauf geachtet. ›Dös noch mach und dös noch mach ...‹, dachte ich, bis mich der zweite Leistenbruch umschmiß. Irgendwann sagt der Körper immer: ›Hoppla, Hase, mach nicht so weiter mit mir, sonst springst du mit fünfzig schon in die Kiste.‹«

Ich entgegnete, daß manche Arbeiten, die über die Kräfte gehen, bitter nötig sein können. »Was heißt nötig? Ein Manager, der hier saß, erzählte mir, seine Frau hätte verlangt, an das Haus einen Anbau dranzusetzen. Nun ist der Anbau fertig, aber sie sind kein bißchen glücklicher als zuvor. Ich habe dem Manager geraten: ›Sei gefälligst, wie du bist, und laß dich von nichts anderem treiben.‹«

Ich trank noch ein Rhönhof-Wärmele, und er entschuldigte sich, weil er viel zuviel redete, zuwenig zuhörte. »Denn der Mensch hat doch zwei Ohren, aber nur einen Mund.«

Als ich ihn ermunterte weiterzuphilosophieren, versuchte er mir am Beispiel Edmund Stoibers zu erklären, wie das ist, wenn man nicht auf seine innere Stimme hört. »Der Edmund kann gewöhnlich gut reden, aber als er Kanzler werden sollte, hat er plötzlich gestottert. Der innere, noch ehrliche Edmund wollte gar kein Kanzler werden und verweigerte sich dem äußeren Edmund.«

Die verfallenen Gebäude des großen Hofes hat Ullrich Kolb 1994 erworben. Seit der letzte Eigentümer neun Jahre zuvor gestorben war, kümmerte sich keiner um Hof und Wohnhaus, Stall und Scheune. Sie waren 1937 vom Reichsarbeitsdienst gebaut worden, denn die Nationalsozialisten schufen damals auf dem Ödland der Rhön »Kultivierungsstützpunkte«, das heißt staatliche Versuchshöfe, um Ackerbau und Viehzucht in diesen extremen Lagen zu fördern. Nach dem Krieg wurde der Hof verstaatlicht.

Neun Jahre braucht er noch, um seinen Vertrag zu erfüllen, die Schulden, die er aufgenommen hat, abzuzahlen. »Natürlich könnte die Hütte hier voller sein. Ich könnte werben und werben und noch mehr Busse hierherlotsen, noch mehr Kegelvereine … Ich könnte Ferienzimmer bauen, Tag und Nacht an der Theke stehen. Aber haben Sie schon mal einen Menschen am Sterbebett klagen hören, daß er im Leben zuviel bei der Familie und zuwenig auf der Arbeit war?« Er hat Schachtbauer gelernt. »Ich war als Schachtmeister oft zu Lehrgängen und auf Dienstreisen. Dreihundert DM für ein komfortables Hotelbett, in das wir früh um zwei oder drei Uhr sterzbesoffen reingefallen sind und aus dem wir früh um sieben oder acht Uhr wieder rausmußten. Fünf Stunden für dreihundert DM hat der Betrieb bezahlt, ohne mit der Wimper zu zucken. Aber wehe, wenn ein Arbeiter zehn DM mehr wollte …«

Er schimpfte weiter, daß viel Geld ausgegeben würde, damit einige Leute protzen und etwas Besseres darstellen könnten, als sie wären. »Aber wahrscheinlich gehört das zur Natur des Menschen. Ein paar Kumpel von mir sind vor der Wende regelmäßig im kleinen Grenzverkehr nach drüben gefahren zur Weiberanmache. Sie haben mal 'ne Zehnerpackung Strumpfhosen oder 'nen Triumph-BH oder Luxus-Seife im Doppelpack für die Ostweiber mitgenommen. Wenn das nicht reichte, haben sie sich einen Mercedes gepumpt und sich drüben bei den Bräuten als Geschäftsführer ausgegeben. Das klappte immer. Sie konnten ja sicher sein, daß die Wahrheit nie rauskommt. Aber dann im Herbst 1989 standen die Mädels plötzlich auf der Matte und suchten den Betrieb, den es nicht gab, und den Geschäftsführer, der nur Müllkutscher war. Stimmt's? War's so?« fragte er die Gäste, die aus Hermannsfeld kamen, und die nickten.

»Und was lehrt uns das«, fragte der Wirt, Bauer und Philosoph Ullrich Kolb. »Wir sollten das bleiben, was wir sind, uns nur die Bedürfnisse erfüllen, die uns gemäß und wirklich wichtig sind.« Lachend zeigte er auf die Speisekarte. »Und wir sollten wieder versuchen, eine natürliche Bescheidenheit zu leben, und uns nicht dem Diktat des unnatürlichen Konsumzwangs beugen.« Er hatte gehofft, »daß die im Osten nach der Wende eine Alternative zu unserer Gesellschaft vorleben würden, aber …«

Er hatte mir noch die Scheunenlampe gezeigt und eine Flasche Wasser mitgegeben. »Damit du wegen des Heus nicht so oft husten mußt. Sonst wachen die Schafe auf und blöken.«

Am Morgen rolle ich meinen Schlafsack zusammen, setze meinen Rucksack auf, muß mich von niemandem verabschieden und laufe zurück zur Grenze. Am Eingang zum Rhönhof steht ein Auto. Ein großer Mann steigt aus, ein Rumäne, der, wie er sagt, dem Wirt ab und an beim Bauen hilft.

Von Blitzen und einem warmen Geldregen, unerwünschter religiöser Kunst und asozialen Staren

Vom »Rhönhof« ist es nicht mehr weit bis zum Drei-Länder-Eck Bayern/Hessen/Thüringen. Aber von dort werde ich bis zum Ende meiner Grenzgängertour in Vacha immer noch reichlich einhundert Kilometer laufen müssen. Nicht eingerechnet die Kilometer, die ich bis zu den Orten rechts und links von der Grenze brauche, und die Strecken, die ich suchend umherirre. Meist geschieht das, wenn ich den Kolonnenweg verliere, heute dagegen, weil ich auf dem Kolonnenweg bleibe und nicht den ausgeschilderten Wanderweg zum »Drei-Länder-Eck« genommen habe. Und nun suche ich zwischen mit Moos bewachsenen Steinen und verfaulten Bäumen genau die Stelle, an der das Land Hessen (Westen) und die Freistaaten Thüringen (Norden) und Bayern (Osten) zusammenstoßen. Wenn die Landkarte stimmt, befindet sie sich an der Spitzkehre, nach der die Grenze nordwärts abbiegt. Dort angekommen, setze ich mich auf einen der großen Steine und trinke einen Schluck auf das Zusammentreffen der drei Länder. Es ist mir in diesem Moment egal, ob hundert Meter weiter links ein für Touristen besser erreichbarer oder geodätisch genauer ausgemessener Punkt diese Ehre erhalten hat. Auf alle Fälle bin ich, als ich die erste Straße vom thüringischen Birx in das hessische Seiferts erreicht habe, vom »Grüß Gott«-Land, an dem ich fast dreihundert Kilometer entlanggelaufen bin, wieder in ein »Guten Tag«-Land übergewechselt. Noch einmal erblicke ich Frankenheim, ehe ich dann auf der Höhe gegen den plötzlich aufkommenden Sturm ankämpfen muß, der in der Rhön schneller als anderswo ein Gewitter zusammentreibt. Während die ersten Blitze zucken, zähle ich die Sekunden bis zum Donner. Und weil das Gewitter nur noch zwei Kilometer entfernt sein muß, stelle ich mich unter eine Buche. (»Buchen sollst du suchen, vor Eichen mußt du weichen«, hatte mich meine Mutter gelehrt.)

Doch auch unter der mächtigen Krone der alten Buche wird mir in der Einsamkeit bange, als die Blitze rechts und links einschlagen. Wenn die Naturgewalten hier oben in der Rhön toben, ist man so allein wie beim Sturm auf dem Meer. Ich beeile mich, um vor der nächsten Gewitterfront ein Dorf zu erreichen. Fluche fürchterlich, weil die Gitterplatten des Kolonnenweges plötzlich enden und als große Steinhaufen am Rande des hier zum Acker umgepflügten Grenzstreifens aufgeschichtet sind. Der nasse Lehmboden zieht mir fast die Schuhe von den Füßen, und der Stacheldraht, der die Viehweiden umzäunt, zerreißt mir die Hosen.

Nach dem Gewitterregen scheinen die Berge in der klaren Luft zum Greifen nahe, und die Wiesen dampfen. Unter mir liegt das hessische Dippach.

Am ersten Haus rechts an der Straße ins thüringische Unterweid stehen polierte Gebrauchtwagen. Der Autohändler, ein junger Mann mit kantigem Gesicht und Drei-Tage-Bart, der gerade vom Hof fahren will, hat nur für ein Fünf-Minuten-Gespräch Zeit. Ich frage ihn nach den ersten Wendejahren, als die Grenze geöffnet war und die Ostdeutschen »ein Westauto« fahren wollten, gleich, wieviel Jahre die »Wagen« auf dem Buckel hatten. Er erinnert sich gern an den »warmen Regen«, der auf sie niederging. »Doch der hörte auf, als man sich gerade dran gewöhnen wollte. Unsere Finanzämter filzten damals alle Autohändler an der Grenze und holten sich von denen 'ne volle Flocke.«

Der Autohändler Hartmut Jacob, ein gelernter Maschinenschlosser, besitzt noch eine Autofiliale in Frankfurt/Main. »Nach der Wende hatte ich manchmal fünfzig Autos im Angebot, aber hier an der ehemaligen Grenze ist der Boom wohl endgültig vorbei. Im Osten fehlt das Geld, und die Leute in den bayerischen und hessischen Orten wechseln ihre Autos genauso selten wie ihre Unterhemden.«

Er schwärmt von der Wendezeit. Die Ostdeutschen, die er damals kennengelernt hat, waren locker, freundlich und vertrauensvoll. »Wenn ich dort in einer Gaststätte saß, fragte der Kellner: ›Möchten Sie vielleicht noch ein bißchen Soße? Oder noch ein paar Pommes?‹ Aber das ist vorbei. Nun sind die drüben fast so wie wir. Und das schlimmste: Sie wollen noch besser sein! Wenn unsereiner in einer Nacht mal rund tausend Euro durchgebracht hat, kommt garantiert ein junger, dynamischer Ossi und sagt: ›Ich hau tausendfünfhundert Euro in einer Nacht auf den Kopf!‹«

So verdattert, als ob gerade wieder ein Blitz neben mir eingeschlagen hätte, frage ich, ob er das ernst gemeint hat und wie man in einer Nacht tausend Euro ausgeben kann.

Er nennt mir eine Bar in Oberhof.

»Und wieviel Leute braucht man, um tausend in einer Nacht …?«

»Vier bis fünf reichen allemal.«

Als er bemerkt, daß ich seine Antworten aufschreibe, sagt er, daß er mir aufs Dach steigen wird, falls ich ihm ein »Autohändler bescheißen«-Image anhänge. »Es sind die großen Autohäuser, die, um ihre neuen, teuren Wagen verkaufen zu können, von den Kunden jeden Schrott annehmen und ihn bei kleinen Händlern oder auf den Polenmärkten verhökern. Die Großunternehmen der Autobranche wollen jetzt den Ruf der kleinen Händler schädigen und sie damit endlich ausschalten, wie das die Lebensmitteldiscounter mit den Tante-Emma-Läden gemacht haben.«

Er habe, sagt er, immer ehrlich verkauft. »Ich kann es mir hier nicht erlauben, meine Kunden zu bescheißen. So was spricht sich sofort wie ein Lauffeuer rum. Wir kleinen, alteingesessenen Autohändler leben nur vom Vertrauen der kleinen Leute, die sich keinen neuen Mercedes leisten können.«

Ich gehe nicht nach Dippach hinein, sondern laufe vom Autohändler an der Grenze ins thüringische Unterweid. Dort hieß, erinnere ich mich, die Polytechnische Oberschule »Ernst Putz«. Der im bayerischen Bad Brückenau geborene kommunistische Reichstagsabgeordnete hatte konsequent die Interessen der armen Rhönbevölkerung vertreten. Die Nazis ermordeten ihn 1933.

Im ersten Haus öffnet niemand. Das zweite ist eine neu gestrichene Mehlmühle. Vor der Tür stehen Kästen mit Blumen. An den Wänden hängen Ampeln mit Blumen. Und am bergigen Hanggarten hinter der Mühle pflanzt eine Frau Blumen. Ich frage sie nicht, ob die Schule noch nach Ernst Putz benannt ist, sondern ob die Mühle noch arbeitet. »Seit 1972, da hatte man wohl kein Korn mehr, steht sie still.« Das Mühlrad haben sie erst 1992 vom letzten Mühlradtischler in Oberkatz bauen lassen. »Es war holzfarben, und ich wollte es dunkel streichen. Wenn ich mir etwas in den Kopf gesetzt habe, mache ich das eigentlich auch. Ich habe die Mühle von außen selbst gemalert.« Inzwischen aber ist das Mühlrad verwittert und auch ohne Anstrich dunkelgrün geworden.

Martina Herbarth, die »Müllerin«, wird vierundvierzig und hat bis zur Entlassung achtundzwanzig Jahre in der Rhönmöbelfabrik gearbeitet. Dann ließ sie sich zwei Jahre zur Floristin umschulen. »Aber wer braucht heute noch eine der zu Tausenden umgeschulten Floristinnen? Niemand stellte mich ein. Da habe ich – obwohl mein Mann es mir nicht zugetraut hätte – im Februar in unserer alten Mühle mein eigenes Blumengeschäft aufgemacht.«

Es läuft gut. »Wir werden schon überleben.«

Bevor ich gehe, frage ich doch nach der »Ernst Putz«-Schule. Ob sie noch so heißt, weiß sie nicht. Im Moment interessiere sie die Gegenwart mehr als die Vergangenheit. »Das kann ja ein guter Mensch gewesen sein, dieser Ernst Putz, aber hilft mir das heute? Höchstens, falls man an seinem Geburts- und Todestag Blumen oder Gebinde niederlegt. Doch wenn das ein Kommunist war …«

An der Schule steht noch »Ernst Putz«, aber die Hortnerin, die im Kellerraum mit den Kindern spielt, meint: »Die Schule hat heute keinen Namen mehr. Sie heißt nur Grundschule Unterweid.« Der Gedenkstein steht noch am alten Platz. Wer Ernst Putz war, weiß die Hortnerin nicht genau. »Ich denke, so ein Kämpfer. Ja, ein Kämpfer.« Ich frage, ob man die Hortkinder vor dem Gedenkstein fotografieren darf. Sie stellen sich auf und lassen sich lachend ablichten. Wie wohl vor jedem anderen Stein.

Aus dem Tal des Mühlflusses steige ich langsam – wenn es nicht so anstrengend wäre, könnte man sagen andächtig – wieder zu den einsamen Höhen der Rhön hinauf. Stunde um Stunde laufe ich, ohne einem Menschen zu begegnen, über Geröll und Magerwiesen, durch niedriges, weiß blühendes Schlehengebüsch und vorbei an mit Schilf zugewachsenen Tümpeln. Erst als ich schon in der Nähe von Andenhausen sein muß, entdecke ich mitten auf den weglosen, weiten Wiesen einen Mann. Sein Gesicht ist sonnengebräunt, die spärlichen, aber immer noch lang getragenen Haare sind ergraut. Er sucht mit dem Fernglas den Himmel ab und filmt den gegenüberliegenden Wald mit einer Videokamera. Verirren könnte ich mich hier oben nicht, denn die Grenze verläuft schnurgerade. Ich muß ihn also nicht nach dem Weg fragen. Aber um nach der Einsamkeit wieder mit jemandem zu reden, warte ich, bis er näher kommt, und erkundige mich, was er hier oben macht.

Er beobachtet die Vögel, sagt er. Vor einigen Tagen hat er gleichzeitig mit Ornithologen in Thüringen, Hessen und Bayern auf einer ihm zugeteilten Fläche von rund sechshundert Hektar alle vorkommenden Vögel gezählt. »Leider war dichter Nebel.«

Trotzdem konnte er fünfzig Arten ausmachen, unter anderem seltene Bekassinen und Raubwürger. Sogar einen Milan auf seinem Horst und den kleinen Flußregenpfeifer hat er gefilmt. Früher, erzählt er, war er im NABU, dem Naturschutzbund. »Aber weil die hier den Beobachtungsturm, der mal ein idealer Nistplatz für Falken war, fast nur noch als Treffpunkt für Vereinsfeiern nutzen, bin ich ausgetreten. Ich muß in keinem Verein sein, um die Natur schützen zu können.« Willibald Weih ist jeden Tag in seinem Revier an der Grenze unterwegs. »Ab 1990 hatte ich, der neunundzwanzig Jahre Kalikumpel war, keine Arbeit mehr, aber viel, viel Zeit.«

Er schreibt mir seine Adresse in Empfertshausen auf, falls ich für heute nacht ein Quartier brauchen würde. Er lebt allein in einem nicht allzu großen Haus und kann es sich nicht mehr vorstellen, daß sie früher dort zu zehnt – die Eltern und acht Kinder – Platz hatten. »Einmal in der Woche buk Mutter Brot. Meine älteren Geschwister naschten heimlich davon, und der Vater fragte nie, wer es war. Alle – auch ich, der ich nie dabei war – wurden zur Strafe mit dem Siebenriemen geschlagen. Seitdem habe ich etwas gegen Ungerechtigkeit.«

Er geht wieder hinüber zum Wald, wo er neue Nester suchen will, ich aber laufe zum Grenzturm. Dessen Beobachtungsöffnungen sind – wie Willibald Weih beklagte – für anfliegende Falken nun nicht mehr zu erreichen, denn der Turm ist bis zum Dach mit einem dichten grünen Blätternetz zugewachsen. Bänke und Tische stehen davor. Ein Grillplatz. Wegweiser verkünden: »Eisenach 70 km«, »Zum Kreuzberg 52 km«. Auf welchem Weg man nach wieviel Kilometern Empfertshausen erreicht, wird nicht angezeigt. Ich stapfe durch Sauergräser und springe an den sumpfigsten Stellen von Kaupe zu Kaupe.

Am Eingang von Empfertshausen sind die Türen zu einem aus alten und neuen Bauten bestehenden Schulkomplex schon verschlossen. Die Gaststätte an der Hauptstraße hat geöffnet. Zwei Männer sitzen mit dem Rücken gegen die Wand an einem langen, stabilen Holztisch.

Ich frage nach dem großen Schulkomplex.

»Das ist die Schnitzerschule.« Nach der Wende war sie zeitweise geschlossen, aber nun werden, wie seit über hundert Jahren, wieder Schnitzer in Empfertshausen ausgebildet.

Als ich nach Sülze, Bratkartoffeln und Bier von meiner Tour und dabei auch vom »falkenunfreundlichen Turm« auf der Höhe vor Empfertshausen erzähle, entsteht für kurze Zeit eine peinliche Situation, denn der jüngere der beiden Männer erklärt, daß er der Turmbesitzer ist. Er hat ihn mit seinem Freund von der Kommune erworben. »Der Turm ist zwar auch Domizil für die Naturschützer, aber Falken und Eulen haben auch vor hundert Jahren, ohne in Grenztürmen zu nisten, überlebt. Wir können den Turm nicht brachliegen lassen, nur weil dort ein Vogel brüten will. Man kann die Natur auch zu Tode schützen.«

Er sei jedoch ein großer Naturfreund, der mit seinen Kindern noch Beeren sammeln gehe und mit ihnen Marmelade einkoche. Seine Kinder sind sechs und zwei Jahre alt. Er ist seit fünf Jahren als »Kinder erziehender Vater« zu Hause. »Meine Frau hat in Norwegen ›Umwelt- und Hygienetechnik‹ studiert und in einem Fuldaer Betrieb, der Dichtungsringe für Schiffe und Atomkraftwerke herstellt, einen Job bekommen. Damals war unsere Tochter knapp ein Jahr alt, und ich habe gesagt: ›Die Chance mußte du nutzen.‹« Er denkt, meint er, daß er das gut macht, mit den Kindern. »Die wissen nicht mal, was ein Klaps ist.« Man müsse die Kinder, solange es geht, vor dem Bösen im Leben bewahren. »Das erfahren die noch früh genug.«

Und seine Erfahrungen?

»Wie man's nimmt. Ich wollte nach der Schule Schnitzer werden. Aber ich hatte in Russisch und Staatsbürgerkunde nur 'ne Vier, da wurde ich an unserer Schnitzerschule abgelehnt.« Er lernte Möbeltischler. »Während der Lehre saßen wir mal mit zwei Berlinern zusammen, und die behaupteten, sie wüßten, an welcher Stelle man abhauen könnte. Wir sagten, daß wir mitmachen würden, redeten aber so laut, daß es am Nachbartisch zu hören war.« Verhaftung. Vernehmung. Eine Nacht im Untermaßfelder Gefängnis. »Als ich mir – ich rauchte damals sechzig Karo an einem Tag – beim Verhör eine anstecken wollte, haute der Arsch mir auf die Pfoten. Da habe ich den Hocker genommen und ihn auf seiner Schreibmaschine zertrümmert.«

Rausgekommen ist er, nimmt er an, weil der Vater eines mitverhafteten Kumpels ein hohes Tier bei der Stasi war …

Nach der Lehre arbeitete er bis zur Wende als Möbeltischler. Anschließend hatte er Gelegenheitsjobs. Der Wirt meint, daß er ein guter Möbeltischler war und es eigentlich schade ist, daß er jetzt nur zu Hause bei den Kindern ist. »Der Tisch, an dem wir sitzen, den hat er gemacht. Der hält ewig.«

Roberto, der ehemalige Möbeltischler, freut sich über das Lob und gibt noch eine Runde aus. Danach zeigt er mir den Weg zu Willibald Weih, dem, wie er sagt, wahrscheinlich engagiertesten Naturschützer, den es in Empfertshausen gibt.

Die Hauptstraße, den Brunnen, zentrale Plätze und die Schnitzerwerkstätten von Empfertshausen schmücken Gänse und Mädchen und Riesen und Liebespaare. An einem kunstvoll miteinander verbundenen Paar aus zwei Lärchenstämmen schabt der Meister die Flächen glatt. Gegenüber steht ein altes Fabrikgebäude mit toten Fensteraugen. »Das ist eine der vier Fabrikruinen des VEB Rhönkunst, in dem in der DDR über dreihundert Schnitzer und andere Holzwürmer beschäftigt waren«, sagt Manfred Vogel. »Der Export brach mit der Wende über Nacht zusammen. Wir haben hier für Neckermann und so weiter Garderobenständer, Pyramiden und andere Holzkunst hergestellt und alles weit unter Wert zu Dumpingpreisen exportiert. Wir waren damals die Chinesen der BRD.«

Nur die kleinen Werkstätten haben überlebt.

»Und die dreißig Schnitzer, die hier jährlich wieder ausgebildet werden?«

»Wenn sie einen schon bestehenden Familienbetrieb mit stabilem Kundenkreis weiterführen, können sie es schaffen. Wer einen neuen gründet, hat kaum eine Chance.«

Er zeigt mir seine Werkstatt. Die Vogels schnitzen schon in der fünften Generation. »Früher war das eine Arbeit für den Winter. Im Sommer wurde der Acker bestellt.« Alte, unlackierte Rhönbauernfiguren bei der Feldarbeit stehen neben grell kolorierten Oberammergauer Heiligen, der erste DDR-Aktivist Adolf Hennecke mit nacktem Oberkörper, Spitzhacke und Grubenlampe neben dem nackten Jesus mit Dornenkrone. »So weit voneinander sind die beiden gar nicht«, sagt der Schnitzermeister. »In der DDR gab es zwar die Anordnung durch die Partei, ›religiöse Kunst‹ zu meiden, aber der sozialistische Großhandel verlangte von uns ständig Engel und Krippen! Politik und Wirtschaft paßten nicht zusammen.«

Dabei bedienen, sagt der Meister, Schnitzer natürlich auch Politiker. Bill Clinton wurde bei seinem Deutschlandbesuch ein »Rhön-Paulus« aus Manfred Vogels Werkstatt überreicht. Einen Rhönbauern mit Ziege schickte man zur Weltausstellung nach Moskau, und die Partnergemeinde in den alten Bundesländern erhält eine heilige Elisabeth.

Er gibt mir seinen Werbeprospekt mit. Ich vermute, es ist ein alter, denn die Adresse lautet »Karl-Marx-Straße«.

»Die heißt heute noch so«, sagt der Meister. »Aber früher stand dieser Straßenname auf einem holzgeschnitzten Schild mit eingraviertem Karl-Marx-Kopf. Der geschnitzte Marx wurde nach der Wende geklaut.« Vielleicht würde er, wenn die Gemeinde es bestellte, heute einen neuen Marx schnitzen …

Willibald Weih treffe ich nicht in seinem Haus im »Krautgarten«. Ich solle, sagen die Nachbarn, unten im alten Fensterbaubetrieb, der jetzt ein Papierlager ist, nach ihm suchen. Dort hat er Nistkästen für Mauersegler angebracht.

Wie ein Kobold springt er in dem Hof umher, fuchtelt mit den Armen und klatscht in die Hände. Unter dem Dachvorsprung hängen an der weißen Fabrikhallenwand fünfzehn neue Nistkästen. Bevor die Mauersegler kommen, haben sich oft schon »asoziale Stare« in deren Wohnungen eingenistet. Nun muß er die Stare vertreiben. Sie fliegen auf und kreisen als Schwarm über der Halle.

Zu Hause zeigt er mir auf einem Video Milane, Flußregenpfeifer und andere seltene Vogelarten, die er in seinem Revier gefilmt hat. Jeden Tag ist er dort drei bis vier Stunden unterwegs. Gelernt hat er – »weil in Empfertshausen jeder was mit Holz zu tun haben mußte« – Tischler. Doch gearbeitet hat er bei der Werksbahn im Kalibetrieb, zuerst als Heizer, dann Rangierer, Lokführer, schließlich Fahrdienstleiter im Stellwerk. Trotz der Arbeit in drei Schichten hat er damals noch regelmäßig Urlaub gemacht. Aber seit er entlassen wurde und plötzlich viel Zeit hat, brauche er jede Minute für das Haus, den Garten und die Vögel.

Als die Grenzer mit Baggern und Raupen auch oben auf der Rhön die Zäune und Sperranlagen niederrissen, hat er ihnen ein paar Flaschen Schnaps hinaufgebracht und sie gebeten, ihm dafür zwei oder drei tümpelgroße Teiche auszubaggern. Die Ufer hat er selbst geschachtet und Schilf gesetzt. Nun brüten dort seltene Wasservögel. »Sie müssen dran vorbeigelaufen sein«, sagt er. Ich nicke.

Vor dem Schlafengehen frage ich ihn, ob er verheiratet war. Nein, er habe zum Schluß nur noch mit seiner Mutter im Haus gelebt. Nun ist er allein. Neben den Protokollen mit den Ergebnissen der Vogelzählung liegt ein Schachcomputer.

»Manchmal gewinne ich gegen ihn.«

Von einem verhinderten Olympiasieger, gestohlenen Katzen und Dumpingpreisen für Grenzland

Von Dippach über Empfertshausen bis nach Ketten macht die Grenzlinie einen Katzenbuckel. Zwar genieße ich von hier aus die schöne Fernsicht in die Rhöntäler, doch ich will den Buckel so schnell wie möglich hinter mich bringen, um anschließend ins Geisasche hineinzulaufen. Zwischen den Gitterplatten des Kolonnenweges wachsen in dichter, nicht aufhörender Reihe Buchensämlinge. Als ich in der Nähe vom hessischen Theobaldshof bin, leuchtet im Unterholz das rote Kopftuch einer alten Frau. Sie hat den linken klobigen Lederschuh ausgezogen und massiert mit schmerzverzerrtem Gesicht ihren Fuß. Dann faltet sie die Hände, als ob sie bete. Neben ihr stehen zwei Körbe mit blau blühenden Ranken vom Gundermann und weißen Blüten des Weißdorns.

Obwohl ich sehr leise grüße, erschrickt sie. Sie habe sich zum erstenmal, seitdem sie hier oben Kräuter sammele, den Fuß verstaucht. »Doch man wird eben älter. Im nächsten Jahr achtzig«, sagt sie. Aufstehen kann die Frau. Ich stütze sie, und so laufen wir langsam in Richtung Theobaldshof.

Als wir aus dem Wald heraustreten, macht die weißhaarige Frau – »Nennen Sie mich bitte einfach Marie-Luise.« – die erste Rast und erzählt aus ihrem Leben. Geboren wurde sie in Krakau. Geheiratet hat sie während des Krieges. »1943 bekam ich Gott sei Dank Zwillinge.« Ihr Mann fiel auf den Seelower Höhen, und eines der beiden Mädchen starb bei der Flucht durch das winterliche Polen an Lungenentzündung. »Aber das andere ist mir geblieben.« In der Rhön wurde sie Pflanzfrau, heiratete wieder und bekam noch zwei Söhne. Den einen, Hans-Dieter, hätte sie 1975 fast verloren. Er war, wie sie sagt, ein begnadeter Leichtathlet und Wintersportler. »Und vielleicht wäre er mal ein Olympiasieger geworden, hätte er sich nicht nach einem Wettkampf in eine Sportlerin von drüben verliebt.«

Sie humpelt weiter, während ich die Körbe mit den Kräutern trage. Bei der nächsten Rast bietet sie mir ein Brot mit hausgemachter Leberwurst an. »Ich habe dieses Mädchen aus der DDR nur auf einem Foto gesehen. Sie hatte eine lustige Stupsnase und sehr kurze dunkle Haare. Später kam ein Brief, in dem sie schrieb, daß sie wegen der Beziehung zu Hans-Dieter nicht mehr bei Wettkämpfen im Westen starten durfte.« Danach versuchte ihr Sohn, etwa an der Stelle, wo wir uns heute Gott sei Dank getroffen haben, über die Grenze in die DDR zu gelangen. »Aber die DDR-Soldaten beobachteten ihn nur und ließen ihn stundenlang vor dem Grenzzaun stehen, bis unsere Zöllner kamen und ihn mitnahmen.« Das zweitemal versuchte er es am Straßengrenzübergang bei Eisfeld. »Da haben sie ihn reingelassen. Gehen wir weiter?«

Als wir weiterlaufen, frage ich, wie die Sache ausgegangen ist. Aber sie schweigt und verzieht bei jedem Schritt ihr faltiges, immer noch schönes Gesicht. Auf einer Bank, von der aus wir Theobaldshof schon sehen können, erzählt sie den Schluß. »Nach einer Woche kam mein Hans-Dieter zurück. Man hatte ihn nicht zu dem Mädel gelassen. Aber er schrieb ihr immer noch lange Briefe, selbst als er keine Antworten mehr erhielt. Eines Tages erschien ein junger Mann bei uns, der ihm riet, die Frau in Ruhe zu lassen. Sie würde für einen großen Wettkampf vorbereitet. Wenn er das nicht freiwillig einsähe, könnte man auch anders, sagte der Mann.«

Als die Grenze fiel, war die Frau verheiratet wie Hans-Dieter auch. Ich frage nach dem Namen der DDR-Sportlerin. Sie schüttelt den Kopf. Den möchte sie nicht nennen. »Noch Ende 1989 wurde sie von den eigenen Leuten angezeigt, weil sie angeblich Dopingtabletten genommen und andere dazu angestiftet haben sollte. Sie bekam erst vor drei Jahren wieder eine Lizenz als Trainerin. Das ist alles noch zu frisch, wissen Sie …«

In der Nähe des Feuerwehrhauses treffen wir ihren Schwiegersohn. Der vielleicht 60jährige bedankt sich mit vielen kleinen Verbeugungen für die Hilfe und will mir, weil er kein Geld einstecken habe, einen Scheck über 50 Euro ausstellen.

Statt zur Grenze zurückzulaufen, frage ich, ob im Dorf Männer oder Frauen wohnen, die Partner aus dem Osten geheiratet hätten.

»Geheiratet nicht«, sagt eine Frau. »Aber die Kircher in Knottenhof lebt mit einem aus Empfertshausen zusammen. Ein anständiger Bursche.«

Ich treffe die beiden in der Küche beim Kochen an. Das heißt, sie kocht, und er liest Zeitung. Der damals 27jährige Peter Weih und die 22jährige Yvonne Kircher haben sich beim Tanz kennengelernt.

»Und heiraten?«

Sie schaut vom Kochtopf auf und sagt empört: »Kaufen Sie wegen einem Glas Milch gleich 'ne ganze Kuh?« Er protestiert. »Das ist mein Spruch, den hat Yvonne von mir.«

Sie arbeitet als Kinderkrankenschwester in drei Schichten. Weil er aus Empfertshausen kommt, nehme ich an, daß er was mit Holz zu tun hat. »Tischler oder Schnitzer?«

»Nee, die Zeit ist vorbei.« Sein Großvater ist mit inzwischen neunzig Jahren zwar der älteste lebende Schnitzermeister in Empfertshausen, aber dieses Gewerbe habe keine Zukunft mehr. »Wenn der Opa es früher mal geschafft hatte, 'ne geschnitzte Figur in den Westen zu verscherbeln, erhielt ich dafür von ihm fünf Westmark ... Mit fünf Westmark in den Intershop! Da konntest du dir fast all deine Herzenswünsche erfüllen. Und heute? Geh heute mal mit fünf Euro in den Laden und erfüll dir Herzenswünsche ...«

Er arbeitet in Schichten im Lager einer hessischen Transportfirma.

»Gibt es dort Ost-West-Konflikte?« frage ich.

»Nee. Wenn einer was Bösartiges gegen uns Ossi-Kollegen sagt, kriegt er wegen Störung des Betriebsklimas vom Westchef eine Abmahnung.«

Und zu Hause zwischen ihr und ihm?

»Wir streiten uns über alles mögliche, aber bei uns kleinen Leuten vom Land ist es inzwischen normal, daß Thüringer und Hessen heiraten.« Yvonnes Bruder hat mit einer Frau aus Empfertshausen schon zwei Kinder. Und Hans-Wilhelm Kalb hat in der »Linde« in Empfertshausen seine Frau, eine DDR-Lehrerin, kennengelernt und sie hierher auf seinen schönen großen Hof am Dorfausgang geholt.

Der Hof ist wirklich schön und groß. Vom Berggarten hinter der Scheune schaut man weit in das Land. Nur mit den Erlen hat der 55jährige Hans-Wilhelm Kalb in diesem Jahr Probleme. Sie säen sich zu Hunderten auf den Gemüsebeeten aus. Aber im Moment bleibe ihm viel Zeit zum Herausreißen, denn er müsse wieder stempeln. Er arbeitete in einer Baufirma in Empfertshausen. »Wir waren acht im letzten Jahr. Jetzt beschäftigt der Chef noch drei oder vier.«

»Hat er die Ostdeutschen behalten und die Westdeutschen entlassen?«

»Das glaube ich nicht. Hier in der Rhön ist doch einer wie der andere. Vielleicht haben die Arbeiter von drüben in ihrer Kindheit das Pioniertuch getragen wie meine Frau, aber sonst sind die Lebensläufe wohl ähnlich. Oder?«

Er ist 1955 geboren. Die Mutter arbeitete im Wald, der Vater auf dem Bau, und er hat auch Maurer gelernt und ein Leben lang als Maurer gearbeitet, wie viele im Osten auch. »Obwohl die Arbeiter drüben – ich habe das 1990 an der Grenze gemerkt –, also der Ost-Vorarbeiter und ich haben geschuftet, aber die meisten standen herum. Aber das hat sich ja inzwischen geändert.«

Auch mit dem Gemeineigentum, sagt er – »Drüben war ja alles Volkseigentum.« –, ist der Unterschied nicht so groß. »Weil die armen Rhönbauern sich gegenseitig helfen mußten, haben wir hier immer noch unsere ›Dreschgenossenschaft‹. Wir sind achtundzwanzig Leute, die ihre Gerste und den Hafer gemeinsam eingebracht haben. Die Genossenschaft besitzt einen Mähdrescher. Ein Rentner fährt ihn und mäht noch für fünf weitere Bauern. So was Genossenschaftliches gibt es in Empfertshausen nicht mehr. Oder?«

Ich frage ihn nach dem Leben mit seiner Frau.

Das sei nicht anders als mit einer aus dem Westen. Nur Soljanka und Broiler hat er zuvor nicht gekannt. »Über Politik in der DDR reden wir nicht. Manchmal streiten wir über ihre Arbeit in der Schule. Bei diesen Rabauken würde auch in der Schule ein kleiner Klaps nicht schaden. Aber sie ist strikt gegen Schläge. Das hat sie schon beim Studium gelernt.«

Als die Frau nach Hause kommt, staunt sie über den Besuch, lächelt aber sofort wieder freundlich und begutachtet zuerst das dick geschwollene Auge ihres Mannes. »Der Vater hat mehrere Bienenstöcke. Ich bin da sehr vorsichtig. Mein Mann allerdings geht nach dem Motto ›Mir kann niemand was‹ ran. Gestern hat es geklappt!«

Sie sagt, daß ihr das Leben mit einem Mann »aus dem Westen« nicht halb so schwer gefallen sei wie die Umstellung von der Lehrerin in der DDR zur Lehrerin im Freistaat Thüringen. »Mein Fach Russisch fiel von einem Tag zum anderen weg. Das wollte keiner mehr. Deutsch allerdings war allein zuwenig. Also spezialisierte ich mich noch auf Englisch.« Seit 1999 unterrichtet sie als zweite Fremdsprache wieder Russisch, weil sich dafür Schüler gemeldet haben. In ihrem Hauptfach Deutsch hat sie entschieden, daß die Schüler auch den Antikriegsroman »Die Abenteuer des Werner Holt« vom DDR-Autor Dieter Noll lesen, weil das eine andere Sicht auf diese Zeit sei.

Als nunmehr in Hessen lebende Lehrerin unterrichtet sie immer noch an einer Thüringer Schule, mit einer Dreiviertelstelle. »Vielleicht würde ich in einer hessischen Schule sogar eine ganze Stelle bekommen, aber ich will diese Veränderung nicht. Ich ahne, daß ich an einer hessischen Schule ›Die Abenteuer des Werner Holt‹ nicht behandeln könnte.«

Ich wünsche den beiden viel Glück und weiß noch nicht, daß es mich selbst wenig später verlassen wird.

Anfangs fühle ich mich gut wie selten auf der Tour, denn der Kolonnenweg führt abwärts, und ein entgegenkommender Wanderer versichert, daß ich so bald nicht wieder hinaufsteigen müsse. An der Hauptstraße von Geisa nach Tann habe ich schon eine knappe Stunde Vorsprung zu meinem Zeitplan. Doch fünfhundert Meter weiter endet der Kolonnenweg plötzlich vor der Ulster. Am gegenüberliegenden Ufer beginnt er wieder. Aber anstelle einer Grenzbrücke stehen nur noch die Widerlager der Pfeiler. Ich schlage mich links vom Kolonnenweg auf der hessischen Seite des Flußufers durch mannshohe Brennesseln, sehe in der Ferne Günthers, doch je länger ich in der Hoffnung, dort eine Raststätte zu finden, in diese Richtung laufe, um so weiter entferne ich mich von der Grenze. Zur Kaffeezeit erreiche ich den Ortseingang. Am alten Bahnhofsgebäude, das offensichtlich zu einer Gaststätte umgebaut wird, finde ich einen Hydranten, an dem ich mir kaltes Wasser über die von Brennesseln geröteten Arme laufen lassen kann. Das Hotel »Zur Ulsterbrücke« ist anscheinend schon seit Monaten verwaist.

So gehe ich über die Brücke und marschiere ohne Stärkung zur Grenze zurück. Vor Apfelbach finde ich den Kolonnenweg wieder und mache mich an die letzte Wegstrecke. Allerdings schaffe ich es, weil ich hungrig bin, nicht mehr bis Hof-, Mittel- oder Oberaschenbach und laufe, immer noch über die abgerissene Grenzbrücke fluchend, in das thüringische Dorf Ketten.

Das erste Haus links, ein neues Doppelhaus, steht vor einer großen, kurzgeschorenen Zierrasenwiese mit akkurat geschnittenen Sträuchern und gepflegten Rabatten. Nirgends eine Dreckecke, keine Brennesseln, kein Unkraut.

»Wenn man sich wie wir beim Bau schinden mußte, pflegt man das selbstgeschaffene Eigentum besonders heftig«, sagt mir der vielleicht vierzig Jahre alte Hausherr. Er hat 1989 mit dem Vater zu bauen begonnen. »Wir waren nicht im kommunalen Plan für den Eigenheimbau und haben deshalb weder staatlich zugeteilte Ziegelsteine noch Zement erhalten. So mußten wir alles selbst, oft mit Hilfe von Freunden und Verwandten, ›schwarz‹ besorgen. Steine und Mörtel haben wir auf einer schiefen Ebene hinauftransportiert wie die alten Ägypter beim Pyramidenbau. Zur Revolution 1989 waren wir mit dem Rohbau fertig.«

Danach – »so als hätte das Volk die Revolution nur für unseren Hausbau gemacht« – bekamen sie Fliesen, Heizung, Badgarnituren, was sie alles noch brauchten, sozusagen über Nacht frei Haus geliefert.

»Tu, was du kannst, und den Rest gibt dir der Herr dazu«, sagt er und nickt, als müsse er sich selbst bestätigen. Ketten ist wie viele Orte um die katholische Hochburg Geisa ein strenggläubiges Dorf. »Schon in der DDR gingen hier trotz Agitation in der Schule von fünfundvierzig Achtkläßlern höchstens zwei bis drei zur Jugendweihe. Alle anderen erhielten auch damals die Kommunion.«

Mir Ungläubigem habe der Herr heute nicht geholfen, sage ich und erzähle von der an der Ulster weggerissenen NVA-Brücke. Da sagt der Hausherr, so als wären Zufälle die alltäglichste Sache der Welt: »Diese und andere Brücken an der Grenze habe ich seinerzeit mitgebaut und nach der Wende auch wieder abgerissen!«

Edgar Erb arbeitete bis zum Jahr 2000 beim Brückenbau Geisa. Er hatte Autoschlosser gelernt, aber wegen der Ölkrise war er von seinem Ausbildungsbetrieb nicht übernommen worden. Man vermittelte ihn zu einem Baubetrieb, wo er später auch die Widerlager für die Grenzbrücken montierte. »An der Ulster waren wir dabei nur ein paar Schritte von der Grenze entfernt. Ein Posten stand ständig neben uns, und ein anderer Posten bewachte den Posten, der uns bewachte.«

Abhaun?

»Der gehbehinderte Bruder meines Vaters lebte damals noch, und man haut nicht einfach ab, wenn man einen Behinderten im Haus hat.« Aber auch sonst wäre er geblieben, denn er sei bodenständig. Als im Jahr 2000 der Brückenbau Geisa von einem westdeutschen Betrieb übernommen wurde, verzichtete Edgar Erb auf seinen Job. »Brücken in den Alpen oder im Rheinland zu bauen war mir zu weit von zu Hause weg.« Er bekam eine neue Stelle als Schweißer beim Fahrzeugbau in Geisa. »Ich hatte Glück im Leben: erst mit dem Haus und dann mit der Arbeit. Wie ich schon sagte: Tu, was du kannst ...«

Ich vollende: »... und den Rest gibt der Herr dazu.«

Sein Vater Karl gesellt sich zu uns. Er habe mit seiner Frau ein Leben lang als Bauer schwer gearbeitet. Heute, sagt er fröhlich lachend, werde er aber wieder seinen besten Anzug anziehen »zu unserer Prozession für einen fruchtbaren Boden«.

Wie streng sie es mit dem katholischen Glauben noch halten würden, frage ich den Sohn. Ob er auch erst nach der Hochzeit …?

Statt zu antworten, lacht er nur.

Sein Vater aber meint, daß in der DDR die Gebote der Kirche von allen Gläubigen ernsthafter befolgt worden wären, »denn da mußten wir uns am Glauben festhalten. Heute dagegen, heute schlafen manchmal die Kirmesburschen schon nach einer Nacht mit ihren Kirmesmädchen. Zu meiner Zeit passierte da nichts vor der Eheschließung. Wir waren …«

Ich frage nach einer Gaststätte in Ketten.

»Der Stehling, der Hausschlachter, der hat nach der Wende eine eigene kleine Fleischerei mit Geschäft und Gaststätte eröffnet. Aber heute hat er wahrscheinlich Ruhetag.«

Sie haben recht. Zwar stehen auf dem Hof aus dicken Brettern gefügte Tische und Stühle, aber die Gaststätte ist geschlossen. Vor dem kleinen Fleischerladen hängt ein Schild: »Bitte klingeln!« Eine junge, schwarzhaarige Frau kommt aus dem Haus und schließt den Laden auf. Speck und Zervelatwurst, Schinken und Weißwurst, Schwartenmagen und Rotwurst hängen im Laden. Ihr Mann ist bei den traditionellen Rhöner Sorten geblieben. Der Laden ist kaum mehr als sechs Quadratmeter groß.

»Das reicht uns. Lieber klein, aber fein«, sagt ihr Mann, ein dunkler Lockenkopf mit Schnurrbart. Er hat als Landmaschinenschlosser siebzehn Jahre in der LPG gearbeitet. »Wir waren sechs Kinder zu Hause, aber keiner wollte die Tradition vom Vater und Großvater, die als Hausschlachter unterwegs waren, weiterführen.« Da hat er mit vierundzwanzig Jahren begonnen, neben seiner Arbeit als Schlosser Wurst zu machen.

Nach der Wende, »als im Schlechten wie im Guten plötzlich alles möglich geworden war«, bauten sie sich – seine Frau ist gelernte Gärtnerin – die Fleischerei, den Laden, die Gaststube und eine Ferienpension. »Wir ziehen die meisten Schweine selber auf, schlachten selber, machen Wurst, verkaufen, kochen und servieren. Das reicht für uns zum Leben.«

Die junge Frau holt mir Brot und Zwiebeln. Ich lache, als ich sage: »Die Wurst schmeckt wie hausgemacht.«

Dann reden wir über die bevorstehende Prozession, und ich erzähle, daß der Karl Erb geschimpft habe, weil die Katholiken in Ketten es mit dem Unberührtsein vor der Ehe nicht mehr so streng nähmen. Zu seiner Zeit sei das anders gewesen.

Der Fleischer lacht. »Der Erb? Ich will's nicht so direkt sagen, aber es soll schon vorgekommen sein …« Ich soll nicht alles glauben, was man mir erzählt. Auch Katholiken würden manche Tatsache verschweigen. »Doch solche kleinen Sünden vergibt der liebe Gott sofort.«

Ich packe mir von der guten Wurst und vom Brot ein und laufe an schützenden Heiligen vorbei aus dem Dorf. Nach wenigen Minuten beginnt es zu regnen. Ich könnte mich in eines der auch hier an der Grenze hoch droben stehenden Jägerschießhäuschen flüchten. Aber die sind nicht nur mit »DB«-Containerblechen verkleidet, sondern auch sorgsam verriegelt und verrammelt. Also laufe ich in Richtung des hessischen Aschenhausen, ohne zu wissen, ob ich in Hof-, Mittel- oder Oberaschenbach herauskommen werde.

Doch schon hundert Meter neben der Grenze stehen im Talgrund, von großen Bäumen versteckt, ein alter einsamer Bauernhof und ein neueres, barackenähnliches Häuschen. Ich klingele an der Tür des Hofes. Eine leise sprechende und wahrscheinlich auch schlecht hörende Frau öffnet das Fenster. Ich frage, wer außer ihr in dem Haus wohnt. Sie beginnt sofort und sehr lange ihr Schicksal zu beklagen. »Nur ich.

Nur ich wohne noch hier. Ich bin hier einsam und verlassen. Von allen Menschen verlassen, wissen Sie. Die Kinder, außer der einen Tochter, die wollten nicht auf dem Lörnhof bleiben. Die Rhön war arm, und die Rhön ist arm.« Früher hat sie hier eine Pension betrieben. »Die Leute kamen bis aus Frankfurt wegen meines guten Essens. Bis aus Frankfurt. Nach der Wende auch Ostdeutsche. Aber jetzt bin ich bald achtzig und allein und verlassen. Von allen Menschen verlassen …«

»Und wer sorgt sich um Sie?«

»Der liebe Herrgott.«

»Und wer kauft für Sie ein?«

»Die Tochter, die wohnt im Haus nebenan.«

Ich klingele bei der Tochter. Eine sehr robust aussehende Frau mit wirren Haaren und verschwitzter Bluse öffnet. Ich frage sie nach ihrem Leben in den letzten fünfzehn Jahren hier in dieser Einsamkeit.

»Uns geht es seit der Wende schlecht. Sehr, sehr schlecht. Meine Katzen sind weg! … Und mein Mann hat seine Arbeit beim Großhandel verloren. Ich bin auch nicht mehr in der Mahnabteilung der Stadt beschäftigt. Wir leben hier am Rand. Am Rand der Menschheit. Und die Katzen erst …«

»Was ist mit den Katzen?«

»Nach der Wende sind hier viele Katzen verschwunden. Das gab es vorher noch nie.«

»An der Straße vor dem Hof überfahren?«

»Nein, die sind eingefangen, gestohlen worden. Für Versuchsanstalten im Osten. Gegen Geld geklaut.«

»Für welche Versuchsanstalten?«

»Wenn ich das wüßte, hätte ich schon die Polizei hingeschickt.« Wenn sie auch nur geahnt hätte, sagt sie, daß die Grenze neben dem Lörnhof irgendwann aufgemacht würde, hätte sie ihre Wohnung in Hünfeld nie verlassen.

Ich frage nach ihrer fast 80jährigen Mutter, ob die vielleicht Hilfe braucht und …

Sie unterbricht mich. »Da muß man eben rechtzeitig vorsorgen. Und nicht erst jetzt anfangen zu jammern. Aber die Katzen …«

Ich bemerke, daß die Mutter drüben hinter dem Fenster steht, und verlasse den dunklen, mir plötzlich unheimlichen Ort sehr schnell.

Obwohl der Regen nachgelassen hat, laufe ich nicht den Kolonnenweg weiter, sondern gehe hinüber ins thüringische Reinhards, um mich dort nach den verschwundenen Katzen vom Lörnhof zu erkundigen. Nur wenige Häuser stehen zwischen Wiesen und Äckern. Vor einem Hof ist unter einer Madonna die Bitte zu lesen, daß sie den Menschen beistehen solle, damit »uns Gott barmherzig sei«. Auf dem nächsten Hof zerrt ein hin und her rennender, wütend bellender Hund an einer langen, gespannten Laufleine. Wie früher an der Grenze, muß ich wieder denken. Nur warnte dort kein Schild: »Vorsicht, bissiger Hund!«

Ein oder zwei Höfe weiter kehrt eine sehr kleine Frau die Straße. Sie kennt die Frauen vom Lörnhof. »Die waren in der Zeit der großen Seligkeit, also in den ersten Monaten nach der Grenzöffnung, sehr oft hier im Dorf. Aber als ob die Grenze wieder zu wäre, blieben sie plötzlich weg.«

Der nächste starke Regenguß vertreibt uns von der Straße. Unter der Haustür stehend, sagte sie, daß ihre Freude über die Einheit bisher ungetrübt sei, »im Gegensatz zu einigen Leuten, die gern die DDR wiederhaben möchten, weil sie heute immer noch nicht wie erhofft wie im Paradies leben. Wir sind nicht mehr eingesperrt, können überallhin fahren.«

Ihr Mann kommt vom Kühefüttern. Seinen grünen Schlapphut hat er so tief über die Ohren gezogen, daß die Krempe fast mit dem Schnurrbart abschließt. Ihre dreiundzwanzig Hektar große Landwirtschaft betreiben sie genau wie ihre zwei Ferienwohnungen als Nebenerwerb, »aber nicht als Nebensache«. Am Eingang zu den Ferienwohnungen hängt das Güteprädikat »Familienfreundlich 2004 bis 2006«.

Sie gehören zu denen, die ihr ehemaliges Grenzland zurückkauften, obwohl es nur noch ein verwildertes Terrain war, früher mit Minen, heute noch mit Betonplatten und dem Kfz-Graben. Manche Flächen hat der »Bund für Umwelt und Naturschutz Deutschland (BUND)« dem Staat abgekauft, um den Grenzstreifen als ein »Grünes Band« von seltenen Pflanzen und Tieren zu erhalten.

»Als wir in der DDR das Land für die Grenze hergeben mußten, hatten wir keine Wahl, denn die Kommunisten drohten: ›Paß auf, Freundchen, entweder du unterschreibst den Kaufvertrag, oder wir siedeln dich aus.‹ Also haben wir verkauft. Für acht DDR-Pfennige pro Quadratmeter.«

Nach der Wende konnten sie ihr Land vom neuen Staat für 35 West-Pfennige pro Quadratmeter zurückkaufen.

»Und heute, fünfzehn Jahre danach, möchte man es uns für billiges Geld wieder abkaufen, um den Kolonnenweg von hier aus bis zum ehemaligen amerikanischen Stützpunkt ›Point Alpha‹ als einen Gedächtniswanderweg zu rekonstruieren.« Doch sie wollen ihr Land jetzt nicht zu Dumpingpreisen weggeben. »Wissen Sie, was in fünfzehn Jahren hier sein wird? Ob dann überhaupt noch jemand einen Grenzgedächtniswanderweg braucht? Dann sollen wir das Land womöglich noch einmal und noch teurer zurückkaufen. Nein! Beständig und wertvoll bleibt nur das Eigentum!«

Als ich nach den »geklauten Katzen« vom Lörnhof frage, drucksen beiden herum. Er meint, daß die Frau drüben wohl eine Wahnvorstellung habe, einen Tick … Er redet nur mit den Händen weiter.

»Wir und Katzen klauen! Hier laufen so viele Katzen herum, daß einige ihre schon für teuer Geld sterilisieren lassen.« Doch bei Nachbarsleuten haben Polizisten – »Die Ärmsten müssen das nach einer Anzeige tun.« – schon in der Scheune nach den Katzen gesucht. »Das ist kein Ost-West-Problem. Man braucht Schuldige. Da kommen die Ossis gerade recht. Ausländerheim ist ja keins in der Nähe …«

Von den Stehlern in Berlin und dem Hehler in Bonn, einem sechsmal tranchierten Eisbein und Florian Geyers Grenzerkameradschaft

Von Reinhards in Richtung »Point Alpha«, einer der markantesten Beobachtungsstationen der US-Streitkräfte in Europa, ist der Grenzstreifen an manchen Stellen unpassierbar, denn auf großen Haufen verfault vor langer Zeit geschlagenes Holz, und Felder und Weiden, die mit Stacheldraht umzäunt sind, verraten nicht mehr, wo die Grenze früher entlanglief. Als ich den Kolonnenweg bei Setzelbach wiedergefunden habe, führt er geradewegs in einen neuen großen Stallkomplex. Auch der Anbau eines Wohnhauses steht wahrscheinlich haargenau an der heutigen Grenzlinie zwischen Hessen und Thüringen. Ein junger Mann baut sich in der Garage ein Auto auf. Ich frage nach der Grenze.

»Unser Haus steht noch auf Westgebiet, der neue Stall dagegen schon im Osten. Der gehört jedoch einer hiesigen Familie, den Wingenfelds.« Ein Hinzukommender erklärt mir, daß die Wingenfelds den Stall wegen der Fördergelder und der Milchquote drüben gebaut haben.

»Also war die Wende gut für sie?« frage ich.

»Ja, wenn man will, gehören die zu den Wendegewinnlern.«

Weil die Wingenfelds am anderen, dem grenzfernen Ende des Dorfes wohnen, muß ich fast durch das ganze Dorf laufen. Eine Frau wischt die Treppe vor der Tür. »Stefan soll mal rauskommen«, ruft sie in das Haus.

Stefan ist um die Vierzig. Er trägt einen Armeepullover der Bundeswehr, am Ärmel das schwarzrotgoldene Hoheitszeichen. Er trägt den Pullover bestimmt schon lange, denn er ist sorgfältig gestopft. Über die finanziellen Dinge, Fördergelder für den Stallneubau und die Kühe drüben, will er nicht reden, es gebe so viele Neider. Sie besaßen früher schon Land in Thüringen. Nun haben sie wie andere auch ehemalige LPG-Felder dazu gepachtet.

»Also ist das Problem mit dem Grund-und-Boden-Eigentum nach der Wende vernünftig geregelt worden«, sage ich.

Sein Vater, Franz-Joseph, hat sich neugierig zu uns gestellt und widerspricht mir sehr heftig. »Nichts ist vernünftig geregelt. Unser Land drüben, das hatten doch Ulbricht und Honecker gestohlen. Nachdem sie den Zaun gebaut hatten, konnten wir diese Felder nicht mehr bestellen. Es wurde auch keine Pacht und nichts bezahlt, wir waren enteignet. Also Ulbricht und Honecker waren die Stehler. Und der Kohl in Bonn, der war der Hehler. Der hat das gestohlene Land, nachdem der Honecker verjagt war, behalten und das gestohlene Land dann an uns, die Eigentümer, noch einmal verkauft.«

Als ich erzähle, daß ich anschließend nach Wiesenfeld weiterlaufe, sagt der Bauer: »Nach Wiesenfeld! Wo man diesem Herrn Arnstadt, der dort an der Grenze von unseren Leuten erschossen wurde, wieder ein Denkmal setzt! Der Arnstadt war ein Verbrecher!« Er wiederholt den Satz zwei- oder dreimal. Der Kommandeur Arnstadt hätte, so begründet der Bauer seine Behauptung, Druck von oben erhalten, weil in seinem Abschnitt beim Bau der Grenzanlagen viele abgehauen seien. »Der mußte sich beweisen, der Mann. Und als eines Tages unser Zoll, nein der BGS, mit drei Mann Streife ging, hat sich der Arnstadt gesagt: ›Das paßt! Von denen schnappe ich mir einen!‹ Obwohl die auf unserem Gebiet liefen, hat er von drüben gerufen: ›Halt, stehenbleiben! Waffen ablegen!‹ Der Kommandeur hat sich hingeworfen. Als die beiden Untergebenen gesehen haben, da vorne fällt einer um, hat einer das Gewehr hochgenommen und den Arnstadt mit gezieltem Schuß erledigt. Der hat sozusagen in Notwehr gehandelt. Der Arnstadt hätte die Unseren sonst abgeknallt. Der Arnstadt war ein Verbrecher!«

Ich frage ihn, ob er die Geschichte selbst erlebt hat. Er schüttelt den Kopf. Aber so etwas würde sich herumsprechen. Ich kenne die Geschichte anders, frage aber nur, wie sie mit den Thüringer Bauern auskommen, mit denen sie nun Feld an

Feld arbeiten. Der Junge behauptet, daß die Mauer jetzt höher ist als früher. Man kann sie zwar nicht mehr anfassen, aber sie ist da. Und der Alte erklärt mir, daß es beispielsweise Streit gibt, wenn sie die Ecken ihres Feldes rund ackern. »Ein Traktorist sagte mir, daß ein Boß der Agrargenossenschaft ihn angewiesen hat, mit mir lieber nicht mehr zu reden. Oben dran sind bei denen noch die Burschen, die schon damals bei der LPG oben dran waren. Das ist ja klar. Es gab drüben nach 1989 keine Entsozialisierung wie bei uns nach 1945 die Entnazifizierung. In Rumänien hat man da besser aufgeräumt. Ceauşescu und die ganze Bande wurden eben umgebracht, weggemacht … Es ist noch net alles so, die Einheit, gell …« Der Bauer aus Setzelbach, der jetzt Ställe und Felder im Osten hat, lacht.

Ich schalte mein Aufnahmegerät aus und frage mich, wie sich BRD-Bürger, die weder ein Parteilehrjahr noch wöchentliche Schulungen als Agitatoren absolvieren mußten, ihre Meinung von der Welt ostwärts der Grenze gebildet haben …

Kurz vor Wiesenfeld steht ein fahrbarer Jägerstand auf Rädern. Der Beobachtungsturm dagegen, neben dem ein junges Paar und ein älterer Mann rasten, ist festgemauert. Fast hätte ich sie, weil ich annahm, sie wären Einheimische, nach Rudi Arnstadt gefragt, aber der junge Mann sagt: »Ick hab 'ne jute Wurst!«, und ich könne ruhig mal kosten.

Berliner Wurst in Thüringen. Nein, danke. Ich will weitergehen, aber da sagt er: »Die Hausjemachte bringen uns die Kunden aus Bad Salzungen und Fulda.«

»Bis nach Berlin?« frage ich

»Nee, ick hab doch hier 'ne Sattlerei und Polsterei jleich neben Wiesenfeld, in Kranlucken.«

Nun setze ich mich doch. Er stellt mir seine Frau Katja vor. Sie hat ein sehr schönes Gesicht, schmales Profil, fast griechisch. Die schwarzen Haare sind eng anliegend nach vorn gekämmt.

»Und das ist Ihr Vater?«

»Nein, unser Junge sagt zwar Opa zu ihm, aber Carl-Otto ist unser Freund! Verstehen Sie, kein Kumpel, sondern ein Freund. Kumpels hat man viele, aber einen richtigen Freund selten. Also das ist einer, der ungerufen dasteht, wenn du ihn brauchst.«

Unvermittelt wechselt der junge Mann das Thema und erzählt von Kunden, die Planen in seiner Sattlerei bestellen. »Da gibt es Ostdeutsche, die nur Fürze wie Segeljacht und so in ihrem Schädel haben. Den Carl-Otto, der sein Architekturbüro im hessischen Tann hat, den könnte ich mir allenfalls in einem Ruderboot vorstellen. Das stimmt doch nicht mehr: drüben die arroganten, reichen, überheblichen Wessis und hier die freundlichen, armen, einfachen Ossis.«

Er redet wie ein Wasserfall, und ich sage, er solle mal Luft holen, so schnell sei ich nicht. Aber »schnell sein« ist für ihn nur ein neues Stichwort. »Na ja, schnell sind wir Berliner, das stimmt schon. Aber es war schwer für uns, als wir 1994 in die Rhön kamen. Zuerst sollte eine neue Tür in das alte Haus, und es dauerte und dauerte. Wissen Sie, wir beiden stehen um halb sechs Uhr auf. Dann arbeiten wir oft fünfzehn Stunden in der Werkstatt und schaffen, was manche an zwei Tagen zuwege bringen. Die Schnelligkeit – wenigstens was Positives, das wir aus Berlin mitgebracht haben. Ansonsten hat uns dort alles gestunken. Wir hatten die Schnauze voll von Berlin und dem Aneinandervorbeigehen der Leute.«

Wieder unterbreche ich den jungen Mann, um die Geschichte vom Umzug zweier junger Ostberliner in die Rhön und den Beginn ihrer Freundschaft zu dem 76jährigen westdeutschen Architekten Carl-Otto Rommel zu erfragen.

Katja und Ulrich Lippmann wohnten und arbeiteten in Berlin-Köpenick, er in einer Autosattlerei, sie als Sekretärin beim Staatlichen Rundfunkkomitee der DDR. Ihre Mutter habe dort die Sendung »Was ist denn heut' bei Findigs los?« gemacht. Als der Rundfunk abgewickelt und sie arbeitslos wurde, hatte sie Glück und bekam einen Job als Verkäuferin im größten Konsumtempel von Westberlin, im Kaufhaus des Westens, dem KaDeWe. »Das muß man sich mal vorstellen, ich, die Einkaufen im Konsum gewohnt war, nun in diesem Luxuswarenpalast, in der Pralinenabteilung.« Das erste, was der Chef den Neuen aus dem Osten beibrachte: »Nicht mehr Berlinern und keine Beutel, sondern Taschen mitbringen. Es muß nicht jeder merken, wo Sie herkommen.«

Ulrich Lippmann erinnert sich an seinen ersten Gang nach Westberlin. »Ich bin in so einem ganzen Pulk mit rüber, und da schmeißen die plötzlich von einem Wagen wie Vogelfutter Schokolade runter, und unsere Leute prügeln sich um die Schokolade! Das konnte doch nicht wahr sein.«

Später besuchte er die Verwandten seiner Eltern. »Der Mann war ein Chef bei der Energiewirtschaft, und als dessen Frau fragte, was wir uns zum Mittagessen wünschten, sagten wir: ›Eisbein.‹ Dann servierte sie uns wirklich auf einer großen Platte Eisbein, ein Eisbein!, und fing an, es in sechs Portionen zu tranchieren.«

Vier Jahre darauf kamen sie vom Kaufhaus des Westens in die rauhe Einsamkeit der Rhön. »Die Eltern, die uns nie verstanden haben und nie unterstützten, meinten nur: ›In vierzehn Tagen seid ihr sowieso wieder hier.‹« Aber sie blieben, obwohl es in der Rhön an dreihundertfünfundsechzig Tagen entweder Regen, Schnee, Sturm, Frost oder Nebel gebe. »Aber hier machst du dir eben auch noch Gedanken, wenn dich mal einer im Dorf nicht grüßt. Die Bürgermeisterin hat, ohne zu fragen, die Katja nach unserer Ankunft sofort als ABM eingeteilt, und wir haben beim Dorffest ungefragt geholfen, als ob wir schon immer in Kranlucken lebten.«

Was allerdings den Katholizismus und Gott betrifft: »Außer uns gibt es kaum noch Heiden im Dorf. Wir haben den Sohn hier nicht taufen lassen, und als Katja am zweiten Tag ihrer Arbeitsbeschaffungsmaßnahme im Kirchgarten arbeiten sollte …« Sie lacht und erzählt weiter: »Da kam doch der Pfarrer auf mich zu, und ich betete: ›Erde, tu dich auf vor mir, und verschling mich sündige Tochter.« Der Pfarrer hat aber sehr freundlich mit ihr gesprochen.

Als sie für den Umbau des Hauses einen guten Architekten suchten, sind sie zuerst – »wegen der gewohnten ostdeutschen Solidarität« – nur zu Thüringer Architekten gegangen. »Doch der eine hatte angeblich viel zuviel zu tun, der andere wollte unverschämte Preise, und einer sagte: ›Lippmann? Lippmann kenne ich hier keinen. Heißen Ihre Eltern anders?‹ Der wollte wissen, wo wir unser Geld herbekommen, denn wenn hier in der Rhön die Kinder bauen, werden sie oft von den Eltern gepäppelt. In den Rhöndörfern funktioniert der Generationenvertrag noch: Die Alten sorgen zuerst für die Jungen, und dann sorgen die Jungen für die Alten.«

Nachdem das mit der ostdeutschen Solidarität nicht klappte, sind sie ins Hessische nach Tann gefahren. Carl-Otto Rommel, damals schon sechsundsechzig, ließ sich erst mal erzählen, weshalb sie in die Rhön gekommen sind. Dann machte er einen Preis, den er später halbierte. »Schließlich stand er bei uns in der Baugrube und schlug die Pfähle mit dem Vorschlaghammer ein, daß die jungen Bauarbeiter nur so staunten. Wenn wir dringend einmal weg mußten, kam er von Tann herüber und spielte mit unserem kleinen Sohn.«

Dem sehnigen Mann mit dem noch fast faltenlosen Gesicht ist das Lob sichtlich unangenehm, und er sagt, daß ihre Freundschaft nichts Ungewöhnliches sei. Der 1929 in Tann geborene Carl-Otto Rommel hat fünf Jahre als Maurer gearbeitet, um Geld für ein Architekturstudium zu sparen. »Doch danach fiel es mir sehr schwer, die Kelle gegen den Stift zu tauschen. Im Grunde bleibt man immer ein Arbeiter. Als ich merkte, wie sich die beiden hier durchbeißen mußten, die haben ja sozusagen gleichzeitig ein Kind gemacht, dazu er seinen Meister in Fulda und das Haus gebaut, habe ich einfach geholfen. Da war es unwichtig, ob sie aus dem Osten oder aus dem Westen kommen.«

Nach der Wende sind Ostfreundschaften zerbrochen, sagt Ulrich. »Es ist doch so, wenn dein Freund arbeitslos wird und danach am Existenzminimum lebt, und du hast einen gut bezahlten Job, dann ist es mit eurer Freundschaft, obwohl ihr es beide nicht wollt, plötzlich aus.«

Die Frau protestiert. Aber er erklärt seine Theorie unbeirrt weiter. »Der eine gönnt sich was, beispielsweise mit Lammfell gefütterte dänische Markenstiefel, und sein Freund schämt sich, weil er seine Winterschuhe aus dem Secondhand-Shop holt. Ich habe beim Burgfest in Artern – Carl-Otto und wir besichtigen sehr oft Thüringer Burgen – beobachtet, daß einer die fünf Euro Eintritt nicht bezahlen konnte. So einer zieht sich doch von seinen früheren Freunden zurück.«

Am Gedenkstein für Rudi Arnstadt will mich Gerhard Lehmann abholen, einer der Offiziere des ehemaligen 3. Grenzregimentes Dermbach »Florian Geyer«. Er trifft sich heute mit früheren Grenzern, die sich in der »Kameradschaft Florian Geyer e. V.« zusammengeschlossen haben, zur Jahresversammlung.

Vor dem Granitstein liegen rote Nelken und gelbe Rosen, davor steht eine Tafel des Grenzlehrpfades »Point Alpha«: Am 14. August 1962 sei der Chef der Grenzkompanie Wiesenfeld, Hauptmann Rudi Arnstadt, getötet worden. »… die einseitige Darstellung hat die Wendezeit 1989/90 nicht überlebt … allen Opfern der unmenschlichen Grenze zum stillen Gedenken …«

Gerhard Lehmann, der schon im Auto auf mich wartet, erzählt, daß nach der Wende auf der Tafel stand, Rudi Arnstadt sei ein »geachteter Bürger von Wiesenfeld« gewesen, aber das mußte weg.

Die Bronzeplatte mit der Inschrift »Von Banditen des BGS ermordet …« wurde schon 1989 abmontiert. Gestohlen wurden auch die Holztafeln neben dem Granitstein, auf denen Name, Geburts- und Todestag standen. »Da ließen wir diesen Text in den Stein meißeln, und der wiegt ein paar Zentner.«

Ob er weiß, was am 14. August 1962 genau geschehen ist, frage ich ihn.

»Karl Linde, der heute auch zum Kameradschaftstreffen in die ›Scheune‹ kommt, stand nur zwei Meter daneben.«

In der »Scheune« in Dermbach sind Geschäfte, in denen die Agrargenossenschaft ihre Produkte vermarktet, und eine große Gaststätte untergebracht. An langen, weiß gedeckten Tischreihen sitzen an die hundert Grenzer und ihre Frauen, keiner von ihnen in einer nostalgischen Grenzuniform.

»Es gibt in der BRD keine Ehrenerklärung für unseren Dienst an der Grenze. Wir sind nicht wie die NVA-Offiziere, die auch ihren Eid auf den Sozialismus und die DDR geschworen hatten, in die Bundeswehr übernommen worden.« Gerhard Lehmann fragt, ob ich die Rede, die Konrad Adenauer am 3. Dezember 1952 vor dem Bundestag gehalten hat, kenne.

»Weshalb sollte ich die kennen?«

»Weil Konrad Adenauer vierzehn Tage nach dieser Rede – ›Ich möchte … im Namen der Bundesregierung erklären, daß wir alle Waffenträger unseres Volkes, die im Namen der hohen soldatischen Überlieferungen ehrenhaft zu Lande, auf dem Wasser und in der Luft gekämpft haben, anerkennen. Wir sind überzeugt, daß der gute Ruf und die große Leistung des deutschen Soldaten trotz aller Schmähungen während vergangener Jahre in unserem Volke noch lebendig sind und auch bleiben werden.‹ – auf Anfrage hinzufügte, daß seine Ehrenerklärung auch die Angehörigen der Waffen-SS umfaßt, soweit sie ausschließlich als Soldaten ehrenvoll für Deutschland gekämpft haben.«

Danach, so erläutert er mir, durften die früheren militärischen Dienstgrade mit dem Zusatz a. D. geführt werden, und die Versorgungsansprüche der Offiziere von Wehrmacht und Waffen-SS wurden großzügig geregelt. »Nur sieben Jahre nach Ende des Krieges.«

Ich erkundige mich nach Karl Linde, der beim Todesschuß neben Rudi Arnstadt stand.

»Den hat man 1996 in Meiningen zu einem Jahr und sieben Monaten auf Bewährung verurteilt. Er war von 1961 bis 1964 Hauptmann der Pioniere der hiesigen Grenzbrigade und mußte befehlsgemäß die Lagepläne der Minen unterschreiben.«

Neben Karl Linde sitzt eine wegen ihrer kurzen schwarzen Haare auffällige Frau, seine Lebensgefährtin, die er vor einem Dreivierteljahr während einer Kur kennengelernt hat. Nun leben sie abwechselnd in seinem Haus in Meiningen und bei ihr im Westerwald. »Sie ist dort 'ne Schwarze im Westerwald. Nee, nicht CDU, aber katholisch. Im Westerwald sind die paar evangelischen Leute die Blauen und die Katholiken die Schwarzen.«

»Und die Ungläubigen?«

»Wahrscheinlich rot.«

Ich frage ihn nach dem 14. August 1962.

»Wir kontrollierten zu fünft bei Wiesenfeld die Soldaten, die Löcher für Betonpfosten gruben, so krumm und schief, wie der Bulle pißt. Ich wollte denen gerade den Marsch blasen, da ... Also drüben stand wie oft eine Truppe von BGS-Leuten, die uns beim Bau der Grenzanlagen beobachteten. Und plötzlich kam aus einer scheunenähnlichen Baracke von drüben, vielleicht zweihundert Meter von uns entfernt, ein Schuß. Genau als wir fünf im offenen Feld standen. Muß ein Scharfschütze gewesen sein. Mitten in die Stirn getroffen.«

Es gibt Braten und Klöße. Danach redet der ehemalige Politchef des Grenzregimentes, Harald Hentschel, über Mitgliederwerbung und finanzielle Hilfe für bedürftige ehemalige Grenzer und über die notwendige differenzierte Betrachtung der deutsch-deutschen Geschichte. »Wir lassen uns nicht als Mauer- oder Todesschützen diffamieren.«

Als ich ihn frage, wie er das mit der Differenzierung meint, sagt er, daß es die unterschiedlichsten Gründe zur Flucht über die Grenze gegeben hat: Lust, sich anderswo auszuprobieren. Angst vor Bestrafung nach einer kriminellen Tat. Opposition zum DDR-System. Eifersucht und Liebeskummer. Der

Wunsch, auch mal einen Opel zu fahren. Abenteuerlust junger Leute. »Manche sind auch völlig besoffen nach 'ner ausgedehnten Kneipentour über die Grenze. Alle waren in unserem Sprachgebrauch ›Feinde des Sozialismus‹, und alle sind heute im neuen Sprachgebrauch ›Helden im Kampf gegen die Diktatur‹. Aber es waren weder alles Feinde noch alles Helden.«

Es ist viel komplizierter. Wie bei Karl Linde. »Der wurde wegen der Minen 1996 als Kommandeur der Pioniere verurteilt, aber damals, 1964, hat ihm eine Treibmine den linken Fuß abgerissen. Er hat danach Bauingenieur studiert und bis 1990 im Tiefbaukombinat in Meiningen gearbeitet.« Ob ich nicht gesehen hätte, daß er eine Prothese trägt.

Nein, das habe ich nicht und frage den 77jährigen vorsichtig nach der Minenexplosion. Statt sich wehmütig zu zieren, schimpft er, daß dieses »Scheiß-Hochwasser an der Ulster, was der Grenzfluß war, im Mai 1964 bei Motzlar die Uferbefestigungen und Grenzanlagen überschwemmt hatte. Als ich einen Betonpfosten im Fluß anheben wollte, passierte es. Du siehst nur den Blitz der Explosion, und dann findest du dich auf dem Arsch liegend wieder. Der Stiefel mit dem Fuß war weg. Eine Treibmine. Kommt nicht oft vor. War besser, sie hat mich erwischt, als vielleicht einen Bauern auf dem Feld.«

Ob er danach die »Scheiß-Minen«, die in seiner Zeit als Pionierkommandeur gelegt worden waren, verflucht hat, frage ich weiter.

»Nee, ich bin seit meinem siebzehnten Lebensjahr bei den Pionieren. Da mußt du immer mit so was rechnen. Berufsrisiko.«

»Mit siebzehn schon Minen gelegt?«

»Ich bin im November 1944 eingezogen worden, als 17jähriger zu den Pionieren nach Ostpreußen. Wir haben keine Brücken mehr gebaut, nur noch gesprengt und Minen gegen die vorrückenden Russen gelegt.«

Weil er nicht seine Ostadresse in Leipzig, sondern eine Westadresse angab, kam er aus britischer Kriegsgefangenschaft noch 1945 als 18jähriger nach Hause. »Mein weiteres Leben läßt sich vielleicht so erklären: Meine Pflegeeltern, bei denen ich aufgewachsen bin, wurden von den Nazis wegen ihrer antifaschistischen Gesinnung eingesperrt. Deshalb war für mich nach dem Krieg klar: Ich wollte bei denen sein, die gegen den Faschismus kämpfen. Das waren nun mal die Kommunisten und später die DDR und nicht die BRD, wo es Nazirichter wie Filbinger gab, die sogar zum Schluß noch Deserteure zum Tode verurteilt haben. Also ging ich schon 1946 in die SED und 1951, um den antifaschistischen deutschen Staat zu schützen, zur Kasernierten Volkspolizei. Dort schickte man mich zwei Jahre zur Pionierschule. Ich habe alles gelernt, von Pontonbrücken bauen über Panzergräben ausschachten bis zum Verlegen von Infanterieminen.«

Ich frage ihn, wie er heute über die Minen denkt, die er von 1962 bis 1964 an der DDR-Grenze verlegt hat und die ihn zum Krüppel machten. Er antwortet, ich solle mir die Grenzstraßen auf dem Gebiet der alten BRD anschauen. »Dort befinden sich immer noch die Minenschächte, die, wie westdeutsche Politiker damals zugaben, auch für Atomminen vorgesehen waren. Jeden Tag konnte der kalte Krieg während der Kuba-Krise zu einem heißen werden. Ein paar Provokationen an der Grenze hier hätten genügt …«

Trotz aller Verteufelung bleibe er bei seiner Meinung. »Die Sicherung der DDR-Grenze hat uns damals in Europa den Frieden bewahrt. Hätte es eine organisierte Massenflucht oder die Ereignisse von 1989 schon 1979 gegeben, wäre das der Krieg gewesen. Es standen sich an der Grenze zwei hochgerüstete Weltsysteme feindlich gegenüber, zwei unvereinbare Ideologien …«

Wie um das Thema zu wechseln, erzählt seine 63jährige Lebensgefährtin von ihrem verstorbenen Mann. »Ein Evangelischer im katholischen Westerwald. Auch so ein sturer

Kopf wie der Karl, und unser katholischer Pfarrer weigerte sich, uns zu trauen. Wir mußten einen spanischen Padre suchen, und mein Mann hatte bei der Eheschließung zu unterschreiben, daß er unsere Kinder nicht in seinem, sondern im katholischen Glauben erzieht.«

Karl Linde grinst. »Das gab's nicht mal in unserem Staat, daß ein Nichtgenosse, wenn er eine Genossin heiratete, unterschreiben sollte, die Kinder im Sinne der SED aufzuziehen.«

Als Kaffee und Kuchen serviert sind, verabschiede ich mich. Auf dem Hof stehen nicht nur Autos aus Thüringen, sondern auch aus Bayern, Nordrhein-Westfalen und Hessen. Zwischen den Fiat, Opel, VW und Renault ein alter armeegrüner Niva-Grenzkommandeurwagen mit dem DDR-Emblem an der Wagentür. Auf dem Nummernschild des Wartburgkreises die gültige TÜV-Plakette für 2005.

Von terrorismusverdächtigen VIP-Gästen, meinem Gorbi-Händedruck und Schmetterlingsjägern auf dem Todesstreifen

Günter Wallraff hat angerufen. Er will die letzten vierzig Kilometer der Grenz-Tour bis Vacha mitlaufen. Weil wir uns oben auf »Point Alpha« treffen, lasse ich Geisa rechts liegen. Außerdem war ich erst vor drei Wochen in der kleinen Stadt. Am 17. Juni.

Weshalb ausgerechnet mich damals eine Polizeisperre schon vor Geisa anhielt, aus dem Auto holte und meine Taschen und Papiere kontrollierte, weiß ich bis heute nicht. In Geisa schickten mich die Polizisten, weil die Zufahrt zum »Point Alpha« – außer für die bereitgestellten Busse – abgeriegelt war, zum Parken erst in eine Richtung und ihre Kollegen dann in die andere.

Ich lande schließlich am Ortseingang auf dem Hof eines Supermarkts. Dort stehen zwei Polizeiautos. In einem sitzt ein Uniformierter und ißt ein Brötchen. Als er aufgekaut hat, frage ich, wo die Einsatzbusse abfahren, die das Volk zum Fest bringen. Jenem Fest, bei dem in zwei Stunden Gorbatschow, Kohl und Bush sen. den »Point Alpha«-Preis für ihre Verdienste zur deutschen Einheit höchstpersönlich entgegennehmen werden.

Er ist nicht von hier. Eine schwarzhaarige, vollbusige Geisaerin sagt freundlich: »Die Busse stehen an der Feuerwehr.« Die frühere pädagogische Mitarbeiterin und jetzige Verkäuferin klagt über das Geld, das diese »Prozession« kostet. »Fünfzigtausend Euro für den armen Genossen Gorbatschow, fünfzigtausend Euro für den noch ärmeren Herrn Kohl und fünfzigtausend Euro für den völlig verarmten Mister Bush.« Nicht gerechnet die Flugkosten, die Busse, die Hubschrauber, die über tausend Polizisten …

Ich habe gelesen, daß DaimlerChrysler, die »Kali und Salz AG« und andere Privatunternehmen das Geld spendieren. Aber der Polizist verbessert mich: »Die hundertfünfzigtausend Euro für die Preise vielleicht, aber nicht uns und die Hubschrauber und die Sicherheitskräfte. Wir verrechnen in der Dienststelle jede Einsatzstunde und jeden Kilometer auf Staatskosten.«

Auf dem Weg zur Feuerwehr treffe ich einen Arbeiter, der in eine bröckelnde Stützmauer neue Steine einsetzt. Er sieht wegen seines grünen Overalls und der gelben Mütze wie ein Papagei aus. Über vierzig Jahre war er auf dem Bau, die meiste Zeit im Wohnungsbaukombinat Suhl. Seine Brigade hat in Berlin-Marzahn gebaut und dort sogar einen Orden bekommen. Nun hofft Klaus Sickert, noch bis zur Rente weiterarbeiten zu können. »Vorruhestand ist nicht.«

Ob er heute, am 17. Juni, dem 52. Jahrestages des Arbeiteraufstands in der DDR, nicht das große Fest auf »Point Alpha« miterleben möchte.

»Mensch, heute ist doch Freitag, ein Werktag, da müssen die Werktätigen arbeiten. Die Arbeitslosen? Ob die dort dem

Herrn Kohl zujubeln wollen?« Aber vielleicht, meint er entschuldigend, vielleicht kämen die Organisatoren des Festes zum Tag des Arbeiteraufstandes aus dem Westen. »Dort war der 17. Juni ja ein Staatsfeiertag.« Genug Publikum wird es bei der Preisverleihung geben. Er hat schon mehr als ein Dutzend Busse mit Schülern aus dem Umland gezählt. »Die freuen sich, nicht in die Schule zu müssen, die Wänster!«

Ich werde an der Feuerwehr in einen der Einsatzbusse hineingedrückt und oben zwischen Geisa und Rasdorf wieder ausgespuckt. Das Gelände um das Grenzmuseum und die überdimensionale Festbühne ist großflächig von Zäunen, Schnüren, uniformierten Sicherheitsdiensten und Polizisten in Zivil abgesperrt. Man kann sich nur auf dem ehemaligen DDR-Gebiet, rechts vom Kolonnenweg – keiner von den Tausenden bemerkt ihn, aber ich begrüße ihn wie einen guten alten Bekannten –, frei bewegen. Der Zugang nach Westen, zum ehemaligen US-Stützpunkt »Point Alpha« und ins hessische Rasdorf, ist abgeriegelt.

Eine sehr mollige Frau vom Wachdienst, das pausbäckige Gesicht von einer blonden Dauerwelle gerahmt und die Augen strahlend blau, schüttelt den Kopf, als ich der Absperrung zu nahe komme. Sie ist eine Mischung von gastfreundlicher russischer Hausfrau und strenger wagnerischer Walküre, denke ich. Der Wachdienst Köcker, zu dem sie gehört, ist in Nordrhein-Westfalen zu Hause.

»Heute früh wurden wir hierherkutschiert und abends wieder zurück«, sagt sie. Kein optimaler Job, aber besser als gar keiner. »Auch bei uns im Rheinland sieht's nicht mehr so gut aus wie früher.« Daß sie hier genau auf der ehemaligen Grenze steht, weiß sie nicht. »Wir sind nur verantwortlich, daß keiner die Absperrung durchbricht.«

Ich frage nach ihrem Namen. Den darf sie nicht sagen.

»Auch nicht den Vornamen?«

»Nein, auch den Vornamen nicht.« Aber da ruft der ihr am

nächsten stehende Posten, ein junger gestylter und gestählter Bursche: »Simone, du sollst nicht mit den Leuten quatschen, paß lieber auf, daß keiner rübermacht!«

Auf das Festgelände gelangt man nur durch eine der drei Sicherheitsschleusen, wie man sie von Flughäfen kennt: Röntgenlaufband für die Taschen. Piepstorbogen zum Durchgehen. Kontrollstäbe zum Abtasten des Körpers. Eine Sicherheitsschleuse für die geladenen VIP-Gäste, wo eine Stunde vor Beginn nur drei, vier Leute stehen. Eine für die Presse. Auch dort noch kein Andrang. Und eine für alle übrigen. Die warten geduldig zu viert oder zu fünft nebeneinander in einer Hunderte Meter langen Schlange. Ich reihe mich beim Volk ein. Es ist noch sehr lustig und mitteilsam.

»Gorbi, Kohl und Bush im Dreierpack! Und zum Schnäppchenpreis! Busfahrt umsonst! Eintritt umsonst! So ein Angebot kriegst du im Leben nicht noch mal.« Eine Frau erzählt, daß sie hier an der Grenze Wiesen hatten. »Der Vater wollte einmal unter Aufsicht eines Grenzpostens das trockene Heu zusammenharken und wegfahren. Als ein Gewitter aufzog, bestand der Grenzer darauf, die Heuernte abzubrechen. Aber der Vater hat gesagt: ›Du kannst mich erschießen, aber ich bleibe hier, bis der letzte Halm aufgeladen ist!‹ Und hat's auch gemacht.«

Ein vielleicht 40jähriger erzählt von den Panzern am 17. Juni 1953, und ein junger Geisaer Fußballspieler schimpft, daß sie nicht auf den Rasen ihres Sportplatzes dürfen, weil der geschont werden soll. »Aber gestern abend landeten und starteten ständig Hubschrauber mit Amerikanern auf dem Sportplatz. Keiner redete mehr vom Rasen. Was heißt Rasen eigentlich auf englisch?«

Als die Schlange nach einer halben Stunde nur etwa dreißig Meter auf die für das Volk bestimmte Sicherheitsschleuse vorgerückt ist, gehe ich, privilegiert durch einen Presseausweis, durch die Presseschleuse. Es piepst nicht. Ich stelle mich, Simone, der uniformierten blonden »russischen Hausfrau« von innen zuwinkend, neben die Schleuse zu dem wartenden Menschenpulk. Ein Mann neben mir erzählt begeistert, daß Kohl gestern noch in Berlin war und daß er Bush sen. in Erfurt gesehen hat.

Plötzlich kommt Bewegung in die Menge. Man drückt mich, der ich in der ersten Reihe stehe, fast durch die Absperrung. Männer kommen Simone zu Hilfe. Signalgeheul. Polizeiautos. Der Wagen mit Michail Gorbatschow fährt vor. Der Schlag wird geöffnet. Nur dreißig Meter vor mir steigt der Mann der Weltgeschichte aus. Die neben mir rufen erst zaghaft »Gorbi« und dann immer fordernder: »Gorbi, Gorbi, Gorbi!« Er kommt, bevor er von Ministerpräsident Althaus zum Sondereingang geleitet wird, zu uns, zum Volk, und fragt: »Где граница?«

Erst als der Dolmetscher es übersetzt hat – »Wo ist die Grenze?« –, schreien die Leute: »Sie ist weg, sie ist weg! Danke! Danke! Danke, Gorbi!« Er läuft die Absperrung entlang. Händeschütteln. Als er mir die Hand gibt, denke ich, daß das Feuermal auf seinem Kopf aus der Nähe noch größer wirkt …

Minuten später kommt mit Signalgeheul der Wagen von Helmut Kohl. Die Bodyguards helfen ihm aus dem Auto. Als er auf beiden Beinen steht, wechselt er sein schwarzes Jackett gegen ein graues. Der neben mir Stehende sagt begeistert: »Das hatte er schon gestern im Fernsehen an, genau das!« Dann schreit er mit den übrigen: »Helmut, Helmut! Helmut, hierher, hierher.« Und auch er kommt wirklich zu uns herüber. Ich überlasse meinen Händedruckplatz in der ersten Reihe einer hinter mir drängelnden jungen Frau.

Die Ankunft von Bush sen. erlebe ich inmitten der sechstausend, die sich inzwischen auf dem Festplatz versammelt haben, nur auf der Großleinwand, die neben der Bühne aufgebaut ist. Schon vor einer halben Stunde sollte die Politshow beginnen, aber noch sind nicht alle, die vor den drei Sicherheitsschleusen warten, durchgelassen. Wobei ein Wunder geschehen sein muß, denn die Hunderte Meter lange Volksschlange, deren Kontrolle wohl einen halben Tag gedauert hätte, ist bis auf zehn Meter geschrumpft. Das Wunder ist technisch erklärbar. Die Sicherheitskräfte haben vor dem »Wir sind das Volk«-Ansturm kapituliert und den Piepstorbogen ausgeschaltet, so daß nun alle ungehindert und unkontrolliert hindurchlaufen können. Nur einzelne werden herausgeholt und mit den Handsignalstäben abgetastet.

Ich frage, nach welchem Prinzip sie diese »Terrorismusverdächtigen« auswählen. Keine Antwort. Nach zehn Minuten genauen Hinschauens begreife ich: Keine Frauen. Keine alten Leute (lediglich einen mit einem dicken, zerlegbaren Regenschirm-Klappstuhl-Krückstock). Nur Männer müssen zur Stichprobe. Junge Männer, und von denen nur die mit zum Pferdeschwanz gebundenen Haaren oder mit einer Glatze.

Das Volk ist zu Beginn der Veranstaltung anwesend. Aber vor der VIP-Schleuse drängelt noch eine mindestens fünfzig Meter lange beschlipste Schlange der geladenen und deshalb nicht schon zwei Stunden zuvor erschienenen ehrenwerten Gäste aus Politik und Wirtschaft. Sie protestieren nicht lauthals – diese Blöße des pöbelhaften Protestes will man sich in der Masse wohl nicht geben. Aber ihre Gesichter sind so finster wie von Räubern, die vor dem Überfall üben, wie sie am angsteinflößendsten aussehen.

Ich frage die Sicherheitsleute, weshalb ausgerechnet bei diesen honorigen, dem System bestimmt nicht feindlich gesinnten Ehrengästen (unter ihnen auch welche, die für diese Feierstunde gespendet haben, oder politisch verdienstvolle wie der ehemalige Thüringer Minister Gnauck) der Kontrollpiepser nicht wie beim Volk ausgeschaltet wird, sondern alle peinlich genau kontrolliert und einzeln abgetastet werden.

»Weil sie, innerhalb der ersten und zweiten Absperrung vor der Bühne sitzend, näher an die möglichen Anschlagsziele herankommen.«

Das Volk hinter der Absperrung ist für Terroranschläge zu weit weg.

Obwohl immer noch VIP-Gäste draußen warten, erfolgt endlich die Begrüßung und die Aufforderung von der Bühne: »Bitte setzen Sie sich.« Die vielleicht vierhundert geladenen Gäste setzen sich. Die übrigen fünftausendsechshundert bleiben auf der grünen Wiese stehen, und einige fühlen sich »von den Politikern vorn verarscht«. Die Rache folgt auf dem Fuß. Weil jeder Gorbatschow, Kohl und Bush sen. nicht nur auf der Großleinwand, sondern original auf der Bühne sehen will, stehen die Sitzenden wie eine La-Ola-Welle Reihe für Reihe auf. Aber das Volk ruft empört: »Hinsetzen!« Und sie setzen sich wieder.

Es folgen die Lobreden für die drei Präsidenten, die sich um die deutsche Einheit verdient gemacht haben. Heute wird zum erstenmal der »Point Alpha«-Preis verliehen. Bei Bush sen. fällt es selbst geübten Laudatoren schwer, die Begründung für die Ehrung zu finden. »Er war damals nicht gegen die Einheit«, heißt es. Nicht dagegen zu sein, das reicht allemal.

Als der Vizepräsident des »Kuratoriums Deutsche Einheit« und Chefredakteur der Südthüringer Zeitung, Berthold Dücker, auf der Bühne die Kombizange hochhält, mit der er den Boden abtastete, als er, mit sechzehn, auf dem Bauch über die Grenze gekrochen ist, weil er schon als Kind nicht mehr mit den Lügen der DDR leben konnte und die Eltern ihn ständig ermahnten, ja kein einziges ehrliches Wort zu sagen, gehe ich. Ein Einheimischer hatte mir berichtet, daß Berthold Dücker zwei Jahre vor seiner Flucht tiefbewegt an der Bahre des an der Grenze erschossenen NVA-Hauptmanns Rudi Arnstadt Ehrenwache gestanden hatte.

Ich verlasse den Festtagsplatz durch die Sicherheitsschleuse und will über die ehemalige Grenze in den Westen nach Rasdorf gehen. Doch auch während der Ansprachen sind die uniformierten Sicherheitsleute wachsam. Ich versuche es noch einmal hinter einem schon mannshohen Kornfeld. Aber auch dort hält mich einer zurück.

Der Fahrer einer schwarzen Limousine lacht. Er hat den Bremer Europa-Abgeordneten der FDP hierhergebracht und – »damit es nicht so langweilig wird und wenn ich schon mal hier an der Grenze bin« – ebenfalls versucht, hinüber nach »Point Alpha« zu kommen. Selbst ihm ist es nicht gelungen. Neben seinem Wagen steht auf der Wiese ein großer Hänger des Wildgeheges Hellenthal. Davor bewacht ein junger Mann drei riesige Adler, die angekettet auf Podesten hocken und heiser krächzen. Ich frage ihn, ob er die etwa hier fliegen lassen will.

»Dafür sind wir extra aus der Eifel hergekommen. Sie werden zu den drei Präsidenten auf die Bühne fliegen. Russen, Deutsche und Amerikaner haben einen Adler in ihren Wappen.«

Steffen Eiffert – er arbeitet, wenn er nicht als Hobby-Falkner unterwegs ist, als Schreiner in einem Kölner Möbelhaus – erzählt mir, daß ihrem Chef, dem Falkner Horst Niesters, die weltweit erste Nachzucht vom amerikanischen Wappenadler, eines Weißkopfseeadlers, gelungen ist. »Den hat Helmut Schmidt 1982 dem amerikanischen Präsidenten Ronald Reagan geschenkt. Der deutsche Wappenadler, ein europäischer Seeadler, muß heute auch als Ersatzvogel für den russischen Präsidenten fliegen, weil der russische Riesenseeadler zu groß ist.«

Die Adler starten nacheinander hinter der letzten Absperrung und fliegen, ihre mächtigen Schwingen ausbreitend, sehr tief über die Köpfe der sitzenden Gäste. Dann das stolze Bild: Bush sen. und Gorbatschow und Kohl haben ihren Wappenadler auf der Hand, während die Hymnen erklingen. Die neue russische ist immer noch die alte sowjetische. Amerikanische und deutsche Offiziere salutieren. Der von Funk und Fernsehen bekannte Falkner Horst Niesters erhält genausoviel Beifall wie die Präsidentin vom »Kuratorium Deutsche

Einheit«, die ehemalige Thüringer Landtagspräsidentin Christine Lieberknecht, als sie ausruft: »Durch Sie, verehrte Preisträger, ist diese blutige Grenze, die Deutschland und Europa teilte, zu einem grünen Band geworden … an dem die Menschen nicht mehr bis an die Zähne bewaffnet, sondern allenfalls mit Botanisiertrommel und Schmetterlingsnetz unterwegs sind …«

Abmarsch der Massen nach Geisa. Bis die Pendelbusse nach Geisa zurückfahren, können Stunden vergehen, sagen Insider. Denn zunächst müssen sich alle Schüler wieder versammeln und in die über zwanzig Schulbusse steigen, und erst wenn diese Busse abgefahren sind, kommen die Pendelbusse. Mit mir laufen drei Gymnasiasten, die extra aus Gotha gekommen sind, weil sie sich »im Gegensatz zu anderen aus der Klasse für Politik interessieren«. Sie sind in der Jungen Union organisiert und tragen ein Schild: »Spassibo Gorbi!« Von der Veranstaltung sind sie begeistert. »Das war 'ne geile Polit-Schaffe.« Sie hätten sich gerne mit Gorbatschow und Kohl persönlich unterhalten.

»Und mit Bush?« – »Nein, dessen Familie mag ich nicht.« Einer von ihnen entschuldigt sich für das Plakat. »Es muß, hat man uns gesagt, nicht ›spassibo‹, sondern ›spassiba‹ heißen. Aber wir haben kein Russisch auf unserem Gymnasium.« Ich beruhige sie, daß das »o« nur als »a« gesprochen wird.

Unten in Geisa verputzt der Maurer Klaus Sickert die Fugen. Ich sage, daß er Feierabend machen soll. Er schüttelt lachend den Kopf. »Wir werden sogar morgen, am Sonnabend, arbeiten, hat der Chef gesagt. Es geht der Firma schlecht, da kann unsereiner nicht auf die Stunden schauen.«

Wie das Einheitsfest zum 17. Juni oben gelaufen sei, fragt er. Ich sage, daß Gorbatschow und Bush sen. und Kohl sich über die Ehrung und die 50 000 Euro gefreut haben. (Was sie damit vorhätten, beantwortete, obwohl viele Journalisten danach fragten, keiner von ihnen.) Jetzt würde das Kulturprogramm mit den »Wildecker Herzbuben«, Ute Freudenberg, »Karat« und dem Albhorn-Septett »Siebenschläfer« beginnen …

Die Arbeiter hätten, wenn er sich richtig erinnere, vor zweiundfünfzig Jahren am 17. Juni weniger für die Einheit als vielmehr gegen die Antreiberei bei der Arbeit, die Normerhöhung, die Partei und gegen den »Spitzbart« gekämpft. »Hat man darüber auch gesprochen?«

»Nein«, sage ich. »Aber drei Adler sind geflogen.«

Von Wallraffs Auftauchen, dem Lieblingsessen der DDR-Grenzer in Buttlar und einem am 17. Juni brennenden Schweinestall

Als ich drei Wochen später von Wiesenfeld aus über die Höhenzüge nach »Point Alpha« laufe, hat sich der beim Fest tausendfach zertrampelte und ansonsten geschützte, kurze, filzige Magerrasen der Rhön erholt. Nun sehe ich auch hinter dem auf ehemaligem DDR-Gebiet gebauten Grenzmuseum eine aus Holz geschnitzte, überlebensgroße Tiergruppe: Hase, Igel, Eule, Eidechse und Schnecke in schöner Eintracht. Daneben Tische, Bänke, Grillstelle. Ein idyllischer Rastplatz auf dem ehemaligen Grenzstreifen. Ich packe Wurst, Brot und Wasser aus und warte auf das Auto, aus dem Günter Wallraff steigen soll.

Es ist gegen elf Uhr, und nur ein Bus von »Kimmel-Reisen« aus Züntersbach steht auf dem Parkplatz. Die Touristen spazieren zum Museumseingang. Der Fahrer läuft zum Bus zurück, denn das Grenzmuseum hat er schon dreimal gesehen. Er will hinüber nach Hessen zum ehemaligen Stützpunkt des 11. US-Panzerregiments (mit Vietnam-Erfahrung). »Dort kochen die zwei Frauen einen guten Kaffee.«

Von den Armeen der Nato und des Warschauer Paktes, die

sich bei »Point Alpha« hochgerüstet gegenüberstanden und Jahrzehnte auf den gegnerischen Angriff warteten, weiß er nichts.

»Armeen? Bei uns im Westen? Nee! Hier haben lediglich die Kommunisten einen Zaun quer durch Deutschland gezogen. Einen Todeszaun, die Ursache für alles Schreckliche.«

Ein lang aufgeschossener Museumsführer erklärt der Reisegesellschaft die Geschichte der Grenze. Einer ruft: »Habt ihr auch noch ein paar Russen ausgestellt?« Gelächter. Als der Museumsführer berichtet, daß die »Point Alpha«-Kasernen nach dem Abzug der Amerikaner als hessisches Asylbewerberheim – »war ja noch Stacheldraht drum herum und lag weit außerhalb der Ortschaft« – genutzt und in zwei Jahren von den Ausländern völlig runtergewirtschaftet worden seien, erhält er zustimmendes Gemurmel.

Ein zweiter Bus hält. Aus ihm steigen hauptsächlich Frauen, eine Fitneß-Gruppe aus Gönnern. Ich frage, wo Gönnern liegt. Bei Marburg, ob ich Timo Boll nicht kennen würde, den Tischtennisweltmeister. Sie sind beleidigt, daß ich nichts von Timo Boll und Gönnern weiß, und eine der Frauen sagt, daß es noch lange dauern wird mit der Einheit, wenn die Ostdeutschen noch nicht einmal Timo Boll kennen. Ich frage sie nicht nach Margit Schumann.

Aus dem Auto des Fotografen, der mich manchmal auf der Grenzgängertour begleitet, steigt Günter Wallraff aus. Schlank und sehnig sieht er aus, faltig und abgehärmt wie ein Heiliger. Er tänzelt sofort unruhig wie ein Rennpferd vor dem Start hin und her. Fragt, wo die ehemalige Demarkationslinie verlief. Bisher hat er sie nur in Berlin gesehen. Er will gleich loslaufen, ich aber sage: »Iß erst mal was! Es wird ein langer Tag, und schau dir das Grenzmuseum an.« Er kostet von der Thüringer Wurst, lobt sie und holt dann Äpfel und Bananen aus seinem Rucksack.

Im Grenzmuseum stehen die üblichen als Grenzer verkleideten Modepuppen nicht in Hab-acht-Stellung. Sie sind arrangiert, als ob sie aus einem LKW steigen, Streife laufen oder den Betrachter mit dem Fernglas beobachten würden. Stacheldrahtzäune, Schranken, Sperrgräben, Grenzabfertigungshäuschen, Kommandeursstube mit Honecker-Bild, Autos der Grenzer. Dazwischen Bäume und Berge aus Pappmaché. Disneyland der Grenze.

In einer Ecke plätschert Wasser. Steine liegen darin, drum herum stehen Pflanzen und ein Hinweis, daß im Grenzfluß Ulster noch acht Fischarten, die auf der »Roten Liste« sind, leben. Diese Naturidylle, erzählt ein Geisaer, ist das Zugeständnis an die hiesigen Naturschützer gewesen, die die Baugenehmigung für das Museum am Naturschutzgebiet nur unter der Bedingung unterschrieben, daß sie mit ihren »Grünes Band«-Projekten an der Grenze auch im Museum vertreten sind.

Wallraff entdeckt zwischen den militärischen Zeugnissen der deutsch-deutschen Vergangenheit Bekanntes. Auf einer Tafel steht ein Zitat von Wolf Biermann, den er nach der DDR-Ausbürgerung aufgenommen hatte, womit er sich bei Erich Honecker unbeliebt machte: »Ich möchte am liebsten weg sein / und bleibe am liebsten hier.«

Vom Museum laufen wir auf dem Kolonnenweg in Richtung des ehemaligen US-Stützpunktes. Links stehen Originalteile der DDR-Grenzanlagen, auch der bei Kleingärtnern und Bauern nach der Grenzöffnung heißbegehrte rostfreie Streckmetallzaun. Man baute sich daraus Umfriedungen für Misthaufen und Zäune gegen Wildverbiß. Vom Plastik-Grenzhund, der an einer Laufleine hängt, wurden als Souvenir immer nur die Ohren geklaut. Jetzt sind sie aus nicht abbrechbarem Material.

Günter schreibt auf: »Nur die besten deutschen Schäferhunde überlebten die schreckliche Tortur, jahrelang bei Hitze und Frost angebunden an der Grenze entlangzulaufen. Von diesen wählten die Züchter wiederum nur die härtesten für die nächste Generation aus. Ausgerechnet diese widerstandsfähigsten und schärfsten Grenzhunde kauften nach der Wende amerikanische Züchter. Wo werden die deutsch-amerikanischen Schäferhunde heute eingesetzt? Vielleicht an der mexikanischen Grenze?«

Zwischen den Grenzbeobachtungstürmen Ost und West steht auf hessischer Seite ein großes Birkenkreuz neben einer Erklärung, daß hier am 12. Januar 1976 zwei Männer über die Grenze flüchten wollten. Einer davon sei getötet worden. Die Junge Union im hessischen Rasdorf ließ das Kreuz errichten und legte jährlich am Sterbetag Blumen nieder. Bei der Grenzöffnung erfuhr der in Geismar Lebende, daß er schon vor dreizehn Jahren getötet worden war. Nachdem er im Rasdorfer Gemeindeamt bewiesen hatte, daß er noch lebt, wandelte die Junge Union das Birkenkreuz in ein Mahnmal für alle Toten an der Grenze um.

Obwohl ich zu bedenken gebe, daß wir nach Geismar und zurück vierzehn Kilometer laufen müßten, will Günter sofort den »Toten« suchen. Weil er jedoch immerzu wegen Einladungsformalitäten für eine Tschetschenienreise angerufen wird, vergißt er es wieder. Er muß organisieren. Und einen Kaffee trinken.

In der ehemaligen amerikanischen Kaserne kann sich der Besucher zuerst die Modelle einer angreifenden Panzerarmee aus dem Osten – »Aber hier in den Rhönbergen hätte nie eine Panzerarmee operiert«, sagt ein Betrachter – und der Verteidigungstruppen im Westen anschauen und sich danach bei Kaffee, Eis, Bier und einem Imbiß stärken. Zwei Frauen kochen, bedienen und spülen das Geschirr. Weil im thüringischen Grenzmuseum die Frau an der Museumskasse und ihre Chefin aus Thüringen kommen, nehme ich an, daß es bei den Amerikanern zwei Frauen aus Hessen sind. Aber auch diese Kantinenfrauen wohnen in Thüringen, die dunkelblonde aus Geisa arbeitet schon länger hier, die schwarzhaarige aus Buttlar erst seit einigen Wochen.

Der Eislieferant kommt. Ich stapele mit der dunkelblonden Frau das Eis in die Gefriertruhe.

»Wissen Sie«, sagt sie, »das ist keine Gaststätte im üblichen Sinne. In einer Gaststätte wollen die Leute essen und trinken. Hier suchen sie nach Menschen, mit denen sie über die Vergangenheit reden können. Über ihren Versuch zu fliehen oder die jahrelange Trennung von den Verwandten. Über die Freude nach der Grenzöffnung. Einige weinen. Zu denen setze ich mich manchmal und versuche sie zu trösten.« Elvira Velten ist Meisterin der Tierproduktion und war Bereichsleiterin Ökonomie in einer LPG. Danach arbeitete sie bei McDonald's im hessischen Hünfeld.

Sie weiß nicht, ob mehr Besucher aus dem Osten oder aus dem Westen kommen. »Man merkt nur, daß die Ostdeutschen oft nachdenklicher, bedrückter sind und die Westdeutschen einfach nur neugierig.« Außerdem hätten die im Westen, was die deutsche Nachkriegsgeschichte betrifft, in der Schule wohl sehr wenig gelernt. »Die reden von Reparationen, die sie im Gegensatz zu den Ostdeutschen an die Siegermächte bezahlen mußten. Ich erzähle ihnen dann, wie in den Kalibetrieben im Osten die Gleise herausgerissen worden sind und die Maschinen aus den umliegenden Betrieben in die Sowjetunion transportiert wurden. Die Westdeutschen können mir keine Beispiele nennen. Weil der BRD im Gegensatz zur DDR die Reparationen erlassen worden sind. Außerdem glauben die meisten westdeutschen Besucher, daß nur die Russen und die DDR schuld an der deutschen Teilung haben. Von den historischen Abkommen in Jalta und Potsdam zur Aufteilung Deutschlands unter den Alliierten haben sie im Geschichtsunterricht anscheinend nichts gehört.«

Für Monika Reinhard ist die Arbeit in der Kantine der ehemaligen US-Kaserne kein Neuland. Sie hat Köchin gelernt und sechzehn Jahre lang in den Kasernen von Buttlar und Sünna für die Grenzer gekocht. Es sei eine gute Arbeit gewesen. »Die Jungs – viele gerade achtzehn Jahre alt – waren dankbar, wenn es wie bei Mutter zu Hause schmeckte. Am liebsten aßen sie meine Hefeklöße. An zweiter Stelle Schnitzel.«

Als die Grenze geöffnet und die Kaserne geschlossen wurde, stellte sich Monika Reinhard neben dem Beobachtungsturm auf die Grenze und verkaufte an der B 84 heiße Bockwürste. »Jetzt arbeite ich also wieder an der ehemaligen Grenze, aber auf der anderen Seite! Wenn ich damals beim Hefeklößekochen gesagt hätte: ›Jungs, in fünfzehn Jahren serviere ich in einer ehemaligen US-Kaserne‹, hätte man mich entweder in den Bau oder in die Klapsmühle gesteckt.«

Ihr Mann, früher in der PGH Elektrik in Vacha, besitzt inzwischen eine Kfz-Reparaturwerkstatt mit Autohaus in Buttlar.

Nach »Point Alpha« beginnt Günter bei den Anstiegen schneller zu laufen. »Ein gutes Konditionstraining hier an der Grenze«, sagt der Marathonläufer, und ich versuche sein Tempo zu drosseln, indem ich ihm die weite Landschaft der Rhön zeige. Aber er bleibt nur für Sekunden stehen und läuft erst gemessener, als er über die Grenze redet.

»Hätten die Grenzer nicht einfach daneben oder in die Luft schießen können, wenn einer flüchtete? Sie wären nicht eingesperrt worden, wenn sie ihn nicht getroffen hätten. Mußten sie Befehlen gehorchen? Nein. In Wirklichkeit war es Feigheit vor dem kleinen Risiko oder Beförderungssucht, die Bange, sich bei den Vorgesetzten unbeliebt zu machen, die Chance, ausgezeichnet zu werden, Sonderurlaub zu erhalten … Denn der Staat belobigte Unmenschlichkeit an der Grenze. Was sind nicht schon alles für Verbrechen mit Befehlsnotstand gerechtfertigt worden. Und was werden ›unsere‹ Grenzschützer machen, wenn sie auf die Ärmsten der Armen, die aus Afrika und Asien über die Grenze in unsere ›Wohlstandsländer‹ fliehen wollen, schießen sollen?«

Zwischen Elektrodrähten eingepferchte Rhönschafe mit schwarzen Köpfen blöken, als wir vorbeimarschieren. Wir queren die B 84 und müßten vom Grenzbeobachtungsturm, an dem Monika Reinhards Imbißwagen stand, nur noch zwei Kilometer bis Buttlar laufen. Aber Günter meint, ein Stück sei heute noch zu schaffen.

Anstelle des Kolonnenweges gibt es hier steile Geröllstrecken, auf denen wir uns beim Abstieg aneinander festhalten. Auch unten im Tal vor Wenigentaft finden wir den Gitterplattenweg der Grenze nicht, laufen nach Gefühl, und Günter sagt, daß man für solch eine Tour Karte und Kompaß mitnehmen müßte. Aber er hat noch nicht einmal einen wasserdichten Umhang im Rucksack. Es regnet unaufhörlich. Wir schlagen uns durch Hecken und Unterholz.

Als wir mühsam einen Bach überquert haben, öffnet sich sein Rucksack, und die Utensilien fallen zwar nicht ins Wasser, aber in den mit Brennesseln bewachsenen Morast. Da höre ich ihn zum erstenmal pfeifen. Später, als er immer nasser wird und zu frieren beginnt, pfeift er wieder, keine Melodie, sondern nur einen Ton – Luft ablassen mit gespitzten Lippen.

Endlich finden wir ein altes, teilweise renoviertes Gehöft im Wiesengrund. Leider ist es menschenleer. Weiter oben auf einer Straße hält ein Auto. Der Mann mit Schlips und Anzug, die Frau in einem schönen Kleid. Theaterbesucher aus Thüringen. Sie lachen über unseren Irrweg. Unten am Gehöft wären wir an der Grenze gewesen.

»Das ist die alte Buchenmühle. Sie war seinerzeit auf der hessisch-thüringischen Grenze gebaut worden. Nach dem Krieg gehörte ein Teil zur DDR und der andere zur Bundesrepublik. Die DDR hat 1961 ihren Teil abgerissen.« Dann sagt der Mann zu uns verdreckten und pudelnassen Gestalten: »Steigt ein« und fährt uns, obwohl er es wegen des Theaters eilig hat, bis zum Gasthof »Goldener Stern« in das hessische Soisdorf. Günter schreibt auf: »Ostdeutsche an der ehemaligen Demarkationslinie sind hilfsbereit.«

Das Gasthaus ist ein schöner alter, bäuerlicher Fachwerkhof mit vielen Blumen vor dem Eingang. Leider hat es heute

Ruhetag. Aber der große Biergarten ist überdacht, Flaschen mit Bier und Saft stehen auf den Tischen, und eine Lederjacke hängt noch über einem Stuhl. Also setzen wir uns. Günter packt Bananen und Schokolade aus, aber wir frieren ohne Kaffee. An der Wand hängen zwei Tafeln mit Bildern von herkömmlichen und seltenen Fisch- und Muschelarten. Sie werden geliefert von »Rungis Express«, dem »Ferrari unter den Lebensmittellieferanten«, wie Günter sagt.

Nach zehn Minuten kommt ein Mann aus dem Regen. Er ist der Bruder des Wirtes und holt dessen junge Frau. Sie lächelt freundlich, stellt sich als Susi – »Aber die Gäste sagen Sissi zu mir.« – vor, bringt eine Thermoskanne Kaffee mit vier Tassen und setzt sich zu uns.

Günter schreibt auf: »Kann es sein, daß die Menschen, die im Grenzgebiet leben mußten, gleich, ob im Osten oder Westen, Besucher freundlicher empfangen als anderswo? Die Menschen von hüben und drüben singen auch wieder gemeinsam in Chören. Sie pflegen wie früher alte verwandtschaftliche Kontakte.«

Sissi erzählt, daß die Gaststätte genau zweihundertundneun Jahre alt ist. Sie sei schon immer ein Treffpunkt der Thüringer und Hessen gewesen. Die schlechtesten Jahre hat der »Goldene Stern« nach dem Krieg erlebt. »Plötzlich waren wir am Rande der Welt, und die Einheimischen betranken sich manchmal, weil sie eben am Rande der Welt lebten.« Seit 1990 gehört der Grenzort nun wieder zum Mittelpunkt. »Etwa die Hälfte unserer Stammgäste sind Thüringer. Als sie zum erstenmal kamen und zur Begrüßung auf jeden Tisch klopften, dachte ich, daß die jemand anmachen wollen. Inzwischen klopfen aber unsere Leute auch auf den Tisch. Wir sind lernfähig.«

Die Ostdeutschen würden sich seltener etwas gönnen. Für die sei ein Essen in der Gaststätte immer noch ein nicht alltägliches Erlebnis. Man lebt wieder freundschaftlich wie vor dem Krieg zusammen. Nur die Ungerechtigkeit mit der Rente, die verärgert viele. »Die haben drüben in der Woche vielleicht zweimal in der LPG 'ne Kuh gemolken und kriegen nun über tausend Euro Rente. Und mußten sich nicht mit den Kindern rumplagen. Hatten ja Kinderkrippen, und Abtreibung war erlaubt. 1990 sind Frauen von hier wegen einer Schwangerschaftsunterbrechung rüber, und wenn sie zurückkamen, waren sie nach unserem Recht straffällig geworden.«

Inzwischen ist auch ihr Mann Gernot gekommen. Er ist groß und kräftig, aber er sieht nur noch auf einem Auge, denn als Kind ist er mit dem Messer abgerutscht, als er eine Schnur abschneiden wollte. Er ist, sagt er, von klein auf an Abenteuer gewöhnt. Man sieht es an der Speisekarte. In der Soisdorfer Gaststätte gibt es nicht nur gebackene Auberginen, sondern auch Nachos, Burritos und Papayas. Mit sechzehn hat er in Fulda Koch gelernt. Mit neunzehn ging er auf die Bermudas. Dann Mexiko, Australien, Kalifornien. Mit siebenundzwanzig Jahren kam er mit der in Las Vegas geheirateten Apachin Josefine Lopez in das elterliche Gasthaus zurück nach Soisdorf. Die mexikanische Indianerin hielt es allerdings nur drei Monate in dem hessischen Dorf aus, und ein Jahr später heiratete er Sissi. Wir erzählen von unserem kleinen Abenteuer, dem Irrmarsch durch den Regen und daß wir im Tal, ohne es zu wissen, an der Buchenmühle schon vor der Grenze standen.

Das Gehöft bauen sich Leute aus Frankfurt als Refugium aus, sagt der Wirt. »Der frühere hessische Besitzer der Buchenmühle hat oben in Grüsselbach wieder gebaut. Vor drei Wochen, genau am 17. Juni, brannte sein Schweinestall. Heute sitzt er wahrscheinlich drüben in Wenigentaft im Dorfkrug.«

Gernot bekommt von Sissi »auf drei oder vier oder fünf Bier« frei. An seinem Ruhetag geht der hessische Gastwirt in die Thüringer Nachbarkneipe. Neben der Theke hängt ein Spruch: »Es ist besser, ein eckiges Etwas als ein rundes Nichts zu sein.« Wir klopfen auf die Tische, werden zwar neugierig beäugt, aber nachdem uns Gernot dem »Buchenmüller« vorgestellt hat, kommt »Freibier für die Fremden«.

Der Buchenmüller Karl Heller ist klein und nicht sehr kräftig, er trägt einen Seidenschal. Sein Tischnachbar dagegen ist ein Hüne. »Über fünfzig Jahre Maurer gewesen, bis 1989, dann habe ich noch fünf Jahre das gemacht, was ich im Arbeiter-und-Bauern-Staat nicht war: Bürgermeister.«

Ich frage, ob es stimmt, daß die Buchenmühle zu einer Hälfte im Osten und zur anderen Hälfte im Westen lag.

»An der Ostseite stand die Hausnummer Wenigentaft 25 und an der Westseite Soisdorf 48. Opa hat dort noch mit den Russen in der Küche gesessen und Wodka getrunken.« Karl Heller hat, nachdem Wenigentaft 25 abgerissen worden war, Soisdorf 48 nur noch als Wirtschaftsgebäude genutzt. »Aber immer mit der Grenze gelebt. 1983 beispielsweise, als die Taft alle Grenzwiesen überschwemmte, trieb mein Heu in die Grenzsperren. Da haben die drüben Doppelposten aufgestellt.«

Gott sei Dank sei das vorbei. Noch ein Bier? Dann erzählt er die Geschichte vom 17. Juni und seinem Schweinestall. »Um neun Uhr brannte es. Irgendein Lüfter war heißgelaufen. Aber auf der Straße neben dem Stall sollte Helmut Kohl zur Veranstaltung nach ›Point Alpha‹ fahren. Und nun also Rauch wie nach 'ner Explosion. So schnell konnte man gar nicht gucken, wie die Sicherheitsleute, die Polizisten und die Feuerwehr – es hätte ja ein Terroranschlag sein können – bei mir waren. Wenn man so will, hat Kohl meine fünfundvierzig Muttersäue und die zweihundert Ferkel gerettet.«

Am Nachbartisch weiß einer, daß die Hubschrauber bereits einen Tag zuvor den Sturzflug auf das Festgelände geübt hatten, für alle Fälle.

Günter unterhält sich mit einem Mann, der an seinem sechzehnten Geburtstag in den Westen geflüchtet ist. Dessen Bruder Martin Keilwerth blieb hier, obwohl auch er 1988, als er am Grenzfluß ausgebrochene Kühe einfangen mußte, die Chance zur Flucht gehabt hätte. Er wollte damals heiraten, und der Posten sagte zu ihm: »Jetzt kannste noch springen, wenn du sie nicht heiraten willst.« Er sprang nicht und lag als Soldat im Oktober 1989 bei der Montagsdemo »mit Kaschi, aber ohne einen Schuß Munition« hinter einer Hecke am Leipziger Hauptpostamt.

Der Monolog von Josef Keilwerth, wie ihn Günter Wallraff aufgeschrieben hat: »Einen Grund rüberzugehen, hatte ich eigentlich keinen. 1969 – da war ich fünfzehn – hatte ich schon fünfmal die Grenze gewechselt. Wir hatten private Landwirtschaft und vier Kühe, die mußten auf die Weide. Ich hatte sie an der Leine, und es ging immer vom Buchenberg runter zum Rabental, da war die Grenze ganz nah. Ich hatte genau beobachtet, wann die Grenzpatrouillen kamen: um 14 und um 16.30 Uhr. Dazwischen mußte ich rüber und zurück. Bin durch das Flüßchen, den Mansbach, vorsichtig den Draht mit der Hand hochgehoben, im Gebüsch versteckt und weitergekrochen. Lief dann bis vor das erste Haus im Westen, traute mich aber nicht rein. Könntest jetzt eigentlich drüben bleiben, sagte ich mir, dann hab ich aber wieder die Kühe gesehen und dachte, ich kann die nicht allein lassen. Mein Vater arbeitete im Kalibergwerk. Ich hätte das jeden Tag machen können, denn die Patrouillen waren so pünktlich, daß man die Uhr danach stellen konnte. 1970 waren plötzlich die Schäferhunde da, sechs oder sieben Stück. Da war mir klar, du kommst nicht mehr so leicht zurück. Und diesmal hatte ich einen Grund: Ich hatte mich mit dem Sohn vom Dorfpolizisten geschlagen und ihn als ›verdammtes Kommunistenschwein!‹ beschimpft. Deswegen bekam ich große Schwierigkeiten in der Schule und wurde von der Stasi verhört. Keiner wußte von meinem Plan. Ich bin also am 23. 8., an meinem sechzehnten Geburtstag, in die Ulster gestiegen und über einen Kilometer geschwommen, Hunde können einen im Wasser ja nicht riechen. Im Westen bin ich sechs bis sieben Kilometer nach Mansbach hochgelaufen. Ohne Schuhe und Strümpfe und total naß, habe ich mich dort in der Gastwirtschaft gemeldet. Der Wirt gab mir erst mal trockene Sachen. Noch in der

Nacht mußte ich dann mit dem Grenzschutz zurück, denn sie wollten mit Suchscheinwerfern die Stelle sehen, wo ich unterm Zaun durchgekrochen war, an den SM-70-Sprengminen vorbei. Dann von den Amerikanern verhört. Im Notaufnahmelager Gießen stand ein großer Holztisch. Alle, die ›rübergemacht‹ waren, hatten da ihre Namen eingeritzt, weit über hundert. Ich habe eine Lehre als Werkzeugmacher beendet und wurde zur Kampftruppenschule nach Hammelburg eingezogen und zum Ranger ausgebildet. Man glaubte meinen Eltern anfangs nicht, daß sie von meinem Plan nichts gewußt hatten. Sie mußten mir einen Brief schreiben, daß ich nichts zu befürchten hätte, wenn ich freiwillig zurückkäme. Aber eine Verwandte ließ mir über Umwege ausrichten, daß das eine Falle sei. Seit fünfunddreißig Jahren arbeite ich jetzt bei ›Wella‹ als Techniker. Ich habe geheiratet, zwei Söhne von neunundzwanzig und vierundzwanzig Jahren und ein Drei-Familien-Haus gebaut. Als ich 1987 meine Familie wiedersah, sagte meine Schwester, die 1967 geboren ist, ›Onkel‹ zu mir.«

Spätabends sind wir in Buttlar. Das erste Haus links ist das große, teilweise gläserne Autohaus von Monika Reinhards Mann. Drei Häuser weiter finden wir das Hotel »Zum Schwarzen Adler«.

Von einer Ost-West-Grenzdorf-Wette, volkseigenen Elektroschaltungen für den Leo-Panzer und einem nur auf der Toilette rauchenden polnischen Pfarrer

Der Wirt hat seinen dicken Schnauzbart an den Seiten kunstvoll wie ein k. u. k. Offizier in die Höhe gezwirbelt. »Er gefällt meiner Frau. Wenn ich ihr drohen will, muß ich nur sagen: ›Ich nehm' ihn mir ab, wenn du nicht …‹«

Ich frage, ob er Österreicher oder Bayer ist.

Keins von beiden, er stammt aus dem Berliner Osten, hat als Schweißer gearbeitet und ist 1978 zu seiner Frau nach Bernshausen gezogen. »Die hatte dort eine Gaststätte, und seitdem bin ich Gastronom mit Leib und Seele.«

Nach Buttlar in den »Schwarzen Adler« kam er vom »Ratskeller« in Möhrenbach bei Ilmenau. »Von dort hat uns die alte neue Obrigkeit vertrieben. Es sind nicht unbedingt die Wessis, die die Ostdeutschen kaputtmachen. Das erledigen wir inzwischen schon untereinander.«

Obwohl bald Nachtruhe ist, kocht uns seine Frau noch ein aufwendiges Essen. Für Günter eine Gemüseplatte. Für mich Folienkartoffel und Rumpsteak.

Sie kocht gut. »Wir hatten im Möhrenbacher ›Ratskeller‹ Gäste aus Ilmenau, Sonneberg, Arnstadt und Erfurt. Immer ein volles Haus. Aber der Bürgermeister – vor der Wende SED und danach SPD – war uns nicht wohlgesonnen.« Schließlich hätte der ihnen die Miete so extrem erhöht, daß sie kündigen mußten. Das sei allerdings nichts Ungewöhnliches. »In Thüringen gab es mal sehr, sehr viele ›Ratskeller‹. Aber weil die Besitzer, also die Kommunen, mit der Miete für die ›Ratskeller‹ ihre Haushaltslöcher stopfen wollten, haben immer mehr Pächter aufgegeben. Inzwischen kann man die ›Ratskeller‹ in Thüringen an einer Hand abzählen.«

Er hat den Möhrenbacher Bürgermeister gefragt, ob er wenigstens die sechshundert Gläser – »Zur Gaststätte gehörte auch ein dreihundertfünfzig Quadratmeter großer Saal.« – in der Gaststätte lassen soll. »Doch der verlangte den ›Urzustand‹. Da habe ich die Flex genommen und alles rausgeschnitten, was ich reingebaut hatte, sogar die Heizkörper.« Nun steht der »Ratskeller« in Möhrenbach leer. Christel und Jürgen Wojtiniak haben inzwischen den »Schwarzen Adler« vergrößert. »An diesem Wochenende kommt ein Bus mit Frauen aus Möhrenbach. Die fahren einhundert Kilometer, um bei ihrem ehemaligen Wirt essen und trinken zu können. Da kann man doch froh sein?«

Günter schreibt auf: »An den Gastwirten hier merkt man, daß es die DDR wirklich nicht mehr gibt. Ich erinnere mich gut, daß ich in der DDR wie ein unerwünschter Bittsteller im Kasernenton abgewiesen worden bin. Heute der Gastwirt hier: freundlich, zuvorkommend, aber nicht kriecherisch, sondern selbstbewußt.«

Wir schlafen gut in dem vor über zweihundert Jahren als Posthalterei gebauten »Schwarzen Adler«, in dem (wie sollte es in einem alten Thüringer Gasthaus anders sein) auch Napoleon und Goethe zu Gast waren.

Am Morgen regnet es immer noch. Jürgen Wojtiniak, der gutes Wetter vorausgesagt hatte, biegt die Enden seines Schnurbartes noch höher und holt für Günter eine gelbe wasserdichte Ostfriesenjacke.

Wegen des Wetters sollten wir beim Pfarrer vorbeigehen, meint er spaßeshalber. »Die Leute hier sind stränggläubig, und der Pfarrer ist ein polnischer Katholik. Vielleicht, daß er ein Wunder vollbringen kann.«

Günter ist begeistert. Er hatte für sein Buch »Ganz unten« als »Türke Ali« viele katholische Pfarrer vergeblich gebeten, zu ihrem Glauben überwechseln zu dürfen. Lediglich ein Pfarrer der Solidarność erhörte ihn.

Der polnische Pfarrer Jan Kozaczka predigt erst seit 2003 in Buttlar und Wenigentaft, aber schon vierundzwanzig Jahre in Deutschland. Er hatte seinen Bischof in Gdynia kritisiert, daß er im Glauben noch nicht erprobte junge Pfarrer in große Gemeinden berief.

»Weil es in Polen zu viele katholische Pfarrer gibt und hier zu wenige, bin ich nach Deutschland.« Er war fünf Jahre lang für alle polnischen Umsiedler zwischen Eschwege, Hanau und Fulda verantwortlich.

Günter fragt nach Unterschieden zwischen seiner Arbeit im Westen und im Osten, in Buttlar.

Nun, auch Polen sei für lange Zeit nicht nur zwei-, sondern

dreigeteilt gewesen. »Im Osten russisch, in der Mitte österreichisch und im Westen deutsch, also preußisch. In Ostpolen sind die Menschen offen und gastfreundlich. In Westpolen dagegen ist man verschlossener. Wie die Häuser: Zaun drum – das ist mein Reich.«

So ist es auch in den westdeutschen Gemeinden gewesen. Selbst als sie ihn nach langer Zeit anerkannt hätten, konnte er nicht einfach klingeln und unangemeldet um ein Gespräch bitten. Da mußte man zuvor einen Termin vereinbaren.

»Hier in Buttlar dagegen, vielleicht weil sie so lange eingesperrt waren … Also ich kam hier an, ein Fremder und noch dazu ein Ausländer. Aber sie sagten sofort: ›Wir freuen uns auf Sie.‹ Also ich sage es mal so: Ich stelle mich vor das Pfarrhaus und pfeife, und die Leute fragen sofort: ›Können wir Ihnen helfen, Herr Pfarrer?‹«

Die jungen Leute von Buttlar und Wenigentaft haben vor einigen Wochen nur für ein »Vergelt's Gott« die Michaeliskapelle oben auf dem Berg erneuert.

»In Buttlar und Wenigentaft sind mindestens neunzig, wenn nicht gar fünfundneunzig Prozent Katholiken. Wir haben nur noch fünf Prozent Evangelische und Ungläubige«, ergänzt seine Sekretärin, die sich sonst bescheiden zurückhält.

»Aber wurden sie in der DDR auch hier zur Jugendweihe gezwungen?« fragt Günter.

»Man hat es versucht, aber mehr als zwei bis drei im Jahr haben sich nicht breitschlagen lassen«, sagt sie.

Ich frage den Pfarrer, ob die Menschen in Ost- und Westdeutschland und in Polen andere Sünden begehen.

»Nein«, sagt der Pfarrer, der mit seinem gelichteten Haar und dem Vollbart wie eine Mischung zwischen Heiliger und Seemann aussieht, »wenn in Polen oder im Westen oder im Osten von Deutschland einer lügt, bleibt es überall immer eine Lüge.« Allerdings würde der Begriff der Sünde in Deutschland bürokratischer ausgelegt. »Es ist ein Land der Gesetze und Verordnungen, auch in der Kirche. Wenn man Karfreitag ein Ei ißt, dann ist das noch keine Sünde, aber ein Ei und noch ein Viertel Ei dazu, das ist schon eine Sünde.«

Dafür würden aber die Sünden selbst anders behandelt. »Wenn in Deutschland ein katholischer Politiker lügt, dann lügt er eben. Geht am Sonntag in die Kirche und lügt am Montag im Parlament wieder. In anderen Ländern dagegen sagt man: ›Solange du die Menschen derart belügst, wird dir Gott nicht vergeben, also ändere dich gefälligst erst ...‹«

Günter fragt nach der Sexualität als Sünde. Man solle sexuelle Freiheiten nicht propagieren, meint der Pfarrer. Dann müßte man nämlich auch die sexuelle Freiheit bei Kindesmißbrauch tolerieren. »Wenn der Mensch die Sexualität von Anfang an auslebt und sie nicht erzieht, bleibt er ein Leben lang auf einem sehr niedrigen geistigen Niveau stehen.« Es mangele in Deutschland auch wegen fehlender sexueller Verantwortung an politischen Persönlichkeiten. »Die letzte war wohl Franz Josef Strauß.«

Da wird Günter laut und heftig. »Das war ein Freund faschistischer Diktatoren und obendrein einer der größten Hurenböcke der Nation, der hat sich zum Beispiel in New York von Prostituierten die Brieftasche klauen lassen ... Nee, wenn schon einer genannt wird, der seinen christlichen Glauben lebt und auch sozial dafür arbeitet, dann Norbert Blüm.«

Ich lenke ab und frage den Pfarrer, ob er, wenn er in vier Jahren, mit fünfundsechzig, aufhört, nach Polen zurückgehen oder in Buttlar bleiben wird.

»Oh, wir Pfarrer müssen jetzt mindestens bis siebzig der Hirte der Gemeinde bleiben. Der Pfarrer in Philippsthal ist schon vierundachtzig. Die Kirche hat zu wenig Geld, als daß wir schon mit fünfundsechzig in Rente gehen können.« In Buttlar könne er dann leider nicht mehr bleiben, denn es sei schlecht, wenn der alte Pfarrer noch im Ort wohne und der neue schon auf der Kanzel predige.

Der Schluß des Gespräches, das in theologische Fragen abdriftet, gehört Günter und dem Pfarrer. »Nur Gott kann den

Menschen helfen, das Böse in sich zu überwinden und zum Guten zu verwandeln«, meint der Pfarrer.

Günter kontert: »Dann könnte man sagen, Gorbatschow wurde als Ungläubiger vom Heiligen Geist inspiriert, als er sich mit Reagan – der behauptet hatte, Gorbatschow regiere im Reich des Bösen – an einen Tisch setzte.«

Da unterbricht ihn der Pfarrer, sagt: »Ich bin hier nur ein Dorfpfarrer, kein theologischer Gelehrter, Herr Wallraff.« Und lacht wie ein Pole, wenn er auf dem Pferdemarkt ein gutes Geschäft gemacht hat.

Günter schreibt auf: »Vielleicht ist der Pfarrer, was die katholische Glaubenslehre betrifft, ein Hardliner, ein Fundamentalist. Aber als Mensch sehr warmherzig und vertrauenerweckend. Vielleicht hätte er einem verfolgten und in Deutschland malochenden Moslem die christliche Taufe gestattet ... Ich fühle mich bei Minderheiten meist wohler, die menschlicher, offener und kritischer sind als dort, wo sie als Mehrheit in einem Land Politik und öffentliches Leben bestimmen. Wie die Katholiken. In der ehemaligen DDR, wo sie eine sehr, sehr kleine Minderheit darstellten, hatten sie für mich ein sympathischeres Antlitz als in Bayern.«

Ich erinnere mich, warum uns der Wirt vom »Schwarzen Adler« hergeschickt hatte, und frage den Pfarrer, ob er wenigstens ein kleines Wunder vollbringen könne. Beispielsweise, den Regen zu stoppen. Nein, für Wunder sei er nicht zuständig.

Auf dem christlichen Abreißkalender im Büro steht heute ein Spruch von Peter Rosegger: »Große Dinge werden durch Mut errungen, größere durch Liebe, die größten durch Geduld.«

In seiner Toilette liegen neben einem vollen Aschenbecher eine Schachtel Zigaretten und ein Feuerzeug. »Damit ich nur noch auf der Toilette rauche«, sagt der Pfarrer.

Eine halbe Stunde später blaut der Himmel auf. Stolz präsentiere ich dem wunderungläubigen Günter ein kleines Bild vom neuen Papst auf einem Flyer, den ich mir beim Pfarrer in die Tasche gesteckt habe.

Als wir gestern nach Buttlar hineingelaufen sind, war der neue Autosalon vom Kfz-Meister Hermann Reinhard das erste Haus links. Nun, beim Hinausgehen, ist es das letzte rechts. Im Glasbau stehen zwei neue Škoda. Der Meister meint, daß er mit »Škoda« einen guten Griff getan hat. »Die Autos sind zuverlässig und preiswert. Die Marke kennen die Leute noch aus DDR-Zeiten.« Doch mehr würde er mit Reparaturen und dem Verkauf von Gebrauchtwagen verdienen. Das Geschäft ist hart, ein Händler unterbietet den anderen mit Preisnachlässen. »Manchmal verkauft man ein neues Auto nur ein paar Euro über dem Einkaufspreis. Aber«, er zeigt auf den Neubau, »aber das alles hier muß noch abbezahlt werden.«

Er ist jetzt vierundfünfzig. So als müsse er sich entschuldigen, daß er seine Frau, die eine Zeitlang im Autohaus gearbeitet hat, nicht mehr beschäftigt, sondern sie oben auf »Point Alpha« Kaffee ausschenkt, sagt er: »Ich mußte sie vor dem täglichen Auf und Ab des Geschäftes, vor dem Handeln, vor dem monatlichen Rechnen und Hoffen auf einigermaßen gute Umsätze schützen.«

Günter notiert: »Ostdeutsche Unternehmer und Handwerker mußten im Gegensatz zu den Westdeutschen, die zu guten Zeiten investiert hatten, Kredite aufnehmen, als es mit den Geschäften in Deutschland schon abwärtsging, und sie nun unter schwierigsten Bedingungen zurückzahlen.«

Nachdem die Grenze die Straße ins hessische Mansbach überquert hat, führt sie erst links hinauf, kehrt um und kommt rechts wieder herunter. Es war vorauszusehen, daß wir uns an dieser Stelle verlaufen. Und das Papstwunder wirkt nur einmal. Günter pfeift, und ich schimpfe. Wir laufen Hänge rauf und runter, bis wir scheinbar wieder in Buttlar sind. Günter erklärt mir, daß die Menschen schon seit Urzeiten, um als Jäger oder Sammler ihre Sippe wiederzufinden, genetisch so programmiert sind, daß sie, den Weg suchend, immer im Kreis laufen.

Aber der Kirchturm von Buttlar fehlt. Wir versuchen zu erraten, ob das vor uns liegende Dorf Ost oder West, Thüringen oder Hessen ist. Vor dem Ort steht eine Bank unter schattenspendenden Bäumen auf einer Steinplatte. Günter: »Das sind teure Natursteinplatten. Ein Westdorf.« Danach geteerte Wege in die Felder. Beide: »West.« Schließlich das erste Haus rechts. Keiner öffnet. Sehr viele Blumen vor dem Haus, aber die Tomaten nicht ausgegeizt. Ein sehr großes, buntes »Welcome«-Schild an der Tür. Günter: »West.« Ich: »Ost. Wir übertreffen euch inzwischen im Verleugnen der deutschen Sprache.« Kein Ortseingangsschild. Dafür links ein Gebäude inmitten von Brennesseln und Unkraut. Ziegelsteine fallen aus der Mauer. Das Dach stürzt teilweise ein. Günter: »Ost.« Ich: »Es sieht aber nicht wie ein ehemaliges LPG-Gebäude aus.«

Doch er: »Jede Wette! Das ist ein Ostdorf!«

Bevor wir die Wette abschließen, fährt ein Auto vorbei. Ich halte es an. Ein junger Mann sagt uns, daß wir in Siffig sind, in Hessen. »Im Westen.« Der Unterschied zwischen Ost und West ist nicht mehr so groß, meint er. Allerdings ist man früher so weit auch nicht auseinander gewesen. »Wenn wir bei der Bundeswehr den Leo-Panzer reparierten und die Elektroschaltung abmontierten, da stand unten drunter: ›VEB Carl Zeiss Jena‹.«

Martin Grusenick ist erst siebenunddreißig, aber schon invalidisiert. Zur Zeit lernt er in Siffig das Messerschmieden. Er wohnt im hessischen Oberbreitzbach. »Wenn Sie dort vorbeikommen, fragen Sie mal nach der im Probebetrieb laufenden Kläranlage. Im neugebauten Hotel scheißen über tausend Ärsche, im Dorf nur dreihundertachtzig. Aber wir zahlen zwei Drittel und der Hotelunternehmer nur ein Drittel. Außerdem haben die drüben im thüringischen Unterbreizbach auch eine neue, nicht ausgelastete Kläranlage. Da könnte unsere Scheiße runterlaufen. Aber wir müssen sie hier hochpumpen.«

Günter schreibt auf: »Ich hatte zuerst angenommen, daß dieser junge Mann von einer ostdeutschen Sozialisierung geprägt wäre, mit seinem Engagement für Gerechtigkeit ... Wahrscheinlich unterscheiden sich sozial engagierte junge Menschen in Ost und West kaum noch voneinander.«

Das erste Haus links in Oberbreitzbach ist noch kein Haus, sondern erst eine Baugrube. Der Bauherr wohnt schräg gegenüber: ein junger Mann, gerade von der Schicht gekommen. Für langes Reden hat er keine Zeit. Holger Herrmann arbeitet im hessischen Kaliwerk Hattdorf, wo er bis 1989 gelernt hat. »Aber nach der Lehre übernahmen sie uns nicht, was bisher kaum vorgekommen war. Wahrscheinlich wegen der Wende. Es wußte auch im Westen keiner, wie es weitergeht, ob die Kaliwerke im Osten unsere kaputtmachen werden.« Aber einige Jahre später wurde er bei dem inzwischen einzigen deutschen Kalibetrieb »Kali und Salz AG« eingestellt.

Für ihn ist alles gut gelaufen. Er weiß nicht, daß die »Mitteldeutsche Kali AG« (die DDR war noch vor der BRD der drittgrößte Kaliexporteur der Welt) nach der Wende zuerst von den westdeutschen »Kali und Salz«-Experten betreut wurde und daß dann mit Hilfe der Treuhand alle Thüringer Standorte, u. a. Merkers, Springen, Dorndorf und Bischofferode, geschlossen wurden. Nur Unterbreizbach blieb übrig. Er weiß auch nicht, daß mit der Fusion, das heißt der Einverleibung der Thüringer Kaliindustrie durch die hessische »Kali und Salz AG«, über 25 000 ostdeutsche Kalikumpel innerhalb von ein bis zwei Jahren und 1 700 westdeutsche innerhalb von fünf Jahren entlassen wurden. Und daß die Treuhand der »Kali und Salz AG« Fördermittel in Milliardenhöhe schenkte. Er weiß nur, daß die hochwertigen Thüringer Kalivorräte jetzt durch ein unterirdisches Verbundsystem von Hessen aus abgebaut und verarbeitet werden.

Ihm gehe es gut. »Sie sehen ja, ich baue ein Haus.« Er werde es zwar nicht so weit wie Peter August bringen, der mit nichts aus der DDR geflüchtet war und hier einen modernen Betrieb besitzt, in dem dreißig Beschäftigte Schaltkästen für Lackierstraßen in aller Welt herstellen. »So weit wie der Peter August werde ich es nicht bringen, aber ...«

Nur wenige Häuser entfernt finden wir die Firma von Peter August. Das Wohnhaus ist eingerüstet, die Klingel deshalb abmontiert. Die Tür verschlossen. Auch im Bürohaus ist er nicht zu finden. Die Mitarbeiter sagen verwirrt, daß sie nicht bemerkt haben, daß der Chef weggegangen ist. Auch seine Frau sitzt nicht am Arbeitsplatz. Das sei außergewöhnlich. »Sonst sagen sie Bescheid, wenn sie wegfahren. Seltsam, sehr seltsam.«

Günter meint, daß dieser Peter August ihn sehr interessiere. Vielleicht sollten wir morgen noch einmal nach Oberbreitzbach laufen.

Heute marschieren wir nach Unterbreizbach (ohne t!) hinüber und wollen von dort aus weiter nach Sünna bis ins Hotel.

Von einem schreienden Dino aus Beton, nach keltischer Art in Heu gedünstetem Fleisch und dem Psychotest auf der Brücke in Vacha

Doch wir gehen nicht schnurstracks durch Unterbreizbach, denn am ersten Haus links steht ein quittegelber Trabi! Im Hof drei Gartenzwerge und hinter den Gartenzwergen ein vielleicht fünf Meter langer und zweieinhalb Meter hoher Dinosaurier. Weil ich annehme, daß der gewaltige Tyrannosaurus Rex aus Pappmaché oder Plaste ist, fasse ich ihn sehr vorsichtig an. Aber die Riesenechse ist aus Beton. Der Hausherr freut sich über unsere Verblüffung. »Vierzehn Zentner Beton und sechzig Meter Moniereisen.« Falls uns die Geschichte der Entstehung interessiere, könnten wir einen Schluck mit ihm trinken. Er nimmt uns mit in einen als Bar-Bungalow und Abstellkammer genutzten garagenähnlichen Bau. »In der DDR lagerten hier mal hundertfünfzig Zentner Kohle, aber die brauchen wir jetzt nicht mehr.« Er holt Wein aus einer bauchigen Flasche. »Selbstgemachter Obstwein. Wahrscheinlich noch aus DDR-Zeiten.«

Die Geschichte vom Dinosaurier hat ihren Anfang in seiner eigenen Geschichte. Werner Schüssler hat nach einer Betriebsschlosserlehre in Unterbreizbach als Steiger im Kalischacht gearbeitet, ist Ingenieur geworden und war seit 1988 grubenuntauglich. »Dazumal wurde in so einem Fall für einen gesorgt. Ich bekam eine Stelle als Ausbilder in unserem Lehrbetrieb. Hundertachtzig Lehrlinge und fünfzehn Lehrmeister. Bis 1990, dann haben die von ›Kali und Salz‹ unsere verdammt gute Ausbildung geschlossen und nur noch in Hessen, in Hattorf, künftige Kalikumpel angelernt.«

Als er mit uns auf den Dino anstößt, verschüttet er etwas von dem dunklen Wein auf sein »Beach Paradise«-T-Shirt. Er hat noch eine ABM-Stelle bekommen, und danach, während die anderen arbeitslosen DDR-Kumpel wieder arbeiteten, nämlich ihre Fabriken und Fördertürme abrissen, hatte er Zeit für den Dino. »Ich kann sogar seine Augen leuchten lassen, und wenn ich den Ton anstelle, dann schreit er.«

Woher er wisse, wie ein Dino schreit. »Aus Filmen.«

»Als 89 die Westdeutschen rüberkamen und von Unterbreizbach zuerst mein Haus sahen, den Swimmingpool und alles andere, fragten mich welche, ob sie noch in Hessen sind.«

Inzwischen sei viel Zeit vergangen. Er traut den Politikern nicht mehr. »Die bescheißen das Volk und denken, das Volk ist so blöd und merkt es nicht. Ich habe bei der Armee unser diensthabendes System gesehen, unsere NVA-Flugabwehr, die gesamte hochmoderne Technik. Wo ist die denn hin? Das waren Milliardenwerte. All die Panzer? Flugzeuge? Verscherbelt. Die hat die Regierung verscherbelt, für Milliarden. So viel haben die an der Einheit verdient. Und das sagt keiner.«

Auch die Versprechen, den letzten Südthüringer Kalibetrieb in Unterbreizbach zu erhalten, seien vielleicht schon morgen nur noch einen Pfifferling wert. »Die fördern unser Kali, das angeblich so minderwertig war, daß sie deshalb unsere Gruben schließen mußten, von Hessen aus. Und jetzt ist es plötzlich Weltspitze.«

Er schimpft auf die Regierung und die Ungerechtigkeit, aber als er den Dinosaurier für uns schreien läßt – es klingt wie eine heisere Autohupe –, lacht er wieder.

In dem außerhalb von Sünna sehr beschaulich zwischen Wald und Wiesen gelegenen Hotel erwarten uns die nächsten Zeugen der Vergangenheit. Vor dem Hotel stehen keltische Hütten aus Rundholz und Balken, und der Chef des Hauses und die Bedienung tragen leinene Keltenhemden. Auf der Speisekarte stehen keltische Speisen wie in Heu gedünstetes Fleisch.

Der Senior-Chef Herbert Stütz (56) und seine Frau Annerose (54) haben das Haus 1996 erworben. Vor der Wende war es ein Kinderferienlager vom VEB Kabelwerk Vacha.

Weil hier auf dem Öchsenberg bei Ausgrabungen keltische Hausgeräte, Steinwälle und Schmuck gefunden wurden, versuchen sie in diesem Haus die 2500 Jahre alten keltischen Rituale zu pflegen. Die EU fördert das Projekt des Keltendorfs, und im Hotel feiert man mit den Gästen Lugnasad und Samhein.

Ich frage, woher man weiß, an welchen Tagen die rothaarigen Kelten damals ihre kultischen Feste gefeiert haben. Die seien durch die Nachfahren, die heute noch in Irland lebten, überliefert worden. »Das ist wie mit dem 8. März. Der wird in den fünf neuen Bundesländern oder dort, wohin ehemalige DDR-Bürger ausgewandert sind, auch in hundert Jahren noch gefeiert werden.«

Annerose und Herbert Stütz haben früher das Suhler Gästehaus der SED-Bezirksleitung auf dem Friedberg geleitet. In- und ausländische Politprominenz war dort zu Gast. Sie haben kein Problem, heute darüber zu sprechen. »Die DDR-Oberen waren mit Thüringer Klößen und Braten zufrieden. Die mußten nicht unbedingt französische Trüffel essen oder achtzig Jahre alten Wein trinken.« Im übrigen sei Erich Honecker der einzige aus dem Politbüro gewesen, der sich Kuchen mit dem Vorlagebesteck selber nehmen konnte. »Die anderen schafften das nicht, man mußte sie bedienen. Sindermann lehnte sogar das Fischbesteck ab, der aß die Forelle selbstbewußt und fröhlich mit Messer und Gabel.«

Mit den Fürsten hier im Bezirk hätten sie mehr Sorgen gehabt. »Beispielsweise verlangte die Schwiegermutter vom ersten Bezirkssekretär Hans Albrecht oft Bananen. Ausgerechnet Bananen, die es auch in unserem Haus nicht regelmäßig gab. Albrechts Persönlicher mußte zum Bezirkslager für Obst und Gemüse. Doch dort hingen die Bananen noch zum Reifen im Gasraum. Also hat sich der Persönliche so 'n Kondom übern Kopf gezogen und ist rein wegen der Bananen für Albrechts Schwiegermutter. So war das.«

Auch der Junior-Geschäftsführer Torsten (36) ist auf dem Suhler Friedberg groß geworden. Er wollte Trainer im Schießsportzentrum werden. Doch nach der Wende – »Zuvor hatten sie im Suhler Schießsportclub etwa ein Dutzend Trainer, jetzt nur noch einen.« – brach er sein Studium ab und begann mit seiner Frau bei den Eltern im Keltenhotel. Nun organisiert auch er Keltenwanderungen, Keltenfeuer und pflegt die rituellen Traditionen.

»Die Leute haben es angenommen. Sie kommen von weit her. Gaststätte und Hotel gehen gut.«

Selbst Günter schweigt einen Moment und genießt die keltischen Speisen.

Nach dem dritten Glas Rotwein reibe ich mir die Augen. Ein Mann, der in der Ecke sehr abseits an einem Tisch sitzt, steht auf und läuft durch den Gastraum. Er ist splitternackt. Ich reibe mir ein zweites Mal die Augen. Aber er bleibt splitternackt. Der schlanke, vielleicht fünfzig Jahre alte Mann grüßt freundlich, und die Chefs und die Kellner erwidern seinen Gruß ebenso freundlich. Günter murmelt etwas von keltischem Brauch. Doch die zwei Frauen am Tisch klären uns lachend auf, daß »dieser liebe Gast« schon viele Jahre zu ihnen kommt. »Immer nackt. Schon im Auto ist er nackt. Er kratzt sogar nackt die vereisten Fenster vom Auto frei.« Er habe vor einigen Jahren angefragt, ob er hier tageweise wohnen und sich nackt bewegen dürfe.

»Er ist nie anstößig. Manche Frauen gucken zwar neugierig und viele sogar zwei- oder dreimal genauer hin. Aber er zieht sich, wenn es stört, einen Bademantel an.«

Die dritte Frau jedoch, die an unserem Tisch sitzt, schimpft, daß so etwas nicht normal ist. Sie kann das nicht akzeptieren. Es gehört sich nicht. Sie hat ein paar Jahre lang im Keltenhotel gearbeitet.

»Evelyn war eine unserer Besten«, sagt die Chefin. Die aber läßt sich auch durch das ehrliche Lob nicht besänftigen. Ihr Mann lacht. Er hat sie kennengelernt, als er hier an der Grenze diente. Frank Strobel gehörte zu denen, die Grenzanlagen reparierten, die Signaldrähte und die Metallstreckzäune.

Günter fragt, ob es stimmt, daß die rostfreien Drähte und Zaunfelder für die Grenzanlagen in Westdeutschland produziert wurden und die DDR sie über Schweden eingekauft hat. Das weiß er nicht.

Seine Frau hat lange Zeit als Sekretärin im Gemeindebüro von Sünna gearbeitet. Vor der Wende war sie stellvertretende Bürgermeisterin. »Im Herbst 89 zogen die Demonstranten nach dem Kirchgang mit Kerzen durch das Dorf. Aber weil der Bürgermeister weit weg und wir gleich neben der Kirche wohnten, stellten sie die brennenden Kerzen eben bei mir, der stellvertretenden Bürgermeisterin, ab.« Ihr Mann arbeitet wie damals in dem Kalibetrieb Unterbreizbach. »Die hessische

Aktiengesellschaft macht nach flauen Verlustjahren jetzt, ohne die ostdeutsche Konkurrenz auf dem Weltmarkt, wieder ordentlich Gewinn.«

Ich frage, wie sie in der neuen Zeit, die mit den Kerzen vor ihrem Haus begonnen hat, heute leben.

Sie antwortet nicht, und er lacht wieder. »Na ja, zuerst hat uns der Waigel als Finanzminister sofort das Deputat, die monatlich zwei Liter Bergmannsschnaps, die wir in der DDR für drei Mark sechzig erhalten haben, gestrichen. Doch nach der Übernahme und Schließung der DDR-Kalibetriebe und der mit Fördergeldern finanzierten Modernisierung sind die Aktien von ›Kali und Salz‹ wieder ordentlich gestiegen. Wir als Betriebsangehörige konnten pro Jahr einen kleinen Anteil günstig kaufen. Aus achtzehn Euro wurden schon vierzig ...«

Der Abend endet mit Keltenfeuer: blau brennende Flammen auf hochprozentigem Schnaps.

Ich stehe zeitig auf, weil ich mit dem Nackten beim Frühstück reden will. Aber als ich um acht Uhr im Gastraum bin, steht er schon nackt, nur den Autoschlüssel und ein kleines Täschchen in der Hand, bei der Empfangsfrau. Die wünscht ihm eine gute Fahrt und ein baldiges Wiedersehen. Ich folge ihm zu seinem Auto, einem Cabriolet, und bitte um ein Gespräch mit einem Angezogenen. Er lächelt. Ich sage ihm, daß man aus der Nähe zuerst in seine sehr freundlichen, kindhaft strahlenden, staunenden Augen und nicht auf seine Nacktheit schaut. Er erklärt, daß er sich nicht für andere, sondern für sich ausziehe, denn er möchte dadurch die »Ursprünglichkeit des Menschseins« spüren. Auch würde er sich nie in einer Gruppe, in einer nackten Gesellschaft bewegen, sondern immer allein.

In der DDR war Pornographie verboten, aber Nacktbaden, auch wenn es nicht an FKK-Stränden war, erlaubt, sage ich. Nach der Wende ist Pornographie erlaubt, aber Nacktbaden außerhalb der streng abgegrenzten FKK-Reservate auf Wunsch der meisten westdeutschen Gäste verboten worden.

Ja, meint er, die Menschen im Osten wären weniger prüde als die im Westen. Zu Hause arbeitet er nackt, er ist in der Computerbranche. Nur auf Dienstreisen muß er sich anziehen. Er steigt in sein Auto, schnallt den Gurt auf die nackte Haut und fährt in Richtung Hessen. Er wohnt im erzkonservativen Fulda.

Günter erinnert daran, daß wir nach dem Frühstück noch einmal versuchen wollten, den aus der DDR geflüchteten Unternehmer Peter August in Oberbreitzbach zu finden.

Diesmal haben wir Glück. Er verabschiedet gerade einen Geschäftspartner. Und bedauert, daß wir ihn gestern nicht angetroffen haben.

»Ich war wie jedes Jahr am 7. Juli mit meiner Frau an der ehemaligen Grenze bei Spahl.«

»Weshalb am 7. Juli?«

»Weil wir gestern vor zweiunddreißig Jahren an dieser Stelle über die Grenze geflüchtet sind.«

»Das glaubt uns kein Mensch, wenn wir das aufschreiben«, sagt Günter. Peter August holt seine Frau. Sie bestätigt, daß sie gestern, als wir sie suchten, sehr still an der Grenze standen, sich an den Händen hielten und erinnerten …

Peter August war bei der Flucht siebenundzwanzig und hatte sein Ingenieurstudium noch nicht beendet. Er war verheiratet, hatte ein zwei Jahre altes Mädchen, verliebte sich aber in die 21jährige Roswitha. Sein Vater war in Vacha ein bekannter Mann, früher Besitzer und danach Vorsitzender einer der größten Elektroproduktionsgenossenschaften im Bezirk Suhl.

»Wir sind nicht aus politischen Gründen gegangen. Ich wollte all die Probleme der Scheidung, der Auseinandersetzung mit den Eltern vermeiden und nur mit der neuen Liebe leben.«

»Und dafür riskierten Sie, an der Grenze vielleicht verhaftet, von Minen zerfetzt oder erschossen zu werden?« fragt Günter.

»Ist ja gutgegangen.«

In Roswithas Heimatort Spahl waren sie als Liebespaar täglich eng umschlungen spazierengegangen und hatten dabei den Postenwechsel der Grenzer beobachtet. Lange vor der »unbewachten halben Stunde« warteten beide schon im Wald und schafften es genau zum Postenwechsel, achthundert Meter zu rennen und den Stacheldraht zu überwinden.

»Unser neues Leben konnte beginnen! Wir klopften am ersten Haus in Gotthards und sagten: ›Wir kommen von drüben.‹ Die Leute meinten einfach: ›Eßt erst mal was.‹ Danach Flüchtlingslager, aber sofort Arbeit in Hersfeld bei Siemens. Schon ein Jahr nach der Flucht wurde unser erster Sohn geboren.«

Es blieben der »Fluch« der Eltern und die Enttäuschung der ehemaligen Frau. Der Vater hatte angenommen, daß sein Sohn einmal die PGH übernehmen würde.

»Aber ich war hier fleißig, sehr fleißig. 1977 fing ich bei einer Firma an, die in aller Welt Elektroanlagen und Schaltkästen für große Lackierstraßen montierte.« Als die 1979 in Konkurs ging, sagte sich der 33jährige, das wäre seine Chance. Er legte die Prüfung als Elektromeister ab und gründete eine eigene Firma. Heute beschäftigt er dreißig Leute, über zwanzig davon aus dem Osten. Sie arbeiteten schon in Brasilien, China, Mexiko.

Als 1982 die DDR eine Amnestie für Republikflüchtige erließ, fuhr er zu seinen Eltern. »Sie sahen, daß aus uns was geworden ist, daß ich glücklich war und zwei Söhne hatte. Und es war gut. Aber sie weinten trotzdem, denn wir lebten nun, wie wir dachten, für immer getrennt in zwei Staaten.«

Nach der Wende war seine Tochter bei ihm. »Aber es ist zu lange her ...« Er schneidet sich mit einer Handbewegung das Wort ab.

In Oberbreitzbach ist er der beste Steuerzahler der Kommune. Wofür die sein Geld verwendet, interessiert ihn nicht.

Ob er wisse, weshalb die Kommune viel Geld für die neue

Kläranlage bezahle. Und ob es nicht besser wäre, wenn die »Scheiße nach unten über die ehemalige Grenze nach Unterbreizbach fließen würde«.

Ja, das könnte sein, meint er. Aber er ist nicht für Kommunalpolitik, sondern für den Betrieb verantwortlich. »Und für meine Frau.« Sie hätten die Flucht nie bereut. Im nächsten Jahr, wenn er sechzig ist, werden sie am 7. Juli wieder an der Grenze bei Spahl stehen, sich an den Händen halten und erinnern ...

Die Gemeindeverwaltung von Oberbreitzbach residiert in einem schönen alten Gutshaus. Die Sekretärin bestätigt uns, daß es besser gewesen wäre, die Kläranlage hier einzusparen. Aber darauf hat die Kommune keinen Einfluß mehr, das entscheidet der hiesige Wasser- und Abwasserverband. Der für Bau verantwortliche Mitarbeiter erinnert sich, daß es nach der Wende das Projekt einer gemeinsamen Kläranlage für Oberbreitzbach und Unterbreizbach gegeben hat. »Aber das ist an den unterschiedlichen Vorschriften in Hessen und Thüringen gescheitert. Deshalb haben sie nun drüben eine zu große, nicht ausgelastete Kläranlage, und wir können unsere Fäkalien nicht über die ehemalige Grenze in den Osten leiten.«

Günter schreibt auf: »Einheitsprojekte wie gemeinsame Gewerbegebiete, Supermärkte oder Kultureinrichtungen, und damit ein engeres Miteinander zwischen den Menschen in Ost und West, werden von den unterschiedlichen Gesetzgebungen der Länder verhindert. Wieviel Geld könnte man durch den Abbau dieser bürokratischen Grenzen sparen!«

Von einem der gemeinsamen Projekte rechts und links der Grenze erzählt uns in Oberbreitzbach eine sehr engagierte und leidenschaftlich redende Frau, die für den BUND in Thüringen den früheren Grenzstreifen kartiert hat.

Sie wird den Grenzweg wie ihre Jackentasche kennen, denke ich, wir sollten ihr freundliches Angebot, uns auf dem Weg nach Philippsthal und Vacha zu begleiten, annehmen.

Doch Günter will, daß wir es allein schaffen. In der Ferne seien doch schon die wie riesige weiße Gletscher aussehenden Kalihalden zu erkennen. (Er hatte mir zuvor gestanden, daß er dort allein hinaufklettern wolle. »Ein bißchen Abenteuer braucht der Mensch.«) Karin Kowol, im BUND die Referentin für das »Grüne Band«, läuft also nicht mit. Ich erfahre aber von ihr, was ich unterwegs gesehen haben müßte. Es gibt an der ehemaligen Grenze, dem längsten zusammenhängenden Biotop Deutschlands, dreißig Vogelarten, die auf der »Roten Liste« der sehr gefährdeten Tiere und Pflanzen in Deutschland stehen: Eisvogel, Schwarzstorch, Bekassine, Neuntöter und das Braunkehlchen, das spät brütet, also ungemähte oder nicht gemähte Wiesen und zum Anlocken vor der Paarung Singwarten braucht. Die Grenzpfähle waren ideale Singwarten. Ich habe auch nicht die Wanstschrecke, eine Heuschreckenart, die in Thüringen als ausgestorben galt und nach der Wende auf dem Grenzstreifen wiedergefunden wurde, bemerkt.

Die Naturschützer in den alten Bundesländern wußten schon vor 1989 von den seltenen Vogelarten auf dem Grenzstreifen. »Sie konnten ja bis an die Grenze und hörten die Vögel. Das heute zu schützende ›Grüne Band‹ entlang der Grenze befindet sich ausschließlich auf DDR-Gebiet.«

Karin Kowol ist 1990 mit ihrem ehemaligen Mann nach Thüringen gekommen. Sie hatte physische Geographie studiert.

»Mit meinem Kleinkind hätte ich in den alten Ländern keinen Job bekommen. Hier dagegen war das kein Problem.« Sie fühlt sich wohl im Osten, »bis auf die Tatsache, daß sich Hiesige und Ausländer nicht so selbstverständlich multikulturell vermischen wie im Westen«. Sie hat einen »Traumjob« erhalten, kann Naturschutzprojekte an der Grenze verwirklichen, Schulklassen seltene Pflanzen und Tiere zeigen und von der Geschichte der Grenze erzählen.

»Und Ärger, gibt es auch Ärger?«

»Natürlich, jedesmal wenn ich erfahren habe, daß das Finanzministerium der Bundesregierung wieder ein Stück des zu schützenden Grenzlandes verkauft hat und neue Pächter oder Alteigentümer das in vierzig Jahren gewachsene grüne Naturband zerschneiden, um Äcker oder Wiesen daraus zu machen.« Wir hätten uns wohl deshalb so oft verlaufen, weil im Wartburgkreis etwa die Hälfte des Kolonnenweges abgerissen wäre. Dabei würden die Politiker immer wieder versichern, daß dieses zusammengehörige, unberührte Band der Natur – tausendvierhundert Kilometer lang und insgesamt hundertsiebenundsiebzig Quadratkilometer Wildnis und Reservat für Tiere und Pflanzen – ein »kostbares, unwiederbringliches und deshalb zu schützendes Refugium« sei. Andererseits verkauft die Bundesregierung, um ihre Kassen aufzubessern, dieses schon vorhandene, kostbare biologische Refugium an landwirtschaftliche Nutzer, gibt aber Geld aus, um an anderen Orten mühsam neue Biosphärengebiete anlegen zu lassen. »Man zahlt wegen der landwirtschaftlichen Überproduktion an Landwirte Stillegungsprämien, wenn sie Flächen nicht mehr bewirtschaften, verkauft ihnen aber gleichzeitig um des lieben Geldes willen neue zu bewirtschaftende Flächen des ›Grünen Bandes‹.«

Die Naturschützer in Ost und West geben inzwischen Anteilscheine (Grüne Aktien) aus, um dafür Flächen zu kaufen. Zwar steigt der Wert dieser Aktie für die zu schützende Natur ständig, aber der Aktionär kann sie nicht weiterverkaufen. Sie bringt keinen persönlichen, sondern nur einen allgemeinen Gewinn. Eine Aktie kostet 65 Euro. Dafür kann man vierhundert Quadratmeter ursprüngliches Grenzlandrefugium kaufen. Gorbatschow hat schon eine »Grünes Band«-Aktie erworben. (Die erste Aktie seines Lebens, wie er sagte.) Und ich werde mir eine der Flächen aussuchen, die der neue Besitzer umgepflügt, mit Stacheldraht eingezäunt und mit Schildern »Betreten verboten! Privateigentum!« versehen hat. Und wo ich mir die Hosenbeine zerriß.

Schon nach einem Kilometer bereue zumindest ich, daß wir die studierte Geographin nicht mitgenommen haben. Zwar leuchtet immer noch der riesige weiße Kaliberg in der Ferne, und ich laufe stur an einem Graben entlang, von dem ich annehme, daß es der ehemalige Kfz-Sperrgraben ist, aber der führt nur in sumpfige Wiesen. Keine Spur vom Kolonnenweg, in dessen Gitterlöchern, so hatte die Naturschützerin erzählt, an manchen Stellen sogar geschützte Orchideen wachsen. Wir orientieren uns nur an dem weißen Kaliberg, aber als wir endlich vor der vielleicht hundert Meter hohen und kilometerlangen Abraumhalde stehen, versperren Zäune und Schilder den Zutritt zum Betriebsgelände.

Günter meint, daß er es schaffen würde, dort hinaufzuklettern. Aber wahrscheinlich nicht in ein oder zwei Stunden, und gegenüber der Halde haben wir endlich einen Grenzbeobachtungsturm gefunden. An dieser gedanklichen Wegkreuzung zwischen der extremen Gipfelbesteigung, »bei der man wahrscheinlich die Polizei holen würde«, und dem Weitermarsch in Richtung Philippsthal und Vacha hätte er, sagt Günter, wenn er alleine wäre, den Gipfel gewählt. Aber nun freut er sich darauf, mit mir die letzten Kilometer der über vierhundert Kilometer langen Grenz-Tour zu laufen.

Wenig später kann er seine Kletterkünste trotzdem unter Beweis stellen. Am Ende des weißen Berges verpassen wir einen links abbiegenden Pfad und laufen so lange auf lehmigen Wegrändern an einem großen Maisschlag vorbei, bis wir zwar nicht im hessischen Philippsthal, aber am Unterbreizbacher Gewerbegebiet herauskommen. Von dort versuchen wir über den Fluß in den Westen zu gelangen. Eine wacklige, schon morsche Holzbrücke, deren Betreten streng verboten ist, endet auf der anderen Seite an einem sonnenstrahlförmigen spitzen Sperrgitter. Günter klettert an dem Gitter, die gefährlichen Spitzen vorsichtig umgehend, Strahl für Strahl hinunter. Doch als er es geschafft hat, kann er unter den hohen Brennesseln keinen Boden ausmachen und balanciert über das Gitter zurück.

Schließlich laufen wir die Straße nach Philippsthal hinein. Irgendwo hier an der Werra muß die ehemalige Grenze verlaufen sein. Die ersten Leute, die ich danach frage, sind nicht von hier. Die anderen wissen es nicht genau.

Ich frage in der »Zollapotheke« – der Zoll war immer an der Grenze – nach der alten Trennlinie zwischen Ost und West. Die Apothekerin sagt, daß wir zwei bis drei Kilometer durch Philippsthal laufen müßten. »An der steinernen Brücke wechselte die Grenze vom rechten auf das linke Flußufer und hat bis etwa 1970 die Druckerei der Familie Hoßfeld geteilt.«

Eine blonde Frau, deren Medikamente noch gesucht werden, bietet uns an, wenn wir einen Augenblick warten könnten, uns den Weg zu zeigen.

Vor der Apotheke hält ein PKW. Der Fahrer kommt aus Bad Salzungen. Er hat seinen Rottweiler in die Hundepension zwischen Philippsthal und Unterbreizbach gebracht, wo die Unterkunft am billigsten und das Fressen am besten sei. Er will vierzehn Tage Urlaub in Polen machen, den ersten Urlaub seit vier Jahren. Seine Frau hat ihn wegen eines Bürohengstes aus Fulda sitzengelassen, als er das dritte Jahr arbeitslos war und sie ihn erwischte, wie er sich vormittags aus Langerweile geborgte Pornovideos reinzog. Jetzt hat er wieder einen Job als ABM, Grasmähen im Bad Salzunger Neubaugebiet. Ganze Kompanien würden mittlerweile in den Kommunen der neuen Bundesländer Gras an Wegrändern und auf Freiflächen mähen. »Die DDR hätte paar hunderttausend Arbeitslose gehabt, wenn plötzlich nichts mehr zu agitieren, zu planen oder zu kontrollieren gewesen wäre. Und die BRD hätte heute noch hunderttausend Arbeitslose mehr, wenn das Gras langsamer wachsen würde.«

Er hat fast fünfundzwanzig Jahre als Ingenieur im Kalibetrieb Merkers gearbeitet. Leider, wie er sagt, als Ingenieur. »Die Zusammenarbeit in dem thüringisch-hessischen Grubenverbund funktioniert doch so: In den hessischen Gruben arbeiten Scoopfahrer von uns, und in den thüringischen Gruben arbeiten Ingenieure aus Hessen.« Aber er wolle nicht klagen. Er kann sich wieder einen Urlaub leisten und sogar den Hund vierzehn Tage in Pension geben.

Die blonde Frau begleitet uns. Sie wohnt in Philippsthal und besitzt dort einen Fußpflegesalon.

»War die Einheit gut für Sie?« frage ich.

»Natürlich, es war das Beste, was uns passieren konnte.«

»Aber?«

»Kein Aber.«

Ich hake nach: »Aber?«

»Aber die Einheit war sehr gut.«

Sie hätten in Philippsthal alles behalten: die Industrie, die Gaststätten, die Kalibetriebe. Und noch was dazubekommen: das Kali von drüben.

»Außerdem können wir von hier wieder in den Osten fahren. Nein, kein einziges Aber.«

Klagen könnte sie nur privat. Ihr Mann ist sehr schwer krank …

Wir laufen im Eiltempo durch Philippsthal. Am Ortsausgang finden wir die ehemalige Grenze, die steinerne, nur für Fußgänger freigegebene Werra-Brücke, die Philippsthal und Vacha nun wieder verbindet.

Im letzten Haus rechts frage ich nach der Hoßfeldschen Druckerei. Eine dunkelhaarige, etwa fünfzig Jahre alte, gebräunte Frau mit funkelnden Augen schleppt gebrauchte und teilweise schon klapprige Möbel aus ihrem kleinen Haus in einen Schuppen. »Umräumen. Man muß eben manchmal umräumen.« Sie hat einen ausgewaschenen Arbeitspullover an und will sich auf keinen Fall fotografieren lassen.

Das Haus der Hoßfeldschen Druckerei befindet sich genau gegenüber. An der rechten Hauswand steht noch der DDR-Stein. Den hätte man um 1970 wohl ein bißchen nach rechts gerückt, zuvor sei das Haus geteilt gewesen. Nun steht es schon seit zwei oder drei Jahren leer. »Die Frau Hoßfeld hat mit ihrer Druckerei Pleite gemacht. Wohl wegen der Billigkonkurrenz in Thüringen.«

Der neue Besitzer will im Haus eine Kanzlei, Tagungsräume, ein Grenzmuseum, ein Café und einen Souvenirverkauf unterbringen.

»Vielleicht hat er für mich einen Job als Kellnerin oder Verkäuferin im Souvenirgeschäft. Aber die Leute kaufen doch heute nichts mehr. Die haben zuwenig Geld.«

Ich frage, ob ihr Vater Zigeuner war.

Renate Klotzbach lacht. »Nein, Neapolitaner! Ein Neapolitaner, der als italienischer Soldat im Krieg hiergeblieben ist.« Übergangslos sagt sie: »Als die Welt hier an unserem Haus zu Ende war, habe ich lange Zeit bei Hoechst in Bad Hersfeld gearbeitet. Doch nun bin ich nur noch Putze für zwei Tage in einer Motorradfirma. Was hatte ich nicht alles für Träume, und nun Putze. Fassen Sie mal das Bett mit an?«

Die Möbel sind wirklich sehr alt. Als ich mich verabschiede, umarme ich sie flüchtig. Sie lacht und versteht nicht, was ich meine, als ich ihr sage, daß sie, die Tochter eines italienischen Soldaten, im letzten hessischen Haus rechts die letzte »Westdeutsche« ist, mit der ich auf meiner Grenzgängertour gesprochen habe.

Günter wartet mit dem Fotografen vor der Einheitsbrücke. »Gehen wir zusammen rüber nach Vacha!« sagt er und fragt: »Am ersten Haus links klingeln?«

»Nein«, sage ich. »Der erste Fußgänger, der uns auf der Brücke entgegenkommt, wird der letzte der Grenzgängertour sein.«

Es ist ein junges Mädchen, blond und jugendlich schön. Günter meint: »Wie bestellt. Das glaubt uns keiner. Mitten auf der Brücke.«

Sie geht in Vacha auf das Gymnasium. Liebt Hip-Hop und Black und in der Schule Kunst, Geographie, Sport … Nach einer Pause fügt sie noch hinzu: »Englisch auch.« Und ihren Freund, einen Computerspezialisten. »Einen Vernetzer.«

Die 15jährige träumt davon, nach dem Abi in New York Partys zu feiern. »New York ist die Stadt, die nie schläft. Und ich dann mittendrin. Ich, Kathleen Nicklich, aus dem kleinen beschaulichen Vacha.«

Wenn sie eine 1,9 beim Abi schafft, will die Mama ihr die New-York-Reise sponsern. »Meine Mama ist Regelschullehrerin in Völkershausen und der Papa Informatiker.«

»Und was kommt nach New York?«

»Mich ein Jahr ausruhen und Geld sparen. Das heißt, nicht so viel machen, aber trotzdem Geld verdienen.«

»Und danach?«

»Psychologie studieren.«

»Weshalb Psychologie?«

»Weil meine Mama mir zum Geburtstag eine Sitzungsstunde bei einem Psychotherapeuten geschenkt hatte. Ich finde es gut, wenn man sich ein Bild über andere Menschen machen kann.«

Wie sie über die Gleichaltrigen am anderen Ende der Einheitsbrücke, in Philippsthal, denkt, frage ich.

»Sie sind uns gegenüber ein bißchen arrogant. Ich weiß aber nicht, worauf die sich was einbilden. Man merkt manchmal schon noch, ob einer aus dem Westen oder aus dem Osten ist.«

Günter fragt die zukünftige Psychologiestudentin, wer von uns aus dem Westen kommt und wer aus dem Osten.

Zu dem Fotografen, der in Thüringen aufgewachsen ist:

»Ein Ostdeutscher.«

»Weshalb?«

»Er sieht aus wie mein Vater. Also der hat Haare wie er. Keine Haare.«

Zu Günter, der in Köln aufgewachsen ist:

»Ein Wessi.«

»Weshalb?«

»Er sieht aus wie mein sportlicher Onkel im Westen. Und redet so anders.«

Zu mir, der ich in Sachsen aufgewachsen bin:

»Ein Ausländer.«

»Weshalb?«

»Weil Sie wie ein korsischer Kapitän, mit dem wir im Urlaub gefahren sind, aussehen.«

Mit diesen Erklärungen können wir leben.

Die Freundin vom Fotografen hat in Vacha inzwischen eine Flasche Rotkäppchen-Sekt und Trinkbecher gekauft.

Wir stoßen, am Brückenrand sitzend, auf das Ende der Grenzgängertour an.

Und auf die Träume der Kathleen Nicklich.

Und ich im stillen auf die Hoffnung der »Italienerin« in Philippsthal, anstelle der zwei Tage als Putze doch noch in der seinerzeit von der Grenze geteilten Hoßfeldschen Druckerei als Kellnerin oder Verkäuferin arbeiten zu können.

Worterklärungen

BGL	Betriebsgewerkschaftsleitung
DSF	Gesellschaft für Deutsch-Sowjetische Freundschaft
FDGB	Freier Deutscher Gewerkschaftsbund
FDJ	Freie Deutsche Jugend, Massenorganisation für Jugendliche in der DDR.
LDPD	Liberal-Demokratische Partei Deutschlands
LPG	Landwirtschaftliche Produktionsgenossenschaft
MTS	Maschinen-Traktoren-Station
NAW	Nationales Aufbauwerk
Neulehrer	Bezeichnung für neue, nicht regulär ausgebildete Lehrkräfte an Schulen der Sowjetischen Besatzungszone und frühen DDR, die nach der demokratischen Schulreform von 1945 NS-Lehrer ersetzen sollten.
NVA	Nationale Volksarmee
PGH	Produktionsgenossenschaft des Handwerks
Pionier	Hier: Mitglied der Pionierorganisation »Ernst Thälmann«, der Massenorganisation für Kinder in der DDR.
RGW	Rat für Gegenseitige Wirtschaftshilfe
VdN	Verfolgte des Naziregimes
VEB	Volkseigener Betrieb
VVB	Vereinigung Volkseigener Betriebe

Fakten, Themen, Hintergründe: Sachbücher bei AtV

LUDWIG WATZAL
Feinde des Friedens
Der endlose Konflikt zwischen Israel und den Palästinensern
»Wer jenseits der aktuellen Schrecken mehr wissen möchte über tiefere Ursachen der heutigen Gewalt, für den ist das Buch von Ludwig Watzal eine aufschlußreiche Lektüre.«
TAGESSPIEGEL
»Eine höchst authentische Erläuterung der Ursachen des jetzigen Geschehens. Und eine klare Absage an die landläufige Behauptung, die Akzeptierung palästinensischer Rechte sei a priori ein anti-israelischer Akt.«
LEIPZIGER VOLKSZEITUNG
»Ludwig Watzals Buch ist ein engagierter Versuch, den palästinensischen Konflikt aus seiner Entstehungsgeschichte zu analysieren.«
FREITAG
Originalausgabe. 341 Seiten. AtV 8071

WOLFGANG ENGLER
Die Ostdeutschen
Kunde von einem verlorenen Land
»Englers Kunde von einem verlorenen Land ist lesenswert, vor allem für Westdeutsche. Sie werden einen großen Schritt auf dem Weg unternommen haben, die Ostdeutschen und ihre ganz eigene Geschichte ein wenig verstehen zu lernen.«
DEUTSCHE WELLE
348 Seiten. AtV 8053

LANDOLF SCHERZER
Der Letzte
Wie in der Reportage »Der Zweite« wirft Landolf Scherzer wieder einen ungewöhnlichen Blick hinter die Kulissen der Demokratie und legt dabei nicht nur Machtmechanismen, Kungelei und Korruption bloß, sondern entdeckt auch die Menschen hinter den genormten Politikerfassaden.
»Was Scherzer entstehen ließ, kann Politiker und Journalisten gleichermaßen beschämen.«
DER TAGESSPIEGEL
336 Seiten. AtV 1827

FRIEDRICH SCHORLEMMER
Nicht vom Brot allein
Leben in einer verletzbaren Welt
Angesichts einer Konsumkultur, in der alles zur Ware wird, auch der Mensch, streitet der Theologe Schorlemmer für Werte, die dem Dasein Sinn und Hoffnung geben. Sein Widerspruch gegen eine Politik, die Terror und Gewalt mit Krieg und (Gegen-)Gewalt bekämpfen, Freiheit durch Sicherheit gewinnen will, appelliert an unser »Gewissen und den Mut, ihm zu folgen. Selbst- und Zeitbefragung bekommen eine Intensität und Rücksichtslosigkeit, die ihresgleichen sucht.« NEUES DEUTSCHLAND
359 Seiten. AtV 7041

Mehr Informationen erhalten Sie unter www.aufbau-verlag.de oder bei Ihrem Buchhändler

AtV

Gret Haller
Die Grenzen der Solidarität
Europa und die USA im Umgang mit Staat, Nation und Religion
288 Seiten. Gebunden
ISBN 3-351-02537-8

Eine wichtige Stimme in der europäischen Debatte

Als Ombudsfrau begleitete Gret Haller von 1996 bis 2000 vier Jahre die Aufbauarbeit in Bosnien Herzegowina. Dabei wurde für sie ein unterschiedliches Rechts-, Staats- und Politikverständnis von Westeuropäern und US-Amerikanern offensichtlich. Haller schildert die Probleme, die aus dem Spannungsverhältnis zwischen West- und Mittelosteuropa sowie den USA resultieren. Das Buch versucht keine Schuldfrage zu klären, sondern Lösungsmöglichkeiten für künftige Situationen aufzuzeigen. Vielmehr ist es ein Appell an die Europäer, nicht vor der Weltmacht USA zu kapitulieren.

»...geschichtlich fundiert, gedanklich brilliant und ohne eurozentristische Tendenz...«
NEUE WESTFÄLISCHE

Weitere Titel von Gret Haller:
Politik der Götter. ISBN 3-351-02608-0
Die Grenzen der Solidarität. AtV 8108-1

aufbau
VERLAG

Weitere Informationen über Gret Haller erhalten Sie unter www.aufbau-verlag.de oder in Ihrer Buchhandlung

Wolfgang Engler
Bürger, ohne Arbeit
Für eine radikale Neugestaltung
der Gesellschaft
416 Seiten. Gebunden
ISBN 3-351-02590-4

Der Weg aus der Krise

Englers Analyse zeigt, wie angesichts des großen Widerspruchs zwischen Produktivität, Wachstum und Beschäftigung Bürger ihre Existenz auch ohne Lohnarbeit sichern und die persönliche Würde wahren können. Der nötige Umsturz unserer Wirtschaftsgesellschaft läßt sich nicht von den politischen oder gesellschaftlichen Eliten bewerkstelligen, sondern hängt vom Willen jedes einzelnen ab. Erst wenn jeder die eigene Urteilskraft wiederentdeckt, finden wir zurück zur Keimzelle des Politischen und können neue Modelle der Lebensführung und des sozialen Zusammenhalts entwickeln.

»Ein Meister griffiger Formulierungen, der interessante Betrachtungen mit anregenden Thesen mixt.«
DEUTSCHLANDFUNK

Mehr von Wolfgang Engler im Taschenbuch:
Die Ostdeutschen. AtV 8053-0
Die Ostdeutschen als Avantgarde. AtV 8113-8

aufbau
VERLAG

Weitere Informationen über Wolfgang Engler erhalten Sie unter www.aufbau-verlag.de oder in Ihrer Buchhandlung

Landolf Scherzers Grenz-Tour